Jasmuheen

In Resonanz

Jasmuheen

In Resonanz

Das Geheimnis der richtigen Schwingung

Wichtiger Hinweis

Die im Buch veröffentlichten Ratschläge wurden von Verfasser und Verlag sorgfältig erarbeitet und geprüft. Eine Garantie kann dennoch nicht übernommen werden. Ebenso ist die Haftung des Verfassers bzw. des Verlages und seiner Beauftragten für Personen-, Sach- und Vermögensschäden ausgeschlossen.

Titel der Originalausgabe: »In Resonance«
© 1997 Jasmuheen
Deutschsprachige Originalausgabe 1998:
© KOHA-Verlag Burgrain
Aus dem Englischen von Elfi Ammann
Deutsche Ausgabe: © KOHA-Verlag Burgrain
Lektorat: Dr. Edith Zeile
1. Auflage Mai 2009
Gesamtherstellung: Karin Schnellbach
Druck: CPI, Moravia Books
ISBN 978-3-86728-078-5

Inhalt

Widmung	8
Vorwort	10
Einleitung	13
1. Die Kunst, in Resonanz zu sein	18
2. Die Einzigartigkeit des Seins	23
3. Das Energiesystem Körper	28
4. Visualisierungen	34
5. Die Energie des weißen Lichtes	42
6. Selbstmeisterung und Unterscheidungsvermögen	46
7. Der Atem des Lebens	50
SV1 – Atem und Licht	56
8. Die Beschaffenheit der Realität	60
9. Die Meisterung des Verstandes und die Kraft der Gedanken	68
10. Die Macht der Gefühle	74
Die Assoziation der positiven Erinnerung	73
Träume und spirituelle Unterweisung	74
SV2 – Reinigungsmeditation und Neueinstimmung des Emotionalkörpers	84
11. Die Wirkung von Affirmationen	90
Affirmationen	94
Programmierung im Vergleich zu Affirmationen	95
Die Macht des Bewußtseins übertrifft die motivierende Psychologie	96
Bewußtseinserweiterung mit Programmierungen	103
12. Über Streß und Streßfaktoren	108
13. Praktische Entspannungsübungen	115
SV3 – Die Gestaltung des Inneren Heiligtums	124
14. Wesentliche Anwendungen der Meditation	129
Jenseits von Meditation – das Ewige im Jetzt	150

SV4 – Einstimmung mit weißem Licht und Atem	154
SV5 – Sich der inneren Führung öffnen	156
SV6 – Die Heilung von Beziehungen	158
Wie beeinflußt Esoterik Beziehungen?	161
15. Die Maximierung des meditativen Energiestroms zur Vorbereitung der Meditation	170
16. Chakras – die Energiezentren des Körpers	179
SV7 – Anrufung des Vereinten Chakras	196
17. Das höhere Selbst und die ICH BIN-Gegenwart	199
18. Bestimmung und Dienst	210
19. Ausgewogenheit und Integration – Ermächtigung und Erleuchtung	215
20. Meditation zur Ermächtigung und die violette Flamme der Freiheit	218
Affirmationen für Freiheit durch Vergebung mit Hilfe der violetten Flamme	221
SV8 – Meditation mit der violetten Flamme	222
SV9 – Meditation zur Ermächtigung	224
SV10 – Meditation zur Manifestation	229
21. Androgynität, der wahre menschliche Zustand	233
SV11 – Meditation zum Ausgleich der männlichen und weiblichen Energien	*235*
SV12 – Steigerung des Energiekreislaufs in beiden Gehirnhälften	*239*
22. Meditation und Kristalle	242
23. Schwingungsfrequenzen verstehen und anwenden	245
Der 33er Takt des Universums	254
Die sieben Elemente und der 33er Tak	259
Schwingung und Ton: Tönen und Mantras	263
Atemtechnik zur willentlichen Steigerung der eigenen Schwingungsfrequenz	267
24. Channeling	270
25. Aufstieg	253
Einweihungen	281

Gespräche mit »Reac« über das Thema Einweihung	292
Übungen zur Beschleunigung des Aufstiegs	296
Meditation zur Beschleunigung des Aufstiegs	303
26. Physische Unsterblichkeit	314
Erneuerung und Verjüngung – der »Jungbrunnen«	317
SV13 – Ent- und Neuprogrammierung der Körperdrüsen zur Zellerneuerung	*319*
27. Prana	322
Von Licht und Prana leben – ein persönlicher Bericht	327
28. Telepathische Kommunikation	334
Die Gehirnfunktionen bei der telepathischen Kommunikation	337
Der Fünf-Schritte-Einstieg in die höhere Kommunikation	347
29. Bilokation, Gedankenreisen und Teleportation	350
SV14 – Bilokation	*358*
30. Der Aufbau des Lichtkörpers und die Erhöhung des persönlichen Lichtquotienten	362
Meditation zu Aufbau und Steigerung des persönlichen Lichtquotienten	372
31. Universale Gesetze	374
32. Die Universellen Bruderschaften	382
33. Eine Brücke zur Neuen Welt	389
SV15 – Die Vision der Neuen Welt	*396*
Die universellen Gesetze und das M.A.P.S.-Programm	397
In einer idealen Welt	405
Eine Schöpfungsgeschichte	407
Abschließende Betrachtung	410
Auswahlbibliographie	313
Über die Autorin	416

Widmung

Voller Liebe und Freude widme ich das vorliegende Buch vor allem meinen reizenden Töchtern Anjie und Jesse, von denen ich durch Gespräche auf unserem gemeinsamen Lebensweg so viele Dinge lernen durfte.

Zweitens widme ich dieses Werk meinen übrigen Familienmitgliedern, die meine oftmals ungewöhnlichen Interessen stets liebevoll und tolerant hinnahmen. Ich widme es meiner geliebten Mutter Enid, die 1994 ihre körperliche Hülle verlassen hat, jedoch in unseren Herzen noch immer bei uns ist. Ich danke meinem wunderbaren Vater für seine Überzeugung und Ermutigung, jeder Mensch könne das verkörpern, was er zu sein wünschte.

Drittens danke ich meinen starken, wundervollen Freunden, die mir, ungeachtet meines Vielbeschäftigtseins, ihre Warmherzigkeit, wohltuende Unterstützung und nachhaltige bedingungslose Liebe erwiesen haben – Jeff, Michael, Tonia, Sam, Margaret, und Tora meiner Schwester und Freundin. Mein besonderer Dank gilt Michael, der mir zur Erstellung der ersten Ausgabe dieses Buches seinen Schreibcomputer ohne Unterbrechung überlassen hat.

Mein Dank gilt Sananda, Arkturius, Paul, dem Venetier, Mutter Maria, Kuthumi, Saint Germain – allen Aufgestiegenen Meistern und Lichtwesen für ihre Liebe, Inspiration und Unterweisung. Möge dieses Buch, das sie alle im Verlauf der letzten acht Jahre auf die eine oder andere Weise überschattet haben, das Herz und den Verstand vieler Leser öffnen. Seit dem Jahre 1987 bin ich durch ihre wundervolle Energie inspiriert worden, detaillierte Aufzeichnungen über meine Forschungsarbeit zu machen und sachdienliche wortgetreue Artikel über Themen zu schreiben, die ganz einfach mein persönliches Interesse erweckten. Damals konnte ich kaum ahnen, daß all diese Notizen eines Tages Verwendung finden würden. Aus diesen Aufzeichnungen sowie zusätzlichen Informationen, die unmittelbar telepathisch übermittelt wurden, ist das Buch »In Resonanz« entstanden.

Das vorliegende Buch widme ich gleichfalls all jenen Lesern, die nach Einfachheit, Wahrheit, Sinnerfüllung und Freude im Leben streben.

Vorwort

Die Zeit verfliegt und doch kann paradoxerweise jeder Augenblick ausgedehnt und vollständig genossen werden. Während die Welt durch eine exponentielle Bewusstseinserweiterung und gewaltige technologische Veränderungen geht, sind wir uns kollektiv des universalen Gesetzes der Resonanz bewusster denn je.

Als ich dieses Buch Anfang der neunziger Jahre schrieb, wollte ich einfach nur ein universales Gesetz vorstellen und ein Konzept unserer Selbst als energetischer Systeme, deren Leben von solchen Gesetzen bestimmt wird, aber auch die Tatsache vermitteln, dass unsere persönliche Resonanz willentlich veränderbar ist und wir daher in unserem täglichen Leben glücklicher und gesünder sein können.

Ich habe oft geschrieben, dass das Göttliche und tiefgreifende Erfahrungen wie Samadhi oder Verzückung oder das beständige Leben in der Gnade nichts Mysteriöses sind. All das sind Erfahrungen, die davon bestimmt werden, wie wir uns entscheiden, unsere Zeit zu verbringen.

Nach dem letzten Jahrzehnt, in dem mehr mainstream-orientierte Bücher wie »The Secret« oder »Erfolgreich wünschen« von Pierre Franck populär wurden, entschloss sich mein deutscher Verlag Koha, in dem Bewusstsein, dass es Zeit ist, die grundlegende Lehre von »The Secret« zu vertiefen mein Buch »In Resonanz« im Taschenbuchformat neu herauszubringen.

Das Gesetz der Anziehung ist das zentrale Thema von »In Resonanz«. Es war mein viertes Buch, noch vor dem umstrittenen Lichtnahrungs-Buch. Es wurde inzwischen in über ein Dutzend Sprachen übersetzt und enthält viele Informationen, die nie veralten sein werden. Dieses Buch kann vielmehr wie ein spirituelles Nachschlagewerk genutzt werden. Als solches hat es in den letzten zehn Jahren vielen Menschen gut gedient und ich vertraue darauf, dass es das auch weiterhin tun wird.

Nachdem das Werk »In Resonanz«, das den Band I einer geistig inspirierten Trilogie über bewußtes Erschaffen darstellt, geschrieben wurde, folgte als nächstes das Buch »Lichtnahrung«. Dank meines deutschen Verlegers Konrad Halbig (KOHA-Verlag) erzielte dieses vierte Buch in mehreren europäischen Ländern bereits einen beachtlichen Erfolg und ist bei der Leserschaft gut angekommen. Als ich das Werk »Lichtnahrung« schrieb, ging ich davon aus, daß ein Großteil der Leserinnen und Leser bereits mit dem Inhalt von »In Resonanz« vertraut und folglich hinsichtlich ihrer persönlichen Einstimmung und Selbstverantwortung fortgeschritten sei.

Das Buch »Lichtnahrung« wurde für Kriegerpersönlichkeiten geschrieben, für erfahrene Menschen, die bereits seit längerem Einstimmungsübungen ausführen und gelernt haben, auf die innere Stimme Ihres göttlichen Selbst einzugehen. Die Forschungsergebnisse über Pranaernährung sowie die Geschichte meiner persönlichen Erfahrung als Pranierin bot ich jenen Lesern an, deren Herz voller Freude darin einen wichtigen Schritt auf ihrem Lebensweg erkannte.

Der Entscheidung treu zu bleiben, sich kontinuierlich von Prana zu erhalten, ist nur den Menschen möglich, die einen gewissen Grad der Selbstmeisterung erlangt haben und/oder denjenigen, deren Bauplan diese Erfahrung enthält. Viele Menschen unterziehen sich dem Umstellungsprozeß auf Pranakost, von denen die meisten im Anschluß daran das Essen, nicht aus Gründen der Nahrungsaufnahme, sondern aus Vergnügen wieder aufnehmen. Der Prozeß hat sie freier entlassen. Sie haben sich von dem einschränkenden Glaubenssatz befreit, »ohne zu essen, muß man sterben«. Während diese Glaubensüberzeugung auf jemanden, der kein gestimmtes Instrument ist, zutreffen mag, gilt er nicht notwendigerweise für einen Menschen, der sich auf dem Weg der bewußten Selbstmeisterung befindet.

»In Resonanz« habe ich als einen Beitrag meines persönlichen Einsatzes als Weltdienerin geschrieben, wobei ich

Selbsthilfemethoden, Werkzeuge und gut recherchiertes und überzeugendes Informationsmaterial anbiete, um einzelne Menschen anzuregen, sich auf den Prozeß der persönlichen Einstimmung und Selbstverantwortung einzulassen. Nachdem die Leser einen gewissen Grad von Einstimmung erreicht haben, sind sie vielleicht interessiert daran, die Option der Pranaernährung auf ihre Zuverlässigkeit zu untersuchen.

Demnach vermittelt »In Resonanz« dem Leser die grundlegende Einsicht, daß der Mensch ein Energiesystem ist. Zudem vermittelt es Hinweise darauf, was man als Energiesystem erreichen kann. Jesus sagte einst, »Wer an mich glaubt, der wird die Werke auch tun, die ich tue, und wird größere als diese tun«.

So bieten wir die nachfolgenden Informationen und Zitate den Lesern aus dem einfachen Grund an, sie zu inspirieren, sich auf ihren eigenen Erkenntnisweg zu begeben beziehungsweise ihn fortzusetzen. Das Leben ist großzügig genug, uns zahlreiche großartige Erfahrungen zu liefern. So bietet sich uns die Möglichkeit zu entscheiden, unsere Sichtweise und demzufolge auch unsere Realität fortlaufend zu verändern. Viele der Textstellen, die ich im vorliegenden Buch zitiere, haben mir persönliche Inspirationen oder Einsichten vermittelt, die dazu beigetragen haben, mein eigenes Realitätsmodell auszubauen. Unabhängig davon, ob wir unseren Gott Buddha, Allah oder die Kraft der allerhöchsten Intelligenz nennen, können wir uns alle auf diese Schöpferkraft berufen und sie einladen, sich voll und ganz in jedem Augenblick unseres Leben zum Ausdruck zu bringen. Der Nutzen, den wir daraus ziehen, ist höchst beglückend.

Einleitung

Inspiration erfährt man, wenn man mit anderen an einem gemeinsamen Ziel arbeitet. Wenn wir die großen Veränderungen in uns und auf diesem Planeten herbeiführen wollen, müssen wir jedoch unsere individuelle Schwingungsfrequenz den höheren Lichtoktaven annähern. Dann können wir von der reinen, lebenserhaltenden und unser Wesen durchströmenden Energiequelle geleitet werden, die auch als der *große innere Lehrer* oder der Gott in uns bekannt ist. Niemand außer uns vermag die notwendigen Veränderungen herbeizuführen, um den Himmel hier auf Erden zu erschaffen oder das Goldene Zeitalter heraufzubringen, und alles, was wir tun müssen, ist nur, unsere Schwingungsfrequenz zu verändern.

- Alle Lebensformen sind lediglich Energiesysteme, die Signale und Schwingungen aussenden. Ändere deine Schwingung, dann ändert sich dein Leben. So einfach ist das.

Dieses Buch soll Menschen aus allen Gesellschaftsschichten ansprechen und sie anregen, sich auf den inneren Pfad zu begeben, auf der Suche nach Frieden und Glück, und diejenigen bestärken, die sich bereits bewußt auf ihrem Weg befinden, auch weiterhin alle Facetten der wunderbaren Entfaltung des Selbst auf dem Weg zur Meisterschaft zu ergründen. In den vielen Jahren meiner Nachforschungen habe ich kein Handbuch gefunden, das zunächst grundlegende Informationen sowie Werkzeuge zur Selbsthilfe vermittelt und dann zu scheinbar komplexeren esoterischen Praktiken hinführt, wie z.B. Bilokation, telepathische Kommunikation u.s.w. Hoffentlich wird dieses Handbuch allen Lesern einen natürlichen Fortschritt ermöglichen, so daß es mit wachsendem persönlichen Interesse gelesen wird.

Folglich werden alle Leser, die auf der Suche nach positiven sowie natürlichen Methoden zur Streßminderung oder nach innerem Frieden und Entspannung sind, die ersten Kapitel hilfreich empfinden. Wenn Ihre Neugierde dadurch geweckt wurde, setzen Sie die Lektüre fort, da die Ausgewogenheit des vorliegenden Buches Erfahrungen ermöglicht, die einige vielleicht Wunder nennen. Für mich sind diese Wunder natürliche Fähigkeiten, die sich uns in dem Maße offenbaren, wie wir unsere Schwingungsrate auf höhere Lichtoktaven einstimmen und harmonisch darin vibrieren.

Im Verlauf dieses Buches werden zahllose Techniken und geführte Meditationen vermittelt, die Sie je nach Bedarf verwenden können. Ich empfehle, die Meditationen auf Kassette aufzunehmen. Erweitern, kürzen oder verändern Sie die Texte entsprechend Ihrer inneren Weisung, um auf diese Weise den maximalen Nutzen zugunsten ihrer eigenen Entwicklung zu ziehen. Sie werden feststellen, daß Ihr inneres Wesen stärker auf den Klang Ihrer eigenen Stimme anspricht.

Ein Teil der Informationen wird aus zweierlei Gründen wiederholt; erstens, weil man durch Wiederholungen leichter lernt, und zweitens, weil sämtliche Angaben miteinander verwoben sind und nicht ohne weiteres voneinander getrennt und zerstückelt werden können.

Während Sie dieses Buch lesen, könnte es geschehen, daß Sie die darin gemachten Aussagen anzweifeln. Es steht zu hoffen, daß sämtliche Themen im fortschreitenden Verlauf des Buches in zufriedenstellender Ausführlichkeit erklärt werden. Bei Interesse können Sie weitergehende Nachforschungen anhand der am Schluß angeführten Buchempfehlungen betreiben. Aus meiner Sicht und aufgrund meiner Forschungen sind Themen wie Reinkarnation, telepathische Kommunikation, Lebenserhalt durch bloße Lichternährung, die Einsicht und Kenntnis der Wirkungsweise universaler Gesetze, Fakten und gehören zur Allgemeinbildung. Ich erkenne allerdings an, daß derartige Aussagen einigen Lesern weit hergeholt zu sein scheinen.

Unterscheidungsvermögen zu erwerben (siehe Kapitel 6) in Verbindung mit dem Wissen, wie wir unsere Wirklichkeit erschaffen (siehe Kapitel 8), zählt zu den größten Lernaufgaben unserer Zeit. Von meinen Lesern erbitte ich gleichermaßen nur eines: Bewahren Sie sich Ihre Aufgeschlossenheit.

Es ist allgemein anerkannt, daß es in dieser Schule des Lebens im wesentlichen drei Arten des Lernens gibt. Bei der ersten Lernart gehen wir zur Schule und lassen uns von Lehrern unterrichten, von denen wir wissen oder annehmen, daß sie in ihrem Fach eine besondere Ausbildung erhalten haben. Sie übermitteln uns im Rahmen des Lehrplans einer Schule oder Universität ihre Kenntnisse. Wir akzeptieren ihren Unterricht als einwandfrei aufgrund ihrer Ausbildung, ihren Qualifikationen oder nachweislichen Dokumenten und ihrer Glaubwürdigkeit. Sollten wir den vermittelten Lehrstoff anzweifeln, können wir uns die von ihnen angegebenen Quellen besorgen und eigene Nachforschungen betreiben.

Bei der zweiten Methode des Lernens werden verschiedene Hypothesen unter kontrollierten Versuchsbedingungen, die nur minimale Abweichungen zulassen, genau untersucht und dann für richtig befunden oder verworfen. Der Grundansatz dieser Methode heißt: »Ich glaube nur das was ich sehe.« Diese Denkweise kommt ganz aus der linken Gehirnhälfte.

Die dritte Art des Lernens ist die des intuitiven Erfassens, die man mit Hilfe von Meditation und Kontemplation erlernt. Vieles was dabei geschieht, läßt sich nicht beweisen. Diese Methode erlernt man, indem man den sechsten Sinn der Intuition und den siebten Sinn des Wissens erweckt. Man übt diese Art zu lernen, indem man bewußt mit der rechten Gehirnhälfte arbeitet. Dabei lernt man, seiner eigenen Stimme zu folgen und auf den inneren Lehrer zu hören, der stets nur unser bestes im Auge hat und dessen Führungsqualitäten an den Früchten in unserem Leben abgelesen werden kann. Die von S.E.A. übermittelten Themenangebote gehören der letztgenannten Kategorie an.

Die Arbeit der *Akademie für Selbstentwicklung (S.E.A.)* möchte sowohl eine Brücke zwischen den religiösen und wissenschaftlichen Weltanschauungen als auch den grobstofflichen und feinstofflichen Welten bauen. S.E.A. widmet sich der universalen Lebenskraft, welche die Grundlage aller wissenschaftlichen Disziplinen und Religionen darstellt. Die Untersuchung von östlichen und westlichen Religionen und Philosophien fördert gemeinsame Nenner und Glaubensüberzeugungen zutage, die lediglich unterschiedliche Bezeichnungen tragen. Jesus sagte hierzu: »Trachtet zuerst nach dem Reich Gottes, so wird euch solches alles zufallen.«

Anmerkungen:
Meine persönliche Ausrichtung hat sich insofern geändert, als ich mich nicht mehr vordergründig auf meinen eigenen Aufstieg konzentriere. Stattdessen habe ich mich zeitgleich und vollständig auf den Rhythmus des göttlichen Bauplans eingeschwungen, der sich nach und nach in der irdischen Welt entfaltet und verwirklicht. Es ist mein ausschließlicher Wunsch zu SEIN und zu DIENEN, indem ich meinen bereits vereinbarten Anteil des göttlichen Plans mit Freude, Leichtigkeit und Anmut erfülle.

Im Verlauf der letzten fünf Jahre hat sich meine Beziehung zu den Aufgestiegenen Meistern vertieft und verstärkt, da ich es zugelassen habe, mich von ihren Botschaften inspirieren zu lassen und daraufhin geradezu magische Veränderungen in meiner Alltagsrealität zu beobachten. Sowohl das Gefühl der Freude als auch die Empfindung, sinnerfüllt und verbunden zu sein, sind in meinem Fall ein natürlicher Seinszustand geworden.

Die Idee der Erschaffung der Wirklichkeit hat sich in mir von einem ehemals intellektuellen Verständnis zu einem in den Zellen gegründeten Wissen gewandelt, da ich die positiven Segnungen der Meisterung des Denkens und der bewußten Neuprogrammierung persönlich erfahren habe.

Kapitel 1

Die Kunst, in Resonanz zu sein

Im Oxford-Wörterbuch wird der Begriff »Resonanz« folgendermaßen definiert: »Reaktion einer Schwingung auf ihre eigene Frequenz.« Metaphysiker verweisen in Sachen Resonanz auf das universale Resonanzgesetz. Dieses Gesetz drückt im wesentlichen aus, daß Gleiches Gleiches anzieht.

Der menschliche Körper ist ein Energiesystem. Jeder Mensch hat seine einzigartige persönliche Schwingungsfrequenz, welche die Gesamtsumme all dessen darstellt, was er im Lauf von Äonen durchlebt hat. Jedes Lebewesen verfügt über das sogenannte *Vierkörpersystem* der *niederen* Körper. Es handelt sich um *niedere* Körper aufgrund ihrer Frequenz. Wir verfügen gleichfalls über *höhere* Körper beziehungsweise *Energiefelder, die auf einer höheren beziehungsweise feineren Frequenzrate schwingen. In Resonanz zu sein* kann man sich wie Musiknoten vorstellen, die auf einem Instrument gespielt werden, welches gut gestimmt ist.

Negatives Denken, verdrängte negative Gefühle, Schadstoffe, Schlacken, ungesunde Ernährung und vieles mehr sind wie Giftstoffe und beeinträchtigen den Zustand der Zellen und die Energiefelder des Körpers, was wiederum unsere persönliche Schwingungsfrequenz beeinflußt und festlegt, ob wir gestimmt oder verstimmt sind. Erfahrungen aus vergangenen Verkörperungen und dem gegenwärtigen Leben werden allesamt im Zellgedächtnis aufbewahrt und sind ebenfalls für die Schwingungsfrequenz eines Individuums verantwortlich.

Dr. Deepak Chopra führt in seinem Buch »Die heilende Kraft« aus, daß die Zelle ein mit Materie umkleideter Gedächtnisspeicher sei, der wiederum ein bestimmtes Energiemuster bilde und den Körper als Heimat anerkenne. Erinnerungen entstehen aus Erfahrungen, die von intensiven Gefühlen begleitet waren.

Viele Menschen spüren derzeit ein starkes inneres Verlangen, in ihrem Leben wahrhaftig Freude, Ausgeglichenheit, Harmonie und bedingungslose Liebe zu erfahren. Solche Erfahrungen werden uns automatisch zuteil, sobald wir unseren physischen Leib, den Gefühls- und Verstandeskörper sowie den Geistleib wieder auf höhere, feinere Frequenzebenen einschwingen. Die Einstimmung der persönlichen Schwingungsrate läßt sich mit dem Vorgang des Stimmens einer Saite auf einem Musikinstrument auf deren jeweilige einwandfreie Tonlage vergleichen. Je feiner die von uns ausgehenden Schwingungen sind, um so feiner abgestimmt sind die Lebenserfahrungen, die wir infolge des universalen Resonanzgesetzes anziehen.

Der physische Leib könnte beispielsweise meisterhaft auf die Note »C« gestimmt sein, das Energiefeld des Emotionalkörpers auf »D«, das feinstoffliche Feld des Mentalkörpers auf »E« und der Geistleib auf »F«. Sofern die genannten Energiefelder in ihrer jeweiligen »Note« perfekt *gestimmt* sind, spielen sie harmonisch miteinander, und das Leben nimmt eine magische Qualität an.

Sind sie hingegen verstimmt, entsteht eine disharmonische, atonale Musik und der Fluß unseres Lebens ist disharmonisch. Die Ereignisse verlaufen asynchron. Wenn wir uns unglücklich fühlen, unter Entbehrungen leiden oder krank sind, ist das als Hinweis zu verstehen, daß eines oder mehrere unserer Energiefelder falsche Töne abgeben und neu gestimmt werden müssen. Sind alle Felder eingestimmt und halten ihre jeweilige Tonlage, machen wir die Erfahrung, daß unser Leben ausgezeichnet verläuft.

Befassen wir uns nun mit dem Themenbereich Maßstäbe und Erwartungen. Für einen professionellen Musiker ist das präzise Stimmen eines Instruments von entscheidender

Bedeutung. Einem Laien erscheint ein annähernd gestimmtes Instrument gut genug, oder es hört sich für das ungeübte Ohr durchaus gut an. Hier ist von einem persönlichen Bezugsrahmen die Rede, denn jeder Mensch hat seinen eigenen Maßstab, was für ihn im Leben akzeptabel ist und was nicht. Wer allerdings nur ein kleines bißchen empfindet, daß das Leben besser sein könnte, wird gut daran tun, seine Energiefelder einzustimmen und auf eine feinere Resonanz einzustellen, um so die perfekte Tonlage zu finden.

Ihrem Wunsch nach Verbesserung ihrer Lebensqualität und/oder Lebensdauer folgend, hören heutzutage viele Menschen auf ihre innere Führung und reinigen sich. Die Reinigung geschieht nicht nur auf der körperlichen, sondern auch auf der emotionalen und mentalen Ebene. Für den Körper heißt dies ganz allgemein, weniger und leichter Verdauliches zu essen. Manche Menschen machen diesen Reinigungsprozeß auch auf der Gefühlsebene und werfen emotionalen Ballast ab – Emotionen wie beispielsweise Angst, Haß, Schuldgefühle, Sorgen, Ängstlichkeit, Ärger und vieles mehr, die sich, wenn sie nicht aufgelöst werden, in die verschiedenen Organe des physischen Körpers einlagern. Derlei Ablagerungen negativer Gefühle erzeugen Blockaden in den Energiefeldern und führen schließlich zu Krankheiten.

Auf der Ebene des Mentalkörpers erkennen die Mitmenschen, welche Beschränkungen wir durch negatives Denken unserem Leben auferlegen und welche Realität wir durch den Fluß der Gedankenenergie hervorbringen. Gedanken, Worte und Taten sind Energieformen, und was immer wir aussenden, kommt entsprechend den Gesetzen von Karma und Resonanz zu uns zurück. Das Wesen von Energie ist Expansion und Kontraktion. So haben wir alles, was uns das Leben präsentiert, aufgrund unserer eigenen Schwingungsfrequenz angezogen. Somit treten alle Dinge, denen wir im Leben begegnen, auf, weil wir sie aufgrund unserer Schwingungsfrequenz angezogen haben. Alle Erfahrungen erfüllen den Zweck, uns zu dienen, zu inspirieren und Kenntnisse zu vermitteln. Deshalb sind alle Erfahrungen richtig.

Positive Gedanken, Worte und Taten, verbunden mit der Absicht, stets so zu handeln, daß es dem höchsten Wohl aller Lebewesen sowie dem höchsten Wohl der eigenen Person dient, werden unsere Schwingungsrate und damit unsere Lebenserfahrung verändern.

Die folgenden Kapitel behandeln ausführlicher die Fragen, wie wir unsere Schwingungsfrequenz auch anderweitig bewußt neu einstimmen können, um ein harmonischeres Verhältnis zu den göttlichen Lichtwesen herzustellen, die wir im Grunde sind. Kurz gesagt, Meditation und tägliches Verweilen in der großen Stille der eigenen Innenwelt erweisen sich als wirksame Vorgehensweisen, um das menschliche Energiefeld an das vollkommene Schwingungsfeld der Lichtwesen anzugleichen.

Neben der energetischen Abstimmung ermöglicht uns die Meditation, uns der inneren Führung anzuvertrauen und zu lernen, den Einflüsterungen des eigenen Höheren Selbst zu lauschen, bis dessen Flüstern zu einer starken, deutlichen Stimme anschwillt. Handeln wir dementsprechend, werden diese Unterweisungen uns Freude, Liebe und Harmonie erfahren lassen, nach denen wir in allen Bereichen unseres Lebens Ausschau halten.

Meditation richtet unsere spirituellen, mentalen und emotionalen Energiefelder aus, was sich schließlich auf unser physisches Energiefeld oder den Körper auswirkt. Eine leichte Diät mit frischem klarem Wasser und sanfte, streßfreie Gymnastik ermöglichen uns, das Energiefeld unseres physischen Körpers Tag für Tag neu auszurichten, es wieder aufzubauen und zu verändern.

All diese Maßnahmen stärken Gesundheit, Vitalität und Langlebigkeit, doch keine erweist sich als derart machtvoll wie die Meditation, wenn man die Aufnahme von Prana mit Hilfe von speziellen Atemübungen maximiert und der herbeigerufenen Energie des weißen Lichtes erlaubt zu heilen und zu transformieren.

Wir leben in einer solch wunderbaren Zeit, dem Beginn eines neuen Zeitalters, und wir wissen, daß wir über die Fähigkeit verfügen, die Realität zu erschaffen, die wir uns wünschen, indem wir lediglich die Energiesignale, die wir aussenden, verändern und die Gesetze verstehen, denen die gesamte Materie untersteht.

Kapitel 2

Die Einzigartigkeit des Seins

Äonenlang hat die Erde – unser geliebter Heimatplanet, auch unter dem Namen Terra bekannt – großes Leid, Chaos, Kriege und Verwüstung erfahren, ganz einfach deswegen, weil die Menschenwesen, die auf ihr leben, vergessen haben, wer sie hinter der Maske ihrer Persönlichkeit und ihrem Ego in Wirklichkeit sind. Dieses Vergessen hatte zur Folge, daß viele gleichfalls aufgehört haben, die individuelle Einzigartigkeit wertzuschätzen, zu begreifen und anzunehmen.

Unsere Einmaligkeit rührt schlicht daher, daß es keine zwei Menschen gibt, die die gleiche genetische Codierung aufweisen, exakt denselben Umwelteinflüssen unterliegen und obendrein dieselben Erfahrungen in früheren Leben gemacht haben. Alle drei Faktoren bilden die Gesamtsumme dessen, was wir heute sind. Der dritte Faktor ist entscheidend, denn er erklärt, weshalb beispielsweise eineiige Zwillinge mit demselben genetischen Code, und identischen Umwelteinflüssen, trotzdem völlig unterschiedlich auf bestimmte Situationen reagieren können. Der fehlende Faktor ist, daß beide lediglich in diesem, nicht jedoch in sämtlichen anderen Leben Zwillingsgeschwister gewesen sind, weswegen sie abweichende Zellerinnerungen aufweisen.

Gegenwärtig sehnen sich die Menschen individuell und kollektiv nach einem Wandel auf unserem Heimatplaneten. Viele wünschen sich Einheit und Bruder- und Schwesterschaft miteinander. Wir wünschen uns eine neue Welt, in der wir in Frieden leben und alle Rassen, Glaubensbekenntnisse und Kulturen repektieren. Wir sehnen uns danach, den höheren Willen zu verstehen und uns in den größeren Plan einzugliedern. Aus dieser Motivation begeben sich viele Menschen auf den Weg nach innen, oder setzen den bereits begonnenen Weg fort.

Viele Menschen haben genug davon, Angst, Einschränkungen oder Unwissenheit unterworfen zu sein, deren Auswirkungen vielfach um uns herum in der irdischen Welt vorhanden sind. Sie haben erkannt, daß wir vor der eigenen Türe kehren müssen, um uns in die Lage zu versetzen, den Planeten zu verändern. Die Massengesellschaft besteht aus Individuen. Um das Massen-bewußtsein zu ändern, muß sich das Bewußtsein der einzelnen Menschen ändern. In dem Maße, wie jeder Mensch sein Bewußtsein und Wahrnehmungsvermögen umwandelt, werden wir begreifen, wer wir sind, weshalb wir hier sind und welche Rolle wir bei der Entstehung des Neuen Zeitalters bestimmungsgemäß spielen sollen.

Es ist unser Heimatplanet, und wir allein sind es, welche die erwünschten Veränderungen aus eigener Kraft zuwege bringen werden, indem wir uns nach innen wenden und unseren persönlichen einzigartigen göttlichen Bauplan befragen. Dieser Bauplan beinhaltet nicht nur die Antworten auf unsere individuellen Fragen, sondern auch den höheren Plan, nachdem die Menschen sich entwickeln sollen. Hinzu kommt noch unser jeweiliger Anteil bei diesem Gemeinschaftsunternehmen. Dadurch werden wir dann im Umgang miteinander bedingungslose Liebe und Akzeptanz der Rollen der anderen zeigen können und Einheit in der Vielheit erreichen.

Das Leben auf diesem Planeten läßt sich mit einer gigantischen Theaterproduktion vergleichen, die das Publikum und die Mitarbeiter durch ihre Komplexität hypnotisiert. Nicht nur das Drehbuch beschreibt eine Fülle von Lebenserfahrungen, von humorvollen und unterhaltenden Elementen bis hin zu spannungsgeladenen und dramatischen Szenen, sondern die Produktion an sich ist wirklich eindrucksvoll. Häufig hat man die Existenz auf unserem Planeten als Lebensschule bezeichnet, wohin die Menschen kämen, um zu wachsen, zu lernen und sich zu entwickeln.

Als ich mich vor einiger Zeit in tiefer Meditation befand, tauchte die oben beschriebene Vision vom Theaterstück des Lebens auf, und ich erblickte genau dieses Bild. Es waren Schauspieler, Bühnenpersonal, Kritiker und sogar Zuschauer zugegen. Die Akteure waren jedoch ziemlich desorientiert, die Schauspieler konzentrierten sich auf die Aufgaben der Tontechniker, die Musiker waren als Beleuchter tätig und so weiter, bloß keiner der

Darsteller wandte sich seiner ihm zugeteilten Rolle zu. Als die Vision anhielt und sich vollkommen entfaltete, vernahm ich innerlich den begleitenden Kommentar von Lord Sananda, der darauf hinwies, daß wir dieses kollektive Spiel des Lebens vervollkommnen könnten, wenn wir wollten – da die Menschheit ein intuitives Wissen von der potentiellen Vollkommenheit aller Manifestationen auf allen Ebenen besitzt und es anwenden möchte.

Er meinte, zu Beginn könnten wir womöglich den Wunsch verspüren, unsere Rolle in diesem Spiel des Lebens zu finden. Dies würde uns leichter fallen, wenn wir damit aufhörten, uns um das zu kümmern, was alle anderen täten. Dann könnten wir unsere Energie und Aufmerksamkeit darauf lenken, uns der eigenen inneren Führung anzuvertrauen und unser Unterscheidungsvermögen zu entwickeln. Dies brächte uns dazu, Freude an der Ausbildung zu haben und die eigene Rolle zu erkennen. Freude ist bekanntlich ein Ausdruck des Geistes, der sich im Leben offenbart. Deshalb ist der Grad der Freude stets ein verläßlicher Indikator dafür, wann wir mit dem Geist und unserer Bestimmung im Einklang sind.

Zweitens erwähnte er: Nachdem wir unsere vorherbestimmte Rolle angenommen und bestätigt hätten, daß wir Teil eines Ganzen sind, sei es förderlich, weiterhin die inneren Weisungen zu befolgen und unseren natürlichen Talenten und/oder erlernten Fertigkeiten zu erlauben, sich auszudrücken und zu vervollkommen, um auf diese Weise »unseren Text zu lernen«.

Drittens bekundete er, müßten wir begreifen, daß wir über viele Zeitalter hinweg Fortschritte in der Schule des Lebens gemacht hätten, ausgebildet worden seien, Fähigkeiten entwickelt und Wissen erworben hätten, das vielfach im Zellgedächtnis aufbewahrt wird, das wir nutzen können, um unsere jeweilige Rolle in einzigartiger Weise, allerdings in einstimmiger Harmonie mit den anderen Spielern, zu spielen. Wichtig sei zu wissen, daß die Mitspieler ihre jeweilige Ausbildung gleichfalls für die ihnen zugeteilte Rolle in diesem Stück durchlaufen hätten. Folglich lautete sein dritter Vorschlag, zu *vertrauen* und *die Entscheidungen der anderen zu respektieren*, denn auch sie seien ausgebildet worden, ihren Part im Gleichklang mit unserer Rolle zu spielen – sofern wir dies zuließen.

Sananda teilte mit, daß das Spiel des Lebens nur dann harmonisch fließen und glänzende Kritiken erhalten würde, sofern es im Einklang mit dem göttlichen Ausdruck sei. Erst dann würde das Goldene Zeitalter einkehren und Überfluß in allen Bereichen des Lebens für die ganze Menschheit Wirklichkeit werden.

Geht ein Mensch wie oben beschrieben vor, verändert sich seine persönliche Realität und sein Bewußtseinszustand entsprechend, besonders, da die Schwingungsfrequenz der Erde und ihrer Bewohner auf höhere Lichtoktaven abgestimmt wird und der innere Lichtquotient zunimmt.

In diesem Bewußtseinszustand ist das Energiefeld des Herzens vollständig geöffnet. Magie ist im Spiel, wenn wir imstande sind, die Einmaligkeit aller Lebewesen zu erkennen und uns mit dem Meister in allem zu verbinden. In diesem Bewußtseinszustand löst sich das Wesen vom Ich, wächst über Getrenntheit und Begrenztheit hinaus und strebt ausschließlich danach, dem größeren Plan zum Wohl des Ganzen und nicht mehr dem des Einzelwesens zu dienen. Diese Diskussion setzen wir in Kapitel 18 über Bestimmung und Dienen fort.

Je besser wir die Energiegesetze und die Art und Weise begreifen, wie wir mit Hilfe unserer Gedanken unsere Wirklichkeit erschaffen (siehe Kapitel 8 und 9), verstehen wir, daß »wir jederzeit unsere Einstellung und folglich unsere Lebenserfahrung ändern können«, selbst wenn es uns nicht immer gelingt, die unmittelbaren Lebensumstände zu ändern.

Lebenslektionen, um Harmonie zu erreichen
Urteilsvermögen: Erkenne den nächsten Schritt.
Anerkennung der individuellen Einzigartigkeit: Lerne deinen Tanz zu tanzen, ohne dabei den anderen auf die Zehen zu treten. Vielleicht entscheidest du dich dafür, Walzer zu tanzen, während ein anderer Samba tanzt. Einheit drückt sich in der Vielfalt aus.
Einzigartigkeit des Seins: Finde heraus, welchen Tanz du gerne tanzt. Erlerne die Tanzschritte und teile die Tanzfläche mit den anderen!

Kapitel 3

Das Energiesystem Körper

Nach Angaben des Oxford-Wörterbuchs ist Energie »das Vermögen von Materie oder Strahlung, eine Leistung zu erbringen«. Nach Aussage von Stephen Hawking in dem Buch »Eine kurze Geschichte der Zeit« entspricht der Begriff Energiekonservierung dem naturwissenschaftlichen Gesetz, wonach Energie (beziehungsweise deren Masseäquivalent) weder erzeugt noch vernichtet werden kann – allerdings ist sie imstande, ihre Form zu verändern.

In seinem Buch »Die Körperzeit« gibt Dr. Deepak Chopra an, daß jedes Atom zu mehr als 99,9 Prozent aus leerem Raum besteht, durch den die subatomaren Partikel sich mit enormer Geschwindigkeit in Form von vibrierenden Energiebündeln bewegen, die anhand von einzigartigen Codierungen Informationen transportieren.

Um aus lebloser Materie Leben zu formen, ist es erforderlich, daß zwischen RNS und DNS ein Austausch erfolgt, wodurch sich Zellstrukturen bilden. Dieser intelligente Energiestrom, den Dr. Chopra als universales Feld bezeichnet, erhält uns am Leben. Er führt aus, die grobstoffliche Welt sei lediglich ein Spiegel der tieferen, auch dem Menschen innewohnenden Intelligenz, die Materie und Energie organisiert. Jeder ist ein Teil des Ganzen und daher dazu aufgerufen, sich liebevoll um alles zu kümmern. Auch wenn wir in unserer Individualität einmalig sind, sind wir durch ein gemeinsames Band aus reiner Energie verbunden, das jede einzelne Zelle versorgt, unser Wesen und alles Leben als Ganzes.

Religionen nennen diese Energie Gott oder Überbewußtsein und sehen sie als allgegenwärtig, allmächtig und allwissend an. Die Quantenphysik bezeichnet diese Energie als *große*

Vereinigungsenergie, die gleichfalls allerorts vorhanden ist und über absolute Macht und alles Wissen verfügt. Vertreter der New-Age-Bewegung charakterisieren diese Energie mit anderen Begriffen:
Alles, Was Existiert, Göttliche Intelligenz und so weiter. Die erwähnten Bezeichnungen sind allesamt Begriffe, welche ein und dieselbe Kraft oder Macht beschreiben. Energie ist nichts weiter als Energie. Ihr Differenzierungsfaktor hängt lediglich von der Reinheit des Bewußtseins ab, das ihr aufgeprägt ist.
In Joseph Caters Buch »The Awesome Life Force« wird die Lebenskraft folgendermaßen beschrieben. Sie setzt sich aus ätherischen Stoffen und komplexeren *feinstofflichen Partikeln* zusammen. Ätherkombinationen produzieren Lichtphotonen, die ihrerseits die Elektronen und Protonen der Atome erzeugen. So ist es möglich, daß Gedanken scheinbar aus dem Nichts feste Gegenstände materialisieren können.
Der menschliche Körper setzt sich aus Äther, Atomen und Zellen zusammen, in denen diese Energie samt ihrem Informationsgehalt vorhanden ist. Daraus läßt sich schlußfolgern, falls Gott allgegenwärtig ist und aus wissenschaftlicher Sicht tatsächlich ein reines intelligentes Kraftfeld darstellt, welches den Fortbestand allen Lebens gewährt, steht es uns frei, sofern wir dies wünschen, uns ihm zuzuwenden und mit dieser Energie beziehungsweise unserer *inneren Gottheit* Kontakt aufzunehmen.

Gedanken, Worte und Taten sind gleichfalls Energie. Energie dehnt sich aus, zieht sich zusammen und verändert ihre Form. Folglich kehrt alles, was wir aussenden, zu uns zurück. Die Bibel drückt es so aus: »Was du säst, das wirst du ernten.« Energetisch ausgedrückt wird alles vom universalen Gesetz der Resonanz und dem Gesetz der Anziehung bestimmt, wonach gleiche Dinge sich anziehen.
Wie bereits erwähnt, besitzt der Mensch vier niedere Energiekörper, die in verschiedenen Frequenzbereichen schwingen:

1. der physische Leib, der als einziger Körper sichtbar ist beziehungsweise vom menschlichen Auge als feste Materie wahrgenommen wird,
2. der Emotionalkörper (Gefühlsleib),
3. der Mentalkörper (Verstandesleib) und
4. der spirituelle Körper (Geistleib).

Wir verfügen ebenfalls über höhere Energiekörper, die deshalb als höher bezeichnet werden, weil sie in höheren Frequenzbereichen schwingen. Barbara Ann Brennans Buch »Licht-Arbeit« behandelt diese Körper und Energiefelder sehr ausführlich und wird interessierten Lesern als Lektüre empfohlen.

Wenn wir die genannten Energiekörper einwandfrei aufeinander abstimmen oder sie miteinander harmonisieren, erlangen wir höheres Wissen und erfahren einen höheren Sinn unseres Daseins, da sich alle Dinge mühelos ineinanderfügen.

Dieser Zustand der Erleuchtung, der von Schülern der östlichen Esoterik so sehr ersehnt wird, wird nicht nur durch die Feinabstimmung der vier niederen Körper und deren vollkommener Resonanz untereinander erreicht, sondern auch durch die richtige Stimmfrequenz, die dem Höheren Selbst, der Seele und der ICH BIN-Gegenwart, dem inneren Gott oder dem Christusbewußtsein (allesamt Bezeichnungen, die das feinstofflichere Selbst beschreiben) ermöglicht, ihre Kraft und Magie im physischen Körper vollkommen auszudrücken.

Zusammenfassung: Wir sind Energiesysteme, die Signale senden und empfangen. Wer ziellos Signale aussendet, macht auch beliebige oder zufällige Lebenserfahrungen. Kontrollieren wir jedoch unsere Signale, können wir unser Leben in beträchtlichem Maß beeinflussen. Gehen wir noch einen Schritt weiter und stimmen den Körper und seine Schwingungen, das heißt die von uns übermittelten Energiesignale, auf einen reineren, harmonischeren Frequenzbereich ein, können wir die

Qualität und Dauer unseres Lebens sowie unserer Lebenserfahrungen bestimmen.

Über Reinkarnation: Nachdem wissenschaftlich bewiesen ist, daß Energie weder erzeugt noch vernichtet werden, aber ihre Form verändern kann – vorausgesetzt wir begreifen den Menschen als Energiesystem –, wage ich folgende logische Behauptung aufzustellen, wonach Reinkarnation lediglich die Unzerstörbarkeit der Energie bestätigt. Während Materie wie beispielsweise der physische Körper verfallen und sterben kann, ändert die darin enthaltene Energie, welche die Körperfunktionen aufrechterhält, nur ihre Form und existiert weiter. Wer sich für das Konzept der Reinkarnation interessiert, möge hierzu die Werke von Edgar Cayce studieren, die als die am umfangreichsten dokumentierte Lektüre sämtlicher Fallstudien zu diesem Thema gilt.

Es gibt ein universales Gesetz, das sogenannte Gesetz der Evolution und Wiedergeburt (siehe Kapitel 31 über universale Gesetze). Danach »durchläuft die Menschheit einen allmählichen Entwicklungsprozeß, in dem sie mit unerschütterlicher Ausdauer die Verkörperung in Formen wiederholt. Mit zunehmender Effizienz und jeweils zum richtigen Zeitpunkt erfolgt der Höhepunkt spiritueller Entwicklung, wobei die Schöpfungsquelle und die wahre Identität erkannt werden. Dieses Gesetz ist auch als das Gesetz der regelmäßigen Wiederkehr (Periodizität) bekannt«. Zitat aus dem Buch »The Vision of Ramala«.

Anhand meiner ausführlichen Nachforschungen und persönlichen Erfahrungen auf diesem Gebiet, behaupte ich, daß Reinkarnation innerhalb eines linearen Zeitrahmens ein grundlegender Vorgang ist. Auf dieses Thema greifen wir im Verlauf dieses Buches gelegentlich zurück. Etwas vereinfacht ließe sich folgendes sagen: Das Leben in der Verkörperung ist eine Schule, ein Prozeß des Wachsens und Lernens. Nach Eintritt des Todes löst sich das Kraftfeld des physischen Körpers auf, doch die Energiefelder des Emotional- und Mentalkörpers sowie des Geistleibs bleiben noch eine Weile erhalten. Sie fügen sich zu einem bewußten Energiefeld zusammen. Dann folgt eine Periode, in der wir buchstäblich Ferien haben.

Ferien sind eine Zeit des Nachdenkens, in der wir das vergangene Schuljahr Revue passieren lassen, überprüfen, was wir gelernt haben und wie gut oder mangelhaft wir unsere Schulaufgaben bewältigt oder nicht geschafft haben. Die nicht bestandenen Prüfungen müssen wir im nächsten Jahr wiederholen. Aus diesem Grund schmieden wir bereits Pläne für das kommende Schuljahr, erstellen den anstehenden Lehrplan und wählen die Schulfächer aus, die wir studieren wollen.

Lernen und Prüfungen dieser Art sind Kennzeichen der menschlichen Entwicklung. Gewöhnlich beziehen sich die Lernlektionen auf abstrakte Themen wie zum Beispiel Einfühlungsvermögen, Liebe, Mitgefühl, Dienst am Nächsten und so weiter. Die Schulzeit stellt zugleich einen Zeitabschnitt dar, da wir aus den Beziehungen und ganz allgemein den Lebensbedingungen auf einer grobstofflichen, materiellen Ebene lernen. Die Frage, weshalb die *göttlichen Funken*, sprich wir Menschen, uns dafür entschieden haben, die Schule des Lebens auf dem Planeten Erde zu besuchen, ist ein anderes Thema.

Wenn wir also den gesamten an dieser Schule verfügbaren Lehrstoff erarbeitet und sämtliche Examina bestanden haben, wenden wir uns einer weiterführenden Lehranstalt zu, womit sich der Zyklus der Reinkarnation auf der irdischen Ebene aufhebt.

Das menschliche Energiefeld verändert weiterhin seine Form. Ebenso verhält sich die Energie infolge des universalen Gesetzes der Veränderung und Transmutation, welches besagt, daß das einzig Beständige die Veränderung und das unzerstörbare Wesen der Energie ist. Dieser Vorgang wird gemeinhin als Unsterblichkeit der Seele bezeichnet. Die physische Unsterblichkeit ist gleichfalls möglich. Sie erlaubt uns, im gleichen Körper weiterzuleben, nicht nur um unser gewähltes Lernpensum zu vervollständigen, sondern um zu bleiben und den Lehrplan auf eigenen Wunsch zu verbessern. In Kapitel 26 wird das Thema Unsterblichkeit ausführlicher behandelt.

Kapitel 4

Visualisierungen

Die uns umgebende materielle Welt erscheint uns fest und wirklich, weil wir unsere Sinnesorgane ein Leben lang trainiert haben, sie in dieser Weise wahrzunehmen. Stellen Sie sich einmal vor, wie es wäre, wenn Sie in den letzten zwanzig bis sechzig Jahren oder während Ihrer gesamten Lebensspanne Tag für Tag das Innenreich mit den gleichen Sinnen und entsprechender Beharrlichkeit erfahren hätten, die Sie auf die Wahrnehmung der physischen Umwelt verwandt haben. Wie real würde Ihnen dann die innere Welt erscheinen?

Ebenso wie es Abenteurer und Forscher gibt, die die äußere Natur des Planeten Erde und den sie umgebenden Weltraum untersuchen, haben sich mittlerweile auch viele Menschen darauf eingelassen, die Innenwelt zu erforschen auf der Suche nach jenem imaginären Schlüssel zur Erfahrung von Glück, Liebe und Wohlstand.

Im Lauf der Geschichte sind eine Anzahl von Menschen durch ihr Höheres Bewußtsein angespornt worden, Antworten auf gewisse Fragen zu suchen, wie beispielsweise »Weshalb sind wir hier auf Erden?«. Durch die Industrialisierung, die infolge technischer Neuerungen eine veränderte Lebensweise mit mehr Freizeit ermöglicht, haben sich viel mehr Menschen ernsthaft auf den inneren Pfad begeben, der in früheren Zeiten nur Mystikern, Weisen, Avataren und den Mysterienschulen vorbehalten war.

Die Metaphysik ist die theoretische Philosophie des menschlichen Daseins und Bewußtseins. Seit der uns geläufigen Zeitrechnung hat sich die Menschheit auf der Suche nach Lebensqualität, höherer Weisheit und Bildung weiterentwickelt. Man könnte sagen, daß Streß in unserer Gesellschaft unmittelbar davon herrührt, daß der Einzelne von dieser höheren Wahrheit und Weisheit fast nichts weiß, keinen Zugang zur Schöpferkraft hat und Gott als Wesen in der Außenwelt ansieht. Wenn man anfängt, dieses höhere Wissen zu erfassen und zu verstehen, indem man sich nach innen wendet und das eigene Bewußtsein mit der lebenserhaltenden Energie verschmelzen läßt, verschwinden Streß und Unglücklichsein und an ihre Stelle treten Freude – als Folge der Selbstentdeckung – und das Gefühl, den Sinn des Lebens gefunden zu haben.

Indem man lernt, seiner inneren Führung zu vertrauen und auf sie zu hören, findet man den richtigen Weg, der einem bestimmt ist. Unglück, Krankheit und Streß sind Hinweise, daß im Leben etwas verkehrt läuft. Solche Hinweise treten nicht zufällig auf. Sie deuten darauf hin, daß unser derzeitiges Handeln und/oder der Weg, den wir eingeschlagen haben, *für uns* nicht stimmig ist und von uns selbst korrigiert werden muß.

Das *kreative Visualisieren* ermöglicht uns, die inneren Reiche zu erforschen, indem das höhere Bewußtsein angeregt wird, mit der Göttlichen Intelligenz zusammenzuarbeiten, um eine Realität in einer anderen Dimension zu erschaffen. Wird diese Realität regelmäßig erlebt, sickert sie in die irdische Alltagsrealität ein. Annalee Skarin schreibt in ihrem Buch »Ye are Gods«: »Die Vorstellungskraft ist ein Gottesgeschenk. Mit Hilfe unseres Verstandes können wir die Samenkörner unserer Wünsche in die geistige Welt *hineinimaginieren*, indem wir die Fähigkeit der Visualisierung einsetzen.« Unsere Lebenswirklichkeit wird durch Gedanken erschaffen. Es gibt nichts auf Erden, was nicht durch Denken und Willenskraft des Menschen und Denken und Willenskraft der Ewigen schöpferischen Intelligenz in Erscheinung getreten ist.

Ohne Vorstellungskraft und Ideen würde es weder Visionen noch eine physische Wirklichkeit geben, denn alle Dinge, die uns umgeben, sind in Gedanken geboren worden. Geist und Vernunft gehen Hand in Hand, wobei allerdings die Vernunft aus dem Geist geboren wurde.

Aktuelle Forschungen haben nachgewiesen, daß der Körper zwischen einer starken Visualisierungserfahrung und einem tatsächlichen Ereignis nicht zu unterscheiden vermag, weshalb er beide Eindrücke gleichermaßen »real« behandelt. Dieser Gedanke eröffnet uns ein bislang unerforschtes riesiges Gebiet, was uns ermöglicht zu verstehen, daß der Körper wahrlich dem Bewußtsein unterstellt ist. Der physische Körper und der Emotionalkörper dienen dem Mentalkörper, der sich wiederum den Geistleib als Kanal zunutze macht, um Zugang zum höheren Bewußtsein zu erhalten. Das höhere Bewußtsein entspricht dem höheren Selbst (der Seele), das uns wiederum mit der Göttlichen Intelligenz verbindet. Die Göttliche Intelligenz manifestiert sich gänzlich in dem eigenen Gottselbst oder der ICH BIN-Gegenwart.

Die Kenntnis von der Macht der schöpferischen Visualisierung erlaubt uns zu verstehen, wie wir Krankheiten und Leiden *wegprogrammieren* beziehungsweise erzeugen können. Dieses Thema wird in den Kapiteln 9 und 10 über die Meisterung des Verstandes und die Macht der Gefühle behandelt. Weitere ausführliche Informationen über Spontanheilungen, Heilbehandlung von unheilbaren Krankheiten und vieles mehr finden Sie in Deepak Chopras Werk »Die heilende Kraft« und zahlreichen anderen New Age-Büchern und Schriften über das Thema Heilung.

Es gibt nichts, was man mit der richtigen *geistigen Einstellung* nicht erreichen kann, doch um eine neue Wirklichkeit zu erschaffen, muß man eine klare Vorstellung davon haben. Visionen empfangen wir während der Meditation, Kontemplation und wenn wir uns dem höheren Bewußtsein öffnen, indem wir Visualisierungstechniken und andere Methoden verwenden.

Grace Cooke schreibt in ihrem Buch »Die Perle im Lotos« die wahre Bedeutung spiritueller Imagination sei ein Schöpfungsvorgang im höheren Bewußtsein in einer Sprache, die reine Schönheit, reine Güte und reine Christusliebe ausdrückt. »...verstehen wir, daß der Mensch unendliche Schönheit hervorbringen kann, weil der göttliche Geist in ihm imstande ist, den weißen Äther zu formen.«

Weiter führt Grace Cooke aus, daß dieser Äther eine Substanz sei, die der höhere Verstand in eine lebendige Form verwandeln könne. Ein Mensch könne mittels seiner Imagination und der von ihm wahrgenommenen Bilder seine Seele in Welten zum Ausdruck

bringen, die von der irdischen weit entfernt sind. Sie spricht davon, daß die menschliche Angst vor dem Unbekannten oder vor Täuschungen und Betrug uns dazu veranlassen, zwischen uns und der wirklichen Welt des Geistes eine Barriere oder einen schweren Vorhang aufzubauen und daß wirkliche Imagination das Tor in die feinstoffliche Welt und höhere Reiche sei (wobei sich das Wort *höher* auch hier auf die Schwingungsebene bezieht).

Esoterischen Studien zufolge werden vier Fünftel des menschlichen Gehirns nicht benutzt. Das Großhirn beinhaltet unseren höheren Verstand und ist die Datenbank für das höhere Denkvermögen. Je häufiger wir uns mit Hilfe von Techniken wie beispielsweise Visualisierungen auf den höheren Verstand einstimmen und ihn aktivieren, um so leichter fällt es uns, die von uns gewünschte Wirklichkeit zu erschaffen und unseren eigenen göttlichen Bauplan zu erschließen. Detaillierte Angaben und Übungen zur Aktivierung des Großhirns und anderer Gehirnzentren finden Sie in Kapitel 28 über telepathische Kommunikation.

Der Unterschied zwischen dem höheren und dem niederen Verstand ist folgender: Während der niedere Verstand sich den alltäglichen Problemen des Überlebens (Vermehrung, Sexualität, Essen, Obdach, usw.) in der irdischen Welt widmet und völlig darin aufgeht, fordert der höhere Verstand uns auf, uns weiterzuentwickeln und folgende Fragen zu stellen: »Hat das Leben einen höheren Sinn? Gibt es ein Leben nach dem Tod? Gibt es eine höhere Macht, einen größeren Plan? Welchen Platz nehmen wir darin ein?« – und noch viele weitere Fragen dieser Art.

Indem wir visualisieren und die weiße Lichtenergie einsetzen, stimmulieren wir überbewußtes Denken, das dem normalen Denken überlegen ist. In der Meditation erzeugen wir damit eine reale Welt, die abhängig von unserer bildlichen Vorstellung uns inspiriert oder beruhigt. Praktizieren wir diesen Vorgang regelmäßig, so sickert die Erfahrung in unser Tagesbewußtsein ein. Sofern unser Denken und Streben rein sind, wird man in diesen inneren Welten, nach Aussage von Grace Cooke, stets von der Kraft der *Absicht* beschützt, die durch und durch gut und von Liebe erfüllt ist.

Viele Menschen stellen sich die Frage, wie sie echte Imagination von bloßer Phantasie unterscheiden können. Dazu ein Zitat aus dem White Eagle-Buch »Die Perle im Lotos« von Grace Cooke. »Wirkliche Imagination stellt sich als die Folge von aufrichtigem Streben und Beten ein, was höhere Schwingungen aktiviert, auf die das Gehirn reagiert. Mit dem niederen Verstand kann man allerhand nichtige und alberne Gedanken denken, hat man jedoch die Kraft und das goldene Licht berührt ... wird man von dieser göttlichen Macht durchdrungen, was nicht allein den höheren Verstand, sondern auch das Gehirn beeinflußt, wodurch man mit Hilfe der Macht Gottes in die Lage versetzt wird, die Form zu erzeugen, die während der geführten Meditation und Visualisierung beschrieben werden. Dies ist hilfreich, um Zugang zur Welt des Geistes zu erhalten.« Diese Schrift ist eine ausgezeichnete Einführung für alle, die mit Meditation und schöpferischer Visualisierung beginnen.

Über neunzehn Jahre habe ich es vermieden, schöpferische Visualisierungsübungen auszuführen. Während meiner Meditationspraxis war ich süchtig nach Gefühlsempfindungen von Freude und Liebe geworden, die ich durch Atemübungen und Lichtarbeit erfahren hatte. Dies stimmte mich auf einen Kraftstrom ein, der mir bereits als *Heiliger Name* bekannt war. Dabei handelt es sich um die Kraft, die in Verbindung mit dem Licht den Atem steuert. Durch eine bestimmte Körperübung, bei der ich beide Augen nach innen und nach oben in Richtung Drittes Auge bewegte, hatte ich diesen Kraftstrom aktiviert. Aus Erfahrung wußte ich, daß diese Art der Meditation mich auf subtile, doch kraftvolle Weise veränderte, denn ich wurde ruhiger, war ausgeglichener und konzentrierter und meine Fähigkeit im alltäglichen Leben zu handeln statt nur zu reagieren wurde immer besser. Diese Übungen setzte ich fort, da ich mich gut fühlte und es in meinem Leben aufwärts ging. Dann brachten mich Erfahrungen, die mich sehr glücklich machten dazu, die Zusammenarbeit mit den Bruderschaften des Lichts bewußt aufzunehmen. Im Kapitel 32 führe ich die Thematik der universellen Bruderschaften näher aus. Plötzlich verstand ich den Sinn meiner vorausgegangenen Ausbildung, und der heiße Wunsch überfiel mich, das reinste Medium (*engl.* Channel) für die göttliche Intelligenz zu werden, das ich sein konnte. Mit Hilfe der schöpferischen Visualisierung vermochte ich bewußt meinen höheren Verstand zu aktivieren, meine Energiefelder gründlich und dauerhaft zu reinigen und neu auszurichten und meine Lehrzeit der Selbstmeisterung zu beschleunigen.

In den nachfolgenden Kapiteln werden spezielle Visualisierungsübungen aufgeführt, die sich als hilfreich erweisen, um den Lichtquotienten des Körpers und zugleich das Gefühl der Freude zu steigern, negative Programmierungen aufzulösen und emotionalen Ballast abzuwerfen, der zu nichts mehr nütze ist, und noch vieles mehr.

Am Ende von Kapitel 7 finden Sie die schöpferische Visualisierung 1. Diese großartige Technik dient zur Streßminderung und schenkt inneren Frieden, indem sie die Visualisierung mit der weißen Lichtenergie und Atemübungen kombiniert.

Das schöpferische Visualisieren ermöglicht es, die inneren beziehungsweise die übersinnlichen Sinne vollständig zu aktivieren. Diese geistigen Sinne sind bei allen Lebewesen in unterschiedlichen Abstufungen aktiv. Einige Menschen sind von Natur aus hellsichtig begabt, was sie in die Lage versetzt, bei geführten Meditationen, verbunden mit Visualisierungen, mühelos zu sehen. Andere scheinen überhaupt nichts zu sehen, können aber deutlich hellfühlen. Eine weitere Gruppe von Menschen scheint von Natur aus hellhörig zu sein. Ihnen fällt es leicht zu hören, wenn sie sich in den Innenwelten aufhalten.

Das Ziel ist, alle diese Sinne zu entwickeln. Wenden wir uns dazu nach innen und praktizieren die schöpferischen Visualisierungstechniken, bis sich unsere feinstofflichen Sinne des Sehens, Schmeckens, Riechens, Tastens und Hörens vollständig öffnen und wir unsere übersinnlichen Wahrnehmungen nach Belieben aufrechterhalten können.

Am Ende von Kapitel 13 finden Sie unter der Überschrift »Die Gestaltung des Inneren Heiligtums« schöpferische Visualisierungsübungen zur Entwicklung dieser Sinne. Die nachfolgenden Kapitel beinhalten etwa siebzehn geführte Meditationsübungen, die in Verbindung mit Visualisierungstechniken zu verwenden sind.

Ich empfehle, zu Beginn nur in etwa vierzig Prozent Ihrer Meditationszeit Kassetten zu Hilfe zu nehmen. Sobald Sie geübter visualisieren können, reduzieren Sie die Verwendung von Kassetten. Ihr Wesen hat seine eigenen Ziele, Pläne und Visionen, mit denen Sie Kontakt aufnehmen sollen, damit Sie auf Ihrer Reise nach innen geführt werden können. Wenn wir immer von außen kommende Anweisungen befolgen, behindern wir womöglich den inneren Lehrer.

Wenn wir visualisieren, sind wir wie ein Maler, dem eine leere Leinwand gegeben wurde oder wie ein Schriftsteller, der eine neue Geschichte erfindet. Unsere Vorstellungskraft, der Malerpinsel, die Farben sowie der Kugelschreiber sind nichts als Werkzeuge, mit deren Hilfe wir kreieren. Alles, worauf wir uns konzentrieren, wächst heran. Imagination und Visualisierung sind die Samen, die wir heute säen, damit die Visionen von morgen zustande kommen.

Kapitel 5

Die Energie des weißen Lichtes

Weißes Licht ist der sichtbare Aspekt der Energie, die den menschlichen Körper erhält und das Universum durchflutet. Diese Kraft kann auch mit allen grobstofflichen Sinnesorganen wahrgenommen werden, wenn wir diese Körpersinne während der Meditation ins Innere richten. Auf diese Weise können wir die Energie des weißen Lichtes nicht nur *sehen*, sondern sie auch als inneren harmonischen Klang hören.

Wir sind gleichfalls imstande, die Lichtstrahlen und Tonwellen dieser Kraft zu berühren oder zu fühlen, da sie mit Empfindungen von Liebe und Wohlbefinden einhergehen. Diese Energie kann man auch schmecken, denn aus der Zirbeldrüse tritt Nektar oder ein Sekret aus, das die Yogis von altersher als Jungbrunnen oder Ambrosia (*sanskrit* amrita) bezeichneten.

Die Energie des weißen Lichtes ist der sichtbare Aspekt unseres göttlichen Wesens. Es ist die Kraft, die im Universum am wirksamsten heilt und transformiert. Wer sich um Transformation und Heilung bemüht, kann sie erlangen, indem er mit Hilfe von Meditation und durch den Einsatz besonderer Atemübungen und Visualisierungen dieses Licht herbeiruft.

In seinem Buch »Die Autobiographie eines Yogi« beschreibt Yogananda, daß die Stelle zwischen der Medulla oblongata und dem Hypothalamus sowohl den positiven als auch negativen Pol darstellt, sprich das Zentrum der intelligenten Lebenskraft. Hier ist auch der Sitz des Dritten Auges oder Stirnchakras, die Stelle, wo die *innere Sicht* stattfindet. Konzentriert man sich in Ruhe auf den Punkt zwischen den Augenbrauen und gelegentlich auf die Medulla oblongata (laut Yogananda bilden beide Pole zusammen eine Polarität), richtet sich der Strom zwischen beiden Augen zunächst auf den besagten Stirnpunkt und anschließend auf die Medulla oblongata. Das einzige feinstoffliche Lichtauge, jene reine Energie des weißen Lichtes, tritt dann im Dritten-Auge Chakra (auch Stirnchakra genannt) hervor und wird in der Medulla oblongata gespiegelt.

Das Buch »Das Buch des Wissens: Die Schlüssel des Enoch« enthält eine Definition von Licht: »Licht ist eine göttliche Emanation, die von einer höheren evolutionären Manifestation oder einer beliebigen Anzahl von astrochemischen Bewußtseins-kräften ausgeht. Es kann in vielerlei elektromagnetischen Spektren koexistieren.« Dieses Buch ist eine großartige wissenschaftliche und spirituelle Abhandlung, dessen Inhalt Prof. Dr. J. J. Hurtak im Jahre 1973 medial empfangen hat.

Mit siebzehn Jahren hatte ich, kurz nachdem mein Guru mich in einer speziellen Atemtechnik unterrichtet hatte, mein erstes starkes Erlebnis, wobei ich dieses Licht gesehen habe. Ich lag auf dem Rücksitz eines Personenwagens, den meine Eltern chauffierten, und praktizierte die soeben erlernte Atemübung unter einer Decke, um mich vor dem Tageslicht abzuschirmen. Nachdem ich mich eine Weile auf das Stirnchakra konzentriert hatte, barst nach ein paar Minuten reines weißes Licht aus dem Inneren meines ganzen Kopfes hervor. Meine Augen waren geschlossen, und von außen konnte kein Licht eindringen. Ich war total überwältigt von der Intensität des Lichtes. Es war, als ob ich aus unmittelbarer Nähe in eine 1000 Watt Glühbirne gestarrt hätte und anschließend miterlebte, wie sich der bildliche Eindruck bei geschlossenen Augen nachhaltig in mein Bewußtsein einbrannte. Nur kam das Licht aus dem Inneren, zusammen mit dem Gefühl überwältigender bedingungsloser Liebe, die mein ganzes Wesen durchflutete, und mich mit allem vollkommen eins sein ließ.

Ich befand mich in einem erweiterten Bewußtseinszustand und hatte das Gefühl, riesengroß, unbegrenzt und *unermeßlich geliebt* zu sein. Diese Erfahrung machte mich mit der Innenwelt bekannt, ließ mich meine wahre Göttlichkeit erfahren und nachdrücklich über die Sichtweise hinauswachsen, ich sei nur mein Verstand, mein Körper, meine Persönlichkeit. Noch ganz aufgeregt über diese *Offenbarung* schnellte ich hoch und rief freudestrahlend aus: »Ich kann Licht sehen!« Meine lieben Eltern tauschten einen besorgten Blick untereinander aus, meinten ruhig: »das ist ja großartig« und fuhren einfach weiter.

Das war der Anfang einer Reihe eindrucksvoller Erfahrungen, die ich seit den frühen siebziger Jahren immer wieder machen durfte. Dadurch begriff ich meine Einzigartigkeit und fing an mich an meiner eigenen Göttlichkeit zu erfreuen und sie in anderen gleichfalls anzuerkennen. Es gibt Übungen, die dazu dienen, das weiße Licht zu erfahren, vorausgesetzt wir haben die aufrichtige Absicht, die grenzenlose Natur unseres Wesens zu erfahren.

In Kapitel 7 über den »Atem des Lebens« werden praktische Übungen in Verbindung mit den Atemtechniken vorgestellt. Anhand meiner persönlichen Erfahrungen und meiner inneren Führung habe ich festgestellt, daß es einfacher ist, den Lichtaspekt der eigenen Existenz anzuregen, nachdem man *seine Schwingungsfrequenz* mittels Atemarbeit *gestimmt* hat. Die Kombination der Erfahrung der lebenserhaltenden Schwingung verbunden mit dem sichtbaren Aspekt des Lichtes erweist sich als äußerst kraftvoll, da beide zusammen die Empfindung bedingungsloser Liebe und Freude auslösen, die einen im innersten Wesenskern erfaßt und sich mit dem Gefühl vergleichen läßt, *von den Armen der Gottheit umfangen zu sein*. Die Arbeit mit Schwingungsfrequenzen und der Energie des weißen Lichtes ist die Grundlage für jede Art von Heilung und Transformation. Verknüpft man dies mit schöpferischen Visualisierungen, kann man sich kraftvoll einklinken und mit dem eigenem göttlichen unbegrenzten Wesen kreieren.

In seinem Buch »Mahatma II« schreibt Brian Grattan in der Einleitung: »Was die Wissenschaft Energie nennt, bezeichnet die Religion als Gott. ALLES ist ENERGIE. ALLES ist GOTT. DAS WESEN GOTTES IST LIEBE.«

Er führt weiter aus, daß die reinste Energieform in sämtlichen Universen das weißgoldene Licht der Mahatmaenergie sei. Diese Mahatmakraft verkörpere das Bewußtsein über alle Dimensionen hinweg bis zur Quelle (Gott). Er nennt diese Kraft die Energie der Zukunft, die Verschmelzungsenergie, die »sowohl die höheren Qualitäten und Lebenswerte als auch das *spirituelle Wohl der Menschheit* hervorbringen werde.«

Grattan behauptet, daß eine Kernfusion erforderlich sei, um die Energie der Seele innerhalb des Atoms freizusetzen. Während es vielerlei Arten von Atomen gäbe, die ihren jeweiligen Energietypus freisetzten, würde die Mahatmaenergie uns auf ein feineres, spirituelleres Leben einstimmen, worin die höchsten Menschheitsideale verwirklicht werden können. Er sagt weiter, daß die Nutzung und Freisetzung der Mahatmaenergie in der menschlichen atomaren Struktur die Menschheit von den Beschränkungen der dritten Dimension befreien und die Vergeistigung der Materie innerhalb des Erdenplans ermöglichen würde.

Kapitel 6

Selbstmeisterung und Unterscheidungsvermögen

Da allen Lebewesen der göttliche Bauplan eincodiert ist, der alle Antworten auf persönliche Fragen enthält und gleichfalls über den jeweiligen Lebensauftrag Auskunft gibt, gelangen viele Individuen im Laufe ihres Lebens an einen Punkt, von dem aus sie ihre Innenreise der Selbsterforschung *bewußt* beginnen. Diese Entdeckungsreise wird durch das Überbewußtsein oder das höhere Selbst veranlaßt, das den Betreffenden dazu anleitet, den besagten Bauplan (an)zuerkennen, ihn sich zu erschließen und damit zu arbeiten. Oft beginnt ein Mensch erst nach mehreren Leben oder Jahren der Suche nach wahrer Erfüllung in der Außenwelt, und wenn er dort die Schlüssel zur vollkommenen Erfüllung seiner Seele nicht findet, diese Suche im eigenen Inneren fortzusetzen.

Wenn wir meditieren und uns der großen Stille im Inneren anvertrauen, lernen wir auf unsere innere Führung zu lauschen, wobei wir einen äußerst wichtigen Wesensaspekt entwickeln, nämlich das *Unterscheidungsvermögen*, das in der heutigen Zeit jeder Mensch braucht.

Unterscheidungsvermögen ist eine Fähigkeit, die laut Oxford-Wörterbuch »raschen und wirklichkeitsgetreuen Einblick ... eine scharfe Wahrnehmung« gewährt. Es ermöglicht uns, das eigene kritische Urteilsvermögen zu gebrauchen, um die Flut von Informationen, die gegenwärtig durch Bücher, Artikel, mediale Botschaften und so weiter angeboten wird, weiterzugeben und uns nur das anzueignen, was für uns *richtig* ist.

Um wissen zu können, was für uns richtig ist, müssen wir uns selbst kennen. Es gilt zu entscheiden, ob wir uns lieber mit dem Selbst beschäftigen, das sich mit dem niederen Verstand identifiziert und sich um Überlebensfragen kümmert oder ob wir es vorziehen, eindeutig die Aufträge des höheren Verstandes entgegenzunehmen, der Einblick in einen umfassenderen Zusammenhang hat, so daß wir den wundervollen Sinn unseres Erdenlebens entdecken können.

Da jeder Mensch einzigartig ist, kommen wir nicht umhin, aus dem reichhaltigen Angebot des Warensortiments, das mit Selbsthilfetechniken und den neuesten Informationen überladen ist, auszuwählen. Es ist unser Recht, aus dem Wühltischangebot verfügbarer Heilweisen diejenige auszusuchen, die zu unserer Gesundung beiträgt. Beispielsweise sprechen nicht alle Patienten gleich gut auf Homöopathie an, nicht alle Kranken zeigen sich gegenüber alternativen Heilmethoden aufgeschlossen, nicht alle Heilungssuchenden entscheiden sich dafür, ihre gesundheitliche Betreuung ausschließlich Schulmedizinern anzuvertrauen. Wir haben allerdings gelernt zu experimentieren, unser Unterscheidungsvermögen auszubauen und die Angebote in Anspruch zu nehmen, die uns geeignet erscheinen. Es geht im wesentlichen darum, sie auszuprobieren und anschließend zu unterscheiden. Bei der Auswahl von New Age-Selbsthilfetechniken wird die gleiche Vorgehensweise empfohlen.

Unterscheidungsvermögen heißt, sich nach innen zu wenden und sich bewußt zu werden, was für das eigene einmalige Wesen richtig ist. Dann wird unsere *Selbstentdeckungsreise* störungsfrei verlaufen und mit weniger Ablenkung. Dieses Unterscheidungsvermögen stellt sich ganz natürlich in dem Maße ein, wie wir uns auf die Innenwelt einschwingen und unserer höheren Führung anvertrauen.

Je mehr wir uns nach innen wenden, um so leichter fällt es uns, zwischen den Anleitungen des höheren Bewußtseins und dem Verlangen des niederen Verstandes zu unterscheiden. Wir können die richtige Führung in unserem Leben immer daran erkennen, welche Früchte oder Ergebnisse sie hervorgebracht hat, wenn wir uns ihr anvertrauten.

Unterscheidungsvermögen ist die Fähigkeit, die Dinge anzunehmen, die mit uns übereinstimmen, ohne sie dabei als gut oder schlecht zu bewerten. Wie bereits zuvor erwähnt, ist das Unterscheidungsvermögen ein Werkzeug, das wie ein Barometer unsere Freude mißt, wenn wir eine Rolle oder einen Text auf der Bühne des Lebens übernehmen. Sobald wir unseren Bauplan erschlossen, unsere Rolle entdeckt und unseren Text gelernt haben, sind wir viel zu beschäftigt, unser Bestes zu geben um überhaupt noch an den Weg oder die Entscheidungen anderer zu denken. Auch werden wir von dem Wissen geleitet, daß alles sich vollkommen entfaltet, und daher können wir die Entscheidungen und Entwicklungswege anderer Menschen ebenfalls lieben und wertschätzen.

Oft behaupten Menschen, sie könnten mit einer anderen Person, deren Denken und Einstellungen oder sogar ihrer energetischen Ausstrahlung *nichts anfangen* und darum könnten sie sich folgendermaßen verhalten: Erstens könnten sie glauben, daß irgendetwas mit einer Person, eine Gruppe oder einer Sache nicht stimme, wenn sie außerstande sind, mit ihrem Gegenüber *eine Beziehung herzustellen*. Wir wissen genau, daß wir aufrichtig sind oder *recht haben*, deshalb müßten sie daneben liegen, das Ziel verfehlt haben, sich irren. Auch dieses Urteil kommt von unserem Unterscheidungsvermögen.

Zweitens könnten wir uns so verhalten, daß wir, wenn wir uns mit der energetischen Ausstrahlung einer Person, einer Gruppe oder einer Idee nicht in Einklang befinden, uns davon trennen, unseren eigenen Weg gehen und ausschließlich mit denjenigen Kontakt pflegen, mit denen wir *übereinstimmen*. Diese Einstellung wäre im Sinne des Prinzips von Leben-und-leben-lassen.

Drittens könnten wir uns so verhalten, daß wir die bestehenden Unterschiede erkennen und annehmen und dann einen Schritt weitergehen. Dazu bedarf es den Wunsch nach Einheit, bedingungsloser Liebe und Akzeptanz für den Weg des Anderen. Hierbei lernen wir, Vertrauen zu entwickeln, daß alle Mitmenschen eine Ausbildung erhalten beziehungsweise erhalten haben, um ihre Rolle einwandfrei zu spielen (vergleiche Kapitel 2). Aus meiner Sicht existiert weder *richtig* noch *falsch*, denn alles ist da, damit wir etwas daraus lernen und inspiriert werden, unseren Entwicklungsweg fortzusetzen. Ereignisse sind ihrem Wesen nach neutral. Wir sind es, die eine Erfahrung mit Hilfe unseres Wahrnehmungsvermögens als gut oder schlecht, richtig oder falsch einstufen. Näheres zu diesem Thema erfahren Sie in den nachfolgenden Kapiteln.

Kapitel 7

Der Atem des Lebens

Es wird gesagt, wenn ein Mensch seine Lebensgewohnheiten nicht verändert, weder Ernährung oder Denkmuster umstellt noch Körperübungen macht, könnte er seine Lebensdauer allein durch seine Atmung verlängern. Leonard Orr, Begründer von Rebirthing und Autor von »Das Rebirthingbuch« stellt fest, daß ein Mensch seine Lebenserwartung verdreifachen kann, wenn er die Anzahl seiner üblichen Atemzüge pro Minute von sagen wir fünfzehn auf fünf verringere.

Viele Menschen sagen zu dieser Idee »Ich will garnicht zweihundert Jahren alt werden«, worauf ich antworte »vielleicht doch, wenn Ihr Leben voller Freude und sinnerfüllt wäre«. Auf die Unsterblichkeit und körperlichen Tod gehe ich später noch genauer ein. Hier genügt zu sagen, wenn man Sinn und Aufgabe seines Lebens gefunden hat, ist man gewöhnlich nicht bereit, seinen physischen Körper infolge von Unwissenheit und Krankheit abzulegen. Um dann wieder mit einem neuen Körper anzufangen, die Wickelphase, Schule, Pubertät und das Erwecken des Zellgedächtnisses zu durchlaufen, bis man seinen Weg fortsetzen kann. Das zeugt meiner Ansicht nach von unkluger Zeiteinteilung. Wir sind mit einem vollkommenen Körpergefährt ausgestattet worden, welches sich selbst erhalten und selbst heilen kann, um darin unser Bewußtsein zu beheimaten. Der Körper hat die Fähigkeit, uns solange am Leben zu erhalten, bis wir bereit sind, ihn aufzugeben oder damit ins Licht aufzusteigen.

In Meditationskreisen erzählt man sich folgende bekannte Geschichte, aus der hervorgeht, was uns letztlich am Leben erhält. Wenn ein Mensch im Sterben liegt, und das vielleicht noch in einem Krankenhaus, wo all diese lebensrettenden Geräte bereit stehen und man seiner Lunge Sauerstoff zuführt, so muß dessen Lebensfunken nicht notwendigerweise zurückkehren. Denn es ist nicht der Sauerstoff, der uns am Leben erhält. Sauerstoff ist mit Autobenzin vergleichbar, welches den Motor laufen läßt. Jener Funke, der das menschliche Leben erhält, ist reine göttliche Essenz. Sobald diese Kraft aus dem physischen Körper entweicht, verschwinden alle Anzeichen körperlichen Lebens.

Man sagt, daß Freude jener Funke sei oder der Geist, der sich im Leben ausdrückt. Aus diesem Grund ist das Ausmaß an Freude, das wir im Leben empfinden, ein guter Indikator, inwieweit wir mit dem Geist und dem höheren Zweck übereinstimmen. Da dieser Funke in Wirklichkeit Energie ist, die unser Wesen durchströmt, kann man ihn spüren, indem man das Gewahrsein nach innen richtet. Diese Kraft läßt sich in Form von Tonwellen und Lichtstrahlen messen und kann auch als Schwingung empfunden werden.

Leonard Orr sagt: »Verbundenes Ein- und Ausatmen in einem entspannten Rhythmus läßt uns den göttlichen Funken unmittelbar wahrnehmen – mental, emotional – sowie körperlich als Lebensenergie... wenn Einatmen mit Ausatmen verbunden ist, und der innere Atem mit dem äußeren Atem verschmilzt, sendet diese Verschmelzung der reinen Lebenskraft mit der Atemluft Schwingungen aus, die Körper und Nervensystem durchströmen, die menschliche Aura reinigen sowie den Verstand, das Gemüt und den Körper des Menschen nähren und ausgleichen«.

Es stehen uns viele Atemtechniken zur Auswahl. Auch hier können wir unser Unterscheidungsvermögen nutzen, aufgeschlossen sein und unterschiedliche Techniken ausprobieren, bis wir eine gefunden haben, die es uns erlaubt, die Kraft zu erleben, die uns am Leben erhält. Ich bin in verschiedenen Methoden unterrichtet worden, die unterschiedliche Wirkungen erzielen. Die erste will ich im Folgenden kurz beschreiben:

Der Atem leistet nicht nur einen enormen Beitrag für unsere Gesundheit, Vitalität und Lebenserwartung. Der wesentliche Vorteil, den uns *der Atem des Lebens* bringt, indem wir uns bemühen, dieser lebenserhaltenden Kraft nahezukommen und sie zu spüren, ist, daß sie uns infolge ihrer sehr reinen und vollkommenen Beschaffenheit vielfältige Erfahrungen vermittelt. Diese reichen von tiefem inneren Frieden, völliger Entspannung und besserem Schlaf bis hin zu Wohlgefühl und überwältigender Seligkeit (im Sprachgebrauch der Buddhisten auch Nirwana oder Samadhi genannt).

Diese Lebenskraft ist ausgesprochen subtil. Wenn sie Leben erschafft und erhält, geht sie unauffällig machtvoll ans Werk. Infolgedessen ist das Atmen der erste Schritt, mit dieser Energie in Verbindung zu treten und ihre Schwingung und Gegenwart in unserem Wesen zu erfühlen. Dies geschieht mit Hilfe des verbundenen Atems, bei dem jedes Einatmen natürlich und ohne Unterbrechung in das Ausatmen übergeht. Die Rebirther nennen es bewußtes Atmen.

Der zweite Schritt ist die Feinatmung. Wenn wir uns ärgern, Angst oder Enttäuschung empfinden, reagiert der Körper mit kurzen, groben Atemzügen. Das verfeinerte Atmen ist wie ein Blatt oder eine Feder, die schwerelos im Wind tanzen. In dem Buch »Mindfulness with Breathing« (*dt:* »Achtsame Atmung«) schlägt der buddhistische Autor vor, sich eine brennende Kerze vor die Nase zu halten und so weich durch die Nase zu atmen, daß die Kerzenflamme nicht flackert. Grobes Atmen wird die Flamme auslöschen.

Die alles am Leben erhaltende Kraft ist subtil und doch sehr machtvoll. Sie will liebevoll behandelt sein und nicht forciert werden. Um emotionalen Ballast mit Hilfe von Visualisierungen und Atemtechniken (wie beispielsweise Rebirthing) aus dem Körper zu befreien, kann zeitweise kräftiges Atmen sinnvoll sein. Wollen wir allerdings mit der uns erhaltenden Lebenskraft in Kontakt sein, müssen wir uns auf ihren Rhythmus einstimmen, der in unserem Körper schwingt.

Es wird auch empfohlen, durch die Nase zu atmen, denn wenn man länger durch den Mund atmet, trocknet der Mund- und Rachenraum stark aus, was zu Unbehagen führt und dann unterbricht man die Übung. Zudem gewährleistet die Nasenatmung einen regelmäßigeren Energiefluß. In einem emotionalen Prozeß können Sie vorübergehend auch durch den Mund atmen, oder durch die Nase ein und durch den Mund aus. Versuchen Sie auch die Nasenwechselatmung, indem Sie durch ein Nasenloch einatmen (dabei das andere zuhalten) und durch das andere wieder ausatmen. Nach drei Atemzügen wechseln. Dadurch werden die feinstofflichen Energiekanäle gereinigt und der Energiefluß in beiden Körperhälften angeregt.

Der dritte Schritt in dieser ersten Atemtechnik gilt der tiefen Atmung beziehungsweise den langdauernden Atemzügen. Die Buddhisten sagen, daß richtiges Atmen den Körper in Ruhe hält. Ruhiger Atem, ruhiger Körper. Ihrer Aussage nach kühlen und beruhigen ausgedehnte Atemzüge, sprich weniger Atemzüge pro Minute, den menschlichen Körper und ermöglichen ihm, sich zu entspannen. Durch die Tiefatmung, bei der sich der Unterleib beim Einatmen zusammenzieht und der Brustkorb sich ausdehnt, während sich der Brustkorb beim Ausatmen zusammenzieht und der Bauch sich erweitert, wird Gesundheit und Vitalität wiederhergestellt.

Die rhythmische, verbundene und feine Eigenart dieser Atemtechnik, die mit den ausgedehnten, langsamen und tiefen Atemzügen einhergeht, ermöglicht uns, uns mit dem Schwingungsaspekt jener Energie, die den Atem antreibt oder ihm zugrundeliegt, zu befassen und ihn zu spüren. Diese unseren Atem lenkende Kraft ist unsere göttliche Essenz. Verbinden wir uns mit dieser Essenz, dürfen wir ihre Natur erleben und genießen – Liebe, Freude, Glückseligkeit und vieles mehr.

Wer tief atmet, maximiert sowohl die Sauerstoff- als auch die Pranaaufnahme. In einem stark mit Sauerstoff angereichertem Milieu kann sich Krankheit nicht halten. Dies ist einer der Gründe, weshalb regelmäßige Ausdauer-Gymnastik zur Gesundheitsvorsorge empfohlen wird. Je tiefer und langsamer wir atmen, desto mehr Sauerstoff und zugleich Prana nehmen wir auf. Beides ist gut für unsere Gesundheit. Prana ist die universale Lebenskraft, welche die Zellstruktur belebt, heilt und umwandelt und obendrein Langlebigkeit fördert.

Die Technik der tiefen, weichen und verbundenen Atmung läßt sich mit dem Schwimmen vergleichen. Erst muß man arbeiten, es ist als würde man in einem Fluß stromaufwärts schwimmen. Irgendwann erreicht man den Zustand, in dem man mit dem Rhythmus eins geworden ist und das Gefühl hat, als ob man geatmet wird und keine Anstrengung oder Technik mehr nötig ist. Nun ist es, als würde man von der der Strömung des Flusses erfaßt und mühelos stromabwärts getragen.

Mit dieser Technik versuchen wir durch gleichmäßiges Ein-und Ausatmen eine Wellenbewegung zu erzeugen und spüren dabei das Fließen unserer Lebensenergie. Zählen Sie hierzu beim Einatmen und Ausatmen jeweils bis sieben. Mitzuzählen ist eine einfache Methode, um das Bewußtsein in der Anfangsphase konzentriert zu halten, und auch, um möglichst gleichmäßig ein- und auszuatmen.

Diese Atemtechnik ist eine Möglichkeit, sich einzustimmen, und wenn sie jeden Tag regelmäßig praktiziert wird, stellen sich Gefühle von Frieden und Gelassenheit ein. Atmen Sie tief, weich und verbunden, wenn Sie sich ärgern und spüren Sie, wie sich die Wut auflöst, während Sie Körper, Verstand und Gemüt beruhigen. Verwenden Sie diese Vorgehensweise auch im Straßenverkehr oder in einer beliebigen streßgeladenen Situation, um sich wieder in einen entspannteren Zustand einzupendeln.

Falls es Ihnen gelingt, jeden Tag mit Atemübungen zu beginnen, um auf diese Weise den Grundton des Tages festzusetzen, werden Sie feststellen, daß der Tag gleichmäßiger verläuft. Stimmen Sie sich nochmals am Ende jeden Tages fünf bis zehn Minuten lang mit Atemübungen ein, ehe Sie zu Bett gehen, damit Sie tiefer und friedlicher schlafen. Werden Sie also ein bewußter Atmer! Atmen Sie unter der Dusche, im Straßenverkehr, während einer fünfminütigen Pause im Toilettenraum Ihrer Arbeitsstelle und atmen Sie, wenn Streß aufkommt. Bei starken Emotionen und unter Anspannung können Sie sich mit Hilfe Ihrer Atmung beruhigen.

Regelmäßige Atemübungen dienen außerdem als vorbeugende Maßnahme bei streßbedingten Beschwerden, da man täglich für Spannungsabbau sorgt und dadurch den zunehmenden Streßstau und potentielle Krankheiten verhindert. (In Kapitel 23 wird eine Atemmethode vorgestellt, mit der man die eigene Schwingungsfrequenz bewußt erhöhen kann.)

Sich einzustimmen gleicht der Pflege, die wir einem Kraftfahrzeug oder einem Musikinstrument zukommen lassen. Um eine optimale Leistung zu erreichen, müssen wir das Instrument hin und wieder stimmen. Behandeln wir das Fahrzeug derart nachlässig, daß es zur Klapperkiste herunterkommt (entspricht Krankheiten, Verfall und Tod), oder sind wir in der Lage, seine Leistung mit bestimmten Maßnahmen zu kontrollieren, damit es wie ein neuer Porsche fährt? Atemarbeit ist eine Form des Einstimmens. Gleiches erfüllen auch Visualisierungen, Diät, Gymnastik, Meditation und anderes. Möglicherweise ernähren wir uns mit qualitativ hochwertigem Essen, machen regelmäßig Körperübungen, haben intelligente Gesprächspartner oder eine Lernaufgabe, die den Mentalkörper anregt, und bemühen uns um emotional befriedigende Erfahrungen. Doch was unternehmen wir, um die Seele zu streicheln und den Höheren Geist zu stimmen?

Schöpferische Visualisierung 1 Atem und Licht
Der Gebrauch der Energie des weißen Lichtes
mit Atemübungen

- Vergewissere dich, daß du nicht gestört werden kannst – stell das Telefon ab.
- Setz dich bequem hin und schließe die Augen. Spüre deine Atmung. Atme tief, weich und verbinde Ein- und Ausatmung. Atme langsam ein und zähle dabei bis sieben – atme aus und zähle dabei bis sieben. Achte darauf, zwischen den Atemzügen keine Pausen zu machen. Atme fünf Minuten lang in diesem Rhythmus, indem das Einatmen jeweils sanft in das Ausatmen übergeht und umgekehrt das Ausatmen jeweils leicht in das Einatmen übergeht.
- Nun vertiefe und verlängere deine Atemzüge, so daß du bei jedem Atemzug bis zehn oder fünfzehn zählen kannst. Wähle eine Tiefenatmung die du fünf Minuten beibehalten kannst. Wenn du dich schwindlig fühlst oder es zu anstrengend wird, verringere die Atemlänge um ein oder zwei Zählpunkte. Übe solange, bis du deinen Rhythmus und die dir angemessene Atemdauer gefunden hast. Denke daran, daß du regelmäßig üben mußt, wodurch sich das Fassungsvermögen deiner Lunge vergrößert. Anfangs wirst du vielleicht nur imstande sein, einen Atemzug für die Zähldauer von sieben zu halten, doch mit der Übung wird sich die Länge der Atemzüge auf zehn, fünfzehn oder sogar zwanzig Zähleinheiten ausdehnen. Je tiefer du atmest, um so gesünder wirst du sein. Atme dabei tief aus dem Bauch.
- Gehe anschließend zu einer weichen Atmung über, atme dabei langsam, tief und verbunden, so daß es sich wie ein sanfter Energiestrom anfühlt, von dem dein Organismus durchflutet wird. Übe, indem du dir eine Kerzenflamme vor die Nase hältst. Deine Atemzüge sollen so sanft sein, daß die Flamme dabei nicht flackert.

- Während du verbunden, tief und weich atmest, ist es möglich, daß du Hitze oder Kribbeln im Körper verspürst. Das kommt von dem starken Energiefluß, während der Körper auf eine höhere Schwingungsrate eingestimmt wird.
- Visualisiere anschließend eine Säule aus reiner, weißgoldener Lichtenergie, die aus der reinsten Energiequelle kommt und dich vollkommen umschließt. Diese Lichtsäule hat weder Anfang noch Ende. Sie kommt von oben, durchflutet dich und ist in dem Boden rund um dich verankert.
- Nimm wahr, daß diese Säule mit der stärksten pulsierenden, elektrisch vibrierenden Energie gefüllt ist. Vertraue dieser lebendigen fließenden Lichtenergie. Sie heilt und transformiert dich.
- Atme dieses Licht in deinen Körper ein. Spüre, wie sich deine Lunge damit füllt und stelle dir vor, wie seine Heilkraft in jede Zelle strömt.
- Fühle, wie dieses Licht beim Einatmen durch die Poren deiner Haut aufgenommen wird, so als würde jeder Teil deines Wesens dieses Licht wie mit einem riesigen Staubsauger einsaugen. Spüre wie sich deine Lunge und dein gesamtes Wesen beim Einatmen ausdehnen.
- Stelle dir beim Ausatmen vor, daß das Licht aus deinen gesättigten Zellen durch die Poren der Haut hinausströmt. Visualisiere, daß das Licht in jeder Zelle wie eine Glühbirne eingeschaltet wird. Danach ergießt es sich in die Organe und durchflutet den Körper, bis es aus den Hautporen wieder austritt.
- Visualisiere, wie dieses Licht, gespeist von einer endlosen inneren Energiequelle, herausströmt. Während es fließt, löst es sämtliche disharmonische Bestandteile wie Giftstoffe, Schlacken, Schadstoffe, Krankheiten, negative Emotionen, die innerhalb der Zellstruktur vorhanden sind, entlang seines Weges auf.
- Laß auch zu, daß sich während des Ausatmens Streß vom

Körper ablöst. Du hast dich mit dieser machtvollen Lichtenergie umgeben. Nun vertraue, daß alle freigesetzten Substanzen durch die Kraft des Lichtes automatisch aufgelöst und/oder transformiert werden. Denn das Licht ist der sichtbare Teil der Schöpferkraft.

- Fühle, wie du dich ausdehnst und größer und grenzenlos wirst, indem du dieses Licht einatmest und alle Zellen damit füllst. Spüre beim Ausatmen, wie das Licht negative Schwingungen aus jeder Zelle mitnimmt, bevor es den Körper verläßt.
- Stell dir jetzt vor, daß du in einer großen runden Blase oder einem Ballon sitzt. Du siehst, daß diese Blase mit Lichtenergie erfüllt ist. Zieh beim Einatmen die Lichtenergie in die Mitte deines Wesens und fülle beim Ausatmen die dich umgebende Blase mit Licht auf. Dehne diesen Ballon ganz nach Belieben aus. Erkenne, daß er ausschließlich Licht und positive heilende Energien in seine Mitte anzieht. Oder visualisiere, wie reine Lichtenergie von oben in die Blase eintritt, wie sie in dich einströmt und dich umhüllt. Du fühlst dich sicher, entspannt, geheilt und frei. Diese Blase ist ein elektromagnetisches Schutzschild aus Lichtenergie, das dich fortwährend umgibt. An jedem Tag, an dem du es visualisierst und mit Licht anfüllst, wird dieses Feld stärker – es wird dich vor negativen Kräften abschirmen, dich jederzeit aufladen und durch das innere Licht stärken, falls erforderlich.
- Üben wir nun gemeinsam. Du atmest tief, weich und verbunden. Atme das Licht der Energie ein, die dich umgibt, ein. Spüre, wie sich deine Zellen mit Licht anfüllen, das über die Poren der Haut aufgenommen wird. Atme langsam und fühle, wie sich dein Körper entspannt. Atme das Licht ein. Atme Verspannungen in der Nackengegend aus, nimm wahr, wie sie sich sanft auflösen. Atme Licht ein und spüre, wie es deine Zellen durchflutet. Atme aus und

lasse die Verspannung in der Schultergegend sich lösen. Gehe so durch deinen ganzen Körper. Atme Licht ein, löse die Spannungen auf, atme immer weiter verbunden, tief und weich. Stell dir vor, das Licht durchströmt dich wie ein Fluß, der alle Negativität, Streß und Spannungen sanft wegspült.

Diese Meditation, morgens und abends je zehn Minuten, bringt folgendes:
1. Tiefe und dauerhafte Entspannung
2. Besseren Schlaf
3. Verbesserte Gesundheit und Vitalität
4. Die Energiesysteme des Körpers richten sich erneut auf ihren natürlichen Schwingungszustand aus
5. Heilung der Zellstruktur
6. Vorhandene Löcher im elektromagnetischen Feld werden geschlossen.
7. Ein elektromagnetisches Kraftfeld aus Licht wird um den Körper aufgebaut.

Kapitel 8

Die Beschaffenheit der Realität

Aus metaphysischer Sicht gibt es lediglich eine Realität, und zwar ist das die Erfahrung von Allem was IST– ein Seinszustand, in dem die eigene Wahrnehmung mit der reinen, alles durchdringenden schöpferischen Energie oder Gotteskraft verschmilzt. Man kann sogar sagen, daß dieser Seinszustand selbst das Erfahren übersteigt. Von einer Erfahrung sind wir nämlich getrennt, da wir sie mit unseren beschränkten Sinnen wahrnehmen.

Dieser Seinszustand geht über die Erkenntnis hinaus, daß wir Gott sind, der sich in der materiellen Welt ausdrückt, da unser Bewußtsein nicht mehr an unseren Körper gebunden ist. Es ist ein Zustand, in dem sich das Ich und die Empfindung des Getrenntseins und der Begrenzung aufheben. In diesem Befinden IST man riesengroß, multidimensional, ein Zustand, in dem man einfach Alles IST, WAS IST.

Mit diesem Bewußtsein kommt die Erkenntnis, daß die Welt eine Täuschung darstellt, während wir jedoch zugleich imstande sind, den Zweck dieser Täuschung zu begreifen. So wie wir einstmals unsere Überzeugung des Getrenntseins gebildet haben, ist es ab dann angebracht, Wege zu finden, die uns aus der Verschleierung, der Täuschung und dem Getrenntsein herausführen. Die Menschheit hat den Widersinn geduldet, Gott existiere außerhalb von uns, während sie jedoch gleichzeitig glaubt, er sei überall und in allen Dingen. Da sich immer mehr Menschen dafür entscheiden, sich mit dem inneren Gott zu verbinden, entstehen Wege und Möglichkeiten, uns aus der Welt der Täuschung an die Quelle (Gott) zurückzuführen, um uns mit ihr zu verbinden.

Die Vorstellung eines höheren Selbst, der geistigen Hierarchie, Dimensionen, Schwingungen und gar der Engelsreiche und so weiter, inspiriert uns einen Weg zu betreten, auf dem wir einen weiteren Schleier der Illusion und des Getrenntseins ablegen können. Geist und Vernunft gehen Hand in Hand, aber die Vernunft wurde aus dem Geist geboren. Um den Abgrund zwischen Begrenztheit und Grenzenlosigkeit zu überbrücken und die ungeheure Ausdehnung unseres Wesens tatsächlich anzunehmen, könnten wir die Vernunft bitten, uns dem Geist zu übergeben. Ein Vorgang der das Fassungsvermögen unseres Intellekts übersteigt. Deshalb sind unsere illusionären Vorstellungen wichtig, denn sie helfen uns, unsere angesammelten Verdichtungen aufzulösen und öffnen den Weg für alle Lebewesen, die diesen Übergang vollziehen möchten.

Nun gut, wir haben erkannt, daß wir uns verirrt haben und nach Hause gehen müssen. Doch wie finden wir den Weg, wenn wir ringsum von dichtem Wald umgeben sind? Wenn jedoch andere Verirrte auf ihrem Weg nach Hause kleine Trampelpfade im Wald hinterlassen haben, wählen wir mit Hilfe unseres Unterscheidungsvermögens und unserer inneren Führung den Pfad, dem wir folgen möchten. Oder wir gehen einen ganz eigenen Weg, bestärkt durch das Wissen, daß andere bereits vorausgegangen sind.

Die Alltagsrealität auf dieser Existenzebene sieht für jeden einzelnen ganz anders aus. Das liegt daran, daß wir einzigartig sind und zwei Menschen niemals die gleiche physiologische, seelische und emotionale Ausstattung haben.

Unsere Realität ist größtenteils aus unseren Denkprozessen entstanden. Sie hängt von unserer Wahrnehmung ab, wie wir beispielsweise etwas sehen. Die wiederum basiert auf vorausgegangene Erfahrungen oder Überzeugungen, welche teils bewußt, teils unbewußt im Gedächtnis und im Zellgedächtnis gespeichert sind (einschließlich der Erfahrungen aus vergangenen Leben).

Zweitens hängt unsere Realität davon ab, welche Haltung wir innerhalb unserer Wahrnehmung, zu den gegebenen Umständen einnehmen. Aufgrund der Haltung entsteht dann ein Gedanke, der eine Gefühlsreaktion auslöst, auf die dann Worte oder Taten folgen. Diese Gedanken, Worte und Taten erzeugen unsere Wirklichkeit, und zwar in Form von Energieübertragung welche den Energiegesetzmäßigkeiten unterliegt (wie beispielsweise Gleiches Gleiches anzieht und vieles mehr). Demnach sind wir, was wir denken, und das Leben spiegelt uns, was wir denken, zurück.

Die Betonung liegt darauf, daß jeder seine Realität erfährt. In den letzten zwanzig Jahren, während meines Studiums der Metaphysik sowie meiner Meditationspraxis bin ich vielen Leuten begegnet, für die meine Erfahrungen schlichtweg ungültig oder unwirklich sind, weil sie eben nicht Bestandteil ihrer Erfahrungswelt sind. Andererseits habe ich auch viele Menschen getroffen, die mit mir in diesen Erfahrungen und Kenntnissen vollkommen übereinstimmen. Ich habe gelernt, daß wir unsere Maßstäbe nicht für andere setzen dürfen, sondern daß wir unserem inneren Ruf treu sein müssen, selbst wenn dieser Ruf anderen unkonventionell oder gar verrückt erscheinen mag.

Große Träume und Visionen haben ein beträchtliches schöpferisches Potential, stehen allerdings der Flußrichtung des Herkömmlichen vielfach entgegen. Veränderung kommt nur durch diejenigen zustande, die es wagen, anders zu sein! Würden wir alle die Welt so verstehen, wie das bereits unsere Vorfahren getan haben, würde sich die Menschheit nicht weiterentwickeln. In uns Menschen gibt es einen Mechanismus, einen Drang, alles stets zu verbessern. Wir lernen aus unseren Fehlern, wir gehen Wagnisse ein. Nicht jeder fühlte sich dazu aufgerufen, den Südpol zu entdecken oder nachzuforschen, ob die Erde wirklich eine Scheibe ist. Die Geschichte wurde von den Zeitgenossen gestaltet, die willens waren, an ihren

Grundfesten zu rütteln und gegen den Strom konventioneller Denkweise anzuschwimmen.

Menschen neigen dazu, die Dinge, die sie nicht verstehen, zu verurteilen, zu fürchten und zurückzuweisen. Das Sprichwort »Unwissenheit brütet Angst aus« trifft in unserer Gesellschaft mitunter genau ins Schwarze – zum Beispiel Angst vor fremden kulturellen oder religiösen Bräuchen, besonders wenn wir wissen, daß alles richtig ist bei uns, und folgerichtig daraus schließen, die Entscheidung oder das Verständnis eines anderen sei daher falsch. Vielleicht sollten wir stattdessen »richtig für mich« sagen, wobei die Betonung auf »für mich« liegt (d. h., meine Meinung entspricht dem, was ich für wahr halte). Was nämlich ein anderer als richtig empfindet, gründet sich auf dessen Erfahrungshintergrund, Entscheidungen, Konditionierung und einer Vielzahl anderer gültiger Faktoren. Die Meister sagen: »Alles ist gültig und dient dazu, um daraus zu lernen und uns zu inspirieren.«

Wenn wir Aufgeschlossenheit, Forschungsarbeit sowie praktische Erfahrungen miteinander verknüpfen, versetzen wir uns in die Lage, weisere Entscheidungen für uns zu treffen. In dem Buch »Inspirations« erwähnt Lord Sananda, einer der Aufgestiegenen Meister, in seiner Abhandlung über die wahre Liebe, daß wir uns den Planeten Erde als gigantische Bibliothek vorstellen sollten. In dieser Bibliothek gäbe es Abteilungen für Wissenschaft, Religion, Kunst, Musik und vieles mehr. Viele Erdenbewohner kommen in diese Bibliothek, um ein oder mehrere Fachgebiete zu studieren, sich darin fortzubilden oder darin zu schmökern.

Einige Menschen verbringen vielleicht ihr ganzes Leben damit, eine Wissenschaft oder Religion zu studieren. Andere wiederum verbringen womöglich ihr Leben damit, von einem Fachgebiet zum nächsten zu wechseln und halten sich jeweils nur so lange in einem Bereich auf, bis sie sich mit dem Wissensstoff oder den notwendigen Erfahrungen vertraut gemacht haben, um sich dann wieder anderen Themen zuzuwenden. Manche Menschen, die bereits alle wichtigen Fachgebiete studiert haben, kommen und fragen wer eigentlich der Erbauer der Bibliothek ist und weshalb sie errichtet wurde. Damit machen sie sich bewußt auf die Reise nach innen.

Wieder andere, die bereits wissen, wer die Bibliothek zu welchem Zweck erbaut hat, möchten herausfinden, ob das System zugunsten des kollektiven Ganzen verbessert werden kann. Sie verbringen somit ihr Leben auf Erden im Dienste eines größeren Plans und dienen folglich der Menschheit.

Viele Menschen ahnen, daß sie keinerlei Kontrolle über Situationen haben, denn ihre Emotionen und Reaktionen erfolgen augenblicklich. Häufig hinterläßt dies ein Gefühl von Machtlosigkeit in ihnen. Die nachfolgenden Kapitel gehen weiter auf diese Thematik ein. Der Mensch ist jedoch so konstruiert, daß er denkt, ehe er fühlt. Unsere Wirklichkeit wird daher von unserer Einstellung und den daraus entstehenden Gedanken bestimmt. Wir verfügen über die Macht, unser Denken zu ändern und zu beherrschen, und zwar in einer Weise, daß unsere Realität in jedem neuen Augenblick so beschaffen ist, wie wir sie uns wünschen, statt uns als Opfer unseres Lebens zu fühlen.

Ich sage in jedem neuen Augenblick, weil der Emotionalkörper Zeitunterschiede nicht erkennt. Im Zellgedächnis sind alte emotionale Muster gespeichert – Ängste, Verletzungen, Kummer, auch Erfahrungen, die in frühere Leben zurückreichen. Diese können Blockaden oder Gefühlsreaktionen erzeugen, die in der gegenwärtigen Situation als unerklärlich beziehungsweise ungerechtfertigt erscheinen.

Beispiel: Ein Kind am Meeresstrand hat ungeheuere Angst davor, ins Wasser zu gehen. Im Alter von zwei Jahren scheint diese Angst vernunftwidrig zu sein, da das Kind bisher noch kein Erlebnis gehabt hat, bei dem es von Wellen überspült worden ist oder so ähnlich. In einem früheren Leben ist das

Kind jedoch im Meer ertrunken. Der Emotionalkörper erinnert sich und hat diese Angst gespeichert, die nun erneut zum Vorschein kommt. In dem jetzigen Leben des Kindes ist diese Angst irrational und kann aufgelöst werden. Die Mutter könnte es in den Armen halten und ganz langsam in das Wasser gehen. Schrittweise, immer tiefer, bis das Kind begreift, daß es – zum jetzigen Zeitpunkt – nichts zu befürchten hat. Auf diese Weise kann es die Angst überwinden und das emotionale Erinnerungsmuster erneuern.

Eine bekanntes Beispiel ist das halb gefüllte Gefäß. Wer positiv eingestellt ist, sagt das Gefäß sei halb voll. Wer negativ eingestellt ist, sagt es sei halb leer. Beide Ansichten treffen zu. Die Person, die das halb volle Gefäß sieht, ist dankbar und freut sich daraus zu trinken, während der andere, der das halb leere Gefäß sieht, Mangel und Enttäuschung fühlt.

Alle Ereignisse des Lebens sind emotional neutral – wir sind diejenigen, die darauf emotional reagieren. Wenn Ihr Auto eine Panne hat, handelt es sich einfach um ein defektes Auto – um nicht mehr und nicht weniger. Der eine mag sich darüber ärgern und frustriert sein, daß er sich nun verspätet. Ein anderer ruft die Pannenhilfe an, und setzt sich dann hin und genießt die Aussicht oder liest das nächste Kapitel in seinem Buch, solange er wartet. Er akzeptiert die Situation mit dem Wissen, daß Hilfe kommen wird. Das einzige, worüber wir Kontrolle haben, ist unsere persönliche Einstellung. Die Lernlektion aus der Panne mag sein, das Auto schon eher zur Reparatur zu bringen oder sich zu vergewissern, daß der Tank mit Benzin gefüllt ist – eine Rückschau dient dazu, unsere Lektion zu lernen, ändert jedoch nicht die Qualität des Augenblicks.

Der Mensch, der sich dafür entscheidet, sich zu ärgern, kann diese Verärgerung später mit sich herumtragen und sie eventuell in unangenehmer Weise auf andere übertragen. Es kann sein, daß er diesen äußeren Vorfall für seinen Mißmut verantwortlich macht, anstatt die Verantwortung für seine eigene Reaktion auf dieses Ereignis zu übernehmen. Wenn man sich im Klaren darüber ist, daß man sich in jedem Moment für eine Erfahrung entscheiden kann, die positiv oder negativ sein kann, je nachdem wie man ein Ereignis wahrnimmt, kann man sich auch bewußt entscheiden, eine positive Haltung einzunehmen.

In dieser Haltung die Dinge wahrzunehmen, erzeugt eine andere Wirklichkeit, die sich für alle Beteiligten als wohltuend erweist. Dies ist keine fatalistische Lebenshaltung, sondern sie ermächtigt uns, für jedes Erlebnis, das uns widerfährt, die volle Verantwortung zu übernehmen, indem wir verstehen, wie unsere Haltung und unsere Gedanken in der Tat unsere Realität kreieren.

Diejenigen, die sich dafür entscheiden, die Tasse halb voll zu sehen, neigen ganz allgemein dazu, das, was sie im Leben vorfinden, zu genießen und wertzuschätzen. Das Universum antwortet auf unsere Erwartungen, und das Leben reflektiert diese positive Einstellung, indem es positiv ausfällt. In dem Buch »Die Prophezeiungen von Célestine« von James Redfield wird diese Haltung wunderbar dargestellt.

Vor einigen Jahren machte ich die Erfahrung, daß mir buchstäblich das letze Hemd genommen wurde. Ich verlor mein Einkommen, Vermögenswerte und Menschen, die mir ganz nahe standen. Und obendrein erfuhr ich, daß ich Krebs hatte. Diese Schicksalsschläge trafen mich so sehr, daß ich durchaus in einem Meer von Negativität hätte untergehen können. Ich erkannte, daß ich machtlos war, die aktuellen irdischen Ereignisse zu ändern. Ich konnte nur meine Einstellung und die daraus folgenden Lebenserfahrungen verändern. Somit fing ich an mit Gedankenkontrolle, wobei ich täglich einen Grund fand, dankbar zu sein. Meine Kinder waren gesund und glücklich, wir hatten ein Dach über dem Kopf, zumindest zeitweilig ein warmes Bett, und im Kühlschrank war etwas zu essen. Jeden Tag fand ich etwas anderes, was ich wertschätzte, einen Sonnenaufgang, eine Blume, die Liebe von Freunden, die Erfahrung von Freude und Liebe in der inneren Stille und vieles andere mehr. Durch diese Haltung entwickelte sich meine Wirklichkeit erstaunlich gut und ich lernte sehr nachhaltig aus diesen Erfahrungen, die sich meinem Bewußtsein unauslöschlich einprägten. Nur allein dadurch, daß ich meine Denkgewohnheiten umstellte, schaffte ich es, buchstäblich ein Leben zu gestalten, das ich lieben und genießen konnte.

In seinem Büchlein »Scientific Healing Affirmations« sagt Yogananda, daß die uns bekannte Welt dem Gesetz der Dualität unterliegt, und deshalb der Mensch anhand seines Intellekts Dualität und Gegensätze im Leben erfährt. Leben und Tod, Gesundheit und Krankheit, Glück und Unglück. Er sagt, daß alle Dualität verschwinde, sobald der Mensch sich auf das Seelenbewußtsein einschwinge, jenen höheren, allen Menschen inhärenten Bewußtseinszustand, und er nichts anderes mehr kenne, als den ewigen und glückseligen Geist. Er sagt, unsere unveränderliche Wahrnehmung von Glückseligkeit im Göttlichen Bewußtsein, dem höheren Verstand, sei immer gegenwärtig.

Die Natur unserer Wirklichkeit wird also im wesentlichen von unserer Wahrnehmung bestimmt, die die Gesamtsumme unserer früheren Erfahrungen ist. Wir können unsere Wahrnehmung verändern, indem wir mit Hilfe der Meditationspraxis immer bewußter werden und die Macht unseres Denkens verstehen. Uns immer wieder klar zu machen, daß wir in jedem Augenblick fähig sind, durch Gedanken unsere Wirklichkeit zu gestalten, ist der erste Schritt den Verstand zu meistern und ein Leben zu kreieren, wie wir es uns in Wahrheit wünschen.

Kapitel 9

Die Meisterung des Verstandes und die Kraft der Gedanken

Die gesamte Schöpfung wird aus Gedanken geboren. Das größere Universum ist von der Göttlichen Intelligenz geschaffen worden, während die Dimension, in der wir leben, auch von den Gedanken der Menschheit gestaltet worden ist. Die höheren und niederen Mentalkörper des Menschen funktionieren nur durch die lebenserhaltende Kraft der Göttlichen Intelligenz.

Wie bereits erwähnt, sind Gedankenformen Energie. Wenn wir positiv denken, wird uns die positive Einstellung durch positive Lebenserfahrungen widergespiegelt, wenn wir nicht noch vorher gewisse Lernerfahrungen durchleben müssen. Es bleibt allerdings immer unsere Entscheidung, ob wir die betreffende Lernerfahrung als schmerzhaft erfahren oder nicht. Alle Ereignisse lösen je nach unserer Wahrnehmung ein Gefühl aus. Unsere Gefühlsreaktionen können wir in der Weise steuern, wie wir uns entscheiden, ein Ereignis zu betrachten oder zu überdenken.

Dr. Deepak Chopra sagt: »Für den Betrachter gibt es keine objektive Welt.« Und weiter: »Die Wahrnehmung ist ein erlerntes Phänomen.« Wahrnehmung, wie wir sie kennen, wird von Umwelteinflüssen, genetischen Codierungen und früheren Lebenserfahrungen bestimmt – sie werden allesamt im Zellgedächtnis aufbewahrt. Mit Hilfe von Meditation, Hypnose und/oder Rückführungen in frühere Leben kann man Zugang zu diesen Erinnerungen bekommen, die mitunter noch auf unser gegenwärtiges Leben einwirken.

Chris Griscom, eine erfolgreiche Reinkarnationstherapeutin und die Gründerin des Light Institute in Galisteo, New Mexico, schreibt in ihrem Buch »Zeit ist eine Illusion«: »Einstellung und Erkenntnis kontrollieren den Emotionalkörper nicht! Ganz im Gegenteil, der Gefühlskörper bestimmt unser Dasein auf allen Bewußtseinsebenen dieses Planeten. Dennoch hinkt er seiner eigenen bewußten Entwicklung hinterher. Der Grund hierfür ist, daß die Emotionalität in energetischer Hinsicht der astralen Dimension angehört, die sich jenseits der zeitorientierten Wirklichkeit befindet. Unberührt von der Tatsache, daß die Zeit vergeht, kramt der Emotionalkörper seine vorhandenen Gefühlselemente unablässig hervor und setzt sie neu zusammen. Da wir uns so stark mit unserem Mentalkörper identifizieren, geben wir uns der Illusion hin, wir könnten den Emotionalkörper mit dem bewußten Willen beeinflussen und steuern.« Weiter heißt es: »Da das Bewußtsein jedes unserer feinstofflichen Körper nicht auf das vorhandene Körpergefährt angewiesen ist, kommen die klebrigen Eindrücke des Gefühlskörpers bei jeder irdischen Verkörperung einfach immer wieder zusammen. Der alte Gefühlskörper übermittelt dem neuen physischen Körper all jene Erfahrungen, Reaktionen und Wahrnehmungen der Wirklichkeit, die er in früheren Körpern gesammelt hat.«

Folglich komme ich zu der Aussage, daß wir, während wir durch die Wahl der Wahrnehmung in »jedem neuen Augenblick« die Gefühle beherrschen oder positiv mit dem Emotionalkörper umgehen können, gleichfalls vergangene Probleme anschauen und lösen müssen, um in der Vergangenheit festgehaltene Energie entlassen zu können. Diese Zellerinnerungen oder Verhaltensmuster sind oft der Grund für Blockaden im gegenwärtigen Leben. Als diese Energieblockaden seinerzeit aufgrund von ungelösten Emotionen entstanden, geschah dies als unmittelbare Folge unserer Wahrnehmungsperspektive und des intellektuellen Erfassens des damaligen Ereignisses. Mit unserer Entwicklung ist auch unser Bewußtsein reifer geworden, und wir können nun rückblickend das Leben aus einer anderen umfassenderen Perspektive betrachten.

An dieser Stelle möchte ich ein persönliches Erlebnis einfügen, das aufzeigt, wie eine Erfahrung aus einem früheren Leben, im Zellgedächtnis gespeichert, unser gegenwärtiges Leben beeinflussen kann. Vor einiger Zeit erhielt ich während der Meditation eine klare Anweisung von meiner geistigen Führung, mich einer Rückführung zu unterziehen, die mir vor allem Aufschluß über mein letztes Leben geben sollte. Zuvor hatte ich in Träumen und Visionen ziemlich lebhaft eine vergangene indianische Inkarnation erlebt. Wenn ich als Kind einen klassischen Cowboy- und Indianerfilm sah, wurde ich immer sehr aufgeregt und stellte mich stets auf die Seite der Indianer. Auch war mir bei meinen Reisen durch die Vereinigten Staaten von Amerika aufgefallen, daß ich ausgesprochen negativ auf die dortige weiße Bevölkerung reagierte. Beides war ungerechtfertigt und mir unerklärlich.

Unter Hypnose bekam ich wie in einem inneren Film anschauliche Bildeindrücke von dieser letzten Inkarnation, in der ich ein großer, relativ unansehnlicher Apache-Indianer war. Ich sah, wie unser Stamm die Zelte im Lager abbaute, einerseits aufgrund der Witterungsbedingungen und andererseits aus Angst vor einem Überfall. Danach sah ich viel Durcheinander und Blutvergießen. Ich befand mich inmitten des Geschehens. Ich beugte mich hinunter und hob meinen zweijährigen Sohn auf, dessen linke Gesichtshälfte weggeschossen worden war. Als ich seinen schlaffen Körper in meinen Armen hielt, reagierte ich sehr wütend, verletzt und zornig, was wiederum den Hypnosetherapeuten erschreckte, der auf eine solch heftige Gefühlsreaktion nicht gefaßt war. Es geschah noch viel mehr, was jedoch für diese Geschichte unerheblich ist.

Instinktiv wußte ich, daß mein damaliger Sohn heute meine jüngste Tochter ist, mit der ich im Grunde seit ihrer Geburt ständig Verhaltensprobleme hatte. Was immer ich auch unternahm, die Kluft zwischen uns blieb bestehen. Kurz gesagt, als ich ihr davon erzählte und sie sich daran erinnerte (was eine

Geschichte für sich ist), begriff sie, daß meine Zurückweisung ihrer Energie bei der Empfängnis aus dem Gefühl kam, ich könne das Leid, sie womöglich noch einmal verlieren zu müssen, nicht ertragen. Seit dieser Rückerinnerung hat sich unser Verhältnis entscheidend gebessert und ist seither wunderbar geblieben. Meiner Tochter war bescheinigt worden, daß sie unter einer Verhaltensstörung litt. Sie hatte ein ständiges und unstillbares Verlangen nach Zuwendung, unabhängig davon, wieviel Zuneigung und Aufmerksamkeit sie auch bekam. Ich hatte auf ihre Empfängnis sehr negativ reagiert und sogar eine Abtreibung in Erwägung gezogen. Das hat bei dem Fötus den Grundstein gelegt, sich über alle Maßen zurückgewiesen zu fühlen. Also lagen bei uns beiden einschneidende Zellprägungen vor, bei ihr seit der Zeugung und bei mir seit unserem letzten gemeinsamen Leben. Durch die Klärung und Verarbeitung dieser Zellerinnerungen ergab sich für uns ein tiefgreifender und dauerhafter Wandel.

Wir wissen nun um die Tatsache, daß Gedankenformen unsichtbare Energiefelder aussenden und übertragen. Diese Felder senden ihrerseits zurück und werden von ihrer ursprünglichen Sendestation wieder empfangen. Folglich haben wir uns alles, was vor uns auftaucht und in unser Leben tritt, durch die von uns ausgesandten elektromagnetischen Wellen zugezogen.

Unser Vierkörpersystem, bestehend aus Körper, Gefühlen, Verstand und Geist, hat bewegliche Energiefelder, wovon ein jedes auf einer bestimmten Frequenz schwingt und Energiewellen aussendet. Vereinfacht ausgedrückt kann man den menschlichen Körper mit der Hardware eines Computers vergleichen, den Verstand mit dem Betriebssystem, die Gedanken mit den Softwareprogrammen und das Leben mit dem, was diese drei Faktoren dann ausdrucken. Der physische Körper reagiert auf den Gefühlskörper, dieser reagiert auf den Mentalkörper, der wiederum, falls er eingestimmt ist, dient dem Geist und der

Göttlichen Intelligenz. Auf diese Weise beeinflußt unsere mentale Programmierung nicht nur unser gefühlsmäßiges Wohlbefinden, sondern auch unsere Gesundheit.

Unsere Denkprozesse sind erlernt und verlaufen gewohnheitsmäßig, doch sie scheinen automatisch und unkontrollierbar zu verlaufen. Auf der Hörkassette »Länger leben und jung bleiben« sagt Dr. Chopra: »Wir sind Gefangene unserer Gedanken. Unsere Gedanken und Gewohnheiten machen uns buchstäblich zu Nervenbündeln mit konditionierten Reaktionen. Unterdessen laufen fortwährend vorhersagbare biochemische Reaktionsmuster in unserem Körper ab, die durch Mitmenschen und Umstände ausgelöst werden. Ein konditionierter Verstand läßt also wenig Spielraum für irgendetwas Neues. Es scheint, als ob die Gefühle sich unserer Kontrolle entziehen. Wir errichten und bauen ein Gefängnis, und das Tragische ist, daß wir nicht einmal imstande sind, diese Mauern zu sehen… Die Sinnentleertheit, unter der wir derzeit leiden, kann nur noch schlimmer werden, wenn wir in diesem Gefängnis bleiben.«

Unsere Art zu denken wird uns in den entscheidenden Jahren unserer Kindheit von Angehörigen und Bezugspersonen beigebracht, von denen wir häufig lernen:
- zu sehr zu verallgemeinern
- nur im Schwarz-weiß-Format zu denken
- ohne Nachweise Schlüsse zu ziehen
- in einer Situation das Schlimmste zu befürchten oder unverhältnismäßig zu übertreiben
- alles persönlich zu nehmen
- uns andauernd in unsere Niederlagen oder Probleme hineinzusteigern

Wenn wir folgendes verstehen, beginnt die Ausbildung zur Meisterung unseres Verstandes und wir werden feststellen, daß wir sehr dizipliniert und achtsam mit jedem Gedanken sein müssen:

1. Gedanken sind Energie, die zugleich Gefühle auslösen können.
2. Diese Energie untersteht universalen Gesetzen.
3. Wir haben die Macht, unsere persönliche Realität zu erschaffen.
4. Wir sind imstande, uns endgültig von begrenzendem Denken zu befreien und den Glauben aufzugeben, daß das Leben »uns einfach widerfährt«.

Womöglich müssen wir auch das Fundament unserer Überzeugungen und unserer gewohnheitsmäßigen Denk- und Verhaltensmuster hinterfragen. Wenn unser Leben auf allen Ebenen reich ist, haben wir Meisterschaft erreicht und können den Verstand und seine schöpferische Kraft für uns einsetzen. Sollten wir uns immer noch begrenzt fühlen, sollten wir unsere Gedankenformen gewissenhaft durchforsten. Folgt ein positiver Gedanke auf einen negativen Gedanken und umgekehrt, wird das Energiefeld jeweils neutralisiert. Wenn Sie also einen negativen Gedanken aufschnappen, sorgen Sie dafür, daß er von einem positiven abgelöst wird und beobachten Sie, wie sich Ihre Wirklichkeit verändert.

Zusammenfassung: Die Meisterschaft des Verstandes und die Bereitschaft, für alle Gedanken, Worte und Handlungen die Verantwortung zu übernehmen, erfordert wesentlich mehr Energie und Umsetzungsleistung als die Haltung der Opfermentalität, die die Schuld für das eigene Leid und die Lebensumstände in der Welt und bei den Mitmenschen sucht. Sobald wir mit Hilfe von Disziplin und Unterscheidungsvermögen vom Lehrling zum Meister aufgestiegen sind, fällt unsere Ernte reich aus und unsere Lebensqualität steigert sich ins Unermeßliche. In Kapitel 14 wird beschrieben, wie man den Verstand mit Hilfe von Meditation durch Ent- und Neuprogrammierung meistert.

Kapitel 10

Die Macht der Gefühle

Aus Forschungen von alternativen Therapeuten sowie einer Reihe von Medizinern einschließlich Dr. Chopra geht hervor, daß emotionales Unbehagen bei der Entstehung von Krankheiten eine bedeutende Rolle spielt. Unser Unvermögen, mit Streß umzugehen, vielfach bedingt durch Gefühle von Unsicherheit oder mangelnder Kontrolle, ist ebenfalls sehr gesundheitsschädigend für den Körper und kann im Extremfall zu einen Nervenzusammenbruch führen.

Selbst wenn es so scheint, als ob menschliche Gefühlsreaktionen automatisch erfolgten, benötigen die Nervenbahnen, ungefähr drei Sekunden, um die Meldungen an das Gehirn zu befördern, ehe die Gefühlsreaktionen und deren verstandesmäßiges Erfassen ausgelöst werden können. In diesen drei Sekunden hat das restliche Gehirn die Nachricht bereits mittels schnelleitender Nervenbahnen empfangen. Auch wenn wir uns dieses Ablaufs nicht bewußt sind, müssen wir einräumen, daß wir erst denken bevor wir fühlen. Folglich sind wir nicht das Opfer unserer Gefühle.

Erleben wir eine spontane Gefühlsreaktion, weil unsere Knöpfe gedrückt wurden, müssen wir lernen, mit diesen Emotionen effektiver umzugehen, damit sich daraus keine energetischen Blockaden bilden und schließlich Krankheiten entstehen. Ereignisse sind, wie schon erwähnt, gefühlsneutral. Wir belegen sie mit Gefühlen je nach unserer Wahrnehmung. Heftige unbewältigte Emotionen wie Angst, Zorn und so weiter werden im Körper gespeichert und bilden Blockaden, die den Energiefluß durch die körperlichen Energiesysteme behindern.

Wenn wir den Wunsch verspüren, mehr Freude, Glück, Harmonie und so weiter während unseres Lebens zu erfahren, müssen wir erst einmal beschließen, uns nicht mit weniger zufriedenzugeben. Wenn wir beschließen, uns auf positive Gefühle in unserem Leben einzustellen, lernen wir eine positive Haltung im Denken einzunehmen und immer nach dem Silberstreif am Horizont Ausschau zu halten. Es existiert sowohl Positives als auch Negatives. Wir wählen aus, worauf wir unsere Aufmerksamkeit lenken, und nach den Gesetzen der Energie gedeiht ganz einfach das, worauf wir uns konzentrieren.

Indem wir verstehen, daß all unsere Erfahrungen inspirierende Lehrmeister sind, und indem wir bewußt wahrnehmen wie wir einem Ereignis Gefühle zuordnen, gewinnen wir mehr Kontrolle über die Qualität unserer Erfahrungen. Selbst wenn uns eine Situation anfangs negativ erscheint, haben wir die Wahl, sie positiv zu sehen und zu akzeptieren. Wir können und werden aus solch einer Situation lernen, deshalb können wir sie als Lektion willkommen heißen.

Es ist zu nichts nütze, destruktive Gefühle im Körper zu speichern. Wenn wir die Strömung eines Flusses durch den Bau eines Staudamms behindern müßten, würden die Pflanzen hinter dem Damm infolge von Wassermangel verkümmern und absterben. Genauso verhält es sich mit dem menschlichen Körper. Um gesund zu bleiben, müssen Gefühle ungehindert fließen können. Sie müssen angenommen und nicht abgelehnt werden. Mit einer positiven Einstellung können wir Gefühle achten, annehmen und sie freilassen, ohne uns allzu sehr darin zu ergehen. Die Hardware des Körpercomputers speichert negative Emotionen in den Organen, die man mit den Datenbanken vergleichen kann. So speichert die Leber Wut, die Lunge Trauer und so weiter, weil wir eben nicht gelernt haben, wie man mit Gefühlen dieser Art sinnvoll umgeht.

In seinem Buch »Die Körperzeit« schreibt Dr. Deepak Chopra, daß emotionaler Schmerz in der Gegenwart als Verletzung erfahren, in der Vergangenheit als Wut erinnert, in der Zukunft als Angst empfunden wird. Unausgedrückte, unterdrückte Wut kehrt sich gegen einen selbst und wird als Schuld empfunden. Wird Wut nach innen gerichtet, entsteht dabei ein Energieverlust, den man Depression nennt. Wenn Zellen lediglich in Materie gekleidete Erinnerungsspeicher sind, wie Chopra es in »Die heilende Kraft« ausführt, ist es äußerst wichtig, damit anzufangen, das Zellgedächtnis zu untersuchen und darin enthaltene Energieblockaden aufzulösen, indem wir alle Zellen von Negativität und Giftstoffen reinigen.

So können wir in zweifacher Hinsicht lernen, mit unseren Emotionen umzugehen. Zunächst gilt es, negative Gefühle aufzulösen, die als Folge früherer Ereignisse in den Zellen und Organen des Körpers gespeichert wurden. Anschließend müssen wir lernen, sinnvoll mit negativen Emotionen umzugehen, schon in dem Augenblick, wenn sie uns begegnen. Wer regelmäßig meditiert, kann noch einen Schritt weiter gehen. Wir können Nicht-Verhaftung lernen, zu handeln statt zu reagieren, immer die Dinge aus der Innenperspektive zu sehen. Regelmäßige Meditation ist wie medizinische Prophylaxe, da wir den größeren Zusammenhang begreifen und beginnen, effektiver damit umzugehen.

1. Negative Gefühle im Zellgedächtnis auflösen
- Dies kann man mit Hilfe von schöpferischen Visualisierungsübungen erreichen, wie zum Beispiel mit der einfachen Übung 2, die am Ende dieses Kapitels beschrieben wird.
- Es gibt auch eine große Auswahl an Heilmethoden, wie Kinesiologie, Homöopathie, Harmonisierung des Körpers und so weiter, die den physischen Körper unterstützen, Gefühle rasch und effektiv freizusetzen. Bei der Neuausrichtung und Reinigung der Zellstruktur sowie der körperlichen Energiefelder helfen verschiedene alternative

Heilmethoden. Innerhalb weniger Stunden kann das erreicht werden, wofür sonst jahrelange Meditation erforderlich ist.
- Wir können auch darum bitten, daß unser Emotionalkörper während des nächtlichen Schlafs von allen negativen Überzeugungen und begrenzenden Verhaltensmustern gereinigt und befreit werden möge. Stimmen Sie sich dazu einfach auf Ihr Höheres Selbst und/oder Ihre geistigen Führer ein, und bitten Sie darum, ohne daran zu zweifeln. Sie können darum bitten, daß Sie diesen Reinigungsprozeß durch Träume bewußt miterleben oder Sie können die ausdrückliche Anweisung geben, daß dieser unbewußt vor sich geht.

Ich glaube, daß das Freisetzen von Gefühlen eine sanfte und natürliche Erfahrung sein kann. Es muß nicht traumatisch sein, es sei denn man möchte es so. Mit dem Sprichwort »Ohne Schmerzen, kein Verdienst« (*engl.*: No pain, no gain) stimme ich nicht überein, denn ich meine, daß alles auf sanfte, liebevolle Weise geschehen kann, wenn wir es so wünschen.

2. Mit negativen Emotionen und Verletzungen sinnvoll umgehen lernen
- Atmen Sie, um Ihre negativen Gefühle zu lösen und Körper Verstand und Gefühle zu beruhigen. Atmen Sie solange in tiefen, weichen und gleichmäßigen Atemzügen, bis Sie Ruhe gefunden haben.
- Drücken Sie Ihre Gefühle gegenüber der Person aus, die den Schmerz ausgelöst hat, ohne sie dabei anzugreifen oder zu bedrohen. Nehmen Sie sich anschließend der Themen an, die Sie in Aufregung versetzt haben. Bedenken Sie dabei, daß der äußere Sachverhalt nur ein Spiegel ist. Läge kein inneres Problem vor, würden Sie auch nicht darauf reagieren. Sie können den Erfolg solcher Klärungsarbeit

daran ablesen, wenn Sie nicht mehr heftig oder negativ auf eine derartige Situation reagieren.
- Übernehmen Sie Verantwortung für Ihre Gedanken und Gefühle. Die Gefühle folgen stets dem Denken und Wahrnehmen. Wenn Ihre Gefühle Ihnen nicht gefallen, ändern Sie Ihr Denken.
- Suchen Sie nicht von anderen Anerkennung, sondern anerkennen Sie sich selbst. Legen Sie grundsätzlich fest, was für Sie akzeptabel ist, denn jeder Mensch hat eine andere Vorstellung von dem, was er in seinem Leben erfahren möchte und akzeptieren kann.
- Steigern Sie Ihr Energieniveau, indem Sie sich in der Meditation an die innere Kraftquelle anschließen. Wenn wir mit dem Göttlichen im Inneren verschmelzen, lernen wir, andere zu achten, zu lieben und anzunehmen und finden alles Glück in uns. Erwarten Sie nicht, daß andere Freude in Ihr Leben bringen, damit vergeuden Sie nur Kraft. Denken Sie daran, Sie sind der wichtigste Mensch! Wenn Sie glücklich sind, können Sie gut mit Ihren Mitmenschen umgehen und sich besser mitteilen.
- Achten Sie auf Ihre körperlichen und emotionalen Reaktionen. Verleugnen Sie Ihre Gefühle nicht. Etwas unter den Teppich zu kehren, eine Verstimmung nicht zuzugeben, indem man sich um des lieben Friedens willen auf die Zunge beißt oder keine Unruhe stiften will, verursacht Magengeschwüre, Krebs, Herzbeschwerden, und vieles mehr.
- Finden Sie heraus, warum Sie sich verletzt fühlen, und lösen Sie das Gefühl auf.
- Lernen Sie, im Augenblick zu leben.
- Seien Sie bereit, sich zu verändern. Das einzig Beständige im Universum ist der Wandel.
- Vergiften Sie Ihren Körper nicht mit Essen, Gedanken oder Gefühlen.
- Hören Sie auf zu urteilen, entscheiden Sie sich dafür, aus-

schließlich positiv zu denken sowie die Mitmenschen und sich selbst positiv einzuschätzen.
- Ersetzen Sie das Motiv der Angst durch das Motiv der Liebe.

Eines der besten Hilfsmittel zur Heilung des Emotionalkörpers und damit auch des physischen Körpers ist die Vergebung – sich selbst und anderen zu vergeben.

Ich hatte jahrelang meditiert, regelmäßig Gymnastik gemacht und eine verhältnismäßig reine Nahrung zu mir genommen. All das hatte die Größe meiner Krebsgeschwulst relativ klein gehalten. Trotzdem war der karzinogene Tumor, der an meiner Leber wuchs, eine direkte Folge verdrängten Ärgers. Obgleich ich sehr viel Entwicklungsarbeit an mir geleistet hatte, Rebirthing und andere Methoden der Selbstheilung angewandt hatte, war ich außerstande oder womöglich nicht bereit gewesen zu vergeben, bis mich die Diagnose und die lebensbedrohliche Lage dazu gezwungen haben. Die Schulmedizin kann Leben retten, sofern ein Krebsgeschwür früh genug entdeckt und entfernt wird. Es muß aber auch untersucht werden, weshalb der Krebs überhaupt entstanden ist. Nicht allein das Symptom, sondern auch die zugrundeliegende Ursache müssen beseitigt werden.

3. Meditation als Vorbeugungsmaßnahme

In den Kapiteln über Meditation und ihren Nutzen wird dies näher beschrieben. Der größte Nutzen der Meditation ist das Beobachten der eigenen Gefühle und die Nicht-Anhaftung die wir erreichen können, so daß wir nicht mehr glauben anderen ausgeliefert zu sein. Das erlaubt uns, für unser eigenes Glück absolut selbstverantwortlich zu sein und genau hinzusehen, woher Probleme kommen.

Chris Griscom führt in ihrem Buch »Zeit ist eine Illusion« aus, daß – abgesehen von Reinkarnationstherapie – Meditation und die Erhöhung der Schwingungsfrequenz unserer Energiefelder auf höhere Oktaven am stärksten alte, negative Verhaltensmuster in unserem Emotionalkörper und Zellgedächtnis auflösen können.

Die Meisterung des Emotional- und Mentalkörpers erfordert Disziplin. Nachdem wir jahrelang geglaubt haben, unseren Gedanken und den daraus resultierenden Gefühlen machtlos ausgeliefert zu sein, schlichtweg weil die Gesellschaft uns dies suggeriert, können wir nun bewußt wahrnehmen und lernen, unser Denken zu disziplinieren. Ein indischer Guru hat einmal gesagt, man könne von einem Wildpferd, das von Geburt an die Prärie durchstreift hat, nicht erwarten, daß es sich in die umzäunte Koppel begebe, bloß weil wir pfeifen. Gleiches gilt auch für den undisziplinierten menschlichen Verstand.

Das Fernsehen hat Erwartungen geweckt, daß Ergebnisse in Sekundenschnelle eintreten können. Eine schnelle Aufeinanderfolge von Bildern gilt als gute Unterhaltung. Das macht es für viele schwierig, sich für eine Weile in die innere Stille zurückzuziehen, um den Verstand zu disziplinieren und zur Ruhe zu bringen. Seifenopern verstärken die Opfermentalität, Gameshows verstärken die Gier und Fernsehnachrichten rufen noch mehr Angst und Negativität hervor. Dies sind starke Gefühle, die unterschwellig in unserem Alltagsleben intensiviert werden. Das Fernsehen ist allerdings auch ein machtvolles Kommunikationsmittel. Durch eine selektive Programmauswahl können wir diese Erfindung zu unserem Nutzen gebrauchen. Wir haben die Macht zu wählen, welche Wahrnehmung, Gedanken, Gefühle, Wirklichkeit und emotionale Erfahrung wir in unserem Leben haben wollen.

4. Maßstäbe festsetzen
Die nachfolgende Übung nenne ich die Assoziation der positiven Erinnerung. Sie dient dazu, zwei entscheidende Dinge zu erfüllen. Erstens gilt es, einen Mindeststandard festzuset-

zen, welcher Art unser Gefühlsleben beschaffen sein soll, um für uns annehmbar zu sein. Zweitens dient sie als Werkzeug, Ihren Tag einzustimmen, falls Sie mal mit dem linken Fuß zuerst aufgestanden sind. Die Technik ist einfach, doch sehr wirksam.

Die Assoziation der positiven Erinnerung

- Setzen Sie sich in kontemplativer Haltung hin. Atmen Sie tief, weich und verbunden, bis Sie das Gefühl inneren Friedens verspüren und somit leicht Zugang zu Ihrem Gedächtnis finden können.
- Gehen Sie in die Vergangenheit zurück und durchsuchen Sie die Datenbank Ihrer Erinnerungen. Finden Sie einen Augenblick, eine Stunde, einen Tag, eine Phase, in der Sie Ihr Leben als einfach wunderbar, glücklich und erfüllend empfunden haben.
- Erinnern Sie sich an die Einzelheiten, die Zeit, den Ort, mit wem Sie zusammen waren, und was an diesem Erlebnis das Besondere war. Achten Sie vor allem darauf, wie Sie sich fühlten.
- Sobald Sie das Gefühl dieses Ereignisses in sich aufgenommen haben, beschließen Sie, sich mit keinem geringeren Standard zufriedenzugeben. Es spielt keine Rolle, welcher Art die Erinnerung ist – sei es aus der Kindheit, die erste Liebe, ein Hochzeitstag, die Geburt eines Kindes. Wichtig ist, wie Sie diese Erinnerung nutzen können, um ein Gefühl der Freude und Unbeschwertheit zu erzeugen.

Die Mehrzahl der Leute, mit denen ich diese Übung durchgeführt habe, schildern, daß sie sich an Gefühle wie Freude, Zufriedenheit und Unbeschwertheit am häufigsten erinnerten. Weiter berichten Sie, daß es genau dieselben Erfahrungen sind, die sie bei ihrer gegenwärtigen Lebensweise und in ihrem pflichterfüllten Erwachsenendasein am meisten entbehren.

Tatsache ist, daß wir einstmals solche Erlebnisse gehabt haben. Selbst wenn wir vielleicht außerstande sind, die gleichen Umstände oder Einzelheiten wiederherzustellen, sind wir fähig, unseren persönlichen Maßstab festzusetzen, welche Erfahrungen unseren emotionalen Bedürfnissen genügen.

Wenn wir einfach jeden Tag damit beginnen, eine erfreuliche Erinnerung aus unserem Gedächtnis hervorzuholen, können wir den Tag auf eine harmonische Note einstimmen, indem wir beschließen, uns nicht mit weniger zufriedenzugeben. Dann erwecken wir das Gefühl, indem wir die Erinnerung erneut durchleben, wodurch der Tag einen positiven Anstrich erhalten kann.

Wenn das Universum auf unsere Erwartungen eingeht und wir fortwährend das Beste für uns erhoffen und überdies negativen Gedankenformen achtsam mit einer positiven und verstärkt positiven Haltung entgegenwirken, werden wir feststellen, daß unser Leben sich – garantiert – ziemlich magisch verändert!

Träume und spirituelle Unterweisung
Der Traumzustand läßt sich am effektivsten nutzen, um geistige Unterweisung, Klärung und/oder Heilung und Belehrung zu empfangen. Immer wenn ich hinsichtlich eines Problems oder einer Entscheidung unsicher bin, meditiere ich vor dem Einschlafen und programmiere mich, indem ich meinen höheren Verstand, meine ICH BIN-Gegenwart oder den Meister, mit dem ich augenblicklich zusammenarbeite, bitte, mir im Traum eine eindeutige Antwort zu übermitteln und mir überdies ein absolut klares Erinnerungsvermögen sowie das mühelose Erfassen der Symbolik des Traumes zu gewähren. Diese Methode hat bei mir niemals versagt! Ich werde jedes-

mal unmittelbar geweckt, sei es durch ein Geräusch oder ein dringendes Bedürfnis, zur Toilette zu gehen, nachdem ich im Traum die Antwort oder Anweisung erhalten habe. So kann ich dann den Traum und dessen symbolische Inhalte deuten. Anderenfalls stelle ich fest, daß der Traum mit der Auskunft kurz vor dem Aufwachen erfolgt, was es mir auch erleichtert, ihn ins Gedächtnis zurückzurufen.

Sehr wichtig dabei ist allerdings, Zeit für Meditation und Kontemplation vor dem Schlafengehen aufzuwenden, wodurch das Unbewußte die Chance erhält, dem Tagesbewußtsein alle ungelösten Probleme des vergangenen Tages vorzulegen, damit diese Themen nicht in unsere Träume eingehen. Traumdeutung ist eine ausgezeichnete Methode zur Selbsterkenntnis und es gibt zahlreiche hervorragende Bücher zum Thema Traumarbeit und Traumdeutung

Zur Zeit erlebe ich bei mir zwei Arten nächtlicher Aktivitäten. Im ersten Teil der Nacht werde ich ausgebildet, im zweiten Teil bearbeite ich eher persönliche Aufgabenstellungen mit Hilfe von Anweisungen im Traum. Im erstgenannten Zustand verläßt man seinen physischen Körper, um auf den feinstofflichen Ebenen zu wirken, im anderen findet ein Austausch zwischen Unbewußtem, Bewußtsein und Überbewußtsein statt.

Eine Affirmation zur Programmierung, sich an Träume zu erinnern wäre: »Ich bitte meine ICH BIN-Gegenwart darum, mir ein umfassendes Erinnerungsvermögen und ein müheloses bewußtes Erinnern der Träume, Unterweisungen, Vorbereitungen und Belehrungen zu gewähren, die ich erhalte, während mein physischer Körper schläft.«

Schöpferische Visualisierung 2
Reinigungsmeditation und Neueinstimmung des Emotionalkörpers

Diese Meditation dient dazu,
1. emotionalen Ballast zu entlassen, der sich im Zellgedächtnis durch unbewältigte Probleme in der Vergangenheit angesammelt hat
2. durch tägliche Praxis negative Gefühle erfolgreich zu bewältigen.

- Mache es dir bequem und setze dich hin an einen Ort, wo du nicht gestört werden kannst.
- Stimme dich ein, mit Hilfe von Atem- und Lichtarbeit.
- Nachdem du entspannt bist, stell dir vor, du stehst auf einem Berg. Vor dir siehst du Stufen, die nach unten führen.
- Nun fängst du an, die Stufen hinunterzusteigen. Zähle dabei rückwärts von 10 bis 0. Bei jeder Stufe atmest du einmal tief ein und aus, ohne Unterbrechung.
- Erlaube dir, dich immer tiefer zu entspannen, während du zählst. Mit jeder Stufe abwärts fühlst du dich leichter und freier und du weißt, du bist auf dem Weg zu einem ganz besonderen und sicheren Ort.
- 10 ... atme ein und atme aus 9 ... atme ein und atme aus 8... atme ein und atme aus ... 7 ... 6 ... 5 ... 4 ... 3 ... 2 ... 1 ... 0.
- Nun bist du unten angekommen, spürst den Boden unter deinen Füßen und fühlst dich tief entspannt. Nimm ein paar tiefe Atemzüge und schau dich um mit all deinen inneren Sinnen.
- Du siehst, daß du dich an einem wunderschönen Ort befindest. Dieser Ort gehört dir ganz allein. Hier fühlst du dich vollständig sicher, friedlich, angenommen und ge-

liebt. Das ist dein Inneres Heiligtum, so wie sich Kinder ein kleines Häuschen bauen, um darin ihre Phantasien zu spielen.
- Du kannst dich in aller Ruhe umsehen, Bäume und Blumenbeete erblicken. Du siehst, wie du eine Blume pflückst, sie dir unter die Nase hältst und ihr Duft dir in die Nase steigt. (Erlaube deinem Geruchssinn, sich zu aktivieren.)
- Du hörst Vogelgezwitscher und den Wind, der durch die Bäume streicht.
- Mit der hohlen Hand kannst du Wasser aus einem klaren Bach schöpfen, es an deine Lippen führen, um es zu schmecken und deinen Durst zu stillen.
- Spüre die Wärme der Sonne auf deiner Haut und den Hauch des Windes in deinen Haaren.
- Halte jetzt einen Moment lang inne und erlaube dir, diesen inneren Ort, dein Heiligtum ganz wie du wünschst zu gestalten. Sei dir bewußt, dies ist dein Ort. Laß deine Vorstellungskraft grenzenlos sein.
- Nimm ein paar tiefe, weiche, verbundene Atemzüge, genieße die Schönheit dieses Ortes. Wenn du einen Ort irdisch-materieller Vollkommenheit erschaffen könntest, wie würde er aussehen? Wäre es ein Strand, ein Regenwald, ein Tal oder ein Berggipfel?
- Nun kommst du zu einem mit Blumen umsäumten Pfad. Fasziniert beginnst du ihm zu folgen. Der Boden unter deinen Füßen fühlt sich weich an. Während du weiterhin die kühle, frische Luft atmest, fühlst du dich immer leichter, energiegeladener und irgendwie befreiter.
- Du bemerkst, daß du ein langes, fließendes Gewand trägst, barfuß bist und es sich so anfühlt, als ob du durch den Wald gleiten würdest.
- Nun kommst du zu einer Waldlichtung. In der Mitte dieser schönen Lichtung, inmitten von Laubbäumen, befindet sich ein großer, klarer, funkelnder Teich mit Felsen,

der am anderen Ende von einem herrlichen, sprühenden Wasserfall gespeist wird.
- Auf der kristallklaren Wasseroberfläche tanzt das Sonnenlicht. Die Luft fühlt sich erfrischend, lebendig und gefüllt mit Sauerstoff und Prana an.
- Saftiger und üppiger tropischer Pflanzenwuchs umsäumt das Ufer des Teichs.
- Du bemerkst einen flachen Felsen, der aus dem Wasser herausragt und setzt dich vorsichtig darauf nieder.
- Das Atmen ist hier so leicht, Sauerstoff und Prana strömen wie von selbst in dich ein und füllen deine Lunge mit heilender Kraft. Erlaube dir beim Ausatmen alle Sorgen und alle Last deiner Welt loszulassen.
- Nun sitzt du unter einem wunderschönen Strahl aus heilender Lichtenergie. Er kommt aus dem wolkenlosen blauen Himmel über dir. Das Licht umfängt dich und scheint durch all deine Hautporen einzuströmen.
- Du verspürst den Wunsch, dich ganz seiner Heilkraft hinzugeben und zuzulassen daß es dich transformiert, regeneriert und dir seine Reinheit überträgt.
- Während du diese weißgoldene Lichtenergie einatmest, spürst du, wie sie deine Lunge erfüllt und anschließend in deine Zellen und Organe einströmt. Es fühlt sich an, als ob alle Poren deiner Haut dieses Licht ebenfalls in sich aufnehmen. Du atmest durch den Mund mit einem leichten Seufzen und beginnst den emotionalen Ballast zu lösen, der schon jahrtausendelang in deinen Körperzellen und Organen gespeichert worden ist.
- Atme das Licht ein.
- Atme aus und sprich die Affirmation: »Jetzt löse ich mich von ...« (Laß alles los, was dir einfällt. Was dir als erstes in den Sinn kommt, ist genau das, was du loslassen sollst – wie etwa Ärger, Angst, Eifersucht, Kummer und so weiter.)

- Setze die Stimme ein, um dich zu lösen, sprich lauter, seufze und stöhne.
- Fühle, wie Ärger und andere Gefühle aus deinem Wesen ausströmen und durch das Licht um dich herum aufgelöst werden.
- Atme das Licht ein und sprich die Affirmation: »ICH BIN gesund, ICH BIN Schwingung.«
- Atme tief ein und aus und sprich die Affirmation: »Nun löse ich mich von ...«
- Fahre damit fort, bis du spürst, daß alle Energien der jeweiligen negativen Emotion aus deinem Wesen entwichen sind. Frage dich dann, was du noch loslassen solltest.
- Als Alternative kannst du auch einfach mit folgender Affirmation alles auf einmal ausströmen lassen: »Jetzt löse ich mich von allen Schlacken, Giftstoffen, Schmutz und Streß und allen in meinem Zellgedächtnis gespeicherten negativen Gefühlen. Ich lasse alles los, was mir in diesem Moment meines Lebens nicht mehr von Nutzen ist!«
- Während du alles aus deinen Zellen entläßt, stell dir einen intensiven Lichtstrahl vor, der durch deinen Scheitel in dich eindringt, alle Energieleitbahnen, Zellen und Organe säubert, den ganzen Abfall auflöst und dein Wesen mit heilender Lichtenergie erfüllt. Es ist wie ein Frühlingsputz von gigantischem Ausmaß.
- Während du die Energie des dich umhüllenden Lichtstrahls einatmest, fährst du mit folgenden Affirmationen fort: »ICH BIN Licht, ICH BIN Liebe, ICH BIN frei, ICH BIN ein herrliches, strahlendes Wesen!« Du kannst weitere Aussagen, die sich gut anfühlen, hinzufügen.
- Wenn du willst, kannst du auch visualisieren, daß du einen Rucksack oder einen Behälter auf deinem Schoß liegen hast.
- Visualisiere, wie sich deine Hände mit den freigesetzten

Emotionen füllen und du sie alle mit einer kraftvollen Bewegung in den Rucksack packst.
- Sobald der Rucksack gefüllt ist, verschließe ihn und biete ihn dem Licht an. Du kannst nun beobachten, wie er sich in Liebe und Licht auflöst. Stell dir vor, du hast dich einer sehr tiefgreifenden Reinigung unterzogen.
- Während du Licht und Prana einatmest, fühlst du, daß du immer stärker und gesünder wirst und Unwohlsein und alle Krankheiten von dir abfallen. Spüre, wie du verwandelt wirst und sei bereit, von diesem Augenblick an ausschließlich Liebe, Freude und Lachen in deinem Leben zu akzeptieren.
- Geh mit deiner Erinnerung in die beste Zeit deines Lebens zurück (Affirmation der positiven Erinnerung) und beschließe, dich von diesem Moment an, nur noch mit den schönsten Emotionen zufriedenzugeben.
- Affirmiere nun: »In Freude, Sicherheit und Ausgeglichenheit gehe ich dem Unbekannten entgegen und heiße alles willkommen, was meinem höchsten Wohle dient.«
- Verwende diese Visualisierungstechnik, um dich von Ärger, Enttäuschung oder Streß zu entlasten, die du dir womöglich im Laufe des Tages oder der Woche zugezogen hast.
- Wenn du das getan hast oder spürst, daß du nun genug getan hast, visualisiere, wie dein Scheitel sich wie der Deckel eines Honigglases öffnet und heilendes, liebevolles flüssiges Licht einströmt und dein ganzes Wesen mit wundervoller Kraft erfüllt.
- Dann beobachte, wie sich der Deckel wieder schließt. Atme weiterhin tief. Du fühlst dich ruhig, frisch und energiegeladen.
- Bedanke dich, daß du dieses Werkzeug einsetzen darfst. Bitte dein Höheres Selbst, alle künftigen Gefühlssituationen in positiver Weise zu bewältigen. Du weißt ja, alles

geschieht, damit wir etwas daraus lernen und inspiriert werden.
- Visualisiere nun, wie du in den wunderschönen Felsenteich hineingleitest. Während du im Wasser schwimmst und anmutig und voller Freude darin planschst, fühlst du, wie es dich kräftigt, wohlig umhüllt und verjüngt.
- Du schwimmst zum Wasserfall, stellst dich darunter und fühlst das Wasser wie eine Kaskade sanft auf dich herunterfallen. Das Bad erfrischt dich und lädt dich auf. Laß dich anschließend von einer zarten Brise und den Sonnenstrahlen trocknen, die deine Haut liebkosen.
- Nun bring deine Aufmerksamkeit zurück in deinen Körper, spüre deine Arme, deine Beine und die Unterlage, auf der du sitzt.
- Vergegenwärtige dir das Gefühl von Frieden und Gelassenheit während deines Besuchs in deinem Inneren Heiligtum bei dem Felsenteich.
- Du weißt, daß du jederzeit dorthin zurückkehren kannst.
- Genieße deine Gefühle.
- Atme fünf mal tief ein und aus.
- Nun komm mit deiner Aufmerksamkeit wieder in den Raum, in dem du dich befindest, und öffne deine Augen.

Kapitel 11

Die Wirkung von Affirmationen

Im Oxford-Wörterbuch wird Affirmation folgendermaßen definiert: »Eine feierliche persönliche Erklärung«. Etwas zu affirmieren bedeutet, es nachdrücklich zu bejahen, als Tatsache hinzustellen, eine offizielle Erklärung abzugeben.
Zu Anfang muß ich klarstellen, daß Affirmationen allein nicht wirken. Sie müssen darin Meister werden, daß Sie Ihre Gedanken und die daraus resultierende Handlung kontrollieren, um das gewünschte Ergebnis zu erzielen. Es ist fruchtlos und führt zu nichts, wenn Sie eine positive Aussage formulieren oder affirmieren und sie sogleich anzweifeln oder ihr mißtrauen.
Mit Hilfe von Affirmationen kommen erfolgreiche Resultate zustande, weil man
1. die Absicht bekräftigt,
2. sie vertrauensvoll und hingebungsvoll
3. beständig wiederholt,
4. ohne an ihr zu zweifeln, sondern davon ausgeht, daß sich Ergebnisse einstellen werden.

Uns ist bekannt, daß Selbstgespräche und Gedanken das Gefühlsleben steuern und verdrängte negative Emotionen, die im Inneren verharren, Unbehagen (Vorstufe von Erkrankungen) erzeugen. Umgekehrt können wir Selbstgespräche zu Affirmationen umziehen und dadurch Behagen erzeugen.

In dem Büchlein »Scientific Healing Affirmations« legt Yogananda dar, daß »kraftvolle bewußte Affirmationen über den Weg durch das Unbewußte auf den Körper und das Tagesbewußtsein einwirken«. Er führt weiter aus: »Während man Heilung anstrebt, befaßt man sich mit der immensen Macht der

Krankheit statt mit der Möglichkeit der Genesung, wodurch die Krankheit eine mentale als auch körperliche Gewohnheit wird.«...

»Die unbewußte Vorstellungs-Gewohnheit von Krankheit oder Gesundheit übt einen starken Einfluß aus. Hartnäckige körperliche oder geistige Krankheiten wurzeln stets tief im Unbewußten; Krankheit läßt sich kurieren, indem man ihre verborgenen Wurzeln herauszieht. Daher sollten alle Affirmationen des bewußten Verstandes stark genug sein, um das Unbewußte zu durchdringen, wodurch wiederum das Bewußtsein automatisch beeinflußt wird. Also wirken kraftvolle bewußte Affirmationen über den Weg durch das Unbewußte auf den Körper und das Tagesbewußtsein ein. Noch stärkere Affirmationen wirken nicht nur auf das Unbewußte, sondern auch auf das Überbewußtsein, den geheimnisvollen Speicher wundersamer Kräfte.«

Weiterhin schreibt er, daß Menschen, »die Affirmationen anwendeten, ohne deren zugrundeliegende Wahrheit zu verstehen – nämlich die unzertrennliche Einheit des Menschen mit Gott – dürftige Ergebnisse erzielten und sich darüber beklagten, daß Gedanken keine Heilkraft hätten.« Wir müssen also die Macht des Verstandes anerkennen, wonach Gedanken Energieträger sind. Wenn wir auch die schon erwähnten Energiegesetze verstanden haben, werden wir nicht mehr daran zweifeln, daß Gedanken und Affirmationen unser Leben heilen und umwandeln können.

Zweifel ist nichts anderes als ein positiver Wunsch oder Gedanke, dem ein negativer folgt. Dadurch wird auf energetischer Ebene eine neutrale Position erzeugt und nichts erreicht. Zweifel verhindern jeglichen Fortschritt.

Nachdem wir die Macht der Gedanken, Worte und Handlungen erkannt haben, die unsere Realität erzeugen, können wir damit beginnen, bewußt nach innerer Vision zu streben und diese in konkrete Worte, Affirmationen umzusetzen, die

die gewünschte Wirklichkeit herbeiführen können. Wir sind die Schöpfer, und die einzige vorhandene Begrenzung ist die, der wir uns freiwillig unterwerfen.

Wir können die zuvor erwähnten Einsichten und Affirmationen auf die unterschiedlichsten Bereiche unseres Lebens anwenden, um positive Veränderungen zu bewirken. Affirmationen lassen sich benutzen, um Gesundheit, Wohlstand, Glück und sogar Unsterblichkeit herbeizuführen. (Um Immortalist zu sein, muß man sich von der Glaubensüberzeugung lösen, sterben zu müssen beziehungsweise, der Tod sei unvermeidlich.) Affirmationen kann man auch einsetzen, um wundervolle Beziehungen herbeizuführen. Es ist jedoch wichtig, sich über die eigenen Wünsche vollständig im Klaren zu sein, damit die passende Formulierung präzise und wirksam sein kann.

Ich persönlich ziehe Affirmationen vor, die alle Aspekte in einem Streich – sozusagen alles in einem – erfassen. Zum Beispiel: »ICH BIN gesund, ICH BIN glücklich, ICH BIN erfolgreich in allem, was ich unternehme, mein Leben ist reich und voller Freude. Während ich mich in vollkommener Harmonie und in perfektem Einklang mit dem Göttlichen Willen befinde, erfülle ich meine Lebensaufgabe und folge meiner Bestimmung.«

Um wirksam zu sein, müssen die Affirmationen auf Ihre Wünsche zugeschnitten sein. Ich könnte allein über Affirmationen ein Buch füllen. Es gibt allerdings eine Menge empfehlenswerter Bücher über Affirmationen, die alle Lebensaspekte abdecken dürften. Zum Beispiel Shakti Gawains Buch »Reflektion im Licht« und Stuart Wildes »Affirmationen – Gedanken haben Schöpferkraft«.

Zur Beachtung: Verzichten Sie bei der Formulierung von Affirmationen gänzlich auf die Verwendung von Negationen und doppelten Negationen, denn das Unbewußte reagiert auf bestimmte Worte. Sagt man »Ich werde nie krank«, so blendet das Unbewußte das Wort *nie* aus. Daher ist es vorteilhafter zu sagen, »Ich erfreue mich stets bester Gesundheit«. Verwenden Sie gleichermaßen statt der Redewendung »ich werde …« »ICH BIN«. »Ich werde …« gibt einen voraussichtlichen Zustand an. Wir sind darauf angewiesen, daß es JETZT geschieht, nicht morgen, denn eine Redensart besagt »Morgen kommt vielleicht nie«. ICH BIN ist die allermächtigste Aussage im Universum und enthält eine Huldigung für den inneren Gott.

Ein universales Gesetz mit der Bezeichnung »Schöpferisches Gesetz der göttlichen Affirmation« drückt aus, daß Gedanken, Worte und Taten bestätigen, was ein Mensch von sich selbst glaubt beziehungsweise wie er die eigene Wirklichkeit erfährt. Wie der Mensch denkt, so ist er.

Affirmationen unterliegen dem Gesetz des Bewußtseins. Jesus sprach, »Dir geschehe nach deinem Glauben«. Das mentale Gesetz bezieht sich auf die verstandesmäßige Ebene, die auch die Ebene der Glaubensüberzeugungen ist. Der Glaube setzt Gedanken in Gang.

Das geistige Gesetz wirkt über den Weg des Bewußtseinsgesetzes. Dieses Gesetz heißt »Vollkommenheit jetzt und überall« und besagt, daß jedes Lebewesen überall und jederzeit an der absoluten, umfassenden Güte Gottes teilhaben kann. Dieses Gesetz wird auch als erste Ursache bezeichnet, da diese die einzig wahre Ursache und alleinige Wahrheit ist.

Der Körper dient dem Gemüt/Verstand, und Gemüt/Verstand dienen dem Geist. Diese beiden Fakten sind bei den Menschen in Vergessenheit geraten, und so viele leben im Zustand der Angst, Krankheit und Begrenzung.

Innere Harmonie wird durch Ausgeglichenheit und tägliche Kontemplation (in Form von Gebet, Einstimmung), Meditation und Affirmationen erreicht. Ein Hinweis aus der Schrift »Being a Christ« von Ann und Peter Meyer: »Meditation ist ein subjektiver Zustand, wobei man den Geist empfängt; Behandlungen (Affirmationen) sind objektive Tätigkeiten, wobei man das geistige Gesetz steuert.«

Später gehe ich näher auf die Macht ein, die das gesprochene Wort und der Ton über menschliche Energiefelder haben.

Affirmationen

- In Gegenwart meiner Eltern, meines Beziehungspartners, meiner Kinder, meiner Freunde und jedermanns fühle ich mich höchst wohl; sie alle fühlen sich in meiner Gegenwart höchst wohl.
- Ich bin Liebe, ich bin frei, ich bin freigesprochen, ich bin der/die ich bin.
- Ich gehe voller Freude, Sicherheit und Ausgeglichenheit dem Unbekannten entgegen.
- Meine Absicht ist, erfolgreich zu sein; meine Absicht ist, in all meinen Unternehmungen sicher zu sein; Meine Absicht ist, daß ich in all meinen Handlungen Liebe empfange und Liebe weitergebe; Meine Absicht ist, daß es mir ausgezeichnet geht und ich mit Wohlstand gesegnet bin, der zur Erfüllung all meiner Wünsche und Bedürfnisse dient.
- Soweit ich es heute vermag, wende ich mich nach innen, indem ich Fragen stelle und zuhöre. Ich vertraue und wage es, die Aufgaben auszuführen, zu denen ich mich wahrhaftig aufgerufen fühle. Daher befolge ich die Impulse meiner inneren Führung, statt mich an gewohnte Verhaltensmuster zu halten. (Stuart Wilde)
- Geld findet seinen Weg selbstverständlich und leicht zu mir, und ich habe davon mehr als genug, um alle meine Wünsche und Bedürfnisse zu erfüllen.
- Ich habe ein Recht darauf, glücklich und frei zu sein, alles zu bekommen, was ich mir wünsche und während meines gesamten Lebens Freude, Ekstase und bedingungslose Liebe zu erfahren.

- Ich bin frei von vergangenen Beschränkungen; ich erschaffe meine eigene Wirklichkeit.
- Unendliche Weisheit führt mich, göttliche Liebe beschenkt mich, Erfolg begleitet mich.
- Ich bin Liebe und Licht. Annehmen ist der Schlüssel zu meinem Glück.
- Ich bin ein strahlendes göttliches Wesen.

Und es gibt noch zahllose weitere Affirmationen.

Programmierung im Vergleich zu Affirmationen

In Kapitel 9 eröffneten wir die Diskussion über die Notwendigkeit, den Verstand zu meistern, da alle Dinge durch Gedanken entstehen. Das Arbeiten mit Affirmationen ist etwas ganz anderes als bewußtes Programmieren, das nachfolgend im Kapitel über die Macht des Bewußtseins beschrieben wird.

Der Hauptunterschied liegt darin, daß man oft machtvolle Affirmationen gebrauchen kann, deren Wirkung jedoch durch den inneren Saboteur – wie wir ihn mittlerweile bezeichnen – zerstreut werden kann. Dieser Saboteur ist das Zellgedächtnis, das auf eine Erfahrung aus anderen Zeitdimensionen zurückgreift, die möglicherweise der Erfüllung der gegenwärtigen Affirmationen zuwiderläuft

Sie können sich beispielsweise programmieren »Ich bedanke mich dafür, daß ich mit Reichtum und Wohlstand gesegnet bin und akzeptiere das als etwas, was mir zusteht,« und dennoch ständig das Geld zusammenkratzen müssen. Einige Menschen halten womöglich auf der Zellebene an der Überzeugung fest, man könne nicht spirituell sein und zugleich finanziellen Wohlstand genießen. Diese Überzeugung rührt vielleicht von Inkarnationen als Mönch, Priester oder Ordensfrau her, in einer Zeit, als Armuts- und Keuschheitsgelübde üblich waren. Vielleicht gab es auch in der Kindheit eine unterschwellige Programmierung, wenn uns immer wieder gesagt wurde »man kann nur Geld verdienen, wenn man bereit ist, hart dafür zu arbeiten« und inzwischen lieben Sie Ihre berufliche Tätigkeit so sehr, daß sie Ihnen gar nicht wie schwere Arbeit beziehungsweise noch nicht einmal wie Arbeit vorkommt.

Hier kommen zwei sich widersprechende Gedankenmuster gleichzeitig zum Tragen. Eines möchte derzeitigen finanziellen Wohlstand, das andere steckt im Zellgedächtnis und sagt, es sei entweder nicht in Ordnung oder nicht möglich, reich zu sein. Auf diese Weise schalten eine bejahende und eine verneinende Kraft einander gegenseitig aus, und es kommt nichts zustande.

Es gilt, beim Programmieren spezielle Befehle zu verwenden: Vom höheren Verstand zum niederen, vom höheren Mentalkörper auf den Emotionalkörper und vom Verstandeskörper auf den physischen Körper. In dieser Weise können wir alle unsere Wünsche verwirklichen.

Alles, was wir uns wünschen, hervorzubringen, tritt garantiert ein, vorausgesetzt, wir sind:
- mit dem göttlichen Willen und göttlichen Bauplan in Übereinstimmung
- auf den richtigen Zeitpunkt der Entfaltung des göttlichen Plans abgestimmt
- und wir haben unsere internen Sabotagemuster beseitigt.

Klingt das einfach? Es ist in der Tat einfach. Im nachfolgenden Kapitel finden Sie sehr machtvolle Programmierungen, um genau das zu bewirken!

Die Macht des Bewußtseins übertrifft die motivierende Psychologie

Als ich nach sechs Monaten die Niederschrift dieses Buches beendet hatte, erhielt ich die klare innere Weisung, mit dem

Studium der relevanten Literatur aufzuhören. Vielleicht lag es daran, daß ich mich im Lauf dieses Buchprojekts so intensiv in weitaus mehr als vierzig Werke eingelesen und zu einem Manuskript verwoben hatte. Es war meine Absicht, mit diesem Buch, das gut recherchiertes Material aus zahlreichen Quellen enthält, ein Handbuch mit leicht anwendbaren Selbsthilfetechniken vorzulegen, das sowohl das Herz als auch den Intellekt der Leser zufriedenstellt.

Viel wichtiger als nur eine Pause in meinen Studien und Nachforschungen zu machen, war zu verstehen, wie notwendig es ist, mir die Zeit einzuräumen, in der sich die intellektuell zugeführten Einsichten als Zellwissen einnisten können, was nur durch die Anwendung im Alltagsleben erreicht werden kann. Gleichzeitig wußte ich intuitiv, daß alles dafür erforderliche Wissen in meinem Inneren verfügbar war, um das grenzenlose Wesen zu sein, das ich zu veranschaulichen suchte.

Wenn ich andere auf diesem geistigen Weg beobachte, entdecke ich ein Muster, das all unser inneres Wissen zu nutzen scheint. Sobald die Seele sich rührt, beginnt unser Erweckungsprozeß, und wir dürsten nach Erkenntnissen. Wir achten unseren Intellekt, indem wir mit seiner Hilfe Nachforschungen anstellen und gemeinsame Berührungspunkte ermitteln, den Wahrheitsfaden aufspüren, der allen Lehren der Urvölker, Weisheitsschulen und Religionen der Erde zugrundeliegt. Diese Aussagen kombinieren wir mit den Erkenntnissen der Quantenphysik. Wir entdecken universale Gesetze und erkennen, daß sie die Gesamtheit von Energie und Materie beinhalten und in der Tat die Grundlage von Wissenschaft und Religion bilden. Wir begreifen, daß diese Schöpfungsgesetze systemimmanent sind. Sobald wir sie in unser Leben einbeziehen, ereignen sich magische Dinge. Wir üben uns darin, spielen damit und erschaffen bewußt.

Mit dem Wissen, daß wir unsere Wirklichkeit anhand unserer Vision erschaffen, überwachen wir sorgfältig unsere

Gedankenabläufe und mustern alles aus, was dem unbegrenzten Denken widerspricht. Wir verfeinern und reprogrammieren uns und erkennen, daß die Energiegesetze auf uns ansprechen und unsere Alltagsrealität mit dieser neuen Seins- und Denkweise ausstatten.

Die Meditation beschenkt uns mit der Gabe der Nicht-Anhaftung und so können wir sowohl Zeuge als auch Schöpfer werden und innerhalb unserer eigenen Schöpfung erleben und leben. Wir haben erkannt, daß der Einfluß, der davon ausgeht, daß wir das SIND und leben, was wir intellektuell verstanden haben, unsere Wirklichkeit weiter verstärkt. Denn der Energiestrahl eines Gedankens ist weniger machtvoll als das tiefsitzende Zellwissen, das von jeder Zelle, jeder Faser unseres Wesens ausstrahlt und die Energiemuster in unserer Umgebung elektromagnetisch umwandelt. Der ganze Körper schwingt auf einer Frequenz, einer Resonanz, die eine Aussage macht, worauf das Universum geschmeidig antwortet. Da hierbei das Resonanzgesetz am Werk ist, richtet sich das Universum buchstäblich neu aus, um sich unserem Wirklichkeitsmodell anzugleichen.

Wenn wir mit Hilfe von Einstimmung und Programmierungen bewußt kreieren, wird uns klar, daß das universale Bewußtsein mit uns spricht. Wenn wir uns bewußt auf Freude, Anmut, Leichtigkeit und anderes mehr programmieren, sind wir möglicherweise dem Eß- oder sogar Schlafbedürfnis enthoben und frei von Leiderfahrungen um unserer Göttlichkeit willen. Wenn wir durch Absicht, Programmierung und das Einhalten der Regeln im Göttlichen Spiel erwacht und mächtig geworden sind, schlagen wir eine Brücke zwischen den Weltanschauungen und erfahren die Einheit von Allem.

Wir beobachten den Tanz der Lichtarbeiter und der *Mainstream*-Gesellschaft. Viele Menschen wollen sich vergnügen, Geld verdienen und natürlich auch Gutes tun. Viele wünschen sich ein Modell zu entwickeln, um ihr höchstmögliches körperliches, emotionelles, mentales und spirituelles Potential in ihrem eigenen Leben zu verwirklichen, in einer Weise, die alle anderen achtet. Dies sind die positiven Paradigmen für ein neues Zeitalter.

Positive Glaubenssätze können mit Hilfe von expliziter vorsätzlicher Programmierung erzeugt werden. Programmierungen sind sich wiederholende Anweisungen. Da der physische Körper und der Emotionalkörper in jedem Augenblick des Jetzt vom höheren und niederen Mentalkörper gesteuert werden, entlastet uns effektives Programmieren und leitet uns zugleich durch das Leben. Unsere Bemühungen zu überleben werden dadurch vereinfacht und das Leben wird harmonischer.

Es folgt eine Programmierung, die viele Praktizierende als die machtvollste empfinden:

- Liebe/r Mutter-Vater-Schöpfer/in-Gott, ich bitte darum, daß sich jeder einzelne Augenblick eines jeden Tages in vollständiger Übereinstimmung mit dem göttlichen Willen entfaltet.

Sie garantiert die erfolgreiche Erfüllung aller eingestimmten Träume und Visionen und hält uns davon ab ständig zu fragen, ob wir etwas tun sollen. Diese Programmierung schenkt uns die Einsicht, daß Dinge, die nicht zustandekommen, (noch) nicht in Übereinstimmung mit dem Göttlichen Zeitplan sind. Sollte dies der Fall sein, brauchen wir uns nicht zu bemühen.

- Ich bitte darum, daß alles, was ich mitteile, in jedem Augenblick sowohl dem höchsten Wohl anderer als auch meinem eigenen höchsten Wohl dienen mögen.

Welchen Grund gäbe es, unsere Mitteilungen etwas anderem als dem Höchstmöglichen zu unterstellen? Das erlaubt auch unseren Beziehungen, sich unabhängig von unseren Erwartungen optimal zu entfalten.

- Ich bitte darum, daß sich die Energiefelder meines Vierkörpersystems (Körper, Gefühle, Verstand und Geist) vollständig auf mein göttliches Selbst ausrichten, damit es sich bewußt und in seiner ganzen Totalität in der physischen Realität und allen anderen Daseinsebenen ausdrückt, in einer Weise, die mir große Freude, Leichtigkeit, Anmut, Vergnügen und Fülle beschert.

Unser göttliches Selbst (ICH BIN oder Monade) ist die am stärksten verwandelnde und schöpferische Kraft im Universum. Wenn wir ihm befehlen, uns auszurichten, dann bedeutet das, daß dies machtvoll und freudig geschieht. Es ist wirklich nicht mehr nötig, um unserer Göttlichkeit willen zu leiden oder in der Tretmühle der Entwicklung hängen zu bleiben. Diese Programmierung schaltet den inneren Saboteur aus.

Der Grund, weshalb viele Menschen ihr Dasein keineswegs als vollkommen erleben, liegt an den Inhalten ihres Zellgedächtnisses und worauf sie in jedem Augenblick des Jetzt ihre Aufmerksamkeit lenken. Dr. Deepak Chopra sagt, daß Zellen nichts weiter als in Materie gekleidete Erinnerungsspeicher sind. Die Aufgestiegenen Meister geben an, daß ein Menschenwesen, das tausend Verkörperungen mit einem Durchschnittsalter von jeweils rund dreißig Jahren durchlebt hat, Daten von 30000 Jahren in seinem Zellgedächtnis gespeichert hat.

Ohne spezifische Programmierungen in das Zellgedächtnis einzutauchen, kann uns jahrtausendelang als Zeitvertreib dienen und auch bloße Zeitverschwendung sein.

Worauf immer wir unsere Aufmerksamkeit richten, wird gedeihen und Wirklichkeit werden. Wenn wir also unser wahres Selbst suchen – um Grenzenlosigkeit zu erfahren – dann ist der einfachste Weg, sich dem unbegrenzten Göttlichen Selbst zuzuwenden.

Die oben angeführten Programmierungen bezeichne ich als Basisprogramm, das dem Zweck dient, die von uns gewünschten Dinge zu manifestieren. Programmierungen kön-nen bei Anwendung des Basisprogramms langfristig oder kurzfristig angelegt sein, um ein bestimmtes Ergebnis zu erreichen. Im Anschluß an die Neuprogrammierung müssen wir allerdings auch auf unsere Gedanken achten, die wir nur dann akzeptieren sollten, wenn sie auf Unbegrenztheit ausgerichtet sind. Hier ist eine Programmierung für Fortgeschrittene. Sie dient speziell dazu, die Einstimmung aufrechtzuerhalten und während Zeiten extremer Arbeitsbelastung, in denen wir mitunter nicht bei unserer normalen oder erwünschten Routine bleiben können, in exzellenter Verfassung zu sein. Wir nennen sie Programmierung zur Grenzenlosigkeit:

- Alle meine Körper sind eingestimmt, gestärkt leistungsfähig und gesund. Sie schwingen und drücken sich in vollständiger und harmonischer Übereinstimmung mit dem Rhythmus von Mutter-Vater-Schöpfer-Gott aus. Dies ist die Wahrheit, ganz gleich, ob ich esse, schlafe, Gymnastik betreibe oder meditiere.

Diese Programmierung löscht das ständig laufende Band der Selbstgespräche über die oben angegebenen Gewohnheiten, Schuldgefühle oder begrenzende Gedanken, die wir möglicherweise im Hinblick auf unsere Art des Essens, Schlafens, Körperübungen und Meditation sowie anderer Gewohnheiten haben. Wenn Sie schon Programmierungen machen, fügen Sie eigene Punkte hinzu. Die oben angegebene Programmierung löscht ganz einfach die Überzeugung, daß wir nur dann in unserer Kraft stehen, wenn wir gewisse Dinge wie zum Beispiel Essen oder Meditieren richtig machen.

Eine der Herausforderungen beim schöpferischen Gestalten, nachdem man seinen persönlichen Willen mit dem größeren Zusammenhang (sprich dem göttlichen Willen) in Übereinstimmung gebracht hat, ist der göttliche Zeitpunkt. Bestimmt haben viele Menschen schon herausgefunden, daß Ergebnisse sich nicht so einfach einstellen, nur weil man sich eingestimmt hat, denn es müssen vielfach noch weitere Anteile (und Personen) des Puzzles enthüllt, erschaffen und in Position gebracht werden. Seit längerem verwende ich bereits mit großem Erfolg die nachfolgende Programmierung, da sie eine allmählich fortschreitende abgestimmte Entwicklung garantiert. Sie ermöglicht zugleich, daß sich das Geschehen flexibel im Sinne der göttlichen Zeitqualität entfaltet:

- Ich bitte darum, daß mein nächster vollkommener Schritt im göttlichen Bauplan sich mir klar enthüllt, und mir jetzt sowohl die Mittel als auch vollkommen geeignete Mitspieler zur Verfügung gestellt werden, die sich an der Schöpfung und Verwirklichung dieses Bauplans beteiligen, damit dieser sich JETZT manifestiert.

Viele Mitmenschen haben bemerkt, daß wir uns gegenwärtig einer Gruppeneinweihung unterziehen, in der es zu lernen gilt, in harmonischer Weise auf unserer Erde zusammenzuarbeiten. Diese Programmierung ruft auch die für uns passenden Menschen herbei, die bei der Ausführung unseres Teilstücks innerhalb des Bauplans mitwirken, mit denen wir zusammenarbeiten sollen, um unsere Visionen in die Tat umzusetzen.

Die folgende Programmierung ermöglicht all jenen, die mit der Synchronizität (gleichzeitig auftretende Ereignisse) arbeiten oder sie zumindest verstehen, sich ihrer früheren und zukünftigen Begabungen zu bedienen, um damit den vorher vereinbarten Anteil innerhalb des größeren Plans erfüllen zu können.

- Ich weise meine ICH BIN-Gegenwart an, meinem Tagesbewußtsein alle brauchbaren Talente, Begabungen und Kenntnisse aus all meinen früheren und künftigen Leben nahezubringen. Dadurch kann ich meinen Anteil des göttlichen Bauplans auf dieser Erde JETZT besser in die Tat umsetzen.

Diejenigen, die daran interessiert sind, sich eines Tages nur noch vom Licht ernähren zu lassen, können mit folgender Programmierung diesen Umwandlungsprozeß einleiten, der es dem Körper ganz allmählich ermöglicht, Nahrung aus dem Ätherreich (Prana) statt aus dem atmosphärischen Reich zu beziehen. Ich befehle meinem Körperbewußtsein ganz und gar aufmerksam und anwesend zu sein. Ich befehle, daß mein Körper-bewußtsein von diesem Augenblick an sämtliche Vitamine, Nährstoffe und Nahrung, die für ausgezeichnete Gesundheit erforderlich sind, aus den pranischen Kräften aufnimmt.

Bewußtseinserweiterung mit Programmierungen
DURCHGABE VON ELTRAYAN IM JUNI 1997

Das menschliche Gehirn besteht aus hundert Milliarden Neuronen, wobei jedes Neuron mit bis zu 50000 anderen vernetzt ist. Das menschliche Bewußtsein veranlaßt Zündungen in diesem Neuronennetz. Nicht alle Neuronen in einem Netzwerk feuern ständig, doch wenn sie aktiviert sind, feuern sie vierzig mal in der Sekunde.

Diese Netzwerke entstehen durch die Lebenserfahrungen des Einzelnen. Die Umwelt beeinflußt also das Gehirn.

Neurale Zentren, die beispielsweise für das Sehvermögen, die Sprache und so weiter zuständig sind, werden in der Kindheit geprägt. Grundlegende Einprägungen müssen innerhalb bestimmter Entwicklungsstadien erfolgen, oder sie kommen überhaupt nicht zustande. Ein junges Gehirn ist sehr elastisch und formbar, doch im Alter von zehn Jahren laufen die meisten Gehirnfunktionen bereits innerhalb festgelegter Bahnen ab.

In den neuralen Verbindungen des Gehirns findet ein fortwährender Verfeinerungsprozeß statt, wobei die Neuerungen destruktiv oder konstruktiv sein können. Das sogenannte Programmieren ist ein sehr effektives Vorgehen, diese neuralen Netze willkürlich zu verändern, um das angestrebte Lebensmodell zu verwirklichen.

Programmieren heißt, eine Anforderung solange zu wiederholen, bis die entsprechende neurale Verbindung hergestellt wird, die dann die erwünschte Wirklichkeit hervorbringt. Der erforderliche Zeitaufwand für das Gelingen ist unterschiedlich. Man sollte jedoch nicht sofortige Ergebnisse erwarten, und die Programmierpraxis solange fortsetzen, bis man die intuitive Weisung erhält, sie einzustellen. Für den Inhalt und die Wortwahl der Bitte ist größte Sorgfalt geboten, da das erzielte Ergebnis die programmierte Aussage buchstäblich widerspiegelt. Die Worte, die man für die Programmierung verwendet, können die Form eines demütigen Bittgesuchs, einer Anweisung oder eines Befehls annehmen. Die Bitte kann sich an eine höhere Ordnung wenden, die man anerkennt. Im Zweifelsfalle ist es empfehlenswert, sich an die Spirituelle Hierarchie zu wenden. Um eine Programmierung wirklich täglich anzuwenden, empfiehlt es sich, sie mit regelmäßigen Tagesverrichtungen, wie beispielsweise dem Duschen zu verbinden.

Selbstprogrammierung ist eine äußerst machtvolle Methode, die unter unterschiedlichen Bezeichnungen schon lange mit Erfolg angewendet wurde. Doch selten ist sie mit dem erforderlichen Nachdruck und der nötigen Konzentration ausgeführt worden, um sehr gute Ergebnisse zu erzielen.

Eine gewinnbringende Programmierung bezieht sich auf die Auflösung und Löschung negativer und schädlicher Erinnerungen innerhalb des Vierkörpersystems. Herkömmlicherweise hätte man diese Anweisung für das gegenwärtige und vergangene Leben bezogen. Eine signifikante und auch sehr neue Einsicht ist, auch künftige Leben miteinzubeziehen.

Da Sie ein multidimensionales Wesen sind, werden zukünftige Ereignisse in Ihre aktuelle Lebenssituation eingespeist. Dieser einfache Zusatz zur Programmierung hat erstaunliche Resultate hervorgebracht und wird wärmstens empfohlen.

Um verstehen zu können, weshalb künftige Leben in die Programmierung miteinbezogen werden sollten, bedenken Sie, daß Zauberern oder Sehern nachgesagt wird, daß sie in einer zurückliegenden Zeitdimension existieren – eine Vorstellung, die nur schwer faßbar ist. Die Erklärung hierfür erfordert eine Erläuterung, inwiefern Bewußtseinserweiterungen eine Verschiebung der Zeitwahrnehmung mit sich bringen.

Die Zeit stellt in Form eines Symbols nichts anderes als einen weiteren Aspekt von Aktivität, Bewegung oder Antriebskraft dar. Sie gibt die Menge einer Aktivität in einer bestimmten Einheit an, indem sie den Raum als Hintergrund benutzt. So lassen sich Ereignisse aufeinander beziehen und das Universum wird strukturiert. Weder kann Zeit ohne Bewegung existieren, noch Bewegung ohne Zeit und beides nicht ohne zugrundeliegende Idee.

Betrachtet man die menschliche Existenz als das einfachste Modell der Übereinkunft innerhalb eines Rahmens aus insgesamt sieben Dimensionen, existiert und reicht die lineare Zeit, die unserem normalen Zeitverständnis entspricht, bis zur dritten Ebene der vierten Dimension.

Als Folge der im Jahre 1987 im Rahmen der sogenannten Harmonischen Konvergenz erfolgten planetaren

Übereinstimmungen (Konjunktionen) in unserer Galaxie wurde die Verankerung höherer Strahlen ermöglicht, wodurch die Menschheit und die Erde Zugang zur Zentralsonne der hiesigen Galaxie erhielt, statt wie bislang auf die Sonne unseres Sonnensystems beschränkt zu sein. Anfang 1991 wurde der Schaltkreis der vierten Dimension vervollständigt. Die Menschheit befindet sich daher auf der untersten Ebene innerhalb der vierten Dimension, welche die letzte physikalische/materielle Dimension darstellt.

Oberhalb der dritten Stufe der vierten Dimension bewirkt die Geschwindigkeitsrate des Bewußtseins, daß unsere irdische Vergangenheit, Gegenwart und Zukunft so rasch vergehen, daß der Eindruck entsteht, man befände sich im ewigen Jetzt. Aus dieser Einsicht erscheint die Klärung von Problemstellungen aus künftigen Leben folgerichtig und trägt dazu bei, unseren Fortschritt zu steigern.

Die versäumte Auflösung negativer und schädlicher Einprägungen künftiger Leben ist ein Hauptgrund, weswegen gewisse unerwünschte Lebensumstände Maßnahmen wiederstehen, die sie normalerweise aufgelöst hätten. Will man Gewohnheitsmuster verändern wie z.B. Freßsucht, Rauchen und die ganze Palette moderner Suchtkrankheiten, sollte man folgende Programmierung verwenden, um erfolgreich zu sein.

- Mit dem festen Entschluß, eine Veränderung herbeizuführen, bitte ich ergeben die Geistige Hierarchie[1], alle negativen und schädlichen Erinnerungen aus vergangenen, gegenwärtigen und künftigen Leben aus meinem Vierkörpersystem zu entfernen und aufzulösen.

---

[1] An dieser Stelle können Sie Ihre persönliche spirituelle Kontaktadresse einfügen

Seien Sie versichert, daß alles, was Sie verwirklichen wollen, erfüllt werden kann, sofern Sie mit dem göttlichen Zeitplan und dem göttlichen Willen im Einklang sind und keine dem wiedersprechende Kraft in Ihrem Inneren vorhanden ist. Eine Absicht zu verwirklichen, ist einfach. Eine klare Vision von dieser Absicht zu haben, erfordert etwas mehr Können und Umsicht!

Kapitel 12

Über Streß und Streßfaktoren

Streß ist ein interaktiver Prozeß von Kräften, die auf uns einwirken, und deren Folgen. Die Folgen von Dystreß werden häufig als Müdigkeit, Angst, Spannung, unangenehme Gefühle empfunden, die entweder durch fortwährende Überreizung oder Reizmangel verursacht werden und können im Extremfall sogar zum Tod führen. In der westlichen Gesellschaft sind die Anzeichen von Dystreß vielfach Freßsucht, Alkoholsucht, Rauchen und Drogenmißbrauch, ob illegal oder auf Rezept verschrieben. Eustreß vermittelt positive Gefühle, Anreiz bis hin zur Begeisterung. Eustreß ist Streß, mit dem man während kurzen Zeitperioden gut fertig wird, der motivierend wirkt und den Funken überspringen läßt.

Um Dystreß effektiv zu bewältigen, müssen zuerst die wesentlichen Problembereiche von Streß im modernen Leben ermittelt werden, anschließend Selbsthilfetechniken angewendet werden, die sowohl den aktuellen Streß wirksam abbauen als auch zur Verhütung künftiger Streßmomente beitragen.

Dr. Bob Montgomery und Lynette Evans erläutern in ihrem Buch »Stress and You« das *Modell der Fünf Streßfaktoren*, welches die Hauptursachen von Streß in der heutigen Gesellschaft abdeckt.

1. Streßursachen
Laut Aussage von europäischen Studien wird der Hauptstreß von Unsicherheitsgefühlen oder mangelnder Kontrolle hervorgerufen und erzeugt dann entsprechend Eustreß oder Dystreß. Ein Beispiel dazu: Zukunftsangst in bezug auf die Arbeitsstelle, Freundschaften oder Geldmitteln können Dystreß auslösen; auch eine zu starke Gewißheit über das Arbeits-

verhältnis, die Beziehung und andere Dinge können Langeweile und Unterforderung verursachen, was gleichfalls zu Dystreß führt. Wer sich in dieser Situation befindet, gleicht Reizmangel und Langeweile häufig mit Überreizung in Form von riskanten Sportarten und dergleichen aus, was wiederum den Dystreß vermehrt. Es gibt Menschen, die erhöhen den Dystreß durch ihre Einbildungskraft, indem sie auf Ereignisse überreagieren und sich das Schlimmste vorstellen, negativ denken, zukünftige Probleme erfinden (Angst), auf früheren Fehlern herumreiten (Selbstbestrafung und/oder Schuldgefühle). Damit kommen wir zum zweiten Streßfaktor.

2. Gedanken – die Wirkung von Selbstgesprächen

Gedanken haben eine enorme Wirkung auf Eustreß oder Dystreß in unserem Leben. Dies wurde bereits ausführlich erläutert. Um es kurz zu wiederholen: Wir unterstehen den universalen Gesetzen, die sich auf das Wesen der Energie beziehen. Materie ist Energie, und der Mensch besteht aus Materie – Moleküle, die durch Energie engstens miteinander verbunden sind –, und damit hat unsere Erscheinung eine Struktur, die fest zu sein scheint. Gedanken sind Energie, die sich auf einem äußerst subtilen, doch machtvollen unsichtbaren Niveau bewegt. Wir können diese Energie nicht sehen, doch wir können ihre Ergebnisse bezeugen. Keine Handlung, kein Ereignis findet statt, ohne daß Gedanken des menschlichen Bewußtseins oder der göttlichen Intelligenz daran mitwirken. Selbstgespräche und Denken erschaffen unsere Überzeugungen, Erwartungen und Einstellungen. Stressoren, die durch Denken ausgelöst werden, treten häufig deshalb auf, weil wir möglicherweise

a) eine Situation als schlecht, unangenehm oder schädlich bewerten;
b) drüber nachdenken, ob wir mit dieser Situation zurechtkommen oder nicht;

c) schlimme Folgen befürchten, wenn wir nicht zurechtkommen.

Unrealistisches oder übertriebenes Denken hat außerordentlichen Einfluß auf die Art und Weise, wie jemand mit Streß umgeht. An dieser Stelle möchte ich in bezug auf das Durchsetzungsvermögen eines Menschen gern darauf hinweisen, daß niemand jemals sich in einer Situation finden wird, mit der er nicht zurechtkommen kann. Nach esoterischem Verständnis läßt sich das irdische Dasein mit einer Schule, einer Unterrichtsstätte, vergleichen. Durch unsere Lebenserfahrungen werden wir geschult, lernen eine Lektion und werden dann geprüft, um herauszufinden a) ob wir fähig sind, zur nächsten Lektion weiterzugehen und b) wie gut wir die vorausgegangene Lektion gelernt haben.

Diese Lektionen beziehen sich gewöhnlich auf abstrakte Dinge wie Vertrauen, Glauben, Einfühlungsvermögen, Mitgefühl, Demut, Toleranz, u.v.a.m., die, wenn wir sie beherrschen, dazu führen, daß wir uns viel besser auf unser Höheres Selbst einstimmen können, weil wir uns als Persönlichkeit vervollkommnet haben.

Wenn ein Mensch also durch den Verlust seiner Arbeitsstelle oder eines Angehörigen stark belastet ist, handelt es sich um eine Lektion, die zuvor ausgewählt worden ist und dazu dient, eine tiefe Lernerfahrung zu machen und danach eine Prüfung zu absolvieren. Dabei stellt sich heraus, wie gut er die Lektion gelernt hat. Falls jemand beschließt, eine Situation zu vermeiden – beispielsweise findet ein Vater von vier Kindern die Bürde seiner Vaterschaft und Verantwortung zu anstrengend und verläßt deshalb seine Familie – wird der Betreffende sich in dieser oder einer anderen Inkarnation ähnliche Lebensumstände zuziehen, damit die Lektion gelernt, die Prüfung bestanden wird und er sich dann anderen Lernerfahrungen zuwenden kann.

Die Umpolung des Kraftstroms innerhalb des kosmischen Energiemeeres (Karma) spielt dabei auch eine Rolle. Demnach muß eine Situation keineswegs so einfach sein wie sie zunächst erscheinen mag. Leider fühlen wir uns in Testzeiten oft überfordert, weil wir an unsere Begrenztheit glauben und unsere angeborenen Fähigkeiten unterschätzen. Das Wissen, daß ein Eingeweihter sich nie einer Prüfung unterziehen muß, auf die er nicht gut vorbereitet worden ist, könnte ein Trost sein. Aufgrund dieser Einsicht würde die Selbstmordrate signifikant zurückgehen.

Einfach ausgedrückt, wer nicht reif für ein Examen ist, würde garnicht dafür zugelassen werden! Nur weil wir an unseren Fähigkeiten und dem Erfolg im Examen zweifeln, heißt das nicht, daß uns das Wissen und die Ausbildung dafür fehlen.

3. Physiologische Reaktion und Veränderung

Die Körperreaktion auf Streß wird häufig als generelles Anpassungssyndrom (GAS) bezeichnet und läßt sich folgendermaßen kategorisieren:

a) Alarmreaktion – erhöhter Blutdruck und Pulsschlag, vermehrte Blutzirkulation und Anspannung der willkürlichen Muskeln, wodurch das Kampf- oder Flucht-Syndrom in Gang gesetzt wird. Beispiel: ein übermäßig fordernder Chef oder eine anspruchslose Arbeitsstelle, von der man sich aufgrund finanzieller Verpflichtungen usw. nicht trennen kann. Wenn man nicht wütend oder frustriert reagieren darf, ist eine konstruktive, gut durchdachte vernünftige Lösung notwendig, um die körperlichen und emotionalen Dystreßsymptome zu mindern. Ansonsten setzt die zweite Phase ein:

b) die Widerstandsphase, worin der Körper versucht, den beschleunigten Kreislauf aufrechtzuerhalten, der während der Alarmreaktion aktiviert worden ist und durch diese

Beanspruchung sehr viel Energie verbraucht. Wer dieser Situation wiederholte Male oder über längere Zeit ausgesetzt ist, setzt Hormostoffe wie Kortison und Adrenalin frei, wodurch das Immunsystem geschwächt wird und das Risiko für Blutgerinnsel und Arterienverkalkung steigt. Inzwischen wurde bekannt, daß Cholesterin ein Hormon ist, das unter Belastung abgesondert wird.

Moderne Stressoren bewirken physiologische Veränderungen. Sofern sie über längere Zeit und wiederholte Male auftreten, erzeugen sie körperlichen Schaden. Streß diente dazu, bei Lebensgefahr Alarmreaktionen auszulösen, die, sobald die Gefahr gebannt war, rasch verarbeitet wurden. Infolge der Industrialisierung, Verstädterung, Automatisierung und technischer Neuerungen halten Stressoren im allgemeinen viel länger an, da die Menschen sich unsicher fühlen und unter ihrer mangelnden Kontrolle leiden. Alle körperlichen Krankheiten entstehen als Folge von Streß (intellektueller Streß, körperlicher Streß aufgrund unzureichender Ernährung, mangelnder oder übertriebener sportlicher Betätigung, emotionaler Streß infolge von unbewältigten negativen Gefühlen, die verdrängt und gespeichert werden. Man sondert psychosomatische Erkrankungen nicht mehr von den übrigen Krankheitsbildern ab, da ihre negativen körperlichen Auswirkungen identisch sind. Die nächste GAS Stufe ist

c) der Erschöpfungszustand, in dem die körperlichen Kraftquellen so sehr erschöpft sind, daß ein Kollaps, etwa in Form eines Nervenzusammenbruchs, nahe bevorsteht.

4. Gefühle und gefühlsmäßige Reaktion auf einen Stressor

Eustreß = Glücklichsein, Erregung, Freude, Heiterkeit. Dystreß = Unglücklichsein, Depression, Angst, Besorgnis, usw. Wie bereits in Kapitel 10 über die Macht der Gefühle erläutert wurde, sind viele Menschen davon überzeugt, daß Gefühle unwillkürlich durch äußere Ereignisse ausgelöst würden und unkontrollierbar seien. Es ist jedoch nicht das Ereignis, sondern die Art, wie wir darüber denken, die eine Gefühlsreaktion in Gang bringt. Wir sind nicht unserer automatischen Reaktion auf eine Begebenheit ausgeliefert, sondern unsere Gefühle sind erlernte Verhaltensmuster. Frühere und wiederholte Erfahrungen formen automatische Reaktionen. Der veränderte Pulsschlag und Blutdruck, usw. werden vom autonomen (vegetativen) Nervensystem gesteuert. Daher gelten diese Reaktionen als automatisch. Wir sind jedoch so konstruiert, daß wir erst denken und dann fühlen.

Um unangenehme Gefühle zu vermeiden, bemühen wir uns um kurzfristige Lösungen, wie beispielsweise Freßsucht, Alkoholsucht, usw., die langfristig gesundheitsschädigend sind und das zugrundeliegende Problem, und zwar unsere konditionierten und erlernten Reaktionen auf schwierige Situationen, keineswegs angehen. Die konditionierten Reflexe stammen wiederum aus früheren Leben, der Kindheit sowie vorausgegangenen Erfahrungen und werden im Zellgedächtnis aufbewahrt.

5. Verhaltensmäßige Entscheidungen

Grundsätzlich entscheiden wir uns für Kampf oder Flucht, Angriff oder Rückzug. Aggressives Angriffsverhalten führt zu keiner langfristigen Lösung und ist im allgemeinen unwirksam. Eine effektive Klärung kommt zustande, wenn ein konstruktiver Lösungsplan vorliegt, der sich um eine gewinnbringende Regulierung bemüht, wobei die Bedürfnisse aller Parteien berücksichtigt und erfüllt werden, und falls nötig, auch Kompromisse gefunden werden. Dieses sogenannte Gewinner-Gewinner-Modell ist so wirksam, da es sowohl kurzfristige als auch langfristige Lösungen bietet und ständig wiederholte Auseinandersetzungen über dasselbe Problem verhindert. Passive Aggression wie beispielsweise in Form von

Schluchzen, Rückzug oder Schweigen ist als langfristige Lösung ebenfalls unwirksam.

Das Buch »Die Prophezeiungen von Celestine« von James Redfield schildert ausführlich die Rollen, die wir häufig als Reaktion auf die Persönlichkeit unserer Eltern annehmen (Armes Ich, Vernehmungsbeamter, Einschüchterer und Unnahbarer oder eine Mischung all dieser Rollen). Packend und detailliert verdeutlicht es das Bedürfnis, sich von den Einschränkungen der konditionierten und gewohnheitsmäßigen Verhaltensmuster zu befreien. Wer diese Freiheit erreichen will, muß bereit sein zu verstehen und sich dann auch zu ändern. Gelegentlich muß man sich noch eine Weile mit schlechten Gefühlen auseinandersetzen, um langfristig gültige Lösungen zu erarbeiten.

Die oben genannten fünf Streßfaktoren stehen in Wechselbeziehung und beeinflussen einander. Das Leben verläuft nicht statisch, nur weil wir Energie in fester Form sind. Energie ist ständig im Fluß und bewegt sich zyklisch. Die einzige Konstante im Leben ist der Wandel! Um zu wachsen und uns zu entwickeln, müssen wir lernen, flexibel zu sein, besonders dann, wenn wir die Lebensqualität zu verbessern wünschen.

Kapitel 13

Praktische Entspannungsübungen

In diesem Kapitel werden praktische Methoden empfohlen, die bei regelmäßiger Anwendung folgende positive Veränderungen bewirken:
1) verbesserte Gesundheit, Vitalität und allgemeines Wohlbefinden
2) gesteigerte Fähigkeit, mit Streßsituationen zurechtzukommen
3) fördert eine friedfertige und gelassene Lebensführung
4) begünstigt die Fähigkeit, Probleme besser zu bewältigen
5) überwindet und löst negative Gefühle wirksam und konstruktiv auf
6) öffnet für innere Führung
7) verhindert negative Reaktionen und Auswirkungen bei künftigem Streß.

Yoga, Meditation und schöpferische Visualisierungen entspannen Körper und Geist, dennoch kommen wir nicht umhin, uns unseres Denkens und konditionierter Gefühlsreaktionen bewußt zu werden. Wie schon erwähnt, verfügt der Mensch über ein Vierkörpersystem aus Körper, Gefühlen, Verstand und Geist. Wir besitzen gleichfalls ein rein energetisches Kraftfeld, das uns erhält und sich innerhalb der Energiefelder dieser Körper ausdrückt. Wenn diese Energiekörper ausgewogen sind, harmonisch miteinander arbeiten und ihr volles Potential ausschöpfen, fühlen wir uns vollständig, erfüllt und ganz.

Statt uns in Teilstücke zu zerlegen und uns um Lösungen zu bemühen, die nicht allein die vorher genannten Punkte zur Streßbewältigung erfüllen, sondern auch die Energiefelder des

Vierkörpersystems miteinander in Einklang bringen, empfehle ich folgende Übung:

Erforschen und unterbrechen Sie alle Gewohnheiten einen Tag lang, eine Woche lang oder so lange es eben dauert – geben sie alle gewohnheitsmäßigen Verhaltensmuster auf, egal ob gut oder schlecht. Nachdem Sie jedes einzeln begutachtet, ehrlich erforscht und sich befragt haben, weshalb Sie sich so verhalten – etwa weil Eltern, Gesellschaft und Kollegen dieses Benehmen von Ihnen erwarten oder es Ihnen beigebracht haben – beschließen Sie, diese Angewohnheit abzulegen oder beizubehalten, nur weil Sie so entscheiden und es sich gut anfühlt. Inwieweit ist unser Verhalten beispielsweise von den Gewohnheiten unserer Eltern und Großeltern geprägt? Haben wir einmal darüber nachgedacht, ob deren Verhaltensweisen angesichts der heutigen Zeit und Weltlage und unseres persönlichen, erweiterten Wissensstandes nach wie vor Gültigkeit für uns haben?

Dazu das Beispiel des Fleischverzehrs. Wie bereits erwähnt, ist Fleisch eine Substanz, die mit am stärksten zur Vergröberung der persönlichen Schwingungsfrequenz beiträgt. Aus persönlicher Erfahrung weiß ich, daß die Qualität der Lebenserfahrungen um so ausgezeichneter ist, je feiner die jeweilige Schwingungsfrequenz gestimmt ist.

Viele Menschen sind einfach nur deshalb Fleischesser, weil Fleisch seit ihrer Kindheit ein Bestandteil ihrer Ernährung war. Wenn sie ein Tier schlachten, häuten oder ausnehmen müßten, um daraus eine Mahlzeit zuzubereiten, würden viele ernsthaft erwägen, statt dessen andere bekannte Alternativen als Proteinquelle zu nutzen. Diese Anmerkungen sind nicht als Bewertung, sondern als Hinweis zu verstehen, daß wir oft deshalb Verhaltensweisen beibehalten, die nicht zu unserem Besten sind, weil wir andere Möglichkeiten nicht in Erwägung gezogen haben. Viele Entscheidungen treffen wir einfach aus Gewohnheit.

Wenn wir unsere Lebensqualität verbessern wollen, sollten wir zunächst alle Gewohnheiten aufgeben und nach tiefgehender Analyse nur die wieder aufnehmen, die uns am besten dienen. Das wäre doch ein guter Anfang.

Wir haben uns mit der Wirkung von Gefühlen, Gedanken und Worten befaßt. Die Kapitel 14 und 15 erläutern ausführlich die Vorteile der Meditation sowie die Reinigung der feinstofflichen Energiefelder aller Körper zur Vertiefung der Meditationserfahrung. Die erwähnten Kapitel und das Kapitel 23 über Schwingungsfrequenzen und die empfohlenen schöpferischen Visualisierungen tragen ebenfalls zur Erfüllung der Punkte zur Streßbewältigung bei.

Die Atemtechnik in Verbindung mit der Visualisierung des weißen Lichtes (siehe schöpferische Visualisierung 1) vermittelt zudem positive langfristige Ergebnisse der ersten drei Punkte. Sie muß allerdings täglich praktiziert werden, um künftigem Dystreß wirksam vorzubeugen.

Meiner Erfahrung nach sind fehlendes Selbstwertgefühl wie fehlende Selbsterkenntnis, bedingt durch zu wenig Stille und Kontemplation, wesentliche Streßfaktoren in der heutigen Gesellschaft. Viele Menschen und besonders die Frauen sind dazu erzogen worden, die Bedürfnisse des Partners, der Kinder, Familienangehörigen und Freunde zu befriedigen. Sie verbringen daher selten wertvolle Zeit, nur mit sich selbst, ungestört von äußeren Einflüssen.

Ich empfehle immer wieder, sich täglich vor dem Einschlafen mit Hilfe von Atemarbeit einzuschwingen und sich anschließend mit sich selbst zu unterhalten. Ich finde, es ist ein Zeichen von Selbstachtung, wenn man sich Zeit für sich selber nimmt, sich zuhört und ungeteilte Aufmerksamkeit schenkt, wie man dies mit Beziehungspartnern, Kindern oder anderen geliebten Menschen selbstverständlich tut. Wenn wir uns regelmäßig Zeit einräumen, anderen zuzuhören, besonders, wenn sie beunruhigt zu sein scheinen, lernen wir Techniken einer offenen und freien Kommunikation. Die empfohlene Methode der Selbstanerkennung, des Selbstgesprächs und des Sich-Zuhörens dient einerseits dem gesünderen Schlaf und fördert andererseits die Gesundheit, da der Kontakt zu den eigenen Gedanken und aufrichtigen Gefühlen enger wird. Auch die innere Erfahrung entwickelt sich dadurch besser.

Die Gesellschaft hat uns dazu erzogen, Selbstgespräche für ein Zeichen von Schwachsinn zu halten. Wie stünde es jedoch um unsere zwischenmenschlichen Beziehungen, wenn wir tatsächlich aufhörten, mit unseren Angehörigen zu reden, ihnen zuzuhören und ihnen ungeteilte Aufmerksamkeit zu schenken? Natürlich ist unsere Beziehung zu uns selbst genauso wichtig. Sokrates' Ausspruch »Mensch, erkenne dich selbst« fordert dazu auf, nicht nur die oberflächlichen Vorlieben und Abneigungen des niederen Verstandes zu ergründen, sondern auch das wahre Selbst im Inneren, das die Persona, die Maske und das Gewohnheitstier übersteigt.

Die Vorstellung, daß unsere Art, zu denken und wahrzunehmen, unser Fühlen bestimmt, können wir durch die sieben folgenden Schritte untermauern, die ein klareres Denken und damit ein besseres Gefühl herbeiführen. Da ich der Meinung bin, daß uns alle Lebenssituationen als Lernerfahrungen und Inspirationsquelle dienen, kennzeichnet der Terminus schlecht grundsätzlich jene Gefühle, die man lieber nicht haben würde. Den Ausdruck schlecht verwende ich, ohne zu werten.

1. Leugnen Sie es nicht, wenn Sie über lange Zeit oder nachhaltig schlechte Gefühle haben.
Akzeptieren Sie, daß es sich um natürliche Gefühle handelt. Seien Sie sich jedoch darüber im Klaren, daß sie Unwohlsein und Krankheit nach sich ziehen werden, sofern sie ungelöst bleiben. Diese Gefühle müssen rasch und effektiv bewältigt werden, damit innerhalb des elektrischen Schaltkreises des Körpers keinerlei Energieblockaden auftreten. Nachdem Sie

die Natur und Intensität der Gefühle erkannt haben, können Sie sich für den besten Lösungsweg entscheiden.

2. Bekräftigen Sie, daß Sie imstande sind, mit schlechten Gefühlen umzugehen.
In der Vergangenheit hatten wir schlechte Gefühle gehabt. Die sind bereits verschwunden und dies wird bei den gegenwärtigen Gefühlen auch bald der Fall sein. Gefühle gehen vorüber. Achten Sie auf Selbstgespräche. Wenn Sie außerstande sind, eine Situation zu ändern, die die vorhandenen Gefühle auslöst, können Sie Ihre Einstellung dazu jederzeit ändern, wie in den Kapiteln 9 und 10 über die Meisterung des Verstandes und die Macht der Gefühle ausgeführt wurde. Beispielsweise kann ein Unfallopfer mit folgenden Gedanken und Gefühlen reagieren: Ich armer Tropf; weshalb ist gerade mir das passiert; was habe ich getan, um so gestraft zu werden; das ist nicht fair; und dergleichen mehr – Selbstmitleid, Depression, grundsätzliche mißmutige Haltung, Trauer, Wut, Enttäuschung, u.v.a.m. Oder solche Gedanken und Gefühle könnten aufkommen: Gott sei Dank, ich lebe noch; das Leben ist doch wunderbar; was bin ich froh, daß niemand getötet worden ist; meine Verletzungen werden heilen; ich werde jeden Tag mehr zu Kräften kommen, und mir geht es täglich besser – Erleichterung, Wertschätzung, Glücksgefühle, Freude über die neue Chance, Geduld, Entschlossenheit, bald gesund zu werden, und so weiter.

Gedanken sind Energie. Eine negative Grundhaltung läßt negative Einstellungen und Krankheit weiterbestehen. Wenn der Verstand vom Körper erwartet, gesund zu werden, geschieht es auch. Verleugnet oder ignoriert man schlechte Gefühle, bleiben sie bestehen. Akzeptiert man sie und entschließt sich dazu, sie – und die Gedanken, die sie erzeugt haben – konstruktiv zu bewältigen, verbessert sich die Lage und die Gefühle zerstreuen sich auf natürliche Weise. Denken wir positive Gedanken, entspannt sich unser Geist, verändern wir die Selbstgespräche, so ändern sich die Gefühle entsprechend von selbst und als Reaktion darauf auch unser Denken.

3. Belohnen Sie sich durch Selbstlob und Gratulation.
Gönnen Sie sich positive Selbstgespräche und loben Sie sich, wenn Sie eine Situation gut bewältigt haben. Wenn eine Sache schief gelaufen ist, akzeptieren Sie es einfach, und beschließen Sie, daß es Ihnen beim nächsten Mal besser gelingen wird. Wir sind in der Ausbildung unseren Verstand zu meistern, und bei einem Lehrling sind gelegentliche Fehler und Fehleinschätzungen annehmbar. Ereignisse sind nur dann ein Irrtum, wenn wir uns weigern, eine Lehre daraus zu ziehen. Wir lernen und gehen dann zur nachfolgenden Lektion weiter. Wir wiederholen nur dann den gleichen Fehler, wenn wir unsere Lernlektion nicht verstanden haben.

Sich selbst zu belohnen, fördert die Selbstachtung und verstärkt das Gefühl, daß man einer Sache gerecht werden und sie gut bewältigen kann. Seien Sie auf Ihre eigene Zustimmung aus und erhoffen Sie sie nicht von anderer Seite. Machen Sie kleine Schritte, setzen Sie sich realistische Ziele und spenden Sie sich viel Lob und Ermutigung. Und eines Tages spüren Sie Ihre eigene Grenzenlosigkeit, Sie wissen, daß Sie alles zu tun vermögen, wenn Sie sich nicht nur um das höchste Wohl anderer bemühen, sondern auch um ihr eigenes.

4. Analysieren Sie Ihre Selbstgespräche.
Sobald Sie sich schlecht fühlen, achten Sie darauf, was Sie über die betreffende Situation denken. Ein Großteil des Denkens geschieht gewohnheitsmäßig und ohne Grundlage. Möglicherweise ist es eine vorprogrammierte Reaktion, die den Eindruck hinterläßt, man dächte überhaupt nichts. Beachten Sie, daß allen Gefühlen Gedanken oder Vorstellungen zugrundeliegen. Notieren Sie sich Ihre Gedanken, sobald Sie sich

schlecht fühlen und finden Sie heraus, auf welche Weise Ihre Gedanken die Intensität der Gefühle beeinflussen.

5. Überprüfen Sie Ihre Selbstgespräche.
Viele Gedanken sind neben Worten und Taten selbstzerstörerisch und erfolgen gewohnheitsmäßig, was wir aufgeben sollten. Nörgeln läßt sich mit einer zerkratzten Schallplatte vergleichen, bei der immer wieder dieselbe Stelle abgespielt wird. Selbstgeißelung und negatives Gerede tun das gleiche und bestärken Beschränkung, Ängste und Selbstzweifel. In gleicher Weise wirken Ausdrücke wie »...wenn doch bloß, ich hätte ... sollen, ich hätte ... können, warum habe ich nicht...« und so weiter. Im Nachhinein erscheinen die Dinge immer einfacher. Selbstbezichtigungen bei einer nachträglichen Rückschau sind sehr kraftraubend. Sind wir uns selbst gegenüber vollständig aufrichtig, gelangen wir gewöhnlich zu der Einsicht, daß wir so, wie wir seinerzeit waren, mit unserem damaligen Wissen oder den verfügbaren Erkenntnissen, unser Bestes getan haben beziehungsweise das, was wir für das Bestmögliche gehalten haben. Äußerst selten fügen Menschen anderen absichtlich Schmerzen oder Verdruß zu, es sei denn, sie leiden selber irgendwie.

Wer mit seiner inneren Führung ein starkes Bündnis aufgebaut hat, bleibt seinem wirklichen Pfad treu und verringert das Maß an Selbstbestrafung, da der Betreffende mit der Flußrichtung des größeren Gesamtbildes in Einklang steht und es so einrichtet, daß er sich zur rechten Zeit am rechten Ort einfindet. Tatsächlich geschieht hier nichts anderes, als daß man sich mit dem universalen Gesetz der Gnade (Synchronizität) in Übereinstimmung bringt. Wir können lernen, in unserer Mitte zu sein, deutlich wahrzunehmen, das Bestmögliche unter Berücksichtigung aller Aspekte in einer Situation zu tun. Dann sind Selbstvorwürfe nicht nötig. Wieviele Denkmuster und Selbstgespräche aus der Kindheit haben wir mitgenommen? Wieviel ist für die Person, die wir heute sind, noch gültig? Wir können für die Person, die wir heute sind, und deren Lebensumstände neue Gewohnheiten und Denkmuster erschaffen.

6. Lernen Sie, rational zu denken.
Wer legt fest, ob wir vernünftig denken – die Gesellschaft oder wir? Leben wir, um der Gesellschaft zu gefallen, oder uns selbst, oder können wir beides erreichen, indem wir beide Seiten achten? Wir haben in Kapitel 8 über die Natur der Realität bereits darauf hingewiesen, daß wir dann unsere Lehrlingszeit erfolgreich abgeschlossen und Meister unseres Verstandes geworden sind, wenn sich in allen Bereichen unseres Lebens Fülle und Überfluß einstellen. Wenn es noch Mangel oder Verstimmung gibt, könnten wir unsere Denkweise untersuchen und herausfinden, ob sie uns hilft oder uns entkräftet. Da wir ernten, was wir gesät haben, sind wir für alle unsere Gedanken, Worte und Handlungen voll und ganz verantwortlich, um die Punkte am Anfang dieses Kapitels einzulösen. Rationales Denken läßt sich nur an den Früchten oder Resultaten unseres Lebens erkennen.

7. Lernen Sie, unbegrenzt zu denken.
Genießen Sie Ihre Vorstellungskraft! Die Energie folgt den Gedanken, und Gedanken sind schöpferisch. Welche Art von Wirklichkeit wollen wir erschaffen? Haben wir unserer Vorstellungskraft und unserem Denken keinen freien Lauf gelas
sen, wird uns keine Vision zuteil. Wer ohne Vision lebt, weiß nicht wie er sich ändern oder wozu er sich entwickeln soll. Träume und Visionen erlauben dem Menschen, sich gemäß der Erinnerung an die Vollkommenheit weiterzuentwickeln.

In dem Buch »Creating Money – Keys to Abundance« stellen die Autoren Sanaya Roman und Duane Packer fest: »Da

Ihre Gedanken Ihre eigene Wirklichkeit erschaffen, können Sie sich ein viel besseres Leben gestalten, wenn Sie lernen, größer und unbegrenzter zu denken. Uneingeschränktes Denken vergrößert die Kreativität, erweitert die Schaffensmöglichkeiten, zieht Gelegenheiten an und erlaubt Ihnen, über mehr Dinge zu verfügen. Unbegrenztes Denken läßt Sie schon im voraus die Gefühle von Reichtum und Fülle empfinden und diese Gefühle helfen Ihnen dann, den Wohlstand auch tatsächlich zu erreichen. Verwenden Sie diese Visionen, um Ihr Bewußtsein für reichere Möglichkeiten zu öffnen.«

Aus demselben Buch entnehmen wir ein weiteres Zitat: »Um Ihr Potential zu entfalten, lohnt es sich zu wünschen, daß die eigenen Träume wahr werden, denn Ihre Träume und Phantasien zeigen Ihnen Ihre Möglichkeiten. Ihre Träume dienen nämlich dazu, Sie auf Ihren höheren Pfad hier auf Erden zu führen. Erweitern Sie Ihre Vorstellung von Ihren Fähigkeiten. Wagen Sie es, in großem Stil zu träumen und zu denken.« Ein weiterer interessanter Auszug aus demselben Werk: »Ihre Vorstellungskraft ist größer, als Sie vielleicht denken. Sie ist das engste Verbindungsglied zu Ihrer Seele. Sie ist nicht an Ihre früheren Programmierungen, Glaubensüberzeugungen und Ängste gebunden. Die Vorstellungskraft wurde Ihnen gegeben, um über Ihre irdische Welt hinauszuwachsen. Sie vermittelt Ihnen die Möglichkeit, Ihre persönlichen Begrenzungen hinter sich zu lassen und Ihr größtes Potential zu erschließen. Mit Hilfe Ihrer Vorstellungskraft können Sie in alle Dimensionen oder Welten reisen. Sie kann Wege in Ihre Zukunft ohne Grenzen erschließen und Ihnen helfen, die möglichen Folgen verschiedener Entscheidungen anzuschauen.«

Wir müssen also lernen, eher an Mögliches zu denken als an Unmögliches und über unsere Selbstbegrenzung hinauszuwachsen. Wenn Sie etwas nicht glauben können, wird es nicht möglich sein. Wenn Sie sich nicht vorstellen können, daß Sie etwas haben, können Sie es auch nicht erschaffen.

Erlauben Sie sich also zu träumen, zu phantasieren, sich vorzustellen, wie Sie Ihr Leben gern hätten, was Sie unternehmen könnten, um das zu verwirklichen. Erhalten Sie diese Vision in Ihrem Bewußtsein aufrecht, verstärken Sie sie durch Ihren Wunsch, dann werden Gelegenheiten auf sie zukommen, die Vision zu verwirklichen. Falls Sie keine Vision haben, werden Sie die Chancen nicht erkennen. In energetischer Hinsicht gilt es einfach, Ihre Antennen auszurichten, um die Signale von anderen Sendern zu empfangen.

Schöpferische Visualisierung 3
Die Gestaltung des Inneren Heiligtums

Diese Visualisierungsübung dient dazu, inneren Frieden und Gelassenheit zu erzeugen, damit wir uns natürlich und angenehm entspannen können. Sie setzt Atemarbeit, weißes Licht und unsere Fähigkeit zu visualisieren ein.

Wenn wir dieses besondere Innere Heiligtum aufbauen um täglich darin Zeit zu verbringen, schwindet das Bedürfnis nach Ferien von unserem hektischen Alltagsleben, und wenn wir regelmäßig praktizieren, steht uns diese Übung als starke, schnelle Entspannungstechnik zur Verfügung. Zehn Minuten täglich an diesem Ort zu verbringen, dient als Vorbeugung zur Vermeidung von Streß und dessen negativen Auswirkungen. Erfahrene Praktizierende können sich zu jeder beliebigen Zeit mühelos an diesem Ort des Friedens und der Ruhe einfinden.

Wenn Sie im Verkehr, bei der Arbeit oder sonstwo spüren, daß sich in Ihrem Körper Spannung aufbaut, können Sie einfach die Augen schließen und sich vorstellen, in Ihrem Heiligtum zu sein, im heilenden Felsteich zu schwimmen oder sich unter den wunderbaren, heilenden Wasserfall zu stellen – den Sie selbst erzeugen können – und fühlen, wie die Spannung von Ihrem Körper abfällt. Wer diese Technik gut beherrscht, kann sie als kleines Aufbautraining einsetzen. Sie ist sehr kraftvoll, wenn sie regelmäßig angewandt wird.

Bedenken Sie, daß das Bewußtsein zwischen einem tatsächlichen Ereignis und einer starken Visualisierung nicht unterscheiden kann! Folglich wird es die Vorteile dieses imaginären Inneren Heiligtums so empfinden, als ob Sie tatsächlich dort – in Ihrem eigenen Paradies auf Erden – anwesend seien!

Jedesmal, wenn wir diesen Ort betreten, können wir ihn weiter ausbauen, ihn schöner und kraftvoller machen. Vielleicht möchten wir auch Hallen des Lernens und der Weisheit hinzufügen, worin wir höheren Unterricht erhalten und Geistführern begegnen, u.v.a.m. Bedenken Sie, der Vorstellungskraft sind keine Grenzen gesetzt und wenn wir sie heute korrekt nutzen, wird sie uns ein mächtiges Morgen erschaffen.

Die tiefe Atmung und das langsame Herunterzählen dient als eine Art der Selbsthypnose, die gewährleistet, daß das Schwingungsmuster Ihres Gehirns aus dem Beta- in den Alphawellen-Bereich bis hin zur Frequenz der Thetawellen eingestimmt wird – dies ist der Zustand tiefer Entspannung, der auch kurz vor dem Einschlafen eintritt.

- Wenn du anfängst, dir dieses Heiligtum zu erschaffen, nimm dir genügend Übungszeit und mache es bequem an einem Ort, an dem du nicht gestört werden kannst.
- Stimme dich mit Hilfe von Atem- und Lichtarbeit ein.
- Nachdem du entspannt bist, visualisiere oder stelle dir vor, auf einem Berg zu stehen. Vor dir sind Stufen, die nach unten führen.
- Fange beim Hinuntersteigen an, rückwärts von 10 bis 0 zu zählen und atme bei jeder Zahl tief ein und aus, ohne eine Pause zu machen.
- Beim Weiterzählen entspannst du dich immer tiefer, mit jeder Stufe abwärts fühlst du dich leichter und freier. Du

weißt, daß du gleich einen besonderen, sicheren Ort betreten wirst.
- 10 ... ein- und ausatmen ... 9 ... ein- und ausatmen ... 8 ... ein-und ausatmen ... 7 ... 6 ... 5 ... 4 ... 3 ... 2 ... 1 ... 0.
- Nun bist du unten angekommen, spürst den Boden unter deinen Füßen und fühlst dich tief entspannt. Nimm ein paar tiefe Atemzüge und schau dich um mit all deinen inneren Sinnen.
- Du siehst, daß du dich an einem wunderschönen Ort befindest. Dieser Ort gehört dir ganz allein. Hier fühlst du dich vollständig sicher, friedlich, angenommen und geliebt. Das ist dein Inneres Heiligtum, so wie sich Kinder ein kleines Häuschen bauen, um darin ihre Phantasien zu spielen.
- Du kannst dich in aller Ruhe umsehen, Bäume und Blumenbeete erblicken. Du siehst, wie du eine Blume pflückst, sie dir unter die Nase hältst und ihr Duft dir in die Nase steigt. (Erlaube deinem Geruchssinn, sich zu aktivieren.)
- Du hörst, wie Vögel zwitschern und wie der Wind durch die Bäume streicht.
- Mit der hohlen Hand kannst du Wasser aus einem klaren Bach schöpfen, es an deine Lippen führen, um es zu schmecken und deinen Durst zu stillen.
- Spüre die Wärme der Sonne auf deiner Haut und den Hauch des Windes in deinen Haaren.
- Halte jetzt einen Moment lang inne und erlaube dir, diesen inneren Ort, dein Heiligtum, ganz wie du wünschst zu gestalten. Sei dir bewußt, dies ist dein Ort. Laß deine Vorstellungskraft grenzenlos sein.
- Nimm ein paar tiefe, weiche, verbundene Atemzüge, genieße die Schönheit dieses Ortes. Wenn du einen Ort irdisch-materieller Vollkommenheit erschaffen könntest, wie würde er aussehen? Wäre es ein Strand, ein Regen-

wald, ein Tal oder ein Berggipfel? Denke zurück an eine Zeitspanne, in der du dich frei und unbeschwert gefühlt hast, friedlich und sicher, irgendwo in der Natur. Baue diese Erinnerung weiter aus.

- Vielleicht gefällt es dir, über das Heiligtum eine Kuppel oder eine Pyramide aus Licht zu setzen.
- Oder möchtest du eine hohe Kristallmauer oder eine efeubewachsene Mauer, um dich noch sicherer zu fühlen?
- Vielleicht ist der Himmel in diesem Innenreich stets mit den Farben der Morgendämmerung oder des Sonnenuntergangs durchzogen.
- Vielleicht begegnest du wundervollen Wesenheiten, die dir große Weisheit, Liebe oder Heilung an diesem Ort übermitteln.
- Noch mal, es ist dein Ort, den du ganz nach Belieben und nach den Wünschen deines Herzens und deiner innereren Vision gestalten kannst.
- Atme weiterhin weich, tief und verbunden, während du mit deiner Vorstellungskraft schöpferisch gestaltest. Erschaffe in einer Weise, daß du tiefe Freude, Schönheit, Sicherheit, Frieden fühlen kannst. Fühle, wie dieser Ort dir ganz alleine gehört und du hier all deine Alltagsverpflichtungen ablegen kannst. Du mußt hier keine Verantwortung tragen. Es gibt nichts weiter zu tun, als dich wundervoll zu fühlen – keine Kinder, keine Hypotheken, keine Rechnungen, kein Druck – einfach nur Freiheit, Liebe, Angenommensein. An diesen Ort kannst du dich begeben, um dir über dein Leben klarzuwerden und zu lernen, es so umzugestalten, wie du es gerne haben möchtest.

Viele Menschen, die ihr Inneres Heiligtum erbauen, berichten, daß sie mit zunehmender Übungspraxis unmittelbar Zugang zu diesem Ort fänden, indem sie einfach »mein Ort« denken, was bereits genüge, um dort zu sein. Wenn sie sich gestreßt fühlten, seien sie imstande, praktisch jede Form von Belastung sofort aufzulösen, indem sie sich in das Energiefeld dieses Inneren Heiligtums einstimmten – so wie uns eine Dusche an einem heißen Tag sofortige Kühlung verschafft. Ihr Wesen weiß, daß es im Heiligtum sicher ist, und wenn die Erinnerung eine Brücke baut, reagiert es sofort.

Kapitel 14

Wesentliche Anwendungen der Meditation

Grace Cooke (White Eagle) schreibt in »Die Perle im Lotos«: »In der Meditation bemüht man sich darum, die Materie zu vergeistigen, statt den Geist zu materialisieren. Jede einzelne Seele kann während der Meditation zur Quelle der Wahrheit gelangen und die Wirklichkeit des Geistes persönlich erfahren. Durch die Entwicklung des menschlichen Intellekts im Wassermannzeitalter lassen sich allerhand materielle Beweise ohne weiteres mit dem kritischen Verstand entkräften, doch Überzeugungen, die sich auf tiefe Herzenserfahrung gründen, können niemals erschüttert werden.«

Meditation wird schon seit Jahrtausenden praktiziert um den Körper zu entspannen, die Gefühle zu besänftigen, den Verstand zu beruhigen und um sich für die geistige Welt und das tiefere Verständnis zu öffnen. Viele Menschen unserer Zeit sind sich bewußt, daß sie sich noch etwas anderes in ihrem Leben ersehnen, das über die materiellen Annehmlichkeiten oder den finanziellem Erfolg hinausgeht. Sobald wir die Überlebensansprüche des niederen Verstandes zufriedengestellt haben, fangen wir allmählich an, auf den inneren Ruf des höheren Verstandes zu reagieren, weil wir Antworten auf die Frage nach dem Sinn des Lebens suchen. Während wir uns bemühen zu überleben, fragen wir uns nämlich des öfteren, ob es denn nicht noch mehr gibt.

Meditation und tägliches Verweilen in der großen Stille ist das machtvollste Hilfsmittel, um sich in seine innere Göttlichkeit einzuschwingen, und auch um Zugang zu seinem eigenen göttlichen Bauplan zu finden. Wie bereits erwähnt, enthält dieser Bauplan nicht bloß den eigentlichen Zweck und die Bestimmung eines Einzelwesens, sondern auch den lückenlosen umfassenderen Plan der gesamten Menschheit zum gegenwärtigen Zeitpunkt – sozusagen das Drehbuch des Theaterstücks.

Der Mensch ist sich seiner fünf Körpersinne – Sehvermögen, Geruchssinn, Geschmackssinn, Tastsinn und Gehör – bewußt, die er dazu gebraucht, die äußere Welt zu erforschen. Mit Hilfe dieser Sinne, die wir täglich über längere Zeit einsetzen, sammeln wir außerordentlich starke, reale Erfahrungen. In ähnlicher Weise lassen sich unsere inneren Sinne wachrufen. Sie sind die feinstoffliche Entsprechung zu den fünf äußeren Sinnen, zu denen noch der sechste Sinn der Intuition und der siebte Sinn des Wissens hinzukommen. Meditiert oder kontempliert man mittels dieser inneren Sinne, eröffnet sich einem die Möglichkeit, sich vollständig auf seine Innenwelt einzustimmen, doch dies verlangt einige Übung. Viele Leute erwarten, daß sie auf den inneren Ebenen die gleichen intensiven Erfahrungen machen werden wie in der Außenwelt, wobei sie ganz vergessen, daß dafür eine jahrelange Übung erforderlich war.

Die inneren Sinne werden auch als übersinnliche Organe bezeichnet und kommen ins Spiel, wenn wir beispielsweise folgende Erfahrungen machen:

- Höheres und niederes[2] Hellhören; telepathische Kommunikation
- Höheres und niederes Hellsehen; Göttliche Vision und Realisierung
- Imaginationskraft, Intuition, Unterscheidungsvermögen und Urteilskraft

---

[2] Die Eigenschaftsbestimmung höher oder nieder bezieht sich in diesem Fall auf Schwingungsfrequenzen. Je reiner das Instrument ist, desto besser ist die Kommunikation, da Gleiches Gleiches anzieht. Viele Leute übermitteln Botschaften aus der vierten Dimension und der niederen Astralwelt, während andere sich auf Informationen konzentrieren, die sie aus dem Frequenzbereich der fünften Dimension und den darüberliegenden höheren Reichen beziehen.

- Erspüren von Schwingungsfrequenzen wie etwa bei der Psychometrie beziehungsweise die Einstimmung auf das Energiefeld anderer Menschen; die Fähigkeit, Energiefelder zu beeinflussen, zu reinigen und neu auszurichten
- Geistheilen unter Zuhilfenahme der Energiefelder

Vereinfacht ausgedrückt, könnte man den Menschen mit einem Fernsehsender vergleichen. Jeder weiß, daß die Tatsache, auf ein bestimmtes Programm eingestellt zu sein, nicht bedeutet, daß es keine weiteren Sender gibt. Meditation und die Erschließung der Innenwelt sind so einfach zu erlernen wie der Vorgang, auf einen anderen Sender umzuschalten. Dies ermöglicht uns, über unser begrenztes Denken hinauszugehen. Es ist, als ob eine geschlossene Gemeinschaft ausschließlich ein Programm anschaut, weil alle glauben, es gäbe keinen weiteren Sender. Irgendwann entdecken ein paar Leute andere Fernsehkanäle. Dies geschieht entweder zufällig (etwa anhand eines außerkörperlichen Erlebnisses oder einer Nahtoderfahrung) oder durch die bewußte Veränderung ihrer Schwingungsfrequenz. Wechselt man zu einem anderen Sender, so kommt es im Fernsehgerät anfangs oft zu Störungen oder das Bild flimmert und verschwindet wieder. Beharrlichkeit und Durchhaltevermögen sind nötig, damit das Bild des inneren Senders oder die andere Programmwahl klar, leicht zu bedienen oder einzustellen ist. Ein aufrichtiges Herz und der Wunsch nach Erkenntnis genügen, um solche anderen Kanäle zu entdecken. Disziplin und Hingabe sind nötig, um klare Bilder zu empfangen.

Nachdem Sie beispielsweise imstande sind, mühelos die Kanäle zu wechseln, stellen Sie vielleicht fest, daß Sie nicht nur den Kanal wählen können, sondern auch bestimmen können, welche Sendungen auf dem Bildschirm erscheinen, und so geht es weiter. Noch besser ist, daß Sie ganz nach Belieben vorwärts und rückwärts durch die Sender zappen können. Falls Sie auf einem Kanal eine Sendung erzeugt haben, von der auch die Zuschauer der anderen Kanäle profitieren würden, können Sie die Sendestationen miteinander verbinden und alle daran teilhaben lassen – vorausgesetzt, sie halten bestimmte Regeln ein, die dem universalen Gesetz entsprechen. Je mehr Programme Sie entwickeln, die im Einklang mit dem Göttlichen Bauplan stehen, desto mehr Zuschauer der anderen Kanäle können davon profitieren, wenn sie sich dafür entscheiden.

Den Zugang zum Kanal des Göttlichen Bauplans kann man mit dem Zutritt zu einer Videothek vergleichen, in der jedes Videoband den Namen eines Zuschauers aufweist. Wenn Sie den Wunsch danach haben, werden Sie die Videothek finden, dort Ihr persönliches Video heraussuchen, und es sich ansehen. Das nennt man auch die Rolle im Leben zu finden, die im Zellgedächtnis aufbewahrt ist. Dieses Videoband inspiriert und belehrt uns, und ermöglicht uns, unseren Text zu lernen und anschließend das so erworbenen Wissen in den Alltag zu übertragen, um damit wiederum andere Menschen zu inspirieren, sich auf die Suche nach ihrem eigenen Videoband zu begeben. Sobald die Sinne eines Menschen sehr fein gestimmt sind, findet er leicht Zugang zur universalen Bibliothek und der höheren Weisheit. Telepathische Kommunikation, Geistheilen, Bilokation, u.v.a.m. werden dann ganz alltägliche und natürliche Erfahrungen.

Es gibt zahlreiche nützliche Meditationstechniken, die bei regelmäßiger Anwendung schließlich tiefe und dauerhafte Veränderungen herbeiführen. Im wesentlichen ist Meditation absolute und vollkommene Konzentration auf einen absoluten und vollkommenen Punkt. Aus meiner Sicht findet hierbei die Verschmelzung des gesamten Wesens mit dem eigenen inneren Gott statt, ein Zustand des SEINS und der Vollkommenheit.

Dr. Deepak Chopra formuliert es so: »Der einzige konsequente, zuverlässige Weg, den Bann der Maya (irdische Illusion) zu durchbrechen, ist zu jener Bewußtseinsebene aufzusteigen, wo Gedanken aufsteigen.« Er sagt weiter, er »baue deshalb auf die Meditation, weil sie ein wirksames zuverlässiges Mittel sei, um immer wieder in jenen Bereich aufzusteigen, aus dem die gesamte Wirklichkeit hervorgeht, um zu jenem Hintergrund der Nicht-Veränderung zu gelangen, woraus alle Änderungen hervorgehen.« Chopra meint, Meditation sei die Kunst des Nichtstuns, wobei der Verstand seine eigene Quelle, das Reich der Stille, aufsuche. Würde der Verstand seinen eigenen Mitteln überlassen, so würde er sich spontan dorthin begeben. Dann fährt er fort zu erläutern, unser Verstand habe viele Ebenen, vom Bewußtsein und Unterbewußtsein geht es weiter zu den abstrakteren Ebenen, bis hin zu der Ebene der vollständig verbalisierten Ideen, Wünsche und Konzepte. Jenseits dieser Ebenen ist das reine Gewahrsein, die Energie die uns erhält.

Tägliches Meditieren erhält unser Wesen klar und rein, frei von Anhaftungen und negativen Einstellungen und stellt es auf einen anderen Frequenzbereich ein, der sich von der Ebene der begrenzten Glaubenssätze unterscheidet. Dadurch können wir in unser multidimensionales Wesen eintauchen und die energetische Qualität unserer ausgesandten Signale verändern, denn alle Lebewesen senden, wie bereits erwähnt – bewußt oder unbewußt elektromagnetische Signale aus. Meditation führt dazu, daß wir die von uns ausgehenden Schwingungsfrequenzen und Signale fein abstimmen und kontrollieren und damit auch die Erfahrungen unseres Lebens steuern und unsere Wirklichkeit nach eigenen Wünschen gestalten können.

Meditation trägt entscheidend dazu bei, zwischen dem irdischen und dem geistigen Reich eine Brücke zu bilden, damit wir Zugang zur Höchsten Weisheit bekommen können. Diese Brücke wird auch als Regenbogenbrücke oder Antahkarana bezeichnet. Das Antahkarana ist ein Lichtfaden, der bei jeder neuen Verkörperung erschaffen und durch spirituelle Schwingungen energetisiert und gekräftigt wird. Diese Schnur oder Verbindung reicht nach oben und wird durch Meditation,

Streben nach Geistigem und spirituellen Praktiken, die von reiner Sehnsucht nach höherer Weisheit durchdrungen sind, verstärkt. Diese Brücke ermöglicht uns, feinere Energieströme aus der geistigen Welt in die irdische Welt zu transferieren, wodurch die uns bekannte Realität umgewandelt wird.

Wenn wir eine Einladung bekämen, um Gott oder den Schöpfer des Universums zu treffen, und genau wüßten, daß es sich um eine seriöse Einladung handelt, wie ernsthaft oder ehrerbietig würden wir der angekündigten Begegnung entgegensehen? Ich behandle die Meditation ebenso respektvoll und achtsam, denn jedesmal, wenn ich mich nach innen wende, sehne ich mich danach, mich mit meiner göttlichen Essenz zu verbinden und zu verschmelzen. Aus diesem Grund empfehle ich, folgende Regeln einzuhalten:

- Richten Sie sich einen besonderen Ort ein, wo Sie sich ungestört aufhalten können. Vielleicht möchten Sie in diesem Raum besondere Kissen, eine Decke oder einen Teppich haben, die ausschließlich für die Meditation verwendet werden. Schaffen Sie in dem Raum eine besondere Atmosphäre, etwa mit Räucherwerk oder brennenden Kerzen. Beides hilft dabei, die Raumschwingung zu verändern. Vielleicht spielen Sie eine sanfte Meditations- oder Entspannungsmusik. Tragen Sie bequeme Kleidung und sorgen Sie dafür, daß die Temperatur in diesem Raum angenehm ist.
- Meditieren Sie regelmäßig jeden Tag, mindestens eine halbe Stunde lang, wenn möglich zur selben Zeit, morgens und abends, um langfristig Gewinn daraus zu ziehen. Eine Klavierstunde pro Woche oder fünf Minuten Klavierüben täglich macht weder einen Konzertpianisten noch sonst einen Meister. Es ist wie bei allen Dingen, je mehr man sich bemüht und Zeit aufwendet, desto besser fällt das Ergebnis aus.

- Verwenden Sie Atemtechniken und visualisieren Sie weißes Licht. Sie sind die Grundlage für alle Meditations- und Kontemplationsübungen.
- Verwenden Sie spezielle Handstellungen (Mudras), um Ihre Meditationsabsicht kundzutun. Setzen Sie sich in einer bequemen Haltung hin, in der Sie Ihre Aufmerksamkeit gut nach innen richten können. Finden Sie die Haltung, in der sich der Körper so angenehm wie möglich anfühlt. Indem Sie an diesem Ort in dieser Haltung sitzen und die Mudras ausführen, signalisieren Sie Ihrem Inneren, daß Sie nun mit der Meditation beginnen. Ebenso erhält ja auch der Körper Hinweise, daß Sie bald schlafen gehen, wenn Sie duschen, die Zähne putzen und das Nachthemd anziehen.
- Nehmen Sie den Telefonhörer von der Gabel, schalten Sie den Anrufbeantworter ein, hängen Sie das »Bitte nicht stören«Schild an die Türe. Halten Sie die übrigen Mitglieder Ihres Haushalts an, Ihre Meditationszeit zu respektieren und Ihren Wunsch nach äußerer Ruhe zu achten. Kaufen Sie Kopfhörer für alle, die fernsehen wollen, damit Sie nicht durch die Geräusche gestört werden. Buddha sagte einmal, man solle derart eng mit der Innenwelt verbunden sein, daß man am Rand einer Straße sitzen könnte, wo tausend Ochsen vorüberzögen, und man nicht einmal Notiz davon nehmen oder sich dadurch gestört fühlen würde. Zu Beginn der Meditationspraxis ist es allerdings ratsam, weniger Störungen zu erfahren.
- Halten Sie einen Stift und ein Notizbuch bereit für den Fall, daß Sie eine wertvolle Eingebung erhalten, an die Sie sich später erinnern wollen. Wenn man sich Notizen macht, kann man weiter meditieren, ohne zu fürchten, daß man sie vergißt. Diese Maßnahme ist besonders bei Kontemplations- oder Programmierungsübungen bedeutsam.

- Meditieren Sie nicht im schlaftrunkenen Zustand, sondern wenn Sie hellwach sind – Morgenmeditationen sind oft vorzuziehen, da wir nachts eher schläfrig sind. Falls möglich, gönnen Sie sich einmal in der Woche, etwa am Wochenende, eine Meditation ohne Zeitbeschränkung. Auf diese Weise kann die Meditationserfahrung viel tiefer reichen, und/oder man hat Zeit, sich neu zu programmieren oder innere Visionen zu empfangen. Stellen Sie sich vor, Sie sitzen da und Ihnen wurde schließlich Einblick in Ihre höhere Bestimmung gewährt. Diese Vision offenbart sich in ihrem Glanz, geistige Führung wird Ihnen zuteil und dann klingelt der Wecker, denn Ihre Meditationszeit von fünfzehn oder dreißig Minuten ist abgelaufen und Sie müssen zur Arbeit aufbrechen!

Nachfolgend stelle ich Meditationsmethoden und die dafür empfohlene Zeitdauer vor. Nach diesen Betrachtungen und Übungen können wir noch einen Schritt über die Meditation hinausgehen – in das Ewige im Jetzt. Dieser Bewußtseinszustand übersteigt das Atmen, die schöpferische Visualisierung und führt über die Begrenzung des Verstandes hinaus in die Zeitlosigkeit.

Was wir als Meditation oder Kontemplation bezeichnen und wofür wir täglich Zeit aufwenden, kann man in sieben grundlegende Anwendungsgebiete einteilen, die allesamt inneren Frieden und Gelassenheit fördern:

Dabei handelt es sich um folgende Anwendungen, die alle gleichermaßen wichtig sind:

Zusammengehörige Meditationsaspekte:
1. Einstimmung
2. fördert die Bereitschaft, sich auf innere Führung einzulassen
3. Ent- und Neuprogrammieren

4. Zugang zu der inneren Vision und Entschlüsselung des göttlichen Bauplans
5. Traumsteuerung und Traumweisungen
6. Erschließung des Zellgedächtnisses Erfahrung bedingungsloser Liebe, Freude und Glückseligkeit

Der erste Meditationsaspekt dient der Einstimmung.
Dabei richten wir unsere Schwingungsfrequenz neu aus und kontrollieren die Signale, die wir als menschliche Energiesysteme aussenden. Die Anwendung von Atemtechniken, Klangwellen und der Energie des weißen Lichts ermöglicht uns außerdem:

- uns natürlich und leicht zu entstreßen
- erzeugt oder steigert das Gefühl tiefen inneren Friedens und von Gelassenheit
- erhöht den Lichtquotienten des menschlichen Energiefeldes
- reinigt das gesamte Zellgefüge von Schlacken, Schadstoffen, negativen Emotionen oder Erinnerungen
- heilt das Zellgefüge (Mit der zusätzlichen Anwendung von schöpferischen Visualisierungsübungen, wird auch der Emotionalkörper gereinigt, eingestimmt und von negativem Gefühlsballast befreit.)
- die Zellen erneuern sich und das bewirkt eine strahlende Gesundheit
- bildet ein elektromagnetisches Schutzschild um uns herum
- durch Chakraarbeit können wir auch Bilokation (gleichzeitiges Erscheinen an zwei Orten) und telepathische Kommunikation erreichen. (Näheres dazu finden Sie in den Kapiteln 28 und 29.)

Die empfehlenswerteste Einstimmungsübung ist bereits vorgestellt worden – eine Kombination aus spezieller Atemtechnik und weißer Lichtenergie. Wenn Sie täglich unbegrenzte Zeit für Ihre Meditationspraxis zur Verfügung haben, können Sie alle sieben Anwendungen nach Belieben praktizieren. Wenn Sie jedoch nur fünfzehn bis dreißig Minuten morgens erübrigen können, empfehle ich die Einstimmungsübungen zu machen und vielleicht verschiedene schöpferische Visualisierungen, um täglich die Punkte a) bis g) zu erfüllen. Heben Sie sich die Bilokation (Punkt h) für eine Gelegenheit auf, wo Sie nicht unter Zeitdruck stehen.

Der zweite Meditationsaspekt ist die Bereitschaft, sich auf die innere Führung einzulassen.
Der beste Weg, um sich der inneren Führung zu öffnen, ist Stille, Einstimmung mit Atemübungen, Mantras und weißem Licht und die Bitte um Führung. Da wir Menschen über freien Willen verfügen, übernimmt das Höhere Selbst keine Führung, wenn wir nicht darum gebeten haben. Das ist das universale Gesetz. Jesus sagte einst: »Bittet, so wird euch gegeben!« Sobald wir in die Stille eingetaucht sind, können wir um Führung bitten und müssen lernen zu lauschen. Ein Kennzeichen der westlichen Gesellschaft ist, daß die Leute immer ihre Antworten in der Außenwelt suchen. Wir orientieren uns an Eltern, Kameraden, Kirchen oder Regierungsvertretern, die uns diktieren sollen, wie wir unser Leben zu führen haben. Gehen wir jedoch davon aus, daß uns niemand so gut kennt wie wir selbst und daß wir auf alle unsere Fragen Antworten im Zellgedächtnis gespeichert haben, dann müssen wir uns nach innen wenden und von dort Weisungen entgegennehmen. Falls unser gegenwärtiges Leben nicht alle unsere Erwartungen erfüllt – was die äußere Welt allein auch gar nicht leisten kann –, dann wird uns die Erforschung der inneren Reiche von großen Nutzen sein.

Ich habe immer das Bild eines verirrten Kindes vor mir (Ego/Persönlichkeit im physischen Körper), das sich in den

Wundern der Welt verfangen hat (irdisches Leben) und eines Tages nach Hause gehen will (Wiedervereinigung mit dem göttlichen Selbst), aber sich nicht mehr an den Weg erinnern kann. Die Eltern (die ICH BIN-Gegenwart oder die Monade) haben es im Auge behalten. Sie wissen, daß das Kind seine Erkundungsgänge machen mußte, und daß sie ihm keine Hilfe anbieten konnten, bis das Kind einsieht, daß es vom Wege abgekommen ist, einsam ist und schließlich um Hilfe bittet. Sobald das Kind das tut, herrscht bei den Eltern große Freude, die mit den anderen Angehörigen (Geistführern und/oder Schutzengeln u.v.a.m.) eine großartige Willkommensfeier vorbereiten und dem Kind so viel Aufmerksamkeit und Hilfe gewähren, wie es braucht, um sicher nach Hause zu finden.

(Vollkommen erwacht zum Wissen von der Einheit der Schöpfung.) Wenn wir von innerer Führung sprechen, müssen wir auch das Gebet anführen, das zu bestimmten Zeiten auch die Form eines verzweifelten Bittgebets annehmen kann. Auf der Suche nach innerer Führung müssen wir lernen, zu bitten, still zu sein und zu lauschen.

Ob Sie innere Führung und/oder telepathische Durchgaben von Ihrem höheren Selbst, der ICH BIN-Gegenwart, der Monade oder Ihren Geistführern erbitten, es sind stets die gleichen Techniken anzuwenden, die in Kapitel 28 ausführlich beschrieben werden.

Der dritte Aspekt der Meditation ist die Gelegenheit, Ent- und Neuprogrammierungen vorzunehmen.
Dies ist ein höchst wertvoller Aspekt, der Meditations- und Kontemplationspraxis. Wir können die inneren Tonbänder abspielen und löschen und uns die Wirklichkeit schaffen, die wir uns wünschen. Wir können Affirmationen verwenden, mit der Meisterung des Verstandes arbeiten sowie Entprogrammierungen durchführen, die uns von negativen oder begrenzenden Glaubenssätzen befreien. Nachdem wir Zugang

zu unserer inneren Vision und der eigenen Bestimmung bekommen haben, können wir die neue Realität programmieren, die wir zu erschaffen wünschen. Haben wir die Macht unserer Gedanken verstanden und nehmen uns Zeit für Kontemplation, in der wir alle unsere gewohnheitsmäßigen Denk- und Verhaltensmuster beurteilen, können wir Neuprogrammierungen formulieren und sie in unsere bewußten und unterbewußten Gedächtnisdatenbanken einspeisen. Wie geht man dabei vor? Setzen Sie sich an einen ruhigen Platz, wo Sie nicht gestört werden können. Legen Sie den Telefonhörer neben die Gabel, stimmen Sie sich ein und denken Sie nach – betrachten Sie nacheinander alle Aspekte Ihres Leben und überprüfen Sie jeden einzelnen. Legen Sie Papier und Bleistift bereit und fertigen Sie eine Liste an.

Beginnen Sie mit dem physischen Körper – prüfen Sie im Zustand innerer Distanz ehrlich, was Sie an Ihrem Körper verändern können und wie Sie ihn gerne hätten. Sind Ihre Eßgewohnheiten sinnvoll und lebenserhaltend? Wie oft essen Sie nur aus Gewohnheit? Können Sie bessere Nahrungsquellen wählen, die für Sie persönlich, die Erde und das Tierreich weniger schädlich sind? Bedenken Sie, daß Fleisch Ihre Schwingung stark verdichtet, außer wenn Sie ein Meister der Umwandlung sind. Außerdem ist es möglich, sich als Mensch ausschließlich von LICHT und Prana zu erhalten, was in meinem Buch »Lichtnahrung« detailliert ausgeführt wird.

Wer seine Eßgewohnheiten umstellen möchte, sollte die Veränderungen allmählich, liebevoll und ohne sich etwas zu versagen vornehmen. Unterlassen Sie zuerst den Verzehr von rotem Fleisch (Rind/Schwein) und verzichten Sie später nach innerer Weisung auf weißes Fleisch (Geflügel/Fisch). Danach achten Sie darauf, einfach leichte, frische Kost zu essen. Vielleicht stellen Sie irgendwann fest, daß Ihnen die innere Weisung zuteil wird Ihren physischen Körper ausschließlich von Licht oder Prana ernähren zu lassen. Dies wird – da der Geist über die Materie herrscht – nur dann gelingen, wenn Sie daran glauben. Lassen Sie sich innerlich darin unterweisen, was Sie unternehmen können, um den inneren Energiefluß in Gang zu bringen. Es heißt, Krankheit, Tod und Verfall würden verursacht, wenn der Lichtfluß an irgendeiner Stelle in einem der vier niederen menschlichen Körper blockiert wird.

Als nächstes betrachten Sie den Emotionalkörper. Untersuchen Sie die Qualität der Beziehungen in Ihrem Leben. Sind sie gewohnheitsmäßig, positiv oder negativ, können sie verbessert werden? Welche Lektionen haben Sie gelernt oder müssen Sie lernen? Müssen oder wollen Sie etwas heilen und verzeihen? Wenn Sie mit dieser Übung beginnen, wird Ihre Elternfigur (die ICH BIN-Gegenwart) das erforderliche Wissen und die Inspiration freudig bereitstellen, da die Erforschung und Bereinigung dieser Angelegenheiten Ihren Heimweg erleichtert. Zur Klärung des Emotionalkörpers stehen viele Methoden zur Verfügung. Sie ermöglichen die Selbstheilung und die Verbesserung unserer Gefühlsbeziehungen mit anderen.

Untersuchen wir als nächstes aufrichtig unsere Selbstgespräche und Glaubenssätze. Wie verhalten wir uns in politischer Hinsicht? Geben wir unsere Stimme bewußt und auf der Basis gründlicher Kenntnisse ab, oder wählen wir nach dem Muster unserer Eltern und deren Eltern? Sind wir mit dem Leben, so wie wir es wahrnehmen, zufrieden? Wir können unsere Wahrnehmung und Einstellung verändern und damit auch unsere Realität.

Diese Programmierungs-/Kontemplationsübung kann man jede Nacht vor dem Einschlafen ausführen. Anschließend können wir programmieren, daß unsere Träume klar sind und uns Hinweise geben, was wir durch diese Kontemplation und Selbstanalyse erreichen wollen. Wie können wir wissen, wer wir eigentlich sind, wenn wir uns niemals Zeit dafür nehmen, still zu sein und mit unserem inneren Selbst zu kommunizieren. Wir werden menschliche Wesen und nicht menschliche Täter genannt, die Mehrheit der Menschen ist jedoch viel zu sehr mit Tun beschäftigt, statt zu Sein und zu wissen. Von John Lennon ist folgender Ausspruch berühmt geworden: »Leben ist das, was mit dir geschieht, wenn du gerade andere Pläne machst.«

Das SEIN ermöglicht uns WISSEN ohnegleichen.

Der vierte Meditationsaspekt ist die Fähigkeit, Zugang zu unseren inneren Visionen und dem göttlichen Bauplan zu bekommen.
Durch meine Forschungsarbeit, Meditationserfahrung und Gespräche mit den Aufgestiegenen Meistern habe ich verstehen gelernt, daß jedes Lebewesen seinen eigenen einzigartigen und göttlichen Bauplan im Inneren bewahrt. Dieser Bauplan enthält nicht nur den vorbestimmten Lebenszweck und die Rolle in der heutigen Zeit, sondern auch den größeren oder himmlischen Plan – die vorgesehene kollektive Bestimmung der Menschen. Deshalb reagieren wir wie Radarsysteme aufeinander – je nachdem, welche Schwingungen und Signale wir aussenden –, damit wir unsere Rollen in Eintracht und Harmonie spielen können. Den Schlüssel und den Inhalt unserer Rollen können wir nur finden, wenn wir uns auf die Reise nach innen machen, um unser Selbst zu entdecken. Alles, wozu wir uns hingezogen fühlen oder was wir im Leben unternehmen, ist Teil unserer Ausbildung und Vorbereitung für diese Rolle.

Unser Wegweiser ist die Freude. Wenn wir Freude empfinden, folgen wir unserer Spur. Wenn wir die Freude verlieren oder sie erlischt, ist es an der Zeit, einen neuen Aspekt der Ausbildung einzuleiten und vielleicht anderen Dingen der irdischen Welt unsere Aufmerksamkeit zu schenken. Freude ist der einzige wahre Maßstab dafür, daß wir uns auf dem richtigen Weg befinden, denn Freude ist der Geist (Gott), der sich in unserem Leben ausdrückt. Wenn es uns gelungen ist, klare innere Führung zu erhalten, übernimmt die innere Stimme des Gottselbst die Verantwortung und schenkt uns ein fruchtbares Leben, das die ganze Herrlichkeit unseres Wesens und unsere Aufgabe enthüllt. Je mehr wir unser Wesen verfeinern und uns von den Verhaftungen des Emotionalkörpers lösen, desto mehr richtet sich unser Augenmerk und Streben ausschließlich auf das Dienen. Wir setzen uns nicht mehr nur für unser individuelles Wohl ein, sondern dienen dem Wohl der Gesamtheit – dies ist ein wesentlicher Bestandteil unserer Reise zur Einheit und wird detailliert in Kapitel 18 über Bestimmung und Dienen behandelt.

Der fünfte Meditationsaspekt dient als Reinigungsmaßnahme für klares Träumen.
Im Kapitel 10 über die Macht der Gefühle habe ich den Traumzustand kurz gestreift und erwähnt, wie man den Gefühlskörper im Schlaf reinigen kann. Wenn wir vor dem Einschlafen eine Weile meditieren, mit uns selber über den vergangenen Tag oder unser Leben im allgemeinen sprechen, ist das Unterbewußtsein nicht gezwungen, unsere Aufmerksamkeit – anhand der Träume – auf all jene ungelösten Probleme zu lenken, mit denen wir uns auseinandersetzen müssen. Da diese bereits zuvor bearbeitet worden sind, befindet sich unser Bewußtsein in einem gereinigten Zustand, weswegen unsere Trauminhalte anderer Art sein können.

Während die bewußte Wahrnehmung vieler Menschen sich allein auf die irdische Alltagsrealität beschränkt, empfinden andere dagegen nur einen geringen Unterschied zwischen dem Wach-und Traumzustand, in dem ihr physischer Körper den Schlaf genießt.

Während des Schlafs ist das Tagesbewußtsein ausgeschaltet. Daher können wir uns mühelos auf irgendeinen gewünschten Sender einstimmen. Es existieren Dimensionen innerhalb von Dimensionen und noch viele andere Daseinsbereiche, die wir im Traum erforschen können. In seinem Buch »The Complete Ascension Manual« erwähnt Dr. Joshua David Stone drei wesentliche Stufen des geistigen Wegs. Die erste nennt er die Halle der Unwissenheit, worin die Leute sich ausschließlich mit der grobstofflichen Welt identifizieren und ihre fünf Sinne stets nach außen richten. Die zweite ist die Halle des Lernens, wohin diejenigen gehen, die eine innere Unruhe spüren und sich auf die Suche nach ihrem größeren Selbst machen. Die dritte ist die Halle der Weisheit, wo die Vereinigung mit dem eigenen Höheren Selbst, Bewußtseinserweiterung und Selbstverwirklichung stattfinden. Diese Art des Lernens geschieht gewöhnlich im Traumzustand zwischen zehn Uhr abends und fünf Uhr morgens.

Im Traumzustand habe ich zahllose lebhafte und detaillierte Erfahrungen gemacht, die ich vielfach in meinen Tagebüchern festgehalten habe. Es ging dabei um eine sehr gründliche Ausbildung in mehreren Themenbereichen. Es ist von Vorteil, sich so zu programmieren, daß man sich an den Inhalt der Träume erinnern kann, um diese Unterweisungen dann im Leben bestätigt zu bekommen. Ich wurde allerdings darauf hingewiesen, daß alle Lernerfahrungen, Kenntnisse und Unterweisungen auf der Zellebene gespeichert sind und im Bedarfsfall bewußt beziehungsweise ausgeschüttet werden. Viele Menschen machen neuerdings Erfahrungen dieser Art und geraten auch in Situationen, wo sich ihre Zunge löst und sie jemanden alle Informationen geben, die derjenige gerade zufällig benötigt, wobei sie gar keine Ahnung davon hatten, daß sie darüber Bescheid wußten.

Der sechste Meditationsaspekt ist die Erschließung des Zellgedächtnisses und des passiven Wissens aus dem Erfahrungsschatz früherer Leben.
Hier findet die Fortsetzung der obigen Vorgänge statt, da jeder Mensch die ihm zugedachte Rolle, die im Inneren gespeichert ist, erfüllen muß. Wir sind Lehrer, Ausbilder, Führer

und Meister. Es fehlt nur noch, daß wir erwachen und uns erinnern! Wenn wir uns einstimmen, unser Wesen von unerwünschten Anhaftungen auf körperlicher, emotionaler und mentaler Ebene befreien und darüber hinaus unser begrenzendes Glaubenssystem aufgeben, erinnert dieser Vorgang an das Schleifen eines Rohdiamanten. Erst dann tritt seine wahre Schönheit hervor. Wenn wir höchst wertvolle Zeit in der großen Stille unseres inneren Wesens verbringen, schaffen wir die Voraussetzung dafür, daß dieser Informationsfluß in Gang kommt, wenn wir darum bitten und lauschen. Aus diesem Grund benötigen viele Menschen lediglich kurze Phasen des Lernens oder Nachforschens, ehe sie spüren, daß sie über ein Thema Bescheid wissen, da sie bereits in anderen Leben oder Dimensionen hierin eine intensive Ausbildung erfahren haben und nur noch dieses Wissen ins Bewußtsein bringen müssen.

Mit großem Erfolg habe ich ebenfalls die Programmierungsübung vor dem Schlafengehen durchgeführt, um mein Zellgedächtnis zu aktivieren und zurückliegende Kenntnisse abzurufen. Beispielsweise in bezug auf Kristalle: Eines Tages bekam ich von einer Freundin eine bestimmte Kristallheilbehandlung. Dabei erhielt sie den Rat von ihrer geistigen Führung, einen speziellen grünen Kristallstab zu benutzen, woran ich großes Interesse zeigte. Jahrelang hatte ich Kristalle und Bücher über Kristalle gesammelt, hatte jedoch weder die Bücher gelesen noch bewußt die Kristalle verwendet. Es gab keinen Zweifel daran, daß ich bis zu diesem Zeitpunkt einfach noch nicht soweit war. Ich erkundigte mich bei meiner Freundin über diesen grünen Stab, den sie mir reichte. Als sie ihn an einem Ende hielt und ich am anderen, hatte ich augenblicklich nicht nur eine strahlende, ausführliche Vision eines früheren Lebens, in dem wir beide gemeinsam inkarniert waren, sondern ich wußte obendrein, daß ich weitreichende Kenntnisse über Kristalle und ihre Kräfte hatte.

In jener Nacht stimmte ich mich vor dem Einschlafen

ein und bat mein ICH BIN-Gottselbst, mir alle im Inneren verborgenen Kenntnisse über Kristalle aufzuschließen. Während der Nacht wachte ich insgesamt vier Mal auf, wobei mir jedesmal auffiel, daß ich (wie in einem Schulklassenzimmer) unterrichtet wurde. Obendrein hatte ich das Gefühl, als würde die Information in meinem Körper aus einer Computer-Datenbank zur Ansicht auf den Bildschirm geladen.

Die Welt der Kristalle stand im Mittelpunkt. Ich erinnere mich, daß ich irgendwann die Frage stellte, wie ich mich an all die Dinge später entsinnen könnte, da ich jedesmal nach dem Aufwachen versuchte, mir so viele Informationen wie möglich bewußt ins Gedächtnis zu rufen. Mir wurde damals und bei späteren Anwendungen dieser Übung zur Erschließung von Informationen mitgeteilt, daß alle Kenntnisse, die wieder aktiviert wurden, im Zellgedächtnis etwas unterhalb der bewußten Erinnerung aufbewahrt würden. Sie würden jeweils ausgeschüttet, sobald eine Situation es erforderte. Ich sollte darauf vertrauen, daß alles, wenn die Zeit gekommen sei, zur Verfügung stünde, und das hat sich bisher und auch heute bewahrheitet.

Viele andere Menschen teilen die Erfahrung mit mir, daß zu bestimmten Zeiten Informationen aus ihnen heraussprudeln, von denen sie überhaupt nichts ahnten und auch nicht darüber Bescheid wußten. Da es mir bei verschiedenen Themenbereichen und Informationen regelmäßig so ergangen ist, bin ich überzeugt von dieser einfachen und offensichtlichen Technik der Informationsbeschaffung aus dem Zellgedächtnis.

Es hat manchmal den Anschein, als ob wir auf der irdischen Ebene etwas entdecken müssen, was dann bewußt ein Wissen in uns auslöst, woraufhin womöglich unser Interesse für das betreffende Thema erwacht oder wir uns näher damit beschäftigen. Ohne den auslösenden Vorfall wäre es vielleicht im Verborgenen geblieben.

Ähnlich erging es mir eines Nachts, kurz nachdem ich in die Reiki-Heilmethode eingeweiht worden war. Während mein physischer Körper schlief, verbrachte ich die ganze Nacht in einer anderen Welt, wo ich mit Hilfe von Lichtenergie die im Körper vorhandenen elektromagnetischen Gitternetzlinien vieler Wesenheiten heilte. Ich erinnere mich, daß es den Anschein hatte, als ob sie in einer kilometerlangen Schlange warteten. Gelegentlich hielt ich inne, um meinem physischen Körper eine Pause zum Austreten zu gönnen. (Um die Rückerinnerung an meine Träume sicherzustellen, wendete ich damals folgenden Trick an: Vor dem Zubettgehen trank ich zwei oder drei Gläser Wasser, damit mein Körper aufgrund des Blasendrucks aufwachen würde. Dann pflegte ich die Traumereignisse niederzuschreiben. Als ich gelernt hatte zu vertrauen und erfolgreicher zu programmieren, fiel mir das vollständige Rückerinnern immer leichter.) Mein Körper pflegte sich aufzurichten und aus dem Bett zu steigen, während mein Bewußtsein halb hier und halb dort in der anderen Welt war. Mir war klar, daß ich mich an beiden Orten befand. Und die Heilarbeit wurde die ganze Nacht fortgesetzt.

Etwa eine Woche zuvor hatte ich den ersten Grad der Reiki-Ausbildung abgeschlossen, und ich merkte, daß es in der Traumwelt anders verlief. Ich erkundigte mich, welche Art von Heilbehandlungen wir (ich und die anderen Lichtwesen, die mich begleiteten) ausführten, und mir wurde mitgeteilt, daß wir auf magnetische Weise heilten, was sich sehr wohl von Reiki-Anwendungen unterscheidet. Als ich zwei Wochen später auf der irdischen Seite eine Ausbildung in Magnified Healing (*dt*: verstärktes, oder magnetisches Heilen) nach Kuan Yin machte, erkannte ich, daß dabei genau die gleichen Techniken verwendet wurden, die ich während des nächtlichen Schlafs in der anderen Welt anwandte.

Wo fängt demnach eine Realität an, und wo hört die andere auf? Oder können beide sich überschneiden? Der Grund, weshalb ich die zweite Geschichte erwähne, liegt darin, daß wir oft während des Schlafs in der Halle des Lernens oder der Halle der Weisheit unterrichtet werden. Die dort erworbenen Kenntnisse werden im Zellgedächtnis aufbewahrt, um bei Bedarf im Wachzustand auf der irdischen Seite genutzt zu werden.

Die Meditationspraxis verweist uns auf die Multidimensionalität unseres Wesens. Anders ausgedrückt, wir spielen nicht nur Hauptrollen in den Seifenopern oder Nachrichtensendungen auf dem Kanal der Allerweltsrealität, sondern spielen gleichzeitig auch Hauptrollen auf den höheren Kanälen unseres Daseins. Erst wenn wir uns auf das mögliche, und schließlich auf das tatsächliche Vorhandensein dieser anderen Kanäle einstimmen, wird uns die Grenzenlosigkeit und Unermeßlichkeit unseres vielseitigen Wesens bewußt. Wenn man über eine Sache nicht Bescheid weiß, bedeutet dies nicht, daß sie nicht existiert. Diese Möglichkeiten werden in Kapitel 32 über Universale Bruderschaften näher ausgeführt.

Der siebte Meditationsaspekt ist die Erfahrung bedingungsloser Liebe, Freude und Glückseligkeit.
Ein Augenblick Erfahrung bedingungsloser Liebe ist dermaßen eindrucksvoll, daß man ein Leben lang süchtig danach ist. Die Siddhas bezeichnen diese Erfahrung als Samadhi, ein Zustand reinen SEINS. In diesen Zustand gleitet man hinein, nachdem man mit bedingungsloser Liebe und Glückseligkeit überschüttet worden ist. Es ist gleichsam ein Zustand des Nichts, des Verschmelzens mit Allem, Was IST. Wir lassen die Ebene der Sinne, der Meditation und auch der Erinnerungen hinter uns. Die einzige Wahrnehmung dieses Zustands ist das Syndrom des Zeitverlustes. Man weiß nur, daß man während der tiefen Meditation, in der intensive Gefühle der Liebe und Glückseligkeit aufgetreten sind, irgendwohin verschwunden ist. Nach diesem Erlebnis kehrt man wieder zurück und ist etwas integrierter, erweiterter und sehr friedlich gestimmt.

Eine der eindruckvollsten Lektionen, die ich in der Anfangszeit meiner Meditationspraxis erhielt, war die tiefgreifende Erkenntnis: ICH BIN Liebe, ICH BIN Freude, und mein reiner, natürlicher Seinszustand ist schlichtweg Glückseligkeit. In mir sind alle Gefühle vorhanden, die durch äußere Ereignisse ausgelöst werden. Bis dahin hatte ich geglaubt, daß jemand oder etwas für die Art und Weise, wie ich fühlte, verantwortlich sei. Die Erkenntnis, daß alles in uns ist und die Dinge um uns herum nur als Auslöser dienen, ist Teil dieses Prozesses, der zu einer Stärkung des Selbst führt. Meditation ermöglicht uns, eher zu handeln als zu reagieren, denn regelmäßiges Üben vermittelt uns die Gabe der Nicht-Verhaftung.

Haben wir einmal die Erfahrung des Stillsitzens mit geschlossenen Augen und abgeschirmt vor äußeren Reizen und Ablenkung gemacht, dann sind wir vor Ehrfurcht überwältigt, wenn wir zu spüren anfangen, wie Ströme der Liebe aus unserem Inneren aufsteigen. Man fühlt sich völlig sicher, geliebt, geschätzt und angenommen. Man spürt auch seine Einzigartigkeit, als ob eine Macht voller Güte und Mitgefühl einen in die Arme geschlossen und wie ein kleines Kind hin und her geschaukelt hätte. Und zugleich fühlt man sich ganz mächtig, demütig, weit und unbegrenzt. Dieses Erlebnis macht süchtig, denn es befähigt einen, in der Welt, doch nicht von ihr zu sein, da man begreift, daß die Nahrung für Leib und Seele aus dem Inneren kommt. Die Weisen aus Indien nennen diesen Zustand Jai Sat-Chit-Ananda, was Sein, Bewußtsein, Glückseligkeit bedeutet. In diesem Zustand erkennt man das Wesen und die Verbundenheit aller Dinge.

Es entspricht auch meiner Erfahrung, daß das eigene Energiefeld sich um so mehr auf die Essenz der Innenwelt einschwingt, je mehr man in sie eintaucht. Es verändert einen in derselben Weise wie ein mit Farbstoff versetztes Wasser, dessen Farbe sich verändert. Für mich ist die Meditation eine Erfahrung der Einstimmung und der wahren Selbsterkenntnis, ein

Abstreifen der Schleier der Illusionen, wir seien von allem Anfang an von Gott getrennte Wesen gewesen.

Viele Meditierende berichten, daß sie sich, nachdem sie angefangen haben zu meditieren und sich nach innen auszurichten, ruhig, friedlich und gelassener fühlen, und daher bedachter reagieren oder seltener überreagieren. Allerdings vollziehen sich diese Veränderungen selbst bei regelmäßigem Üben schrittweise. Meditierende geben an, daß sie intensiver wahrnehmen, wenn sie innehalten, da sie die Dinge nun anders betrachten. Alte Gefühle und Verhaltensweisen, die sich immer wieder mal einschleichen, werden untragbar, weil man etwas anderes erfahren hat, sich andere Maßstäbe gesetzt hat und nicht mehr daran interessiert ist, das Leben auf herkömmliche Weise zu erfahren. Also setzt man die Reise ins Innere immer wieder aufs neue bewußt fort.

Es geht wirklich darum, neue Gewohnheiten zu entwickeln. Wenn man eine Sache unbedingt will und deren Vorteile sehen kann oder zumindest darauf vertraut, ist man bereit, große Anstrengungen dafür zu unternehmen. Wie viel Schmerz oder Unzufriedenheit müssen wir erfahren, ehe wir eine dauerhafte Veränderung suchen? Jesus und alle Meister der Neuzeit und der Antike haben ihren Jüngern nahegelegt, sich nach innen zu wenden, denn das Himmelsreich sei im Inneren zu finden. Bedingungslose Liebe, Freude, Harmonie, dauerhafte Erfüllung und Glück findet man dann, wenn man sich auf jene Energie einstimmt, die diese Aspekte hervorgebracht hat – der Gott im Inneren.

Jenseits von Meditation – das Ewige im Jetzt

In den alten heiligen Schriften heißt es, Gott sei allgegenwärtig, allwissend und allmächtig. Seine reine Energie sei formlos, obwohl er eine Form annehme, Formen erschaffe und diese durchströme. Wir Menschen seien Gott, in Materie gekleidet. Gott sei sowohl innen als auch außen. Die Meditation ermöglicht uns, den Gott im Inneren zu erfahren, uns als weite, unbegrenzte, multidimensionale Wesen kennenzulernen. Unabhängig von unserem Interesse existiert er, IST er einfach. Obgleich er nicht von uns getrennt ist, fühlen wir uns – aufgrund unserer einengenden Glaubenssätze – von ihm getrennt. Könnten wir es wirklich verstehen, wären wir nicht getrennt, wir würden einfach SEIN, wir würden in jedem Augenblick einfach Alles, Was Ist, SEIN. Das Ego, das Ich, das Individuum würde verschwinden, da unser Bewußtsein mit der Schöpferkraft verschmelzen und identisch sein würde. Wir würden die Schöpferkraft SEIN.

Nachdem wir gelernt haben, die Kunst der Meditation gemäß den oben erläuterten Punkten eins bis sieben anzuwenden, können wir damit anfangen, uns darin zu üben, einfach loszulassen und in jedem Augenblick zu SEIN, so daß unser Leben eine fortwährende Meditation ist, wo Meditation in Wahrheit reine, vollkommene Konzentration auf den absoluten, vollkommenen Punkt ist. Man hat diesen SEINSzustand Erleuchtung genannt. Es ist ein Zustand, der über Liebe, Freude und Glückseligkeit hinausgeht. Empfinden wir nämlich irgendeinen dieser Aspekte, hieße es, daß wir das Erlebte nach wie vor durch unsere Körpersinne filterten. Solange wir durch unsere körperlichen Sinne wahrnehmen, sind wir noch getrennt und treten als Einzelwesen in Erscheinung.

Die Macht und Stärke, die ein Mensch erfährt, wenn er seine Aufmerksamkeit auf einen Moment richtet, sprengt buchstäblich seinen Verstand. Im allgemeinen wirken wir auf vielerlei Ebenen unserer bewußten Wahrnehmung. Wir können herumsitzen und fernsehen, während der Werbeeinblendungen ein Buch lesen, uns mit jemandem unterhalten, über unseren Arbeitstag nachdenken. Es ist äußerst selten der Fall, daß wir unsere Aufmerksamkeit hundert Prozent auf das SEIN konzentrieren, uns vollkommen auf jeden Augenblick des JETZT ausrichten. Wenn wir es aber tun, befinden wir uns buchstäblich jenseits der Dimension von Zeit und Raum. Falls unser SEIN sich hundertprozentig auf ein Buch konzentriert, tauchen wir in eine andere Welt ein, in die Welt der jeweiligen Geschichte des Buchs. Wir nehmen den Inhalt in uns auf, die Szenen und Akteure sind real, wir fühlen ihre Schmerzen, ihre Liebe, ihre Triumphe und dergleichen mehr. Was wäre, wenn wir dem Gott im Inneren unsere hundertprozentige Aufmerksamkeit schenken und ihm unsere Zeit zu hundert Prozent widmen würden? Was wären wir wohl angesichts der Natur dessen, mit dem wir verschmelzen?

Der folgende Auszug ist eine Definition von Gebet/Meditation aus dem Werk »Das Buch des Wissens: Die Schlüssel des Enoch« (S.576): »Die Anwendung positiver Energie zum Wohle der Menschheit; die Anrufung des Lichts zur Herstellung von Gleichgewicht und Harmonie zwischen den Welten. Wenn man sich auf einen Gedanken, eine Idee konzentriert, entsteht die Tendenz zu Handlung und Selbstverwirklichung. Wenn jedoch jemand etwas erreichen möchte, aber nicht an seinen Erfolg glaubt, wird es um so unmöglicher, je mehr er sich darum bemüht. Wenn ein Gedanke oder eine Vorstellung eines *offenbarten heiligen Namens* mit Gefühlen verbunden ist, wird dies jede andere Bewußtseinssuggestion überdecken und verdrängen.«

Enoch schlägt vor, aus der ungeheuren Zahl von Gebets/Meditationsübungen fünf im Auge zu behalten:

1. »Haltet fest am heiligen Weg des Lebens.
2. In euren Handlungen – ehret alle mit der Ausstrahlung Liebe.
3. Schaut nach innen und schaut nach außen und seht euch als eure eigene Brücke zwischen Himmel und Erde.
4. Seht den Palast des Universums und die unzähligen Sphären des organischen Gleichgewichts der Natur.

5. Wisset, daß ihr euch immer an der Gottheit erfreuen könnt und an den Myriaden Strahlen des Lebendigen Lichts.«

Ich meine, daß obiges Zitat für sich selbst spricht und jeder leicht Zugang zu seiner eigenen persönlichen Interpretation findet.

»Es gibt nur eine Quelle und ein Prinzip des Lebens, denen wir unsere ungeteilte Aufmerksamkeit widmen sollten – das Gottselbst in jedem Menschen. Das persönliche Selbst sollte dem großen harmonischen Selbst immer bewußte Anerkennung zollen und in ständiger innerlicher Kommunikation mit ihm sein, gleichgültig, was der Verstand in der Außenwelt unternimmt.
Das eine Große Selbst ist die Lebensenergie, die in jedem Augenblick durch alle menschlichen Körper strömt und die allen ermöglicht, sich in der Welt der Formen zu bewegen. Die Weisheit durchdringt den Verstand, und der Wille lenkt alle konstruktiven Tätigkeiten. Mut und Stärke werden jedem zuteil. Mit dem Gefühl göttlicher Liebe, die den Menschen durchströmt, können alle Kräfte entfaltet werden. Sie ist die einzige Macht, die jede gute Sache bewerkstelligen kann. Wenn das persönliche Selbst ohne Widerstand oder Unterbrechung sich dem Höheren Selbst unterordnet, wird diese Kraft über alle Bedingungen menschlichen Handelns triumphieren und als bewußte Autorität auftreten. Das mächtige Gottselbst im Inneren des Menschen ist der allerhöchste Regent der gesamten Schöpfung und ist für die Bewältigung des Lebens eine zuverlässige Quelle der Hilfe, die nie versiegt. Ein Mensch kann nur durch seine Liebe, Weisheit und Macht zu den Aufgestiegenen Meistern aufsteigen, denn durch die beständige, bewußte Ver-

einigung mit dem Gottselbst erwachsen Freiheit und Herrschaft über die gesamte menschliche Schöpfung. Wenn ich von der menschlichen Schöpfung spreche, beziehe ich mich auf Dinge, die disharmonisch und weniger als vollkommen sind.«

SAINT GERMAIN

Schöpferische Visualisierung 4
Einstimmung mit weißem Licht und Atem

Die folgende Übung ist praktisch dieselbe wie die schöpferische Visualisierung 1, die am Ende des Kapitels 7 beschrieben wurde. Sie kann verwendet werden, um Emotionen zu kontrollieren, sich im Straßenverkehr zu entspannen, oder sie dient einfach zur Beruhigung und Einstimmung, um die Meditation für den Tag einzuleiten.

- Setze dich bequem hin und schließe die Augen. Spüre deine Atmung. Atme tief, weich und verbinde Ein- und Ausatmung. Atme langsam ein und zähle dabei bis sieben – atme aus und zähle dabei bis sieben. Achte darauf, zwischen den Atemzügen keine Pausen zu machen. Atme fünf Minuten lang in diesem Rhythmus, indem das Einatmen jeweils sanft in das Ausatmen übergeht und umgekehrt das Ausatmen jeweils leicht in das Einatmen übergeht.
- Nun vertiefe und verlängere deine Atemzüge, so daß du bei jedem Atemzug bis zehn oder fünfzehn zählen kannst. Wähle eine Tiefatmung, die du fünf Minuten beibehalten kannst. Wenn du dich schwindlig fühlst oder es zu anstrengend wird, verringere die Atemlänge um ein oder zwei Zählpunkte. Übe solange, bis du deinen Rhythmus und die dir angemessene Atemdauer gefunden hast. Denke daran, daß du regelmäßig üben mußt, wodurch sich das Fassungsvermögen deiner Lunge vergrößert. Anfangs

wirst du vielleicht nur imstande sein, einen Atemzug für die Zähldauer von sieben zu halten, doch mit der Übung wird sich die Länge der Atemzüge auf zehn, fünfzehn oder sogar zwanzig Zähleinheiten ausdehnen. Je tiefer du atmest, um so gesünder wirst du sein. Atme dabei tief aus dem Bauch.

- Gehe anschließend zu einer weichen Atmung über, atme dabei langsam, tief und verbunden, so daß es sich wie ein sanfter Energiestrom anfühlt, von dem dein Organismus durchflutet wird. Übe, indem du dir eine Kerzenflamme vor die Nase hältst. Deine Atemzüge sollen so sanft sein, daß die Flamme dabei nicht flackert.
- Während du verbunden, tief und weich atmest, ist es möglich, daß du Hitze oder Kribbeln im Körper verspürst. Das kommt von dem starken Energiefluß, während der Körper auf eine höhere Schwingungsrate eingestimmt wird.
- Visualisiere anschließend eine Säule aus reiner, weißgoldener Lichtenergie, die aus der reinsten Energiequelle kommt und dich vollkommen umschließt. Diese Lichtsäule hat weder Anfang noch Ende. Sie kommt von oben, durchflutet dich und ist in dem Boden rund um dich verankert.
- Nimm wahr, daß diese Säule mit der stärksten, pulsierenden, elektrisch vibrierenden Energie gefüllt ist. Vertraue dieser lebendigen fließenden Lichtenergie. Sie heilt und transformiert dich.
- Atme dieses Licht in deinen Körper ein. Spüre, wie sich deine Lunge damit füllt und stelle dir vor, wie seine Heilkraft in jede Zelle strömt.
- Fühle, wie dieses Licht beim Einatmen durch die Poren deiner Haut aufgenommen wird, so als würde jeder Teil deines Wesens dieses Licht wie mit einem riesigen Staubsauger einsaugen. Spüre, wie sich deine Lungen und dein gesamtes Wesen beim Einatmen ausdehnen.
- Stelle dir beim Ausatmen vor, daß das Licht aus deinen

gesättigten Zellen durch die Poren der Haut hinausströmt. (Bedenke, daß die höchste Energie sowohl innen als auch außen ist und im Leerraum jeder Zelle lebt.) Visualisiere, daß das Licht in jeder Zelle wie eine Glühbirne eingeschaltet wird. Danach ergießt es sich in die Organe und durchflutet den Körper, bis es aus den Hautporen wieder austritt. Setze diesen Rhythmus so lange fort, bis du dich entspannt fühlst.

Schöpferische Visualisierung 5
Sich der inneren Führung öffnen

Ehe Sie mit nachfolgender Meditation beginnen, empfehle ich Ihnen, das Kapitel 28 über telepathische Kommunikation zu studieren, denn die verwendeten Techniken sind bei allen Arten der Kommunikation gleich, ob Sie sich mit Ihrem eigenen inneren Lehrer, mit Geistführern oder anderen Wesenheiten austauschen. Die Meditation und die Fünf-Schritte-Programmierung am Ende von Kapitel 28 regen die intuitive Fähigkeit an. Bei regelmäßiger Anwendung machen sie uns für innere Weisungen empfänglicher.

Die innere Führung nimmt vielfältige Formen an. Sie zeigt sich als mentale Fähigkeit der Telepathie und als Hellhören, als visionär empfangene Bilder, gefühlsstarke Emotionen oder intuitive Ahnungen und sogar als körperliches Unbehagen. Unser inneres Wesen kommuniziert mit uns auf vielerlei Weise. Auch hier gilt, daß die während der Meditation durch die innere Stille erworbene Selbsterkenntnis uns hilft, den direktesten und machtvollsten Weg zu finden, auf dem uns solche Botschaften übermittelt werden.

- Stimme dich mit Hilfe von Atem- und Lichtarbeit ein, denn dies macht empfänglicher.

- Erschaffe anschließend das Innere Heiligtum und vergegenwärtige dir das Bild deines Geistführers, deines inneren Lehrers, deines höheren Selbst oder der Wesenheit, mit der du zu kommunizieren wünscht.
- BITTE einfach und LAUSCHE.
- Laß zu, daß dein Verstand von Bildern durchzogen wird und achte darauf, wie dein Körper sich anfühlt. Spürst du Freude im Herzen, ein Flattern in der Magengegend oder eine Enge im Brustbereich? Lerne, auf deinen Körper zu hören, da er unmittelbar auf den Verstand und die Emotionen reagiert.

Die nachfolgende zweite Übung dient zur Klärung einer bestimmten Problemstellung: Denke über die Frage oder das Problem nach.

- Stimme dich ein.
- Visualisiere, wie du eine Treppe hinuntersteigst, zähle rückwärts und atme bei jeder Treppenstufe einmal ein und aus, während du dich immer tiefer entspannst.
- Am Treppenansatz siehst du drei (oder mehr) Türen. (Die Anzahl hängt von deinen Wahlmöglichkeiten oder potentiellen Lösungen deines Problems ab.)
- Auf dem Schild der ersten Tür steht geschrieben »Gib deine Frage ein – deine erste Wahlmöglichkeit«. Öffne diese Tür und tritt ins Innere ein. Laß zu, daß sich eine Vision entwickelt oder Gefühle aufkommen, als ob du dich für diese Wahlmöglichkeit entschieden hättest und jetzt deren Folgen betrachten könntest. Höre auf deinen Körper. Wie fühlst du dich? Freust du dich, bist du angespannt? Verlasse die Szene und
- Betrachte die nächste Tür. Auf dem Schild steht geschrieben »Deine zweite Wahlmöglichkeit«. Du öffnest die Tür und gehst hinein. Deine zweite Wahlmöglichkeit spielt sich

r dieser Tür ab. Du schaust wieder hin und spürst, he körperlichen und gefühlsmäßigen Reaktionen in aufkommen. Verlasse die Szene und
- Auf dem Schild der dritten Tür steht geschrieben »Der Geist empfiehlt«. Gehe hinein und erlaube wieder, daß sich eine Vision entfaltet. Achte auch hier auf Anzeichen körperlicher, gefühlsmäßiger oder mentaler Reaktionen. Sei dir deiner Impulse bewußt und vertraue dem, was dir in den Sinn kommt. Gute, klare und positive innere Führung läßt sich stets an den Auswirkungen in unserem Leben erkennen, wenn wir sie befolgen. Bedenke, daß viele Wesenheiten zugunsten unserer Entwicklung mit uns zusammenarbeiten. Sie sind überglücklich, dir auf Wunsch Weisungen zu vermitteln.

Schöpferische Visualisierung 6
Die Heilung von Beziehungen

Diese Überschrift spricht für sich selbst. Zweifelsohne haben viele Menschen Beziehungsprobleme, die möglicherweise der Auflösung oder Heilung bedürfen. Die nachfolgende geführte Meditation ist eine Methode, uns dies zu ermöglichen. Interessanterweise haben viele Menschen, die nachstehende Übung angewendet haben, darunter auch ich, berichtet, daß, wenn sie später eine Person wieder getroffen haben, nachdem sie sich im Rahmen dieser Visualisierung und Heilübung mit ihr in Verbindung gesetzt hatten, die Beziehung eine andere war.

Dies ist die Folge der energetischen Veränderung zwischen beiden Beziehungspartnern. Man erreicht dies überraschenderweise ganz allein. Sofern wir Wut, Trauer, Angst, u.v.a.m. in uns auflösen, verändert sich unser Strahlungsfeld und die andere Person reagiert unwillkürlich, bewußt oder unbewußt, auf unsere veränderte Schwingungsenergie oder Resonanz in bezug auf sie.

- Nimm wieder eine bequeme Haltung an einem Ort ein, wo du ungestört sein kannst. Stimme dich mit Hilfe von Atem- und Lichtarbeit ein.
- Visualisiere dein Inneres Heiligtum. Laß alle Anspannung los und geh in die Stille.
- Visualisiere, daß die betreffende Person nun vor dir steht, deren Beziehung zu dir du gern geheilt sehen möchtest, unabhängig davon, ob du Vergebung von ihr brauchst oder ihr verzeihen willst oder was auch immer.
- Visualisiere oder imaginiere, wie eine gewaltige Säule aus rosagoldenem Licht herabkommt und an der höchsten Stelle deines Kopfes in dein Kronenchakra eintritt.
- Spüre, wie die Säule nun deinen Körper umhüllt und sich in deinem Herzen niederläßt. Spüre, wie ihr Kraftfeld dein Herz und deinen Brustraum erfüllt und wie es sich ausdehnt, und dabei negative Gefühle wie Trauer und Enttäuschung transformiert, die du vielleicht in Lunge, Herz oder Magengegend angesammelt hast.
- Stell dir vor, wie diese weiche rosafarbene Strahlung der Liebe alle Zellen deines Körpers durchströmt und alles auflöst, was dir nicht mehr dienlich ist, wie negative Gefühle, einengende Glaubenssätze, das Gefühl, etwas nicht zu verdienen oder minderwertig zu sein. Bitte deine ICH BIN-Gegenwart, dir beim Loslassen und der Neueinstimmung beizustehen und dein Herz mit Liebe, Mitgefühl und Vergebung – für dich und andere – zu erfüllen.
- Sobald du das Gefühl hast, mit Liebe und Vergebung erfüllt zu sein und den Wunsch nach Heilung und Aufhebung aller Risse spürst, visualisiere den betreffenden Menschen vor dir. Bitte seine ICH BIN-Gegenwart um Erlaubnis, den Bruch zwischen dir und ihm/ihr zu heilen.

(Dies wird nahezu immer gewährt. Erhältst du jedoch ein klares Nein, entlaste einfach nur deine Emotionen, ohne dich darum zu bemühen, daß die betreffende Person dasselbe tut.) Du kannst auch dich selbst vor dir stehend visualisieren, denn vielleicht brauchst du Selbstvergebung. Diese Visualisierung funktioniert gleichfalls im Falle von Verstorbenen.

- Sende aus deinem Herzen einen Strahl rosafarbener Liebe aus und beobachte, wie das Herz der anderen Person berührt wird.
- Erkenne, daß ihr beide durch den Liebesstrahl miteinander verbunden seid. Beobachte, wie er den Körper und das gesamte Zellgefüge des anderen erfüllt und sein/ihr Herz mit Liebe erweicht. Er löst alle Blockaden im elektrischen Schaltkreis dieser Person auf, die infolge von verdrängten negativen Emotionen dir gegenüber entstanden sind.
- Sieh, wie Ihr beide zusammen den Buchstaben »H« bildet – ein schönes, ausladendes rosafarbenes »H« – in dem die Kraft der Liebe und Vergebung frei zwischen Euch beiden fließt.
- Teile der anderen Person liebevoll mit, was du ihr schon immer mitteilen wolltest. Biete an, ihr zu verzeihen oder nimm ihre Vergebung entgegen. Halte danach inne und nimm Wörter oder Energiewellen von dem/der Betreffenden entgegen. Visualisiere und sei sicher, daß er/sie das innere Verlangen verspürt, eure Beziehung zu heilen.
- Sobald dieser Prozeß abgeschlossen ist, siehst du, wie die Person aus deinem Blickfeld verschwindet. Ruf nun die nächste Person in deiner Vorstellung auf, mit der du dich austauschen möchtest.
- Wenn dafür viele Menschen in Frage kommen, sieh dich inmitten eines Kreises stehen, den diese Personen bilden. Ein rosafarbener Liebesstrahl tritt aus deiner Herzmitte hervor und beginnt zu kreisen wie der Lichtstrahl eines

Leuchtturms. Vielleicht richtet er sich auch nacheinander auf je eine Person, bis alle mit Liebe erfüllt sind und sämtliche Risse geheilt sind.

Wie beeinflußt Esoterik Beziehungen?

Menschliche Beziehungen sind durch genetische, kulturelle, umweltbedingte, astrologische Faktoren und frühere Leben sowie karmische Einflüsse geprägt. Die zwischenmenschlichen Beziehungen sind quer durch die Welt so verschieden, wie wir es sind. Im Hochland von Neuguinea gibt es beispielsweise einen Stamm, in dem Männer und Frauen wenig miteinander verkehren. Sie leben voneinander getrennt und arbeiten jeweils auf ihren eigenen Feldern. Im Alter von sechs Jahren ziehen die Knaben zu den Männern. Die Missionare legen den Männern und Frauen nahe, die gleiche Schlafstätte zu benutzen, was sie jedoch verweigern. Die Frauen treffen ihre Ehemänner im Lauf des Tages auf den Feldern. Nur bei dieser Gelegenheit besteht Gelegenheit, sexuell miteinander zu verkehren. Den Männern liegt daran, möglichst viele Kinder zu zeugen, damit sie im Alter versorgt werden. Allerdings ergeht es diesem Stamm genauso wie anderen Ureinwohner-Kulturen. Sobald die moderne Zivilisation dort eindringt, werden solche Vereinbarungen durcheinandergebracht, da gegenwärtig unterschiedliche Welten und Kulturen überbrückt werden.

Die Aufgestiegenen Meister lassen uns wissen, daß globale Einheit und Harmonie einkehren werden, sobald wir lernen, die Gaben aller Kulturen zu achten. In allen Gesellschaftsformen gibt es großartige Lebensmöglichkeiten, aber auch einen Mangel an Gleichgewicht. Ein offenes Herz und Aufgeschlossenheit und Herzenswärme sind die Voraussetzung dafür, von anderen zu lernen, und Unterscheidungsvermögen und Entschiedenheit sind erforderlich, um das Beste zu übernehmen. Mit einer Synthese aus den besten Aspekten läßt sich eine noch machtvollere Konstellation herstellen. Das Beste ist, was offensichtlich dem Wohle aller dient und nachweisbar funktioniert. Stellen Sie sich vor, die Menschheit würde alle funktionierenden Lebensstile in harmonischer Weise miteinander verbinden, statt aus Gier und anderen niederen Gefühlsmotiven zu handeln, die in der heutigen zivilisierten Welt wild wuchern.

Die Weisheit des Altertums lehrt uns, daß ein einzelner Mensch sowohl über ein individuelles Bewußtsein verfügt als auch am Gruppenbewußtsein beteiligt ist und, daß sich jeder vor seiner irdischen Verkörperung das Geschlecht, die Kultur und das Geburtsland, die Eltern und sogar die Geschwister auswählt. Außerdem wählten wir die erforderlichen Lernlektionen, um uns als Seele zu entwickeln. Es sind Lektionen, die uns Barmherzigkeit, Geduld, Verständnis vermitteln. Die Liste der Lektionen ist wesentlich länger und umfaßt die Tiefe und das Potential der emotionalen und mentalen Fähigkeiten der Menschheit.

Der Hauptgrund für die esoterische Tatsache, daß Menschengruppen sich immer wieder zur gleichen Zeit verkörpern, soll die Wiederherstellung des Gleichgewichts des vorausgegangenen Energieaustauschs sein, den man oft als Karma bezeichnet. Karma ist also nichts anderes als ein kosmischer Energieausgleich.

Es gibt drei Hauptarten von Karma: angehäuftes Karma aus früheren Lebenszeiten, Karma, das im gegenwärtigen Leben geschaffen wurde und der Anteil an zurückliegendem Karma, der in diesem Leben aufgelöst werden soll.

Aus den Schriften der Weisen geht hervor, daß zwischen Inkarnationen gewöhnlich eine Spanne von 700 bis zu 1200 Jahren liegt. Der Zeitunterschied hängt vom individuellen Vermögen des Betreffenden ab, mit höchster Glückseligkeit umzugehen. Je bewußter ein Mensch im universalen Takt mitschwingt, desto mehr Glückseligkeit kann er aushalten, denn Glückseligkeit ist ein Aspekt der reinen bewußten Wahrnehmung.

Nachdem man in seiner spirituellen Entwicklung schon etwas fortgeschritten ist, arrangieren die Herren des Karma einen geeigneten Zeitpunkt für die Begegnung mit jenen Menschen, mit denen Probleme zu lösen oder gemeinsame Aufgaben auszuführen sind. Einige Weisheitsschulen bekunden, daß wir gewöhnlich nicht weniger als drei und nicht häufiger als sieben Mal in demselben Geschlecht geboren werden, ehe wir zum anderen Geschlecht überwechseln.

Handelt man ohne den Wunsch nach Anerkennung oder Belohnung und im Zustand der Nicht-Anhaftung – wie zum Beispiel bei selbstlosem Dienen –, entsteht kein neues Karma.

Fragt man nach dem Zusammenhang von Schicksal und freiem Willen, so fällt auf, daß viele Menschen so schwer arbeiten und sich so lange bemühen und dennoch enttäuscht sind. Was ist der Grund dafür? Um dies zu verstehen, müssen wir uns mit dem Willen Gottes, dem göttlichen Zeitplan und dem inneren Saboteur befassen und sehen, wie sich das auf Beziehungen auswirkt. Dies wurde in Kapitel 11 in der Abhandlung über die Macht des Bewußtseins, das der motivierenden Psychologie überlegen ist, besprochen. Dort wurde eine spezielle Programmierung angegeben, die bei regelmäßiger Übung grenzenlose Leichtigkeit und Anmut der Lebensreise garantiert.

Ein weiterer interessanter Aspekt ist, daß wir in jedes neue Leben mit genau demselben Entwicklungsstand des niederen Mental- und Emotionalkörpers eintreten, den wir am Ende der vorherigen Inkarnation hatten. Wenn wir wissen, daß wir Energiesysteme sind, die sich auf ihrer Reise durch das Leben bewußt *einstimmen*, so heißt das, daß wir nach dem Tod mit exakt derselben Schwingungsfrequenz wieder in das Rad des Lebens und Sterbens einsteigen werden. Damit ist einfach sichergestellt, daß wir nach einer Ruhephase unsere Entwicklungsreise auf dem gleichen Bewußtseinsniveau, das wir im vorigen Leben hatten, fortsetzen können. Es ist wie in der Schule. Hat man in der zweiten Klasse die Grundrechenarten gelernt, kann man in der dritten Klasse damit fortfahren, den darauf aufbauenden Wissensstoff zu lernen.

Menschen, die sich auf geistige Welten eingestimmt und einen hohen Grad der Einweihung erreicht haben, sind vielleicht schon bereit, die Idee der physischen Unsterblichkeit zu akzeptieren. Somit haben sie die Anforderungen von sowohl Karma als auch Reinkarnation erfüllt, die alle Seelen auf dem Weg der Entwicklung durchschreiten müssen.

Viele, die sich mit Hilfe der Weisungen des inneren Lehrers allmählich bewußt einstimmen, stellen womöglich fest, daß sie sich im Vergleich zu ihren Partnern unterschiedlich schnell entwickeln. Sie könnten sich die Frage stellen: »Welche Alternativen gibt es, um die Beziehung mit jemandem zu beenden, mit dem mich meiner Meinung nach nur noch wenig verbindet?« Auch diesbezüglich erweist sich die Anwendung der Programmierungen, wie in Kapitel 11 über die Macht des Bewußtseins beschrieben, als höchst wirksam, um die Qualität der Wechselwirkungen eines Paares zu erhöhen.

Menschen reinkarnieren gemeinsam, um die zuvor untereinander ausgetauschte Energie wieder ins Gleichgewicht zu bringen. Sobald dies abgeschlossen ist, leben sie sich gewöhnlich auseinander, da sie elektromagnetisch nicht mehr aneinander gebunden sind. Nachdem jedoch die karmische Tafel blank geputzt worden ist, können sie sich als erwachte Wesen dazu entschließen, ein neues Kapitel miteinander aufzuschlagen, indem sie sich an ihrer gemeinsamen Geschichte weiterentwickeln und das Band der Liebe stärken.

Wie bereits erwähnt, sind Gedanken real und können nützliche oder schädliche und negative Erfahrungen hervorbringen, unabhängig davon, ob sie ausgesprochen oder ausgeführt werden oder nicht. Das, worauf wir uns konzentrieren, wird unsere Realität. Indem wir abwertendes Denken und Verhalten ablegen und alle Lebensformen in unsere bedingungslose Liebe und unser großzügiges Denken einschließen, werden wir immer mehr zu einer Einheit. In der heutigen Zeit muß die Menschheit lernen, harmonisch miteinander zu koexistieren und sich einfach an der Einzigartigkeit aller Erscheinungsformen zu erfreuen.

Wir leben im Reich der Dualität, was sich gleichfalls auf Männer und Frauen bezieht. Aus esoterischer Sicht ist der Davidstern das Symbol für diese Dualität. Das Dreieck mit der Spitze nach oben steht für das männliche Prinzip: aktiv, Yang, Tag, Feuer, heiß, positive elektrische Ladung. Das Dreieck mit der Spitze nach unten steht für das weibliche Prinzip: passiv, Yin, Nacht, Wasser, kühl, negative elektrische Ladung. Das Doppeldreieck veranschaulicht Androgynität und steht für Vergangenheit und Zukunft. Es drückt zugleich einen Zustand der Ausgewogenheit aus.

Die Meditationspraxis ist eine Methode, um Menschen in ihr inneres Gleichgewicht zu bringen, was sich dann auf alle Beziehungen des persönlichen Lebens auswirkt. Auch Träume stärken die Partnerschaft, wenn man gelernt hat, sich an sie zu erinnern und dem Partner dann am nächsten Morgen die Träume erzählt.

Wenn Menschen miteinander leben, tauschen sie unwillkürlich ihre Atome miteinander aus. In enger Gemeinschaft zu leben und miteinander zu schlafen, das gleiche Essen und die Umgebung miteinander zu teilen, führt in der Tat zu einer Vermischung der Energiefelder, und das kann jemanden stärken oder schwächen.

Wie in Kapitel 17 über die ICH BIN-Gegenwart beschrieben, haben Menschen hundertvierundvierzig monadische Erweiterungen. Deshalb besteht immer die Möglichkeit, daß ein Paar, Verwandte oder Freunde von der gleichen Monade oder Seelengruppe abstammen. So haben wir auch bei einigen

Menschen, denen wir begegnen, das Gefühl, daß sie unsere Seelengefährten sind oder wir sie schon immer gekannt haben, auch wenn wir sie vermutlich in diesem Leben zum ersten Mal getroffen haben.

Wenden wir uns wieder dem zu, was tatsächlich auf persönlicher und globaler Ebene in der Alltagsrealität der Menschheit geschieht. Aus jüngsten Forschungen und Befragungen hinsichtlich der modernen zivilisierten und industrialisierten Gesellschaft sind folgende Informationen und statistischen Werte zu entnehmen:

- Paare, bei denen beide Partner berufstätig sind, verbringen täglich zwölf Minuten im Gespräch miteinander. Mit so wenig gemeinsam verbrachter Zeit eine qualitativ hochwertige Beziehung zu entwickeln und/oder aufrechtzuerhalten, dürfte eine Kunst oder ein Kunststück sein.
- Viele Eltern fühlen sich schuldig, weil sie nicht genügend Zeit mit ihren Kindern verbringen und die heranwachsenden Jugendlichen fühlen sich oft vom Leben enttäuscht.
- Berichten zufolge ist die Selbstmordrate der Jugendlichen in Industrieländern im Vergleich zu Urvölkern viel höher. Dagegen liegt die Säuglingssterblichkeitsrate bei den Ureinwohnern aufgrund der dort herrschenden Unterversorgung mit dem Lebensnotwendigen viel höher als in den Industrienationen.
- Angeblich arbeiten mittlerweile alle Arbeiterklassen schwerer und insgesamt mehr Stunden. Sowohl in den USA als auch in Australien ist es vielen Unternehmen gelungen, die Höhe ihres Geschäftsumsatzes mit nur der Hälfte des beschäftigten Personals beizubehalten als vier Jahre zuvor.
- Es erzeugt immensen persönlichen Druck innerhalb von Beziehungen, wenn man so wenig Zeit für Entspannung und Unterhaltung im Kreis der Familie und Freunden hat und ebensowenig Zeit, das eigene Bedürfnis nach

Stille und Einsamkeit zu befriedigen. Die Folge davon ist Unausgeglichenheit.
- Alternative Therapeuten haben herausgefunden, daß alle Krankheiten streßbedingt sind und das Endergebnis emotionaler Unzufriedenheit infolge einer unausgewogenen Lebensweise.
- Die Werbung und der innere Drang, glücklich zu werden, vermehren den Druck auf die Menschen der modernen Gesellschaft, begeisterte Konsumenten zu sein. Jedes Jahr meldet einer von hundert Amerikanern (1%) Konkurs an, nicht weil seine geschäftlichen Unternehmungen nicht laufen, sondern weil der Betreffende seinen Kreditrahmen überzogen hat. Im Durchschnitt beläuft sich die Höhe der Schulden bei Konkursanmeldung auf DM 16000.
- Der durch finanzielle Belastung verursachte Druck in Partnerschaften ist gewaltig. Versuchen Sie, Ihre Lebensfreude zu steigern und Ihr Konsumverhalten zu drosseln.
- Der relativ neue Begriff »Caroche« kommt aus Japan und bedeutet »Tod durch Überarbeitung«. In Japan gilt es als nicht ungewöhnlich, wenn Arbeitnehmer um fünf Uhr morgens das Haus verlassen und um elf Uhr nachts heimkehren. Inzwischen überdenken auch die Japaner ihre Lebensweise, da die Produktivität ihrer Wirtschaft absinkt und bereits hinter der der Vereinigten Staaten liegt.
- Im Mittelalter wurde neun Stunden täglich gearbeitet, doch der Arbeitstag verlief gemächlich, und man genoß hundertfünfzig Urlaubstage im Verlauf des Jahres. Als im Zeitalter der Renaissance die Uhren größere Verbreitung fanden, konnte der Arbeitseinsatz der Bevölkerung effizienter organisiert werden. Im industriellen Zeitalter wurde durchschnittlich vierzehn Stunden täglich gearbeitet. Kinder arbeiteten ab dem zehnten Lebensjahr. Laut Gesetz durfte ein Maximum von sechzehn Stunden Arbeit täglich nicht überschritten werden. Während der wirtschaftlichen

Rezession reduzierte das Unternehmen Kelloggs im Jahre 1933 die Wochenarbeitszeit von vierzig auf dreißig Stunden, um die Produktivität des beschäftigten Personals zu steigern und stellte fest, daß die Ertragfähigkeit sich verdoppelte. Kelloggs behielt die Dreißigstundenwoche bis 1985 bei, dann beschloß die Firmenleitung wieder zum Achtstundentag zurückkehren. Heutzutage steigen die Überstunden, während zugleich die Arbeitslosigkeitsrate hoch ist. Deutsche Arbeiter bei BMW arbeiten wöchentlich 36 Stunden mit sechs Wochen bezahltem Jahresurlaub. Im Gegensatz dazu gibt es in den Vereinigten Staaten von Amerika nur zwei Wochen Urlaub

Alle Menschen haben das Recht, die Erfüllung ihrer Grundbedürfnisse – sauberes Wasser, Nahrung, Obdach und Kleidung – zu genießen. Wenn die Fragen des Überlebens geklärt sind, kann der Einzelne damit beginnen, sich den höheren Aspekten seiner Ganzheit zuzuwenden.

Um hochwertige menschliche Beziehungen und eine hohe Lebensqualität zu erreichen, muß man die vier Fünftel des Gehirns benutzen und entwickeln, die das höhere Denkvermögen in sich bergen. Weiterhin muß man die Macht der schöpferischen Imagination einsetzen und in seinem Denken grenzenlos sein.

Um es noch einmal zu sagen: Könnten wir das Beste aus allen Kulturen zusammenfügen, wären wir auch in der Lage, den Reichtum der Industriegesellschaften gleichmäßiger unter die Nationen zu verteilen, die nach wie vor um die Erfüllung ihrer Grundbedürfnisse wie Nahrung und Obdach kämpfen.

Die bewußte Zusammenarbeit mit dem inneren Lehrer, verbunden mit aufmerksamer Gedankenkontrolle hinsichtlich einer grenzenlosen Denkweise, die uns erkennen läßt, daß qualitativ hochwertiges Denken ein sinnvolles Leben hervorbringt, hilft der Menschheit, aus dem Armutsbewußtsein in das Wohlstandsbewußtsein hineinzuwachsen, da uns bewußt wird, daß wir in einem Universum des Überflusses leben. Armutsbewußtsein bezieht sich nicht nur auf Geldmittel, sondern auf Mangel ganz allgemein; auf mangelnde Selbstachtung und mangelnden Selbstwert. Wohlstandsbewußtsein hat etwas mit Freiheit zu tun, mit Überfluß an Liebe, Gesundheit, Kreativität und Wohlstand. Es bedeutet auch, sich für das Wohl des Ganzen zu engagieren, nicht allein für das Wohl des einzelnen.

Kapitel 15

Die Maximierung des meditativen Energiestroms zur Vorbereitung der Meditation

Wenn man verstanden hat, daß Absicht und Wunsch bei der Erfahrung der Innenwelt entscheidende Faktoren sind, ist es auch von Vorteil, die Energiefelder der niederen Körper zu reinigen, damit diese Erfahrung noch intensiviert werden kann.

Folgender Vergleich ist hier angebracht. Jemand ißt täglich dicke Suppe aus demselben Napf, ohne ihn je auszuwaschen. Mit der Zeit sammelt sich allerhand Zeug darin an. Er beschließt dann, aus dieser Suppentasse Wasser zu trinken. Würde er den Napf gründlich reinigen, schmeckte das Wasser besser und wäre reiner. Sein Durst wird beim Trinken aus der ungereinigten Tasse dennoch gestillt werden. Jeder muß für sich selbst entscheiden, ob er seinen Napf bewußt waschen will oder nicht. Ich persönlich ziehe vor, die feinste, reinste und intensivste Erfahrung zu machen, die mir möglich ist. Deshalb ist die Vorbereitung des Vehikels (= Körpers) für mich etwas Natürliches und keine große Sache.

Da gegenwärtig die Energien auf dem Planeten Erde angehoben werden, ist sichergestellt, daß die Energiefelder aller Lebewesen ohnehin neu eingestimmt werden. Allerdings stehen uns für die Reinigung vielerlei Hilfsmittel und Methoden zur Verfügung, falls wir diesen Prozeß steigern und beschleunigen möchten.

Die Reinigung des physischen Körpers:
Grundsätzlich gilt die Regel: Was man ißt und denkt, manifestiert sich im physischen Körper. Die Befehlskette verläuft folgendermaßen: Physischer Körper > Emotionalkörper > (höherer und niederer) Mentalkörper > Seele oder Höheres

Selbst > Monade oder ICH BIN-Gegenwart (das Gottselbst). Der physische Körper ist mit dem gemeinen Soldaten in der Armee oder der Figur des Bauern im Schachspiel vergleichbar. Er nimmt Befehle entgegen beziehungsweise wird vom Emotional- und Mentalkörper beeinflußt. Wie in Kapitel 8, 9, 10 und 11 ausgeführt, sind Gesundheit und Vitalität oder Krankheit, die im physischen Körper zum Ausdruck kommen, das unmittelbare Ergebnis der Einwirkung des Verstandes und der Gefühle.

Mit Hilfe unseres Verstandes, der Willenskraft, Selbstdisziplin oder eben mit Mangel an Selbstdisziplin wählen wir den Treibstoff (das Essen) für unser Fahrzeug (Körper) aus, um ihn zu erhalten. Da uns in der westlichen Gesellschaft umfangreiche Literatur und zahlreiche Forschungsergebnisse über Essen und gesunde Ernährung zur Verfügung stehen, gehe ich an dieser Stelle nicht weiter darauf ein. Es versteht sich von selbst, daß das Energiefeld des physischen Körpers zu allererst zusammenbricht, als unmittelbare Reaktion auf den Giftgehalt unserer Gedanken, der zugeführten Nahrung (Brennstoff) und der langfristigen Entscheidungen seines Trägers.

Befragungen ergeben immer wieder, daß die meisten Menschen den Wert der Gesundheit am höchsten einschätzen, um ein qualitativ hochwertiges Leben zu genießen.

Durch Mangel an Selbstdisziplin oder Unwissenheit werden allerdings häufig Entscheidungen getroffen, die durch Krankheit, Verfall und frühzeitigen Tod den Zusammenbruch des Körpervehikels herbeiführen. Der physische Körper ist das erstaunlichste, komplexeste Energiesystem, dessen Funktionsweise das Vorstellungsvermögen vieler Menschen übersteigt. Er heilt sich selbst, regeneriert seine Zellen, erzeugt willentlich neues Leben, neues Gewebe und neue Organe. All dies geschieht anscheinend aufgrund irgendeines unbekannten Codes ähnlich eines Computer-Programms, welches auf unbestimmte Zeit funktioniert, bis es von einem Computervirus unterwandert wird. Das Äquivalent dieses Virus sind unsere Gedanken und einengenden Glaubensüberzeugungen wie der Glaube an den Tod und das Altern als etwas Selbstverständliches und Unvermeidliches. Hinzu kommt die Wahl unzureichenden Treibstoffs, sprich minderwertiger Nahrung. All das trägt zum Zusammenbruch des Körpervehikels bei.

Wichtig ist die Einsicht, daß die Energiefelder des physischen, Emotional-, Mental- und Geistkörpers miteinander verwoben sind und folglich einander beeinflussen. Fließen die Energien dieser Körper harmonisch, verstärken sich Erfahrungen der inneren Welt. Sobald statische oder energetische Blockaden auftreten, sind wir nicht in Einklang mit unserer wahren Natur, was sich in unserer Lebensqualität widerspiegelt.

Der einfachste Weg, den physischen Körper zu reinigen:
1. Trinken Sie viel reines, frisches Wasser, vorzugsweise kein Leitungswasser, das mit Chemikalien versetzt ist.
2. Machen Sie regelmäßig streßfreie Körperübungen wie beispielsweise Tai Chi, Schwimmen, Tanzen, Yoga, Spazierengehen. Ich empfehle außerdem, während dieser Übungen bewußt zu atmen, um sich auf die Energie einzustimmen, die Sie dabei durchströmt und so die Übung intensiviert.
3. Ein bewußter Atmer atmet immer und überall tief, weich und verbunden – unter der Dusche, im Straßenverkehr, während der Gymnastik, beim Essen (zwischen den einzelnen Bissen). Seien Sie sich unentwegt der Kraft bewußt, die Sie atmet – das hält Ihre Wahrnehmung im JETZT und hilft den Alterungsprozeß aufzuheben, indem die Zeit keine Rolle spielt.
4. Nehmen Sie leichte und frische Kost zu sich. Bedenken Sie, daß Alkohol, Zucker und rotes Fleisch die menschliche Schwingungsfrequenz verdichtet, es sei denn, jemand ist ein Meister der Umwandlung. Je lichtvoller und feiner unsere Schwingung ist, desto besser ist die Qualität und

Quantität des Lebens. Die meisten Menschen essen nicht nach den Bedürfnissen ihres physischen Körpers, sondern nach denen ihres Emotionalkörpers, zum Beispiel wenn sie minderwertige Nahrung zu sich nehmen oder zu viel essen. Der Körper benötigt kleine Mengen von reiner Nahrung und zieht keinen Nutzen aus industriell gefertigten und raffinierten Nahrungsmitteln.

5. Lernen Sie auf Ihren Körper zu hören. Je sauberer er wird, desto klarere Botschaften wird er übermitteln. Der physische Körper verfügt über die Fähigkeit, sich vollständig selbst zu erhalten und bedarf keinerlei irdischer Nahrung. Er kann entsprechend verfeinert und eingestimmt werden, um einzig und allein von Prana zu leben. Der Körper ist so wunderbar, und der Schöpfer hat ihn derart vollkommen geschaffen. Einige Religionen lehren, daß der Mensch nach dem Ebenbild des Schöpfers geschaffen wurde. Sind wir dann nicht von Natur aus vollkommen?

6. Meistern Sie Ihren Emotionalkörper, indem Sie Ihren Mentalkörper beherrschen. Dadurch bleibt Ihr Körpervehikel von Krankheiten frei, ist vollkommen eingestimmt und erhält sich selbst.

Die Reinigung des Emotionalkörpers:
Während Sie die obengenannten Punkte eins bis fünf ausführen, können Sie zugleich den Emotionalkörper reinigen, indem Sie etwa die Visualisierungsübung 2 anwenden (im letzten Teil des Kapitels 10 über die Macht der Gefühle). Vielleicht fühlen Sie sich auch zu anderen Methoden hingezogen, die demselben Zweck dienen. Wie in Kapitel 10 erwähnt, kann die Reinigung auch während des Schlafs erfolgen, und man kann besondere Heilmethoden nutzen, die ebenfalls in jenem Kapitel erläutert werden.

Die Einlagerung negativer Gefühle im physischen Körper erzeugt Energieblockaden, die, falls sie ungelöst bleiben, zu

Verfall und Krankheit führen. Wir haben gar kein Interesse daran, negative Emotionen festzuhalten. Im Gegenteil, wir müssen ganz energisch damit umgehen. Ich verweise nochmals auf die Kapitel 9,10 und 11. Wenn wir bewußt mit dieser Arbeit beginnen, sieht es manchmal so aus, als ob wir die Büchse der Pandora öffnen. Denken Sie jedoch daran, daß auf einen kurzfristigen Schmerz ein langfristiger Gewinn folgt. Den Ballast unter den Teppich zu kehren, bringt weder eine Heilung noch eine Auflösung oder Reinigung zustande. Der Ballast bleibt liegen und muß doch eines Tages erneut angeschaut werden, und in der Zwischenzeit trägt er dazu bei, daß der Körper verfällt.

Die beiden machtvollsten Anwendungen zur Reinigung des Emotionalkörpers sind a) Meditation, denn sie verändert die Schwingungsfrequenz und verursacht eine natürliche neue Ausrichtung und b) Rückführungen in frühere Leben (Reinkarnationstherapie). Obwohl Vergangenheit, Gegenwart und Zukunft gleichzeitig existieren, erleben die meisten Menschen ihre Alltagswirklichkeit innerhalb eines linearen Zeitrahmens, in dem die Ereignisse aufeinander folgen. Wie in Kapitel 9 erwähnt, kennt unser Emotionalkörper keine Zeit und seine Verletzungen, seine Wut und sein Leid wurden aufgrund der damaligen Wahrnehmung des Mentalkörpers während eines Ereignisses angesammelt und gespeichert. Während wir wachsen, lernen und unser Bewußtsein und Wahrnehmungsvermögen entwickeln, häufen sich im Emotionalkörper möglicherweise energetische Blockaden an, die schon Jahrtausende zurückliegen und bezogen auf gegenwärtige Ereignisse ungerechtfertigt und oft irrelevant erscheinen, wenn wir sie distanziert und objektiv betrachten. Häufig erklärt dies unsere Überreaktionen auf Menschen, Orte und Gegenstände, da hierbei bestimmte Erinnerungen aus der Tiefe hochkommen.

Das oben Gesagte läßt sich ganz einfach anhand einer

meiner Rückführungssitzungen erklären. Dabei sah ich mich allein oben auf einem Felsen stehen und fühlte mich unendlich traurig. Ich wußte, daß ein geliebter Mensch nach Übersee verschickt worden war. Es stellte sich heraus, daß es sich um meine Schwester handelte, die schwanger geworden war. (Im heutigen Leben ist sie eine liebe Freundin von mir.) Da es seinerzeit gesellschaftlich inakzeptabel war, eine unverheiratete Mutter zu sein, wurde sie in die Ferne geschickt. Man hatte mir den Grund ihrer Abreise nie mitgeteilt. Einerseits war ich traurig, weil ich sie nie wieder sah, und andererseits war ich wütend über das Vorgehen meines Vaters. Bei der Rückführung war ich in der Lage, den Vorfall aus einer umfassenderen Perspektive zu sehen. Ich verfolgte das Ereignis und spürte noch einmal meinen Kummer, doch dann trat ich aus der Szene heraus, um mich in meinen Vater und dessen Leid einzufühlen, wobei ich einsehen konnte, daß sein Handeln einfach den Gegebenheiten der damaligen Zeit entsprach. Aus heutiger Sicht konnte ich erkennen, daß meine Anklage der Unwissenheit der Gesellschaft vergangenen Zeiten galt. So konnte ich meine Wut auf meinen Vater und zugleich meinen Kummer loslassen.

Ich fühlte, wie sich mein Herz öffnete, Energie ausströmte und die Energie meines Körpers sich durch dieses neue Verständnis neu ausrichtete. Da mein Emotionalkörper jetzt anders wahrnahm, löste er die Blockaden auf. Der Vorgang ist einfach, intensiv und bewirkt Heilung. Karma ist nichts weiter als der Ausgleich unausgewogener Energieverhältnisse. Wenn wir zurückgehen und die gebundene Energie entweichen lassen, wird das karmische Ungleichgewicht ausbalanciert und erspart oft den anderen, die an diesem unausgewogenen Energieaustausch beteiligt sind, den Schmerz. Die Wiederherstellung des Gleichgewichts ist vermutlich nicht möglich, wenn für den anderen noch wertvolle Lernerfahrungen damit verbunden sind. In jenem Leben hatte mein Vater mir gegenüber versehentlich ein karmisches Ungleichgewicht oder eine Schuld geschaffen. Die Wiederherstellung des Gleichgewichts war angebracht, da ich immer noch sehr wütend auf ihn war. Aufgrund meiner neuen Erkenntnisse und der Freisetzung meines gewaltigen Wutpotentials wurde diese Schuld vergeben und er freigesprochen. Mein damaliger Vater ist heute abermals mein Vater.

Es ist interessant festzustellen, daß viele *Bekannte* sich heute mit uns zusammen inkarnieren, weil es zwischen uns noch ein energetisches Ungleichgewicht gibt – ähnlich wie die Angehörigen der Seelenfamilie oder -gruppe –, denn wir leben in einem Zeitalter der Heilung, Reinigung und Neueinstimmung. Wir können nicht unseren Gefühlsballast weiterhin mit uns herumtragen, wenn wir in die höheren Oktaven und Dimensionen des Daseins eintreten wollen, die der Menschheit in der heutigen Zeit bestimmt ist. Alle Energieblockaden müssen aufgelöst werden.

Die Reinigung des Mentalkörpers:
Die Reinigung des Mentalkörpers kann nur erfolgen, wenn man den Verstand beherrscht, wie in Kapitel 9 ausgeführt. Es ist eine Sache, etwas intellektuell zu verstehen, und eine andere, die gewonnenen Erkenntnisse in die Tat umzusetzen. Die Anschauung, daß die Gedanken die eigene Realität erschaffen, würdigen viele als altbekannte Binsenwahrheit. Verwirklichen wir sie allerdings auf den verschiedenen Ebenen unseres Wesens, wird in unserem Leben und auf allen Ebenen unseres Vierkörpersystems (Körper, Gefühle, Verstand und Geist) Fülle und Reichtum einkehren. Dieser Vorgang untersteht dem universalen Schöpfungsgesetz – was du säst, das wirst du ernten –, das auch unter der Bezeichnung Gesetz der Erfüllung bekannt ist. Wenn die Energiefelder unseres Vierkörpersystems eingestimmt sind und vollkommen harmonisch miteinander schwingen, wobei jedes seine eigene einzigartige

Frequenz hat, erleben wir absolute Erfüllung/Einswerdung (engl. Wortspiel: at-one-ment) mit der gesamten Schöpfung.

Jedesmal wenn wir nach Innen gehen oder unsere bewußte Wahrnehmung auf den inneren Gott einstimmen, und wir dabei mit einer halbvollen Tasse (gefüllt mit Ego, Wünschen, negativen Emotionen, Zellballast u.v.a.m.) zum Vater gehen, kann diese Tasse nur zur Hälfte gefüllt werden. Die Mischung des vorhandenen Inhalts mit dem neuen wird zu einer verdünnten Lösung, obwohl die transformierende Kraft des Schöpfers nicht unterschätzt werden darf.

Verwendet man jedoch ein wenig Sorgfalt und Aufmerksamkeit, um ein unverdorbenes klares Gefäß zu überreichen, wird es mit reinster Energie gefüllt.

Um der Gott sein zu können, der wir sind, müssen wir wie bei einer Zwiebel die Schalen entfernen, damit die reine Essenz oder die innere Quelle freigelegt wird. Jede Schale stellt eine Illusion oder einen Schleier der Getrenntheit dar, sei es die Dichte des Körpers, der Glaube an Selbstbeschränkung, an die Sterblichkeit oder einfach eine Riesenmenge Abfall, der sich im Laufe vieler Verkörperungen auf der emotionalen, mentalen bis hin zur spirituellen Ebene angesammelt hat.

Die bloße Aussage ICH BIN Gott führt nicht notwendigerweise eine bewußte Lebenssituation herbei, denn in den tieferen Schichten der Zellebene liegen vermutlich Inkarnationen, in denen schon die Möglichkeit der obigen Feststellung in Frage gestellt worden ist. Somit machen wir – innerhalb der Welt der Illusionen – wiederum illusionäre Schritte, die uns aus dem Zustand der Leugnung herausführen und ihn schichtweise abtragen, bis nichts weiter als – es IST – übrig ist, beziehungsweise bis wir schlichtweg SIND, weil für uns nichts anderes mehr existiert als einfach zu SEIN.

»Wer sich innerhalb des Absoluten, Alles-Durchdringenden Lebens individualisiert, entscheidet aus freiem

Willen, ein konzentrierter individueller Brennpunkt der sich selbst bewußten Intelligenz zu werden. und ist der bewußte Führer seiner zukünftigen Aktivitäten. Da er sich einst dafür entschieden hat, ist er der einzige, der eine Bestimmung erfüllen kann. Sie ist kein unumstößlicher Sachverhalt, sondern ein endgültiger erschaffener Plan der Vervollkommnung. Diesen Bauplan hat er gewählt, um ihm in der Welt der Formen und Taten Ausdruck zu verleihen ... Ein Mensch kann jederzeit beschließen, sich über seine menschlichen Eigenschaften oder Beschränkungen zu erheben. Engagiert er sich mit seinem Leben und seiner ganzen Kraft für diese Entscheidung, wird es ihm gelingen. Menschen, die die Schwingung ihres Körper erhöht haben, gelang der *Aufstieg*, indem sie dem inneren Gottselbst alles überantworteten – und folglich drückt es seine vollkommenen Eigenschaften – *den göttlichen Lebensplan* – durch uns aus.«

SAINT GERMAIN »ENTHÜLLTE GEHEIMNISSE« ÜBERMITTELT DURCH
GODFRE RAY KING.

Kapitel 16

Chakras – die Energiezentren des Körpers

Chakras sind die Eingangspforten, durch welche die Energie in die verschiedenen Körper eingesaugt und verteilt wird. Bei einem gesunden Menschen sind diese sieben Hauptenergiezentren geöffnet und drehen sich, während bei einer kranken Person in der Regel Blockaden in den Chakras vorliegen. Alles im Körper ist mit diesen Kraftzentren verbunden. Chakras nehmen die universale Lebensenergie (Prana, Chi) in sich auf, zerlegen sie in ihre Bestandteile und verteilen sie über die Energielinien (Nadis) an das Nervensystem, die endokrinen Drüsen und den Blutkreislauf, um den Körper zu versorgen.

Es folgt ein Auszug aus dem Buch »Other Kingdoms« von Hilarion: »Chakras sind für das irdische Dasein von essentieller Bedeutung, weil sie Türen darstellen, durch welche die Kraft des höheren Selbst zum niederen Selbst übertragen wird. Ohne diesen Energietransfer würde das Leben aufhören ... jemand, dessen Chakras stark und offen sind, ist seinem wahren Wesen sehr nahe ... Chakras können als funkelnde, schimmernde Räder in schönen Farben gesehen werden, die fortwährend tanzen und in Bewegung sind und die herrlichen Lieder des Lebens singen ... diesen Eindruck hinterlassen sie jedoch nur bei spirituell entwickelten Menschen.«

Im menschlichen Körper gibt es sieben Hauptchakras und es gibt Nebenchakras. Man sagt, oberhalb des Kopfes gibt es mindestens fünf transpersonale Chakras, die uns energetisch mit unserer Monade oder der ICH BIN-Gegenwart verbinden. Die Energiefelder aller unserer Körper sind in den Chakras verankert. Der physische Körper ist beispielsweise im Wurzelchakra, der Emotionalkörper im Sakralchakra, der

Mentalkörper im Solarplexus und der Geistleib im Herzchakra verankert.

Es gibt eine Fülle von Literatur über Chakras. Daher werde ich an dieser Stelle nicht näher darauf eingehen. Wenn wir jedoch diese Energiezentren mit Hilfe von Farb- und Lichtarbeit einstimmen, reinigen und voll aktivieren, kann das zu blühender Gesundheit führen. Außerdem erhöhen wir unser Energiepotential (wie wenn man den Motor eines Autos perfekt einstellt, damit sich seine Leistung verbessert), und wir lernen, unser Bewußtsein über die Grenzen des physischen Körpers hinaus zu heben und beispielsweise zu bilokieren u.v.a.m. (vgl. dazu Kapitel 29)

Ich möchte gleichfalls erwähnen, daß Blockaden in diesen Energiefeldern die Folge von mangelnder Kontrolle des Mental-und Emotionalkörpers sind. Methoden zur Reinigung, Stärkung und Ausrichtung der Chakras sind vergleichbar mit Schmerztabletten, die man gegen Kopfschmerzen einnimmt. Sie sind wirksam, doch sie beseitigen nicht immer das Problem, sondern lediglich die Symptome. Um auf lange Sicht eine optimale Gesundheit herbeizuführen, müssen diese Techniken in Verbindung mit der Kontrolle des Verstandes ausgeführt werden.

Die am Ende dieses Kapitels aufgeführten Methoden der Chakraarbeit empfehle ich Ihnen als Teil Ihrer regelmäßigen Praxis, wöchentlich oder monatlich durchzuführen, so wie Sie die Zähne putzen, um Karies zu verhüten. Am Anfang kann man die Visualisierung täglich machen, bis diese Energiezentren sich drehen, farbig aufleuchten und ihr volles Potential ausschöpfen. Chakras reagieren wie das Aurafeld auf den Giftgehalt von Gedanken und Gefühlen und verändern ihre Farben, um das bestehende Ungleichgewicht widerzuspiegeln.

Der Einfachheit halber beginnen wir mit den sieben Hauptchakras oder Energiefeldern, die sich im physischen Körper befinden.

Die drei Chakras im Kopf- und Halsbereich steuern die Vernunft, die Chakras auf der Vorderseite des Körpers bestimmen die Emotionen, und die Chakras auf dem Rücken lenken den Willen. Chakras haben die Form eines Kegels, was aus der Abbildung am Ende des Kapitels hervorgeht. Durch ihre Drehung ziehen sie durch die Vorderseite und den Rücken Energie an. Das Wurzelchakra zieht die Energie von unten an und das Kronenchakra von oben. Jedes Chakra hat kleine rotierende Wirbel, die sich mit sehr hoher Geschwindigkeit drehen. Jeder Energiewirbel und jeder dieser kleinen rotierenden Wirbel wandelt energetische Schwingungen in seine bestimmte Drehfrequenz um. Das Beckenbodenchakra hat vier kleine Wirbel sowie vier energetische Schwingungsfrequenzen. Die Farbe jedes Chakras entsteht durch die Frequenz der Energie, die dort in ihre eigene Drehgeschwindigkeit umgewandelt wird. Wenn wir den Lichtquotienten und unsere Schwingungsfrequenz konsequent erhöhen, vereinigen sich diese Energiezentren und werden zu einer Säule aus Licht. Das Stirnchakra hat 96 kleine Wirbel und das Kronenchakra 972. Jedes Chakra hat eine unterschiedliche Anzahl von Wirbeln und demzufolge seine eigene einzigartige Drehgeschwindigkeit und Schwingungsfrequenz.

1. **Das Basis- oder Wurzelchakra**
   Das ist der Ort, wo der Aspekt der Christusliebe in der Menschheit sich offenbaren wird, wenn die Menschen lernen, ohne selbstsüchtige oder romantische Motive zu lieben, nur um der reinen Freude willen, den geliebten Menschen glücklich zu sehen. Reinheit, Wiederherstellung, Auferstehung, Aufstieg und Hoffnung werden auch mit diesem Chakra gleichgesetzt.
- Auf einer eher irdischen Ebene repräsentiert das Wurzelchakra das Maß an Körperenergie und den Willen, in der physischen Welt zu leben. Es ist der Ort, wo sich die

Lebenskraft in der physischen Welt zuerst manifestiert. Es funktioniert wie eine Pumpe auf der ätherischen Ebene und trägt dazu bei, den Fluß der Energie an der Wirbelsäule entlang nach oben zu lenken. Seine Farbstrahlung ist rot, und seine Schwingung ist auf die Musiknote C gestimmt. Der Energiekegel des Wurzelchakras dreht sich ausgehend vom Schamzentrum spiralförmig nach unten und verbindet uns energetisch mit dem persönlichen Erdstern-Chakra, das sich ungefähr fünfzehn Zentimeter unter den Füßen in der Erde befindet. Der Tastsinn ist mit dem Wurzelchakra verbunden.

- Das erste Chakra ist auch mit der ersten Schicht der Aura verbunden, dem Ätherkörper, der die automatischen und vegetativen Funktionen des Körpers steuert. Der Ätherkörper setzt sich aus sehr feinen Energielinien zusammen (wie Spinngewebe) und ist blaugrau. Die Chakras des Ätherkörpers sind ebenfalls blaugrau. (Bei einem Sensitiven sind sie blau, bei einem Sportler grau – und der Ätherkörper sieht aus wie ein Spinnenmensch.) Die Zellen des physischen Körpers wachsen entlang der Energielinien der Äthermatrix. Diese Matrix ist vorhanden, ehe das Zellwachstum einsetzt. Der Ätherkörper besteht aus pulsierenden Lichtwellen, und sein Umfang reicht im allgemeinen 0,6 bis 5 Zentimeter über den physischen Körper hinaus.
- Verschiedene Heiler machen inzwischen Energiearbeit, wobei sie den Körper anweisen, an den Stellen, wo das Gewebe beispielsweise durch einen Unfall zerstört worden ist, neue Gliedmaßen nachwachsen zu lassen. Dies kann nur aufgrund der vorhandenen Äthermatrix erfolgen. Der ätherische Bauplan (Struktur) ist als Energiefeld wahrnehmbar, und enthält vier(astral-), fünf- und sechsdimensionale Strukturen. Die Mehrheit der karmischen Muster sind im Ätherkörper gespeichert. Er regelt außerdem die Funktion der DNS. Die fünfdimensionale Lichtkörperstruktur

ist gewöhnlich innerhalb des ätherischen Bauplans latent vorhanden. Sie enthält Ätherkristalle, die bestimmte Energieflüsse blockieren, wodurch die vorzeitige Aktivierung des Lichtkörpers verhindert wird. Seine sechsdimensionale Struktur enthält die Schablonen, die zur Entstehung von Materie, Lichtkörpern sowie deren DNS-Kodierung nötig sind. Die DNS-Struktur legt die Form des Körpers fest.

2. **Das Sakralchakra oder Nabelchakra**
   Es befindet sich am Anfang der Wirbelsäule und ist der Sitz der Kundalinikraft. Die Kraft dieses Chakras kann auch die anderen Chakras beleben und ausgleichen. Es neigt dazu, seinen gewaltigen Energieüberschuß an die Kopfzentren weiterzuleiten und fördert somit Weisheit und Hellsichtigkeit. Dem Kehlkopfchakra erleichtert es das Aussprechen der Wahrheit, das Herzchakra ermutigt es, Liebe für die gesamte Schöpfung zu verströmen, und dem Solarplexus schenkt es körperlichen Antrieb und Stärke. Außerdem fördert es die Sexualität der menschlichen Rasse und dient dazu, alle schönen Anteile von zwei geschlechtlich vereinten Seelen miteinander zu verschmelzen. Es ist der Sitz von Vergebung, Gnade, Barmherzigkeit, Umwandlung und Freiheit. Die Vorderseite dieses Chakras wird Schamzentrum genannt. Es ist das Gefühlszentrum, das sowohl für die Qualität der Liebe zum anderen Geschlecht als auch für den Austausch (Geben und Nehmen) von körperlicher, intellektueller und spiritueller Freude zuständig ist. Der rückseitige Energiewirbel des Sakralchakras bezieht sich auf das Quantum an Sexualkraft und ist ein Willenszentrum. Es ist orangefarbig, und die ihm zugeordnete Musiknote ist D.

- Das zweite Chakra ist der zweiten Aurahülle verbunden. Es erdet und verankert das Energiefeld des niederen Emotionalkörpers. Die Struktur dieser Auraschicht ist flüchtiger als der Ätherleib und stellt keine Doppelgestalt des physischen Körpers dar. Es sind farbige Wolken aus feinstofflicher Substanz, die in ständiger Bewegung ist. Sein Umfang geht gewöhnlich um 2,5 bis 8 Zentimeter über den Körper hinaus. Seine Farbstrahlung spiegelt die persönlichen Gefühlsschwankungen wider. Sehr intensive Gefühle wie etwa Liebe, Freude, Erregung, Wut ergeben klare Farbtöne, während diffuse Gefühle sich in dunklen, getrübten Farben ausdrücken. Die Chakras in diesem Emotionalkörper oder Energiefeld weisen ebenfalls, ähnlich wie beim physischen Körper, die Reihenfolge der Regenbogenfarben auf.

- Der Emotionalkörper setzt sich aus geometrischen Gebilden zusammen. Wenn wir gefühlsmäßig in der Sackgasse stecken und dadurch den Energiefluß im Organismus behindern, binden wir dessen geometrische Strukturen in Mustern, die einen begrenzteren Lebensausdruck und folglich Unbehagen nach sich ziehen.

3. Das Solarplexuschakra oder Sonnengeflechtchakra

Physische Kräfte aus höchsten Ebenen strömen durch dieses Zentrum in den Körper. Seine gegenwärtige Hauptaufgabe ist, den Körper zu kräftigen, doch in Zukunft wird dieses Kraftzentrum dazu dienen, einen Gegenstand durch den Raum zu bewegen, wenn wir dies wollen und uns darauf konzentrieren. Kombiniert man Visualisierungen, Willensabsicht und die Energie des Solarplexus miteinander, werden viele Phänomene auftreten, wenn man in Einklang mit den universalen Gesetzen vorgeht. Das Solarplexuschakra ist zugleich der Sitz von Heilkraft, Hingabe, Verehrung und Gnade.

- Solarplexus (Sonnengeflecht) ist die Bezeichnung für die Vorderseite dieses Zentrums. Es ist zuständig für Erweiterung und spirituelle Weisheit. Hier stellt sich auch die

Frage nach dem, was man im Universum sein will, und dem Gefühl, was man ist. Seine Rückseite wird Zwerchfellzentrum genannt, man sagt, es sei für Heilung und die persönliche Einstellung zur eigenen Gesundheit zuständig. Seine Farbe ist gelb, und es schwingt auf der Musiknote E.

- Das dritte Chakra steht mit der dritten Auraschicht der niederen mentalen Funktionen und folglich mit dem linearen Denken in Verbindung. Das Sonnengeflechtchakra ist zugleich der Ankerplatz des Energiefelds des niederen Mentalkörpers. Dieser Körper erscheint als strahlend gelbes Licht, seine Ausdehnung reicht im allgemeinen 8 bis 20 Zentimeter über den physischen Körper hinaus, und er besteht aus feinster Gedankensubstanz und Denkprozessen.
- Der Mentalkörper setzt sich auch aus geometrischen Formen zusammen. Seine Aufgabe ist es, unsere Realität zu bestimmen. Prinzipiell vertritt er den Standpunkt, er schmeiße den Laden und funktioniert am besten, wenn er das Gefühl hat, stets Bescheid zu wissen, was gerade läuft. Als Chef schätzt der Mentalkörper keinerlei Veränderungen, die von anderen Kräften betrieben werden. Folglich neigt er dazu, spirituelle Anstöße als irreal abzuweisen oder zu ignorieren, da diese weit und unbegrenzt sind und weder intellektuell verstanden noch kontrolliert werden können.

Die niederen drei Auraschichten verwandeln Energien, die sich auf die irdische Welt beziehen und agieren innerhalb des Karmaspiels. In der fünften Dimension sind sie als Doppeltetraeder zu sehen. Die oberen drei Aurahüllen verwandeln Energien des Geistreichs. Das Herzchakra ist der umwandelnde Schmelztiegel, den alle Energien durchlaufen müssen, wenn sie von einer Welt in die andere überwechseln. Die Mehrheit der Menschen agiert innerhalb der Energiefelder der drei niederen Chakras, wird jedoch mittlerweile durch den inneren Zuruf ihres Hohen Selbst dazu aufgefordert, ihre höheren Chakras zu aktivieren und zu nutzen.

4. **Das Herzchakra**
   Die menschliche Rasse hat mit diesem Energiewirbel von Beginn an gearbeitet. Dieses Chakra verbindet die niederen Körper mit den höheren (der Begriff höher bezieht sich wie sonst auch auf die Frequenzebene). Es ist auch der Kanal, durch den Liebe aus dem Höheren Selbst strömt. Ist das Herzchakra blockiert, entstehen häufig Herzerkrankungen. Es ist die Verbindung der Menschheit zur bedingungslosen Liebe Gottes. Es nimmt Göttliche Liebe auf, wandelt sie um und bringt sie zum Ausdruck. Wenn wir Liebe und Hingabe spüren, ist unser Herzzentrum aktiviert. Die Farbe des Herzchakras ist smaragdgrün. Seine Schwingungsfrequenz entspricht der Musiknote F.

- In ihrem Buch »Licht-Arbeit« führt Barbara Ann Brennan ebenfalls aus, daß der Astralkörper im Herzchakra verankert ist. Der Astralkörper ist von rosafarbenem Liebeslicht durchdrungen. Sein Strahlungsfeld überragt den Körper gewöhnlich um 15 bis 30 Zentimeter. Sämtliche Chakras der astralen Auraschicht sind mit der rosa Farbe der Liebe durchtränkt, obgleich die Regenbogenfarben vorherrschen.

5. **Das Kehlkopfchakra**
   Dieses Chakra dient jeder Seele dazu, sie in die Lage zu versetzen, anderen gegenüber in Worte zu fassen, was er selber an Weisheit besitzt oder was ihm seine hellsichtige Gabe offenbart hat. Dieses Zentrum wird in Harmonie sein, wenn die Reinheit der sprachlichen Vermittlung gewährleistet ist, und es wird offen sein, wenn es großartige

Inspiration aus höheren Ebenen durchläßt. Das Kehlkopfchakra ist verbunden mit dem göttlichen Willen, Macht, Schutz und erleuchtetem Glauben. Es gibt die Energie oder Kraft, etwas in Worte zu fassen und durch das Wort zu erschaffen.

- Die Aufgabe der Vorderseite des Kehlkopfchakras ist es, aufzunehmen und zu assimilieren. Außerdem ist es zuständig dafür, daß man Verantwortung für seine eigenen Bedürfnisse übernimmt (lernt, sich zu äußern). Seine Rückseite bezieht sich auf den Eindruck, den ein Mensch von sich selbst in der Gesellschaft hat, von seinem Beruf und von den Kollegen/ Mitgefährten und dem Bedürfnis, in der irdischen Welt Erfolg zu haben. Seine Farbe ist himmelblau und steht mit der Musiknote G in Resonanz. Desweiteren ist dieses Chakra zuständig für den Gehörsinn, Geruchssinn und Tastsinn.

- Dieses Chakra verankert den physischen Aspekt des Ätherkörpers, welcher der fünften Aurahülle entspricht. Die ätherische Schablone ist das Musterstück zur Bildung der Ätherschicht, die wiederum die Schablone für den Aufbau des physischen Körpers ist. Die ätherische Schablone birgt den Bauplan für den Ätherkörper, dessen Radius im allgemeinen 45 bis 60 Zentimeter über den Körper hinausragt. Auf der Ätherebene wird Materie durch Klang/ Töne erschaffen. Heilung in dieser Schicht kann mittels Klangarbeit erfolgen. Männer haben gewöhnlich eine tiefere Stimmlage, und das heißt, ihre niederen Chakras und die entsprechenden Energiefelder sind gesünder.

6. Das Stirnchakra

Es wird auch als Ajna oder das Dritte Auge bezeichnet. Es ist das Sehorgan auf übersinnlicher oder ätherischer Ebene. Seine Schwingungsfrequenz kann so stark erhöht werden, daß die Aura und ätherische Formen und Wesenheiten sichtbar werden. Es entspricht der mentalen Art des Sehens im Gegensatz zur Einsicht aus Weisheit. Das Stirnchakra ist der Sitz der Hellsichtigkeit, es verbindet den höheren Emotionalkörper mit der Wahrnehmung himmlischer Liebe. Es umfängt das Leben insgesamt und anerkennt alle Lebensformen als kostbare Erscheinungen Gottes. Im gänzlich aktivierten Zustand sieht man mit den geistigen Augen, nicht nur mit den irdischen Augen.

- Es wird auch mit Wahrheit, Weihung, Hingabe, Konzentration und innerer Schau gleichgesetzt und ist der Ort der irdischen Manifestation des göttlichen Lichts und ist oftmals nur für die geistigen Augen wahrnehmbar. Es verleiht die Fähigkeit, mentale Konzepte zu verstehen, die Art, wie wir die Welt und das Universum sehen. Das ausführende Zentrum am Hinterkopf ist zuständig für die Fähigkeit, Gedanken und Ideen auszusenden und Realität zu erschaffen. Die Begabung, Ideen durch Vision zu empfangen, ist an der Vorderseite des Stirnchakras. Die Fähigkeit, Vorstellungen dieser Art zu verwirklichen, befindet sich auf der Rückseite. Die Farbe dieses Chakras ist indigo, und seine zugehörige Musiknote ist A.

- Die sechste Auraschicht oder der himmlische Körper ist im Stirnchakra verankert. Dies ist unser höherer Emotionalkörper oder der Gefühlskörper der geistigen Welt. Er ragt etwa 60 bis 85 Zentimeter über den physischen Körper hinaus. Auf dieser Ebene ist das Erlebnis spiritueller Ekstase möglich, ein Zustand der Verbundenheit mit Allem, Was IST. Bedingungslose Liebe strömt aus, wenn das himmlische Chakra und das Herzchakra offen Energien austauschen. Daraus entsteht ein schimmernder pastellfarbener Lichtkörper mit seidenmattem, silbergoldenem Glanz. Er besteht aus Licht, das vom Körper ausstrahlt.

7. **Das Kronenchakra**
   Dieses Zentrum ist für Weisheit und Verstehen zuständig und gewährt im aktivierten Zustand Einblicke in die spirituelle Wahrheit auf einer Ebene, die dem irdisch verkörperten Menschen gewöhnlich unzugänglich ist. Das Kronenchakra ist mit der siebten Auraschicht, dem höheren Mentalkörper, dem Wissen und der Integration unserer geistigen und körperlichen Zusammensetzung verbunden. Es ist die Quelle der Erleuchtung, universellen Weisheit, Erkenntnis und Illumination. Im aktivierten Zustand ermöglicht es uns, über die Welt der Körperlichkeit hinauszugehen und erzeugt ein Gefühl der Ganzheit, des Friedens und Glaubens sowie ein Gefühl für die Sinnhaftigkeit des Seins.

- Die Farbe des Kronenchakras ist ein violettes beziehungsweise reines weißes Licht und seine zugehörige Musiknote ist B. Das Kronenchakra empfängt die höheren Energien und leitet diese Kräfte durch die anderen Chakras bis hinunter zum Basischakra und weiter in die Erde hinein. Wie alle Chakras ist es kegelförmig, doch es steht aufrecht, ähnlich wie das Wurzelchakra. Es öffnet sich wie ein auf der Spitze stehendes Dreieck nach oben. Die übrigen Chakras sind wie waagerechte Dreiecke, deren Spitzen in der Körpermitte ähnlich wie ein X zusammentreffen. Die siebte Aurahülle ist der Kether- oder Kausalkörper, der etwa 75 bis 90 Zentimeter über den physischen Körper hinausreicht. Hier befindet sich Wissen über das Einssein mit der gesamten Schöpfung. Sie ist eiförmig und enthält sämtliche aurischen Hüllen der gegenwärtigen Inkarnation eines Menschen. Sie ist sichtbar als gitterartige Struktur in Form von winzigen goldenen Lichtfäden, die mit hoher Frequenz schwingen. Innerhalb dieser goldenen Schablone verläuft auch der Hauptenergiestrom und steigt entlang der Wirbelsäule auf und ab. Dieser Hauptenergiestrom ernährt den Körper und enthält zugleich Aufzeichnungen über vergangene Leben. Das Band zwischen Hinterkopf und Nacken enthält die Daten des früheren Lebens, um dessen Klärung wir uns in den derzeitigen Lebensumständen gerade bemühen. Nähere Auskünfte über diese Thematik finden Sie in Barbara Ann Brennans Buch »Licht-Arbeit«.

Die Wirbelsäule ist der größte vertikale Kraftstrom. Sie ist der zentrale Lichtkanal. Die Nerven der Wirbelsäule stehen in unmittelbarem Kontakt mit den verschiedenen Körperteilen, weshalb körperliche Sörungen die Wirbelsäule beeinträchtigen. Gereinigte und voll aktivierte Chakras ermöglichen einen einwandfreien Energietransfer durch die Wirbelsäule und den Körper und infolgedessen auch Gesundheit und Vitalität.

Die Chakras können auf vielerlei Weise gereinigt und belebt werden. Wenn auch manche Schriften voneinander abweichen, wird bei der Reinigung und Aktivierung von Chakras allgemein empfohlen, die oben erwähnten Regenbogenfarben zu visualisieren und sie zur Aktivierung im Uhrzeigersinn (U) zu drehen. Will man andere Phänomene hervorrufen wie beispielsweise Bilokation, kann man die Chakras in gegenläufiger Richtung (G) drehen. Beispielsweise lautet für Frauen die Reihenfolge: Kronenchakra dreht sich im Gegenuhrzeigersinn; Stirnchakra dreht sich im Uhrzeigersinn und so weiter -> GUGUGUG. Für Männer dagegen gilt die Reihenfolge UGUGUGU. Will man andere Phänomene hervorrufen, sind auch unterschiedliche Farben zu benutzen.

Viele arbeiten inzwischen mit dem Thymuschakra, das zwischen Herz und Kehlkopf angesiedelt ist. Im aktivierten Zustand ermöglicht es eine von Liebe gefärbte verbale Ausdrucksweise, wodurch sich eine harmonische und ausgewogene Atmosphäre herstellen läßt. Seine Farbe ist magenta. Wir haben auch noch höhere Chakras, die innerhalb und außerhalb des Körpers in feineren energetischen Frequenzbereichen vorhanden sind.

Mittlerweile gibt es eine Menge Informationsmaterial über die höheren und niederen Chakras. Dabei überwiegen Informationen über die niederen Chakras, denn wir Menschen sind besser mit ihnen vertraut und haben weitaus länger mit diesen Energiezentren gearbeitet. Außerdem gibt es zahlreiche Kassetten und CDs mit geleiteten Meditationen in Verbindung mit Chakraarbeit. Sobald wir allerdings unsere Schwingungsfrequenz der Lichtgeschwindigkeit annähern werden sich alle Chakras zu einer Lichtsäule vereinigen. Manche behaupten, Chakraarbeit ließe sich mit Heilmethoden wie Homöopathie, Chiropraktik und anderen alternativen Therapiemaßnahmen vergleichen. Die genannten Heilmethoden sind nützlich und wirksam, werden jedoch schon bald durch Licht- und Energiearbeit sowie Klang- und Farbbehandlungen ersetzt werden. Im kommenden Jahrtausend werden sie als neue Heiltechniken eingesetzt. In ähnlicher Weise wird die neue Chakraarbeit ausschließlich mit goldweißem Licht ausgeführt werden, da es die reinste Energie in allen Universen ist.

Im Hinblick auf umfassende Informationen über die höheren Chakras kann ich lediglich auf die Werke von Dr. Stone verweisen. Die Bücher »The Complete Ascension Manual« und »Beyond Ascension« bilden einen Teil seiner Schriftenreihe »The Easy to read Encyclopedia of the Spiritual Path«. Dr. Stone hat diese Bände großzügigerweise als Spende an das S.E.A. überreicht.

Darin erwähnt Dr. Stone die Gittersysteme der Chakras in Siebener-Abstufungen. Das erste bis einschließlich siebte Chakra bezieht sich auf die dritte Dimension. Das achte bis fünfzehnte Chakra gehört der vierten Dimension an, das sechzehnte bis zweiundzwanzigste der fünften Dimension, das dreiundzwanzigste bis dreißigste der sechsten Dimension, das dreißigste bis sechsunddreißigste der siebten Dimension. Sobald wir über die Energiefelder unseres Planeten hinauswachsen und uns in noch höhere Dimensionen des Lichts begeben, verankern und aktivieren wir die Chakras siebenunddreißig bis dreiundvierzig sowie vierundvierzig bis fünfzig, die uns jeweils mit der achten und neunten Dimension verbinden.

Laut weiterführender Auskunft meines inneren Lehrers, meiner ICH BIN-Gegenwart, sind diese Gitterlinien mit den Einweihungen und den höheren Dimensionen in Form von Energiematrizen aus feineren Schwingungsfrequenzen verbunden, die mit Lichtgeschwindigkeit und darüber hinaus vibrieren. Weiter sagen die Meister, daß wir quer durch alle Frequenzbereiche mit der Quelle (Gott) verbunden sind, und zwar durch Energiewirbel oder Chakras. Alle Chakras haben eine unterschiedliche Schwingungsfrequenz und Drehgeschwindigkeit. Der Leitspruch: Wie oben, so unten, läßt sich im Prinzip auch auf das Gittersystem der Chakras anwenden, denn der Organismus, der sichtbar vorhandene Körper, spiegelt den Aufbau der anderen Dimensionen wider. Die Überlagerung geschieht durch Energieimplosion, wobei wir magnetisiert und in den nachfolgenden Frequenzbereich hineingesogen werden. Um es zu wiederholen: All dies findet statt, wenn wir uns in einem Zustand der Resonanz befinden.

Diese Energiematrizen sind feine, spinngewebsähnliche Gebilde, die einander überlagern. Wir verschmelzen nacheinander mit ihnen wie eine aufblühende Blume, die sich nach dem Sonnenlicht reckt. Während wir unsere Schwingungsfrequenz durch die Erhöhung des Lichtquotienten buchstäblich anheben, werden die beschriebenen Gitterlinien überlagert, verankert und aktiviert. Die vollständige Aktivierung und Anwendung dieser Gittermuster und Energiefelder erweckt automatisch Begabungen wie beispielsweise Teleportation, Dematerialisation und so weiter.

Fähigkeiten dieser Art sind von dem vorhandenen Gittersystem abhängig. Für die Teleportation ist es beispielsweise erforderlich, die Chakras dreißig bis sechsunddreißig zu verankern und zu aktivieren. Dr. Stone erläutert, daß die zwölfsträngige DNS-Kette aus dem Ätherkörper auf das irdisch-physikalische Körpervehikel übertragen wird, sobald sämtliche sechsunddreißig Chakras verankert, eingerichtet und geöffnet sind. Er führt weiter aus, daß die Anrufung der Schlüsselcodes, Feuerbuchstaben und der heiligen Geometrie sämtliche Kammern in allen Chakras öffnet.

Die Verankerung und Aktivierung dieser Gittersysteme muß von unserer Monade oder ICH BIN-Gegenwart überwacht werden, damit der elektrische Schaltkreis des Körpervehikels nicht überlastet wird. Der Lichtquotient unseres Wesens ist tatsächlich die Menge an Licht, die von unserer Monade durchgelassen, und im physischen Körper verankert wird.

Bevor Sie also dazu übergehen, alle Gitternetze der Chakras vollständig einzurichten, empfehle ich die Meditation »Anrufung des Vereinten Chakras« durchzuführen. Im übrigen erweist sich jede Art von Chakraarbeit als nützlich, da gesunde, voll aktivierte Chakras den Körper vor dem Alterungsprozeß und Verfall bewahren. Die Meditation des Vereinten Chakras finden Sie im Anschluß an die Abbildungen auf den nachfolgenden Seiten. Die Abbildungen sind dem Buch »Licht-Arbeit« von Barbara Ann Brennan entnommen und stellen die sieben Hauptchakras und die Energiehüllen der menschlichen Aura dar.

Die Chakras

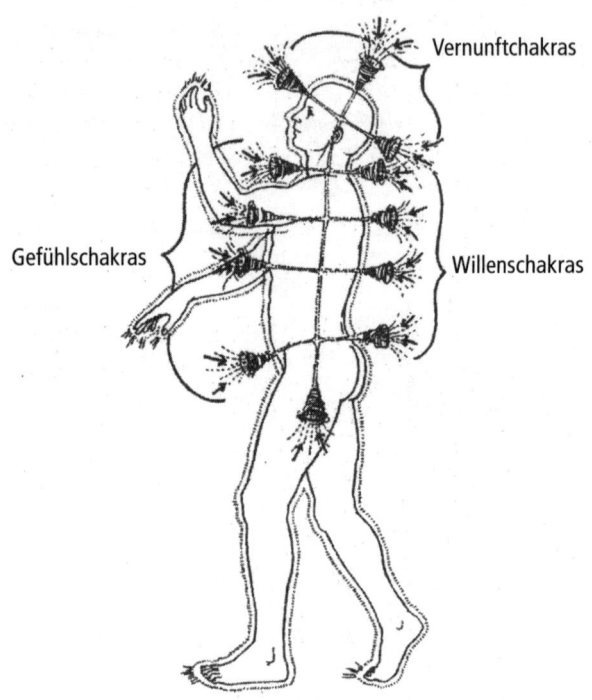

Die Auraschichten

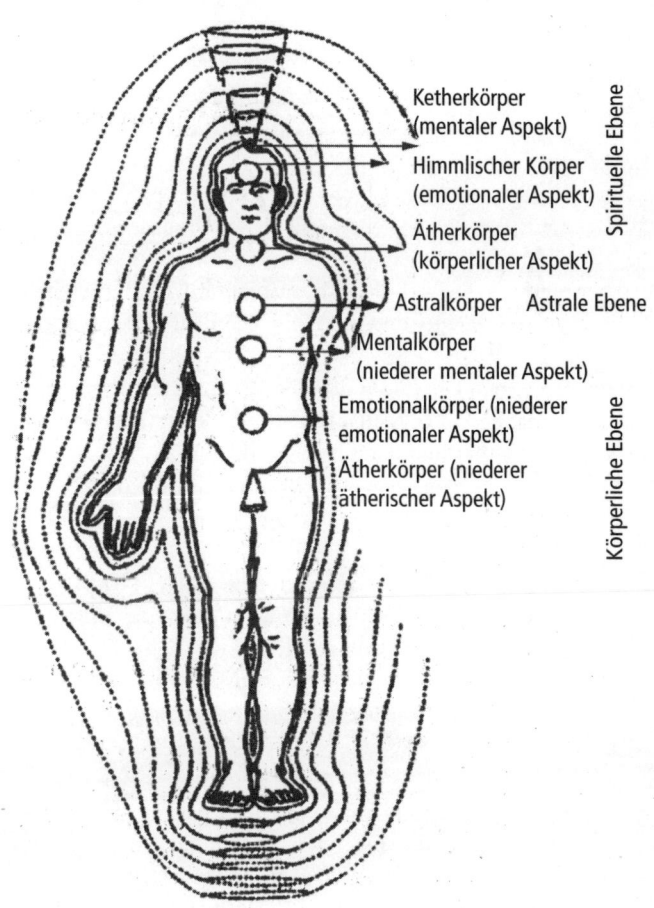

Schöpferische Visualisierung 7

Anrufung des Vereinten Chakras von Tony Stubbs aus »Handbuch für den Aufstieg«

Ich atme Licht durch das Zentrum meines Herzens ein
und öffne es zu einer wunderschönen Lichtkugel.
Ich lasse zu, daß ich mich ausweite.

Ich atme Licht durch das Zentrum meines Herzens ein
und erlaube, daß es sich ausdehnt. Es dehnt sich durch mein
Halschakra und mein Solarplexuschakra aus und schafft ein
vereinigtes Feld aus Licht in meinem Körper, durch meine
Körper und um meine Körper herum.

Ich atme Licht durch das Zentrum meines Herzens ein
und erlaube, daß es sich ausdehnt. Es dehnt sich durch mein
Stirnchakra und mein Nabelchakra aus und schafft ein
vereinigtes Feld aus Licht in meinem Körper,
durch meine Körper und um meine Körper herum.

Ich atme Licht durch das Zentrum meines Herzens ein
und erlaube, daß es sich ausdehnt. Es dehnt sich durch mein
Kronenchakra und mein Basischakra aus
und schafft ein vereinigtes Feld aus Licht in meinem Körper,
durch meine Körper und um meine Körper herum.

Ich atme Licht durch das Zentrum meines Herzens ein
und erlaube, daß es sich ausdehnt. Es dehnt sich durch das
Alpha-Chakra über meinen Kopf und das Omega-Chakra
unterhalb meiner Wirbelsäule aus und schafft ein vereinigtes
Feld aus Licht in meinem Körper, durch meine Körper
und um meine Körper herum.

Ich erlaube der Welle von Metatron,
zwischen ihnen zu resonieren.
ICH BIN eine Einheit des Lichts.

Ich atme Licht durch das Zentrum meines Herzens ein
und erlaube, daß es sich ausdehnt. Es dehnt sich durch mein
achtes Chakra über meinem Kopf und meine Oberschenkel
aus und schafft ein vereinigtes Feld aus Licht in meinem
Körper, durch meine Körper und um meine Körper herum.
Ich erlaube meinem Emotionalkörper,
mit meinem physischen Körper zu veschmelzen.
ICH BIN eine Einheit des Lichts.

Ich atme Licht durch das Zentrum meines Herzens ein
und erlaube, daß es sich ausdehnt. Es dehnt sich durch
mein neuntes Chakra über meinem Kopf und meine Waden
aus und schafft ein vereinigtes Feld aus Licht in meinem
Körper, durch meine Körper und um meine Körper herum.
Ich erlaube meinem Mentalkörper, mit meinem physischen
Körper zu verschmelzen.
ICH BIN eine Einheit des Lichts.

Ich atme Licht durch das Zentrum meines Herzens ein
und erlaube, daß es sich ausdehnt. Es dehnt sich aus
durch mein zehntes Chakra über meinem Kopf
und bis unter meine Füße und schafft ein vereinigtes Feld
aus Licht in meinem Körper,
durch meine Körper und um meine Körper herum.
Ich erlaube meinem spirituellen Körper,
mit meinem physischen Körper zu verschmelzen.
ICH BIN eine Einheit des Lichts.

Ich atme Licht durch das Zentrum meines Herzens ein
und erlaube, daß es sich ausdehnt. Es dehnt sich durch mein

elftes Chakra über meinem Kopf und bis unter meine Füße
aus und schafft ein vereinigtes Feld aus Licht in meinem
Körper, durch meine Körper und um meine Körper herum.
Ich erlaube meiner Überseele,
mit meinem physischen Körper zu verschmelzen.
ICH BIN eine Einheit des Lichts.

Ich atme Licht durch das Zentrum meines Herzens ein und
erlaube, daß es sich ausdehnt. Es dehnt sich durch mein
zwölftes Chakra über meinem Kopf und bis unter meine
Füße aus und schafft ein vereinigtes Feld aus Licht
in meinem Körper, durch meine Körper
und um meine Körper herum.
Ich erlaube der Christus-Überseele, mit meinem physischen
Körper zu verschmelzen.
ICH BIN eins mit dem Licht.

Ich atme Licht durch das Zentrum meines Herzens ein
und bitte die höchste Ebene meines Geistes, durch dieses
Zentrum meines Herzens zu strahlen und dieses vereinigte
Feld völlig auszufüllen. Ich strahle an diesem heutigen Tage.
ICH BIN eins mit dem Licht.

Kapitel 17

Das Höhere Selbst und die ICH BIN-Gegenwart

Aus Recherchen in den Werken von Alice Bailey geht hervor, daß es 60 000 Millionen individualisierte Geistfunken (sprich Monade/n oder ICH BIN-Gegenwart) des Schöpfers gibt. Jede Monade brachte zwölf Feuerfinger (Seele/n oder Höheres Selbst) hervor. Jeder dieser Feuerfinger schuf zwölf individualisierte Seelen. Man nennt sie auch unsere »Seelenerweiterung« oder »Persönlichkeiten«, die als menschliche Körper inkarniert sind. Wahrscheinlich sind nicht alle Seelenerweiterungen derzeit verkörpert.

Es gibt zahlreiche Geschichten über die Entstehung der Menschheit und darüber, wie die göttlichen Funken sich in einer irdischen Hülle verkörperten. Ich denke, wer sich dafür interessiert, hat die Möglichkeit, eigenständige Grundlagenforschung zu betreiben und Modelle zu entwickeln oder Schlüsse zu ziehen, die auf ihn persönlich zugeschnitten sind. Ich möchte mich hier nicht mit tiefgründigen Erklärungen oder Untersuchungen aufhalten, da die Frage »Weshalb sind wir hier?« aus meiner Sicht interessanter ist als die Frage »Wie sind wir hergekommen?«, obschon beide Fragestellungen faszinierend sind. Zu entdecken, weswegen wir hier sind, erhöht automatisch die persönliche Lebensqualität.

In dem Buch »The Prism of Lyra« von Lyssa Royal und Keith Priest wird ein interessanter Bericht aus galaktischer Sicht vorgestellt. Diese Schrift regt Vorstellungen über beispielsweise das zukünftige Selbst an. Da Vergangenheit, Gegenwart und Zukunft gleichzeitig existieren, kann ein Wesen sich mit Teilen seiner selbst über Zeitgrenzen hinweg verbinden. Außerirdische sind angeblich zukünftige Menschen. Sie nehmen oft Kontakt mit ihren früheren Existenzen auf, wie etwa ihren vorausgegangenen irdischen Inkarnationen, um eine Verknüpfung herzustellen, da dies häufig ihre eigene Vergangenheit heilen kann. Menschen, welche die

Täuschung des linearen Zeitverlaufs durchschaut haben – der sich auf das Raum-Zeit-Kontinuum der dritten und vierten Dimension beschränkt – spekulieren, daß nicht nur zahlreiche Außerirdische einfach zukünftige Menschen seien, sondern daß auch der Begriff des Höheren Selbst oder des zukünftigen Selbst austauschbar sei. Demnach würde ein zukünftiges Selbst eine entwickelte Variante des gegenwärtigen oder vergangenen Selbst darstellen. Im übrigen erforscht dieses Buch die Planetensysteme, aus denen, Berichten zufolge, die Menschen gekommen seien, sprich unser galaktisches Erbgut.

Zahlreiche New Age-Bücher und gechannelte (medial empfangene) Schriften beziehen sich auf derlei Schöpfungsgeschichten in verschiedenen Abstufungen. Im letzten Kapitel dieses Buches wird ein Auszug aus dem »Wassermann-Evangelium von Jesus dem Christus« von Levi wiedergegeben. Dieser Schöpfungsbericht wird einige Leser interessieren.

Die übereinstimmende Meinung all dieser Schriften ist, daß wir Geistwesen sind, die versuchen, eine menschliche Erfahrung zu machen. Man geht davon aus, daß wir evolutionsmäßig in eine dichtere Ausdrucksform und Schwingungsebene zurückfielen, damit wir die Erfahrung des Lebens in körperlicher Form und durch die Sinne machen können. Es gilt, uns zu entwickeln und zu lernen, wieder in unsere reinere Form hineinzuwachsen, sobald die Zeit dafür reif und das Experiment erfüllt ist. Die meisten Quellen (einschließlich der Bibel, die diese Zeitperiode den Sündenfall nennt) sind sich einig darüber, daß wir irgendwann vergaßen, daß wir Geistwesen sind, die Menschen zu sein versuchten und allmählich zu glauben anfingen, wir seien lediglich Körper, Verstand und Gefühle und weiter nichts. In einigen Religionen erzeugte der

Glaube an unsere Begrenztheit Gefühle von Getrenntsein und ließ ein Gottesbild außerhalb von uns entstehen.

Alle heiligen Aufzeichnungen, Schriften, Lehren und Prophezeiungen berichten von dieser Zeit des Erwachens, wenn auch unter verschiedenen Bezeichnungen. Die Rede ist von Harmageddon gefolgt von einer tausendjährigen Friedenszeit, dem Anbrechen des Goldenen Zeitalters, wenn die Geburtswehen der Erde abgeschlossen sind, dem Wassermannzeitalter und so weiter. Vieles ist über diese Zeit vorausgesagt worden. Es ist eine Zeit des großen Erwachens, da die Menschen zunächst auf individueller und nachfolgend auf kollektiver Ebene den Glauben an ihre Begrenztheit ablegen und ihr wahres göttliches Wesen entdecken.

Dieses göttliche Wesen ist als Gottselbst, Höheres Selbst, ICH BIN-Gegenwart, Christusbewußtsein u.v.a.m. bezeichnet worden. Diese Begriffe verweisen alle auf jene reine Kraft, die uns erhält. Das höhere Selbst bezieht sich auf den Aspekt von uns, der auf eine reinere Schwingungsfrequenz (harmonischeres Verhältnis zum eigenen Gottselbst) gestimmt ist. In der Theosophie gilt das höhere Selbst als unsere Seele und Verbindungsglied zum inneren Gott ICH BIN. Die ICH BIN-Gegenwart, die mit der Monade und dem göttlichen Funken identisch ist, stellt unseren reinsten Aspekt dar. Die bewußte Ausrichtung auf diese höheren Energien führt dazu, daß wir vom Göttlichen imprägniert oder durchdrungen werden, wodurch unser Leben harmonischer, froher, liebevoller und wirklich erfüllt verlaufen kann. Das ist wie in der Geschichte von dem verirrten Kind, das müde, hungrig und ganz allgemein unglücklich ist. Nach Hause zu kommen, geliebt und umsorgt zu werden, ist so, wie die Verbindung zu unserem wahren Zustand des Seins zu finden.

Wie bereits erwähnt, ist die Verbindung mit unserer göttlichen Essenz, der ICH BIN-Gegenwart, mit dem Schälen von einer Zwiebel vergleichbar, wodurch ein schöner Kern freigelegt wird. Der Kern ist die ICH BIN-Gegenwart, und die Schalen sind die Schleier der Täuschung – Ängste, emotionale Narben, der Glaube an Tod, Altern, Krankheit, Begrenztheit u.v.a.m. –, die wir jahrtausendlang auf diesem dichten Planeten getragen und angesammelt haben. Irgendwann entwickeln sich ALLE zu der Einsicht, daß es nicht nur mehr geben muß, sondern daß es tatsächlich mehr gibt. Es heißt, das Höhere Selbst und die ICH BIN-Gegenwart, die wegen ihrer unermeßlichen Größe und Multidimensionalität auf vielen anderen Seinsebenen existieren, befaßten sich nicht mit der Erweiterung der Seele oder Persönlichkeit, solange die Seelenerweiterung (d.h. der irdisch verkörperte Mensch) sie nicht sucht. Der erste Schritt ist daher der aufrichtige Herzenswunsch nach mehr Wissen.

Hierzu ein Gleichnis: Eine Mutter oder ein Vater behält sein Kind auf dem Spielplatz im Auge und paßt auf, was es tut, ist jedoch mit Zeitunglesen beschäftigt, bis das Kind sich meldet und sagt, es sei müde und wolle nach Hause gehen. Dann übernimmt die Elternfigur die Verantwortung, indem sie das Kind sacht bei der Hand nimmt. Weiterhin muß das Kind selbst laufen und weiterhin muß es entscheiden die Reise fortzusetzen. Der freie Wille erlaubt dem Kind, zu jammern und widerstrebend hinterherzuschlurfen oder ruhig und zufrieden mitzugehen. Nach diesem Muster verläuft unsere Entwicklung. Niemand außer uns selbst kann den Weg der Wiedervereinigung mit dem eigenen inneren Gott gehen, denn es ist eine Reise nach innen, und nur wir können unsere Schwingungsfrequenz mit unserer reinen Wesensessenz in Einklang bringen. Denn unsere Frequenz hängt von unserem Denken ab. Und wer sonst als wir selbst denkt unsere Gedanken? Unsere Schwingungsfrequenz verändert sich durch unsere Worte und Handlungen und welche Wahl wir treffen hinsichtlich Ernährung, Wahrnehmung und vieles anderes mehr. Der Einfluß von Gedanken und unbewältigter Negativität wurde in den vorigen Kapiteln erläutert. In Kapitel 23 wird ausgeführt, wie man seine Schwingungsfrequenz und die Energiesignale bewußt verändern kann.

Die ICH BIN-Gegenwart, das höhere Selbst und die Persönlichkeit verfügen jeweils über drei Aspekte:

1. **Das ICH BIN oder die Monade besitzt:**
a) Willen oder Macht – das Vaterprinzip,
b) Liebe/Weisheit – das Sohnprinzip,
c) aktive Intelligenz – das Prinzip des Heiligen Geistes.

2. **Das Höhere Selbst oder die Seele beziehungsweise das Überbewußtsein verfügt über:**
a) spirituellen Willen,
b) Intuition – Liebe/Weisheit – das Christusprinzip,
c) höheren Verstand.

3. **Die Persönlichkeit verfügt über:**
a) den Mentalkörper,
b) den Emotionalkörper und
c) den physischen Körper.

Der Geistleib oder dessen Energiefeld verbindet die Persönlichkeit mit dem Höheren Selbst. Die Vereinigung des Höheren Selbst oder der Seele mit der Persönlichkeit wird erreicht, wenn man sich selbst und anderen bedingungslose Liebe entgegenbringt, ständig im Dienst steht und die Einheit allen Seins und Gott in allem erkennt.

Die Vereinigung mit der ICH BIN-Gegenwart tritt nach der Vereinigung mit dem Höheren Selbst ein und erzeugt einen Zustand der vollkommenen Selbstverwirklichung (Erleuchtung) und Selbstmeisterung. In diesem Seinszustand ist ein Wesen von Karma und vom Rad der Wiedergeburt befreit. Hat ein Mensch diesen Integrationsvorgang vollzogen, ist er physisch unsterblich, kann sich nach Belieben dematerialisieren und rematerialisieren und kennt keine Begrenzung mehr.

Wie bereits in den vorigen Kapiteln erläutert, sind wir einfach Energiesysteme. Alles ist Energie, die weder erschaffen noch zerstört werden kann, sondern einfach ihre Form verändert. Energie ist beständig und weder als rein noch als unrein einzustufen. Allerdings läßt sich die Bewußtseinsstufe des jeweiligen Trägers feststellen, durch den die Energie zum Ausdruck kommt. Wie sich Bewußtsein ausdrückt, wird in Kapitel 23 über Schwingungsfrequenzen ausführlich beschrieben. Das Bewußtsein bewegt sich von einem einzigen Ausdruckspunkt in einem Atom bis hin zum *kosmischen Leim* der reinen Liebesschwingung, der die Molekularstruktur von Allem Was Ist zusammenhält. Die Schöpferkraft ist ihrem Wesen nach reine Liebe, und alle, die schon einmal davon gekostet oder ihr Bewußtsein mit der Schöpferkraft vereinigt haben, werden dem zustimmen.

Die Entwicklung und das Wachstum des Bewußtseins kann mit der Rolle eines Gärtners verglichen werden, der mit der Pflege des Gartens der Schöpfung betraut wurde. Wenn wir zum erstenmal in jenen Garten kommen, um dort unsere Stellung anzutreten, stellen wir womöglich fest, daß es nichts außer üppigen, leuchtend gelben Sonnenblumen zu sehen gibt, die aus verschiedenen Gründen unsere Aufmerksamkeit auf sich ziehen. Wir versorgen und gießen sie, jäten das Unkraut, das unter ihnen wächst, sprechen mit ihnen, bis wir eines Tag zu dem Schluß kommen, daß es doch noch mehr geben muß. Mehr wovon? Vielfalt? Da fängt die Suche an. Wir wandern durch den Garten, und eines Tages stolpern wir über einen Flecken mit schönen gelben Narzissen. Sie waren schon immer dort, aber vielleicht haben wir sie übersehen, weil ihre Farbe ganz mit der Umgebung verschmolz. Also fangen wir an, sie ebenfalls zu betreuen. Dank unserer liebevollen Pflege gedeihen sie und vermehren sich, und schon bald haben wir ein reines Narzissenbeet geschaffen! Jetzt wird es uns bewußt, daß es vielleicht noch andere Blumen gibt, wenn doch die Narzissen schon immer dagewesen waren. Wir sind aufgeschlossener und halten Ausschau nach neuen Blumenarten, um damit den Garten zu verschönern. Im Lauf der Zeit finden wir Rosen, Petunien, Orchideen, die alle besondere Pflege und Zuwendung benötigen, aber uns mit ihrer Blütenpracht für unsere Mühe belohnen. Wir fühlen uns bereichert durch diese Entdeckungen und sind offen für weitere seltene Blumenschönheiten, über die wir eines Tages wieder stolpern könnten.

Gelegentlich treffen wir einen der anderen Gärtner. Wenn wir unsere Erlebnisse mitteilen, sind manche begeistert und fangen an, in ihrem Garten nach anderen Blumen zu suchen (denn bisher waren sie immer der Meinung gewesen, daß es nichts weiter als Sonnenblumen gäbe). Andere Gärtner werden uns sagen, daß nur Sonnenblumen wachsen können und daß es nichts anderes gäbe. Wir würden uns das alles nur einbilden. Auch wenn wir es ihnen zeigen würden, wären sie außerstande, etwas zu sehen oder zu hören. Sie sind so sehr auf ihre Sonnenblumen fixiert, deren Pflege Zeit und Anstrengung kostet, daß sie vielleicht nicht die Kraft oder den Wunsch haben, Ausschau nach etwas Unbekanntem zu halten. Es erscheint ihnen leichter, sich um das Vorhandene zu kümmern. Mag sein, daß sie ihren Garten schon einmal durchforscht, jedoch nichts gefunden haben, was ihnen gefiel, nur Unkraut. Unsere Berichte machen gar keinen Eindruck auf sie, aus welchen Gründen auch immer. Hin und wieder treffen wir auf einen Gärtner, der außer den Blumen, die wir entdeckt haben, noch weitere Arten gefunden hat. Jeder Garten ist gleich groß und birgt das gleiche Potential. Wenn wir uns so austauschen, lassen wir uns inspirieren und begeistern und setzen unsere Entdeckungsreise fort.

Wenn wir alle Blumen, die wir uns derzeit wünschen, ausfindig gemacht haben, können wir uns Ruhe gönnen, die Früchte unserer Arbeit genießen und zuschauen, wie alles wunderbar blüht oder einen Teil des Gartens besonders ausbauen. Wenn etwa Rosen unsere Lieblingsblumen sind, richten wir das Rosenbeet zum Mittelpunkt des Gartens her. Unsere Gärtnerkollegen bevorzugen vielleicht Orchideen oder andere Sorten. Alles ist aufgrund unseres Wahrnehmungsvermögens zustande gekommen. Wir haben das Vorhandene verschönert und es uns und anderen gezeigt, damit alle sich daran erfreuen können. Alles war schon immer da gewesen, blieb jedoch unentdeckt, bis wir bewußt hingeschaut haben, obwohl wir hin und wieder auch durchaus zufällig auf etwas gestoßen sind. Da alles wächst, wenn wir unsere Aufmerksamkeit darauf richten, wird dies auch auf das Bewußtsein zutreffen. Bewußtheit erschafft Bewußtsein. Wenn wir auf Gelegenheiten warten, erkennen wir sie auch, wenn sie auf uns zukommen.

Da Bewußtsein mit Energie verbunden ist beziehungsweise Energie durch Bewußtsein definiert wird, wächst und entwickelt sich alles zu jeder Zeit und erweitert sich wie ein Fluß, der sich zurück zu seiner Quelle windet, dem Ozean. Das Wasser im Meer wird tröpfchenweise von den Wolken aufgesogen. Sie werden über das Gebirge getrieben und lassen den Regen ab, der Ströme und Flüsse füllt, die ins Meer zurückfließen. Die hermetische Formel: Wie oben, so unten, besagt einfach, daß alles eine Widerspiegelung ist. Wer sich auf den Energiefluß der Schöpfung einschwingt, wird auf die festgelegten Bahnen der Schöpfung selbst geführt. Der Schöpfer zeigt sich als schöpferischer Ausdruck, in dem die Mitschöpfer neue Kreationen hervorbringen und die Schöpfung erkennen – ein Zustand, in dem Schöpfer und Geschöpfe nicht mehr voneinander getrennt sind. All das sind notwendige Schritte in der Entwicklung des Bewußtseins. Einst waren die Menschen formlose schöpferische Energie, die sich dann in festen Formen ausdrückte. Jetzt nehmen wir unsere Natur wahr, die keine Grenzen kennt, werden uns ihrer bewußt, ebenso wie der

Energie, die uns erhält, und unserer immanenten schöpferischen Fähigkeiten. Wir erschaffen mittels der Gedanken. Was wir erschaffen, hängt von der Reinheit unserer Gedanken ab, von der Bewußtheit, die mit den Gedanken einhergeht. Solange wir leben, lernen wir und werden immer bewußter. Wir suchen nach Selbsterkenntnis und dem Sinn des Lebens. Wir rufen unsere reineren Aspekte herbei – unser Höheres Selbst – und entwickeln uns zu Mitschöpfern in diesem Spiel des Lebens. Wenn wir uns mit unserem höheren Selbst vereinigt haben, rufen wir unsere ICH BIN-Gegenwart, die Monade, den göttlichen Funken herbei. Sobald sich unser Bewußtsein mit unserer ICH BIN-Gegenwart vereinigt hat, werden wir wieder eins mit der Schöpfung, da wir uns nicht mehr getrennt fühlen und nur noch Einheit erfahren.

Die nachfolgend zitierten Informationen, die aus einer anderen Quelle (»Das Buch des Wissens: Die Schlüssel des Enoch«) entnommen wurden, habe ich eingefügt, da sie auf das jeweilige Bewußtsein verweisen, das den Energiefeldern der höheren Körper anhaftet. Die höheren Körper werden auch in Kapitel 16 über die Chakras beschrieben. Die vorliegenden Angaben werfen ein anderes Licht auf die Thematik der höheren Energiefelder und die darin enthaltenen natürlichen Gaben des Bewußtseins unseres göttlichen Selbst.

1. Der Elektromagnetische Körper

»Dieser Vehikel-Körper kodiert euren physischen Körper direkt in andere Bewußtseins-Regionen des lokalen Universums mittels der ganzen Reihe oder Familie elektromagnetischer Wellen. Das EM-Vehikel muß mit seinem »Christus-Überselbst-Körper« oder einem Meister des Lichts arbeiten, wenn es mit den vielen elektromagnetischen Spektren arbeiten soll... Man muß zuerst das EM-Vehikel mit Licht zum Leuchten bringen, bevor man die Schwelle der negativen Masse überschreiten kann.

2. Der Epi-kinetische Körper

Das biologische Plasma, das vom Energie-Vibrationskörper zur Projektion und Teleportation in einer einzigen Dimension benutzt wird. Der Epi-kinetische Körper ist das Vehikel der Bewußtseins-Vibration, das die gemeinsamen kinetischen Paradigmen von Geschwindigkeit und Masse durchdringen kann. Große VibrationsSchutz-Energien, Inspiration und die Balance der schöpferischen Bewußtseins-Ebenen mit den unbewußten und unterbewußten Ebenen kann mittels dieses Vehikels der Vibrations-Synthese stattfinden.

3. Der Eka-Körper

Es gibt ein Substrat direkter Strompotentiale im Körper, das den Aktionspotentialen der biologischen Realität vorangeht. Dies ist ein Höherer Bewußtseins-Körper/Körper-Zwei-Substrat, die die inneren Realitäten eines jeden Bewußtseins-Vehikels koordinieren können durch eine untereinander verbundene Uhren-Vielfalt, wobei die Bewußtseins-Zeit unter vollkommener Kontrolle der biologischen Uhren und allgemeinen/weltlichen Realitäten sein kann. Enoch nennt dieses Vehikel den ›Eka-Körper‹, der eine Ansammlung vieler Plus- und Minus-Relativitäten, abhängig von der Beschaffenheit der Bewußtseins-Ebenen ist. Das Bewußtseins-Vehikel, das für die Zeitreise gebraucht wird, während es eine direkte Beziehung zu dem physischen Vehikel beibehält, das an irgendeinem Punkt in der biologischen Zeit zurückgelassen wurde. Dies ist der Körper, mit dem man Zeitreisen in vergangene oder zukünftige Inkarnationen unternimmt. Das Leben in seiner Gesamtheit existiert gleichzeitig, und man kann in alle Dimensionen eintreten, indem man seine bewußte Aufmerksamkeit und seine Wahrnehmung umstellt.

4. Der Gematria-Körper

Das Vehikel der Lichtsynthese im Körper, gebildet durch die ›Lebenskraft‹ der Shekinah, die alle inneren Lichtverhältnisse kontrolliert. Dieser Körper bereitet das menschliche Vehikel darauf vor, mit dem Christus-Körper-Überselbst verbunden zu werden. Auf der physischen Ebene kann er das Verhältnis zwischen dem Plasma-Zustand der lebenden Dinge und der atomaren-molekularen Materie kontrollieren. Der Gematria-Körper ist aus ›Licht-Geometrien‹ zusammengesetzt, die bei der Bewußtseins-Schöpfung, der Inspiration und der Heilung etc., gebraucht werden, die einen jeden der Energie-Meridiane des menschlichen Systems mathematisch so ordnen können, daß sie imstande sind, den Körper zu leiten und mit Energie zu erfüllen.

5. Der Zohar Körper
Das Körper-Vehikel des ›äußeren Lichts‹, das es dem Körper ermöglicht, über den Lichtkegel der unmittelbaren Relativität hinauszugehen. Dieser Körper legt eine Lichtverbindung um die vier anderen Energie-Vehikel der ›Inkarnation‹, so daß der physische Körper zwischen dem heiligen Raum des ›Lichts‹ und dem profanen Raum des ›Lichts‹ unterscheiden kann.«

Kapitel 18

Bestimmung und Dienen

Es scheint in der Entwicklung eines jeden Menschen einen Zeitpunkt zu geben, da der höhere Verstand uns Fragen hinsichtlich unserer zugedachten Rolle, Bestimmung oder unseres Lebenssinns stellt. Unabhängig von der bewußten Motivation werden alle Menschen von der Sehnsucht nach Glück und Sinnerfüllung angespornt.

Die Entdeckung unseres Lebenssinns kann mit dem Versuch verglichen werden, in einem riesigen Puzzlespiel unser eigenes Stück zu finden, wobei der einzige, der das vollständige Bild gesehen hat, der Erfinder des Puzzles ist. In jeder Inkarnation wird uns allen unser eigenes Teilstück zugewiesen, das etwa ein Ausschnitt eines Gartens, eines Flusses oder Berges ist. Zusammen bilden alle Teilstücke das Puzzlespiel. Jedes Teil ist einzigartig und vollkommen und fügt sich gut in das Ganze ein.

Dieses Puzzlespiel wird der größere Plan oder der himmlische Plan genannt. Unsere Bestimmung ist, unser einzigartiges Stück dieses Puzzles ausfindig zu machen. Dienen heißt, völlige Übereinstimmung entstehen zu lassen, damit sich alle Puzzleteile zu einer lückenlosen Ganzheit zusammenfügen. Machen wir die Sache noch etwas komplizierter. Unser persönliches Puzzleteil ist womöglich eine Blume in einem Beet, das in der unteren linken Ecke des Puzzles zu plazieren ist, aber es könnte nun zahllose Teile eines kleineren Puzzles (ein Mikrokosmos im Makrokosmos des Lebens) geben, die zur Entstehung unseres Teils nötig sind. Während wir also unsere Lebenszeiten in den Klassenzimmern der Erde verbringen, finden wir vielleicht in einer Inkarnation den Blumenstiel. Der Stiel konnte stark und dennoch biegsam werden, weil wir in diesem Leben die Lektionen von Geduld oder Mitgefühl gelernt haben. Im nachfolgenden Leben müssen wir vielleicht ein Blatt finden. Jedes Element des Puzzles ist in sich bereits vollkommen und vollständig, und so wächst und entfaltet sich unser Bewußtsein und Wahrnehmungsvermögen. In dem Maße, wie wir unsere göttliche Natur immer deutlicher wahrnehmen und unser Bewußtsein sich erweitert, nimmt unsere Fähigkeit zu, die Vollkommenheit in allem zu erkennen.

Im Lauf unserer Ausbildung stoßen wir manchmal auf ein Stück, das scheinbar nicht hineinpaßt, und erst wenn wir dazugelernt und anderes entdeckt haben, ergibt es plötzlich einen Sinn. Es ist, als ob wir eine Wurzel und eine Blüte, jedoch keinen Pflanzenstiel gefunden haben. Beide Teile gehören anscheinend nicht zusammen, doch schließlich fügen sie sich zusammen. Es leuchtet ein, daß es unangebracht ist, andere zu beurteilen, da sie womöglich an einem Stück Wolke oder Sonne arbeiten, während wir unser Blumen- oder Gartenbeet anlegen. Alles ist einzigartig und fügt sich gemäß des göttlichen Plans vollkommen ineinander.

Was ist nun eigentlich dieser größere göttliche Plan? Zunächst bin ich zu der Erkenntnis gelangt, daß die Reichweite der Schöpfung so unermeßlich groß ist, daß sie sich intellektuellem Verständnis entzieht, selbst wenn wir über ein tiefes inneres Wissen verfügen sollten. Zweitens, das gegenwärtige Geschehen auf dem Planeten Erde ist mit einem kleinen Schnipsel eines noch grandioserem Puzzlespiels und Plans vergleichbar. Auf jenem Schnipsel spielen wir die uns bestimmte Rolle als Staubkörnchen, wobei nicht unterschätzt werden darf, wie einzigartig und göttlich jedes Staubkorn an sich ist. Verengen wir nun das Sichtfeld und wenden wir uns dem Teil des größeren Plans zu, der mit dem Quadranten unseres Universums zum gegenwärtigen Zeitpunkt innerhalb des linearen Zeitrahmens zu tun hat.

Aus meinen Nachforschungen und persönlicher Kommunikation mit den Aufgestiegenen Meistern geht hervor, daß der Planet Erde im Aufsteigen begriffen ist und wieder zu seiner wahren göttlichen Natur erwacht. Die Wandlungsprozesse und das Erwachen verursacht einen Dominoeffekt, denn alle Wesen, die sich in seinen Energiefeldern aufhalten, werden ebenfalls erwachen und aufsteigen. Diese Zusammenhänge werden in Kapitel 25 über den Aufstieg erörtert. Es versteht sich von selbst, daß nicht nur ein großes Erwachen stattfindet, sondern auch eine Zeit großer Feste bevorsteht, als ob eine Volljährigkeits-Party abgehalten wird!

Wie bei jeder Feier gibt es viel zu planen und zu organisieren und wir können uns für zahllose Aufgaben zur Verfügung stellen. Zu vergeben sind die Stellen für Dekorateure, Köche und Lieferanten, Musikanten, den Conférencier, die Gäste, das Servicepersonal und so weiter. Man kann das Ganze auch mit einer Premierenfeier vergleichen, die stattfindet, wenn das grandiose Theaterspiel (das zuvor erwähnte Spiel des Lebens) ein Riesenerfolg geworden ist, nachdem es ein paar kleinere oder sogar größere Schluckaufs überstanden hat (die menschliche Entwicklung bis zum heutigen Tag!). So bereitet sich die Erde innerhalb des linearen Zeitrahmens auf eine große Feier vor – eine Neugeburt.

In diesem Zusammenhang bedeutet Bestimmung: Die Entdeckung, daß wir zu der Party eingeladen sind, und Dienen heißt, daß wir dafür Sorge tragen, daß alle Gäste sich großartig unterhalten. Dienen heißt, wir stellen uns dem Conférencier (dem göttlichen Willen) zur Verfügung und erfüllen die uns zugewiesenen Aufgaben zum Wohl der ganzen Show. Die Faszination des Dienens ist, daß der Meister immer den besten Diener abgibt und daß niemand wirklich dienen kann, der noch nicht gelernt hat, sich über seine Rolle unbändig zu freuen und sie in dem Theaterstück gut zu spielen. Genau dieser Erfolg wird hier gefeiert! Das Servicepersonal auf diesem Fest kann allein durch sein Beispiel dienen! Vergessen Sie nicht, die

Feier findet zum Nutzen aller statt, die am Spiel des Lebens teilnehmen – Schauspieler, Bühnenpersonal, Publikum und andere mehr.

Lord Sananda bezeichnete die Erde einst als eine gigantische Bibliothek und Bildungsanstalt. Jede Inkarnation hat einen vorherbestimmten Zweck. Möglicherweise verbringen wir ein ganzes Leben damit, Religion und/oder Wissenschaft, Kunstgeschichte, Musik oder eine andere beliebige Fächerkombination zu studieren. Mag sein, daß dabei nicht viel vom Inhalt dieser Themen oder Fächer bei uns hängenbleibt, aber während wir am Unterricht teilnehmen und unseren Verstand schulen, ist das Leben der Lehrer. So kann in einer Inkarnation der Schwerpunkt auf der Erfahrung von Mitgefühl, in einer anderen Inkarnation auf Ausdauer liegen.

Die Bestimmung ist also ein vielschichtiger Prozeß. Nach linearer Zeitrechnung verbringen wir vermutlich Jahrtausende damit, uns auf die uns zugedachte Rolle vorzubereiten. Teil unserer Ausbildung ist zu lernen, uns an jeder Station der Reise zu erfreuen und uns nicht nur auf das Endziel zu konzentrieren. Wenn wir diesem Prozeß vertrauen, können wir dazu übergehen, alle Lebenserfahrungen zu lieben, wertzuschätzen und zu genießen. Vertrauen ermöglicht uns die Einsicht, daß alle Dinge geschehen, damit wir daraus lernen und uns von ihnen inspirieren lassen, um unseren Teil zur Vollkommenheit beizutragen, so wie es der größere Plan vorsieht.

Wenn wir vertrauen und uns auf die Führung des inneren Lehrers, unseres Höheren Selbst und der ICH BIN-Gegenwart einlassen, stellen wir fest, daß wir voller Freude und im Gleichklang mit unserem Höheren Selbst durchs Leben gehen. Der innere Lehrer erhielt die Einladung, er kennt die Adresse, weiß, welche Rolle wir dieses Mal spielen werden und unterweist uns dementsprechend.

Das Schicksal ist vorherbestimmt, der freie Wille erlaubt uns, die Ausbildungsmethoden für die uns zugedachte Rolle zu wählen. Das Dienen ist ebenso vielschichtig und wird von der Qualität unserer Absicht bestimmt. Allerdings ist inzwischen vielen Menschen klar geworden, daß es einfach effektiver ist, ihren eigenen Willen mit dem Willen des Schöpfers des Puzzles oder Plans abzustimmen, der offensichtlich das ganze Bild kennt. Der innere Lehrer, den wir bei regelmäßiger Meditation und Kontemplation befragen können, wirkt als direktes Bindeglied zwischen uns und dem Schöpfer.

Zum jetzigen Zeitpunkt der linearen Zeitrechnung münden die erfolgten Verkörperungen des Lernens und der Vorbereitung bei vielen nun in ein großes Erwachen und Feiern ein. Einige werden ihre Ausbildung fortsetzen müssen, denn obwohl auch sie eingeladen werden, erkennen sie vermutlich nicht die Bedeutung und beschließen, nicht daran teilzunehmen. Die Betreffenden werden mit dem Kreislauf der Wiedergeburten fortfahren und in ein ähnliches Lehrinstitut auf einem anderen Planeten eintreten, dessen Schwingungsfrequenz sich mit der ihrigen deckt. Also, ich darf wiederholen, alle Dinge haben ihre Gültigkeit, und alles wird sich sanft, vollkommen und rhythmisch entfalten.

Kapitel 19

Ausgewogenheit und Integration – Ermächtigung und Erleuchtung

Wenngleich die Heimreise aus vielen Einzelschritten besteht, bin ich der Meinung, daß man sie im weitesten Sinn in vier Hauptbereiche unterteilen kann.

Ausgewogenheit
Integration
Ermächtigung
Erleuchtung

Diese Aspekte werden in dem Symbol der Akademie für Selbstermächtigung dargestellt, das ich in der Meditation empfangen habe.

Ausgewogenheit: Das alte Symbol des Quadrates repräsentiert von jeher Gleichgewicht. Es steht für die Ausgewogenheit des Ostens, Südens, Westens und Nordens – das Gleichgewicht der entgegengesetzten Kräfte. Unterteilt man das Quadrat in zwei Dreiecke, stellt es zwei Hälften eines Ganzen dar, die Dualität des irdischen Daseins. Um über das Bewußtsein der Dualität hinauszuwachsen, müssen wir im Gleichgewicht sein. Es muß innen wie außen ein ausgewogenes Verhältnis der Energien von männlich/weiblich, positiv/negativ und hell/dunkel vorliegen. Die diagonale Linie durchtrennt symbolisch das Quadrat und stellt die Dualität dar. Sobald wir beide Hälften oder Dreiecke miteinander verbunden haben, sind wir integriert oder komplett. (In Kapitel 21 über Androgynität wird dies näher ausgeführt.)

Integration wird in Form eines Kreises dargestellt. Das uralte Symbol des Kreises drückt Ganzheit oder Vollendung aus. Wer vollständig integriert ist, wird ganz. Die Ganzheit ist wiederhergestellt, sobald man alle Aspekte seines Wesens integriert hat. Haben wir gelernt, alle Dinge in uns zu lieben und zu schätzen, da sie uns an diesen Punkt in unserer Entwicklung gebracht haben, sind wir reif, Methoden anzuwenden, die in den vorigen Kapiteln beschrieben worden sind. Sie tragen dazu bei, das alltägliche »Ich« aufzubrechen und das göttliche »Ich« zu finden, weil wir wissen, daß Ganzheit durch unsere Einstimmung auf unsere reine Essenz entsteht, nachdem wir uns von allem unnötigen Ballast befreit haben.

Die Menschheit unterzieht sich gegenwärtig einem kollektiven Integrations- und Ausgleichsprozeß aller Anteile des Selbst. Es findet eine Reise zur Ganzheit durch Ausgewogenheit statt. Hat ein Mensch alle Aspekte seines Wesens integriert, ist seine Resonanz oder Schwingung auf einen Frequenzbereich eingestimmt, der Kommunikation mit höheren Welten ermöglicht.

Ermächtigung: Das Dreieck ist zugleich eine Pyramide. Man sagt, daß Pyramiden ein Hilfsmittel zur Kommunikation und Brücke zu anderen Welten waren. Das Dreieck umfaßt zwei Aspekte. Der erste eröffnet uns einen Zugang zu höherer, reinerer Führung oder der Vereinigung mit unserem Gottselbst. Aufgrund ihres reinen Ursprungs verstärkt diese Führung die Integration und den Ausgleich aller Lebensaspekte. Wie unsere Innenreise verläuft – Quadrat, Kreis, Dreieck – so ist es auch in der Außenwelt – klare Führung, stabile Integration der Führung, was dann zu einem vollkommenen inneren und äußeren Gleichgewicht führt. Es bildet sich ein gleichmäßiger

Rhythmus, ähnlich wie bei der Ausdehnung und Kontraktion der Energie oder der Aus- und Einatmung der Schöpfung. Alles fließt natürlich. Der zweite symbolische Aspekt des Dreiecks ist die heilige Dreifaltigkeit. Die Symbolik der Dreifaltigkeit spricht für sich selbst, es genügt hinzuzufügen, daß vollkommene Vereinigung zu »Ermächtigung« führt, was stets mit einer klaren, starken inneren Führung, Ganzheit und Gleichgewicht einhergeht.

Erleuchtung: Die beiden ineinander liegenden Dreiecke versinnbildlichen die männlichen/weiblichen Aspekte unseres Wesens, die vollständig ineinander aufgehen, integriert und harmonisch ausgerichtet sind. Die Verschmelzung der beiden Dreiecke bildet (zweidimensional) einen Davidstern oder (dreidimensional) zwei einander durchdringende Tetraeder. Sie stehen symbolisch für die Merkabah – das Lichtfahrzeug, das interdimensionale Reisen und Freiheit ermöglicht. Der Sechsstern versinnbildlicht gleichfalls Erleuchtung. Mit Hilfe von Ausgewogenheit, Integration und Ermächtigung durch klare, innere Führung von seiten des inneren Lehrers oder des Gottselbst erlangt man Erleuchtung.

Schauen wir von außen nach innen, so erkennen wir, daß Erleuchtung nur durch den Weg nach innen zu erreichen ist, wobei jeder einzelne Schritt getan werden muß. Ohne Gleichgewicht können wir unsere Anteile nicht integrieren. Wer nicht integriert ist, kann keine Führung höchster Reinheit empfangen, da die Reinheit der übermittelten Botschaften von der Reinheit des Kanals abhängt. Reine Führung bewirkt »Ermächtigung«. Nach vollständiger »Ermächtigung« wird man Erleuchtung erlangen.

Kapitel 20

Meditation zur Ermächtigung und die violette Flamme der Freiheit

Ich glaube, daß diese Meditation erstmals als inspirierte Durchsage von der Aufgestiegenen Meisterin Kuan Yin im Jahre 1982 erfolgte. Sie ist Bestandteil der Einweihung in »Magnified Healing«, einer Methode, die gleichfalls von Kuan Yin überwacht wird. Kuan Yin ist als Göttin der Barmherzigkeit und Nächstenliebe bekannt und wird schon seit Jahrtausenden in den östlichen Kulturen verehrt. Mit ihrer Erlaubnis habe ich an dieser Meditation gearbeitet, um damit Menschen zu ermöglichen, ihre eigene wahre Macht zu beanspruchen, den Seinszustand von Gott/Göttin.

Bei der Mehrheit der Menschen, mit denen ich gearbeitet habe, hat sich ihr mangelnder Selbstwert und die Zweifel an ihrem wahren göttlichen Wesen als größtes Hindernis erwiesen. Oftmals drückt sich ihr fehlender Selbstwert als ihre Unfähigkeit aus, sich in ihrem übervollen Terminplan regelmäßige Zeiten freizuhalten, um mit sich in der Stille zu SEIN. Wenn wir uns selbst wirklich liebten und schätzten, würden wir die gleiche Mühe für die Beziehung mit uns selbst und unserem inneren Lehrer aufwenden, wie in bezug auf unsere Angehörigen. Würden wir Zeit mit dem inneren Lehrer verbringen, würden sich ganz natürlich Selbstliebe und Selbstachtung einstellen.

So wie bei allen vorausgegangenen geführten Meditationen in diesem Handbuch empfehle ich Ihnen, eine Version der folgenden Meditation auf Tonkassette aufzuzeichnen Hören Sie diese Kassette/CD und meditieren Sie solange regelmäßig danach, bis das erwünschte Ergebnis eingetreten ist. Diese Meditation dient dazu, uns zu ermächtigen, in die innere Welt unseres Wesens, in unser königliches Selbst, einzutreten. Außerdem öffnet sie uns für die innere Führung, nachdem wir uns energetisch neu eingestimmt haben mit Hilfe der dreifältigen Flamme der Liebe, Weisheit und

Macht, die vereint die violette umwandelnde Flamme der Freiheit bilden. (Vor der Meditation zur Ermächtigung habe ich zusätzlich eine einfache Meditation eingefügt, die ebenfalls die violette Flamme verwendet.)

Ehe ich diese Meditationen vorstelle, möchte ich gern etwas Aufklärung und Hintergrundwissen über den Chohan des violetten Strahls und der violetten Flamme behandeln. Der Aufgestiegene Meister Saint Germain vertritt den siebten Strahl der spirituellen Freiheit. Er wirkt mit dieser Flamme, die eine der machtvollsten Kräfte der Universen ist. Saint Germain ist auch bekannt unter dem Namen Graf de Saint Germain, und er hat sich besonders der Bewußtseinsentwicklung Europas (Renaissance) angenommen. Man kennt ihn auch als Meister Ragoczy. Angeblich trat er in seinen früheren Verkörperungen als Apostel Matthäus, Merlin und sogar Christopher Kolumbus auf. (Berichte dieser Art weichen je nach der medialen Quelle bisweilen voneinander ab.)

Saint Germain hatte in der Frühgeschichte der Vereinigten Staaten von Amerika eine führende Stellung, indem er die Niederschrift der Unabhängigkeitserklärung überschattete. Außerdem hat er die drei Bände mit den 33 Reden dem Medium Godfre Ray King übermittelt. In meinem persönlichen Kontakt mit ihm ließ er mich wissen, daß er gegenwärtig viele Zeitgenossen dahingehend überschatte, die Presse auf positive Weise zu nutzen, damit Aufklärung vermittelt wird, die sowohl inspirierend als auch informativ ist.

Der Erzengel Zadkiel arbeitet mit ihm zusammen. Er hilft, das Neue Goldene Zeitalter einzuleiten, indem er die Menschheit unterrichtet, wie die in uns angesammelte negative Energie in Licht umgewandelt werden kann. Dies geschieht, indem wir die Strahlkraft dieser Flamme der Vergebung nutzen und aufrechterhalten. Bekannt ist auch, daß Saint Germain den Amethyst verwendet, der die Verdichtung des violetten Strahls darstellt.

Die Freiheit, die wir mit Hilfe des siebten Strahls gewinnen, befreit uns vom Rad des Lebens und Sterbens. Es ist die Freiheit, den Willen von Mutter/Vater-Schöpfer Gott auszuführen, die Freiheit, über irdische Beschränkungen hinauszuwachsen, die Freiheit, die göttliche Lebenskraft zu erkennen, die die ganze

Schöpfung durchzieht sowie die Freiheit, eine Beziehung zu dieser göttlichen Kraft einzugehen, indem wir Frieden, Liebe und Verständnis in unser Leben aufnehmen. Freiheit heißt, anzuerkennen, daß diese göttliche Lebenskraft Gott ist, der sich in Myriaden individualisierter Formen ausdrückt, und dann weiter die Ganzheit zu erkennen, von der alles ein Teil ist. Freiheit heißt, die Schleier der Trennung und der Unwissenheit aufzulösen und zu wissen, daß wir freudig, sicher und harmonisch in das Unbekannte eintreten können!

»Das ewige Gesetz des Lebens: Was du denkst und fühlst, überträgst du in Formen. Du bist dort, wo deine Gedanken hingehen, denn du bist dein Bewußtsein. du entwickelst dich zu dem, worüber du meditierst.«

SAINT GERMAIN

Affirmationen für Freiheit durch Vergebung mit Hilfe der violetten Flamme

»Durch die Macht, Liebe und Gnade
meiner schönen ICH BIN-Gegenwart
rufe ich die violette umwandelnde Flamme an,
in mir aufzusteigen und alles in mir umzuwandeln,
das nicht der höchsten Lichtflamme entspricht.
Ich vergebe ... Ich vergebe ... Ich vergebe ...
durch mein Mitgefühl, meine Liebe und Barmherzigkeit
allem und jedem, der mir jemals Schaden zugefügt hat.
Durch die violette umwandelnde Flamme der Vergebung
werde ich nun allseits befreit,
um mich immer weiter mit der Liebe des violetten Strahls
vom göttlichen Heiligen Geiste zu verbinden,
so daß mir vergeben wird und ich vom Rad des Karma
und von den Einschränkungen des Gesetzes von Ursache
und Wirkung befreit werde.
Ich danke der geliebten Lebensquelle
für diese Flamme der Vergebung und der Freiheit.«

»Ich bin neu, und heute erneuere ich mein Leben. Ich bekunde meine persönliche Macht so spontan wie ich es vermag in der Welt, wie ich sie derzeitig erlebe. Ich rufe die Kräfte herbei, damit sie mir umgehend die Elemente bringen, die dazu beitragen, meine Begabungen zu entdecken und sie zu entfalten.«

MERLIN

Schöpferische Visualisierung 8
Meditation mit der violetten Flamme

- Mach es dir bequem an einem Ort, wo du nicht gestört wirst.
- Stimme dich mit Atem- und Lichtarbeit ein, wie bereits empfohlen. Nimm tiefe Atemzüge.
- Visualisiere, daß du in die große Stille eintrittst.
- Vor dir in der Mitte siehst du die goldgelbe Flamme der göttlichen Weisheit. Rechts hinter dir ist die rosafarbene Flamme der göttlichen Liebe und links hinter dir die blaue Flamme der göttlichen Macht.
- Stelle dir nun vor, wie die drei Flammensäulen zu einen Kreis um dich herum verschmelzen. Die goldene Flamme ist vor dir, die rosa Flamme auf deiner rechten Seite und die blaue Flamme ist links von dir.
- Fühle wie die Kraft dieser drei Aspekte alle Zellen in deinem Körper durchdringen.
- Während dies geschieht, lenke deine Aufmerksamkeit in dein Herz, wo die dreifältige Flamme als göttlicher Funke in dir wohnt.
- Beobachte nun, wie diese dreifältige Flamme sich weiter ausdehnt, bis sie sich mit den Lichtsäulen um dich herum vereint. Sie verschmelzen zu einer einzigen harmonischen Flamme in dir und um dich herum.
- Visualisiere nun, wie sich aus dem Zentrum deines Herzens eine große goldrosa Lichtscheibe ausdehnt, die aus der Flamme in deinem Herzen kommt.
- Affirmiere drei Mal: »ICH BIN der/die aufgestiegene/r Meister/in der Freiheit.«
- Visualisiere nun in deinem Dritten Auge (sechsten Chakra) eine große, funkelnd weiße Lichtscheibe, die der aufgestiegenen Welt entstammt.

- Fühle, wie sie sich in deinem innersten Wesen ausbreitet. Affirmiere drei Mal: »ICH BIN der/die aufgestiegene/r Meister/in der Bewußtheit.«
- Visualisiere nun die golden/rosa Flamme der Weisheit und Liebe in deinem Herzen.
- Sie steigt nun zu deinem Dritten Auge empor und du kannst beobachten, wie sie dort mit der funkelnd weißen Flamme verschmilzt.
- Visualisiere nun, wie ein Lichtstrahl von deinem Kronenchakra senkrecht zu deiner wunderbaren ICH BIN-Gegenwart aufsteigt, die alles miteinander verbindet.
- Wiederhole drei Mal die Affirmation: »ICH BIN der/die ICHBIN« – »ICH BIN der/die ICH BIN« – »ICH BIN der/die ICH BIN.«
- Spüre das Bewußtsein und die Freiheit der Aufgestiegenen Meister, und stelle dir vor, wie sie herunterkommen und durch deine geheiligte Wirbelsäule und dein Chakrasystem strömen
- Stelle dir nun vor, wie das Licht durch deine geliebte Mutter Erde, alle Menschen, unseren Kontinent, alle die du liebst, Familie und Freunde strahlt.
- Visualisiere, wie dieses Licht jeden einzelnen in dieser Gruppe umfließt und Eure Herzensflammen zu einer einzigen vereint.
- Sieh nun einen großen Kreis, erfüllt von dem wunderbaren weißen Licht, das all unsere Kraftströme vereint.
- Sei Dir bewußt: Wir sind vollendete Gottwesen und nach dem vollkommenen Ebenbild Gottes erschaffen worden.
- Sieh den Lichtfaden, der dein Herz mit deinem Dritten Auge verbindet und zu deiner ICH BIN-Gegenwart zurückführt.
- Nun ströme in deine ICH BIN-Gegenwart mit aller Dankbarkeit und Liebe, die du für dich empfindest.

- Bitte um die Gnade Gottes, damit deine ICH BIN-Gegenwart dein tägliches Leben und deinen Körper weiterhin mit ihren Segnungen erfüllen möge.
- Rufe nun durch deine geliebte allmächtige ICH BIN-Gegenwart die unbesiegbare violette verwandelnde Flamme herbei und bitte um Reinigung und Verwandlung.
- So sei es!

Schöpferische Visualisierung 9
Meditation zur Ermächtigung

Diese Meditation unter Verwendung der violetten Flamme dient dazu, dich mit deinem inneren Gott zu verbinden und dich zu ermächtigen.

- Setze dich wieder in bequemer Haltung hin. Wähle einen Ort aus, wo du nicht gestört wirst.
- Laß uns beginnen – schließe deine Augen.
- Gleich beginnen wir mit der Reise zu den inneren Reichen.
- Beginne, dich mit Licht- und Atemarbeit einzustimmen.
- Atme langsam, rhythmisch und tief.
- Fühle, wie der Atem deinen Körper durchströmt und lasse alle Spannungen los.
- Stelle dir vor, du befindest dich im zehnten Stock eines hohen Gebäudes oder auf der zehnten Stufe eines hohen Berges.
- Du gehst in den Aufzug und fängst an, nach unten zu fahren, während du rückwärts zählst.
- Atme bei jeder Zahl einmal ein und einmal aus, ohne eine Pause zu machen, und erlaube dir, dich immer tiefer und tiefer zu entspannen, während du nach unten fährst. 10 ... 9 ... 8 ... 7 ... 6 ... 5 ... 4 ... 3 ... 2 ... 1 ... 0 ...

- Die Türen des Aufzugs öffnen sich.
- Vor dir liegt dein Inneres Heiligtum.
- Laß deine Phantasie umherwandern und den Ort gestalten. Öffne dazu deine inneren Sinne.
- Der Himmel ist strahlend blau, eine sanfte Brise weht, und die Vögel zwitschern.
- Du siehst vor dir eine wunderschöne Kristalltreppe und beginnst, die Stufen hinaufzusteigen, und du fühlst wie du alle Sorgen, Probleme und Anstrengungen allmählich hinter dir läßt. Sogar den Planeten Erde läßt du hinter dir.
- Du scheinst in das Zentrum des Universums zu klettern. Während du seine Weite in dich aufnimmst, bemerkst du wie klein du im Vergleich zur Umgebung bist. Du fühlst dich so klein wie ein Staubkorn, eine Ameise, ein Atom.
- Du bist so klein, daß du in die Kammern deines Herzens paßt.
- Du bist nun in der innersten Kammer deines Herzens und erblickst vor dir die dreifältige Flamme in den Farben rosa, goldweiß und blau.
- Andächtig gehst du weiter, trittst ein in die rosafarbene Flamme – die Flamme der göttlichen Liebe.
- Spüre, wie ihre Energie deine Füße umkreist, dir wohltut und an deinem Körper hochsteigt. Die rosa Flamme umhüllt dich wie ein sanfter Wirbelwind. Sie überflutet dich und strömt in deinen Körper ein, und dann durch alle deine Energiefelder.
- Sie füllt jede Zelle mit ihrer weichen, rosafarbenen Liebesenergie, der Schwingung der Liebe.
- Du stehst unter der Dusche der Liebe.
- Sie umhüllt dich, durchfließt dich und richtet dich auf ihre Schwingung aus.
- Atme die Liebesstrahlung in den innersten Kern deines Wesens ein. Während du ausatmest, entlasse die Liebes-

energie aus dem Inneren deiner Zellen, wo sie gleichfalls wohnt
- Sobald du bereit bist, trittst du in die Flamme der göttlichen Weisheit ein. Ihr goldweißes Licht umspielt deine Füße, umhüllt deinen Leib und wirbelt über deinen Kopf hinweg.
- Dann strömt sie ebenfalls in dich hinein und während sie dich durchflutet, wird all dein Wissen in den Zellen aktiviert, das du in deinem jetzigen Leben gebrauchen kannst.
- Diese Flamme stimmt dich auf die göttliche Intelligenz ein und erweckt in dir Kenntnisse über das gesamte Universum. Sie schließt dich für höheres Wissen und die heilige Weisheit auf.
- Du fühlst dich lebendig, geliebt, mit allem verbunden.
- Während du inmitten der Weisheitsflamme stehst, atmest du ihre Energie in alle Zellen ein.
- Nimm nun drei tiefe Atemzüge.
- Du fühlst die blaue Energie dieser Flamme der göttlichen Macht und spürst, wie sie anfängt, dich zu umkreisen.
- Während sie zum Kern deines Wesens vordringt, schließt du dich dieser Macht an. Du fühlst dich ermächtigt, alles zu tun, alles zu erreichen.
- Du fühlst dich zum Handeln entschlossen und mit Liebe und Weisheit gesättigt.
- Atme diese neuerworbene Bewußtheit, innere Stärke und Macht in jede Zelle ein.
- Die drei Flammen tanzen weiter um dich herum. Sie verschmelzen ihre Energiefelder zu einem einzigen kraftvollen Wirbel, dessen Farbe als violetter Schimmer erscheint. Es ist die umwandelnde violette Flamme der Freiheit.
- Sie wirbelt um dich herum, du beginnst zu tanzen und drehst dich im Kreis, gleichgültig ob rechts herum oder links herum.

- Während du herumwirbelst, fühlst du dich immer freier werden. Es ist, als würden alle unerwünschten Substanzen, negativen Energien, psychischen Fesseln aufgebrochen und/oder einfach aus deinem Energiefeld herausgeworfen.
- Visualisiere, wie du dich inmitten dieses Wirbelwinds aus violettem Licht im Kreis drehst.
- Visualisiere, wie aller Gefühlsballast, alle einengenden Glaubenssysteme in die Umgebung hinausgeworfen und mit Hilfe des Lichts aufgelöst werden. Alles, was deinem höchsten Wohl und der göttlichen Entfaltung nicht mehr dienlich ist, fällt nun von dir ab.
- Spüre, wie diese Flamme sich durch deine Zellen bewegt, während du weitertanzt. Sie harmonisiert und befreit dich. Sie löst sämtliche Schlacken, Schadstoffe und Negativität in deinen Zellen auf.
- Setze den wirbelnden Tanz solange fort, bis du dich ganz leicht fühlst. So leicht, daß du fortfliegen könntest, frei und voller Freude, unbelastet.
- Atme nun die neue Energie, die dich durchflutet, tief in dich ein.
- So hast du dich in der Flamme der göttlichen Liebe gebadet.
- Du hast gefühlt, wie die Flamme der göttlichen Weisheit dein höheres Wissen aktiviert hat. Du bist mit Macht erfüllt und schließlich befreit worden.
- Sobald du aus der Flamme der Freiheit heraustrittst, erblickst du einen wunderschönen Thron vor dir. Achte darauf, welche Farbe er hat und wie er aussieht. Vielleicht ist er aus Kristallen oder Gold gefertigt und mit Juwelen besetzt.
- Halte nun einen Augenblick inne.
- Nun fühlst du, wie dir ein Umhang über die Schultern gelegt wird. Spüre den Stoff auf deiner Haut, schau welche Farbe er hat.

- Nun wird dir eine Krone auf den Kopf gesetzt. Ist sie schlicht oder mit Juwelen und Kristallen besetzt? Dies ist deine Krönung.
- In deinem inneren Reich bist du König/Königin, Gott/Göttin.
- Während du auf deinem Thron sitzt, hast du das Gefühl, mit deinem wahren göttlichen Wesen, deinem Gottselbst eins geworden zu sein. Erinnere dich nun an Probleme, die du hattest, bevor du diesen magischen Ort betreten hast.
- Bitte um Führung.
- Sei still und lausche.
- Atme langsam, tief und verbunden.
- Beginne nun, dir vorzustellen, wie du dir dein Leben gestalten willst. Du weißt, daß du über alle Liebe, Weisheit, Macht und Freiheit verfügst, um als Schöpfer weise zu handeln.
- Laß deinen Verstand umherwandern und deine Phantasie, so daß dir eine höhere Vision zufliegen und sich dir offenbaren kann.
- Atme tief, weich und verbunden.
- Du fühlst dein göttliches Selbst, lebendig und aktiviert in dir.
- Spüre, wie es mit jedem Atemzug wächst und sich ausdehnt.
- Während du atmest, spürst du, wie du immer größer und größer wirst. Du sitzt immer noch auf deinem Thron, am oberen Ende der Kristalltreppe im Zentrum des Universums.
- Denn du bist nicht nur Gott/Göttin deiner inneren Reiche, sondern du bist auch ermächtigt, dein Universum und alle Bereiche deines Lebens weise zu regieren.
- Nun stehst du auf und beginnst, die Treppe hinunterzusteigen. Mit jeder Stufe, die du abwärts gehst, affirmierst du etwas, was du dir für dein Leben wünschst.

- ICH BIN gesund, ICH BIN kraftvoll, ICH BIN strahlend.
- Mit Leichtigkeit gebe und empfange ich Liebe, in allen Bereichen meines Lebens.
- Ich erfreue mich an liebevollen, aufbauenden Beziehungen zu allem in meinem Leben. Mein Leben ist voller Freude und Reichtum.
- Affirmiere mit jedem Schritt, was du dir wünschst und fühle, wie deine Macht zunimmt.
- Vor dir erblickst du unseren Heimatplaneten.
- Du schaust ihn voller Liebe und Mitgefühl an, denn du weißt, daß der/die innere Gott/Göttin auch in allen fühlenden Lebewesen zugegen ist.
- Du schickst kraftvolle Strahlen liebevoller Heilenergie an die Erde und in das Herz all ihrer Bewohner. Schließlich kehrst du zurück, an den Ort, wo du zu Hause bist.
- Mach einen Moment lang Pause, um dein Erlebnis nachklingen zu lassen.
- Alle Botschaften, die dein Gottselbst dir vielleicht zugeflüstert hat, alle Visionen, die sich eingestellt haben, und alle von dir getroffenen Entscheidungen mögen in deinem Gedächtnis bleiben.
- Du empfindest tiefe Liebe, tiefen Frieden und ein ruhiges, inneres Wissen darüber, daß deine Macht zugenommen hat.

Schöpferische Visualisierung 10
Meditation zur Manifestation

Falls Sie den Wunsch haben, eine bestimmte Sache in Ihrem Leben in Erscheinung treten zu lassen, können Sie die folgende Übung machen und dann die Meditation zur Erlangung von Reichtum und Fülle ausprobieren. Die erste Voraussetzung, um etwas zu manifestieren ist, sich Klarheit darüber zu verschaffen, was Sie erreichen wollen. Als nächstes schreiben Sie mit Tinte die Handlung oder Sache auf, die Sie in Ihrem Leben in die Tat umsetzen wollen. Auf diese Weise wird der Antrag sowohl im Ätherreich als auch in der irdischen Welt verankert. Lassen Sie ihn vierundzwanzig Stunden (einen Zyklus lang) ungestört ruhen. Dadurch geben Sie der Energie Gelegenheit, in das All auszuschwärmen und genügend Durchschlagskraft zu entwickeln, um das Gesetz der Verwirklichung zu Ihren Gunsten anzuziehen. Nach vierundzwanzig Stunden verbrennen Sie das Blatt mit der Notiz, wobei Sie folgende Worte sprechen: »Meine geliebte magische ICH BIN-Gegenwart, mit Hilfe deiner mächtigen Flamme laß meinen Antrag in der physischen Welt Wirklichkeit werden. Nun übergebe ich diesen Auftrag an die dreifältige Flamme meines Herzens.« Binden Sie sich nicht an die Übung und auch nicht an das Ergebnis. Diese Zeremonie nennt man Ritual der Vollendung, da durch den Verbrennungsvorgang Energie freigesetzt wird.

Meditation für Fülle oder Manifestation
- Nimm eine bequeme Haltung ein und schließe die Augen.
- Stimme dich anhand von Atem- und Lichtarbeit ein.
- Visualisiere, daß du auf dem Gipfel eines hohen Berges stehst und alles überblickst.
- Fühle, daß die Atmosphäre außerordentlich stark mit elektrischer und magnetischer Energie geladen ist.
- Atme sie nach und nach in dich ein. Spüre, daß dadurch alle Zellen von ihr durchdrungen werden.
- Fühle, wie du dich immer mehr auflädst und immer kräftiger wirst, während du diese energetisierte Luft einatmest.
- Atme sie über die Hautporen ein.
- Während du ausatmest, laß Liebe und Dankbarkeit für alles Schöne deines Lebens in die Atmosphäre ausströmen.

- Fühle, daß du Liebe in die Welt aussendest.
- Atme immer weiter und fühle dich durch jedes Einatmen ermächtigt und gestärkt.
- Visualisiere beim Einatmen, daß die von dir gewünschten Dinge, von deinem elektromagnetischen Kraftfeld angezogen werden und mit jedem Atemzug sanft in dich hineinfließt.
- Beim Ausatmen entsende Liebe und Dankbarkeit für die Erfüllung deines Anliegens. (Wenn wir etwas empfangen wollen, müssen wir die Energie ausgleichen, indem wir etwas zurückgeben. Wenn man Liebesenergie in die Welt ausstrahlt, stärkt das sowohl den Sender als auch den Empfänger.)

Praktizieren Sie die oben beschriebene Visualisierung fünf Minuten morgens und abends.

Manche behaupten, um etwas zu manifestieren, müßte man weiter nichts tun als genau zu wissen was man will, einmal darum bitten und sich dann darauf einstellen, daß die Botschaft angekommen ist und nicht daran zweifeln, daß die Angelegenheit erledigt wird. Allerdings ist auch die Gewohnheit gut, sich magnetisch einzustimmen und das Erwünschte anzuziehen, da diese Vision in unserem Bewußtsein den Samen setzt, daß wir schöpferische Wesen sind. Probieren Sie beides aus und überprüfen Sie, womit Sie Erfolg haben.

Abgesehen davon, daß viele Menschen daran zweifeln etwas manifestieren zu können, ist der zweite beschränkende Faktor die Überzeugung, es nicht verdient zu haben. Wem es gelingt, diese beiden Faktoren zu überwinden, dem gelingen Manifestationen automatisch. Und mit dem Erfolg wächst der Glaube an unsere Fähigkeit. Wenn man außerdem das Resonanzgesetz wirklich versteht, wonach Gleiches Gleiches anzieht, versteht man auch, daß man seine Energiefelder so beeinflussen kann, um das Leben, das man sich wünscht, zu kreieren. Manifestieren ist im Prinzip die Fähigkeit, nur durch Gedankenenergie zu erschaffen, ohne dabei physisch aktiv zu sein.

Zusammenfassung:
1. Absicht – Denken Sie an Ihr Ziel und vergewissern Sie sich, daß Ihre Absicht Ihrem eigenen höchsten Wohl und dem anderer entspricht.
2. Aussprechen – Formulieren Sie die Absicht eindeutig und setzen Sie eine Frist, innerhalb der sie eintreffen soll. Da dem Geistigen die lineare Zeitabfolge fremd ist, könnte sich das jeweilige Anliegen erst Jahre später erfüllen!
3. Verdienstwürdigkeit – Falls Ihre Absicht rein ist, können Sie sicher sein, daß Ihnen alle angestrebten Dinge zustehen.
4. Wünschen Sie sich etwas. Formulieren Sie diesen Wunsch positiv.
5. Aktion – Führen Sie alles aus, was Sie selbst unternehmen können, um etwas in die Tat umzusetzen. Lassen Sie die Sache anschließend ruhen und vertrauen Sie darauf, daß sie in Erscheinung treten wird. Wenn Sie mit Integrität und ohne Zweifel darangehen, wird der Erfolg sich einstellen.

Ein eingestimmter Mensch, der zeitgleich mit dem Willen Gottes übereinstimmt und keinerlei innere Sabotage-Programmierungen laufen hat, wird feststellen, daß alles, was er gern verwirklicht sehen will, zustandekommt

Kapitel 21

Androgynität, der wahre menschliche Zustand

Die uns erhaltende Lebenskraft ist von Natur aus androgyn, unabhängig davon, welchen körperlichen Ausdruck ihr Kraftfeld annimmt und ob sie in einem weiblichen oder männlichen Körper beheimatet ist. Sie kann sich in männlicher oder weiblicher Gestalt und in Form von männlichen oder weiblichen Wesensmerkmalen äußern, im Wesentlichen stellt sie jedoch die Einheit beider Qualitäten dar.

Unsere Kultur oder Gesellschaft mißt der äußeren Form große Bedeutung zu. Der genetischeCode erzeugt bestimmte Tendenzen, allerdings verfügen alle Geschöpfe anlagegemäß sowohl über innere männliche als auch weibliche Wesensanteile und über positive und negative Kraftströme. Wie bereits erwähnt, gedeihen stets die Dinge, denen wir Aufmerksamkeit schenken. Die Gesellschaft und insbesondere die Kulturen fördern absichtlich jene Aspekte der menschlichen Natur, die den zeitgenössischen Glaubensüberzeugungen und der geltenden Ordnung entsprechen und befürworten bestimmte Maßnahmen zur Stabilisierung der Machtverhältnisse.

Im Patriarchat werden Männer dazu ermutigt, Führungsrollen zu übernehmen, Ansprüche zu erheben und Konkurrenzkämpfe durchzufechten. Die patriarchalische Gesellschaft erwartet von Frauen, daß sie Unterwürfigkeit und Fürsorge entwickeln. Männer und Frauen verfügen von Natur aus über alle erwähnten Wesensmerkmale und zahlreiche weiteren Eigenschaften. Welche Charaktereigenschaften sich letztlich durchsetzen werden, hängt sehr stark von Umwelteinflüssen, dem kulturellen Hintergrund, der gesellschaftlichen Norm, den Unterweisungen und Erwartungen der Familienangehörigen und Bezugspersonen ab.

Nachforschungen in Edgar Cayces Schriften und anderen Werken ergeben, daß besonders in der Spätphase des mutmaßlichen mythologischen Zeitalters von Atlantis eine vorwiegend matriarchale Gesellschaftsform bestanden hat. Wie bei jeder Art von Ungleichgewicht muß das Pendel in die Gegenrichtung ausschlagen, um seine Mitte zu finden. Folglich haben wir im Lauf der Jahrtausende bis zum jetzigen Zeitpunkt des linearen Zeitverlaufs in zahlreichen Kulturen dieser Erde ein vorwiegend patriarchalisches Gesellschaftssystem aufgebaut. Nun hat wiederum die Gegenbewegung des Pendels eingesetzt, was schließlich einen Zustand des Gleichgewichts herbeiführen wird.

In jüngster Zeit hat die westliche Gesellschaft miterlebt, wie der Feminismus sich durchgesetzt hat, der im Wesentlichen die Neugewichtung der Machtverhältnisse bewirkt. Sobald irgendwo ein Ungleichgewicht vorliegt, muß das Pendel in jedem Fall zur Mitte zurückkehren. Nach dem Feminismus wird der *Menschismus*, respektive der Individualismus aufkommen, in dem alle Geschöpfe die Chance haben, ihr Potential auszudrücken und zum Einsatz zu bringen sowie ihre männlichen und/oder weiblichen Wesensmerkmale gebührend zu entfalten.

Wichtig ist, darauf zu achten, daß man seine Energiefelder neu einstimmt, denn gemäß des Gesetzes von Ursache und Wirkung ist bei jedweder Veränderung der Ausgleich des Energiehaushalts der entscheidende Faktor. Die einsetzende feministische Bewegung war beispielsweise lediglich die Antwort auf einen inneren Ruf, der den Zustrom vermehrter weiblicher Energie anforderte, um wieder ein Gleichgewicht herzustellen, da es angesichts der Verhältnisse der patriarchalischen Gesellschaftsformen augenfällig geworden war, daß das Pendel seinen höchsten Ausschlag erreicht hatte.

Vorausgesetzt, die lebenserhaltende Kraft ist androgyn, liegt es auf der Hand, daß die androgyne Wesensart immer deutlicher hervortritt, je mehr wir unsere bewußte Wahrnehmung auf diesen göttlichen Aspekt unseres Wesens richten beziehungsweise darin aufgehen. Wahre Freiheit stellt sich ein, wenn Ausgewogenheit, Selbsterkenntnis, Einsicht, Erforschung und Integration aller Aspekte unseres Wesens vorliegen. Die Erde befindet sich auf ihrer Heimreise in Richtung Urquelle und schließt soeben einen Zyklus ab. Die Vollendung ist mit der Ganzheit erreicht, und die Ganzheit stellt sich ein, wenn Gleichgewicht vorhanden ist.

Der Bewußtseinsgrad der Bevölkerung spiegelt sich in der Gesellschaft wider. Die Menschen, denen es gelungen ist, ihre männlichen und weiblichen Wesensaspekte auszugleichen, werden eine ausgewogene Gesellschaft bilden. Androgynität ist ein Seinszustand, in dem sowohl Männliches als auch Weibliches geachtet wird und beide Aspekte harmonisch miteinander existieren mit dem Ziel, mehr Freude und Macht zu schenken.

Schöpferische Visualisierung 11
Meditation zum Ausgleich der männlichen
und weiblichen Energien

Obwohl die nachstehende Visualisierung sehr einfach ist, zeigte sie bei vielen, die sie angewandt haben, erstaunlicherweise eine verhältnismäßig starke Wirkung. Da aufgrund der geschichtlichen Konditionierung vermutlich nur wenige Menschen vollständig mit ihren männlichen und weiblichen Wesensanteilen verbunden sind, bietet diese Übung eine Gelegenheit, von beiden Seiten innere Führung zu empfangen. Sie ermöglicht zugleich die Verschmelzung dieser beiden Wesensaspekte. Die männliche Sichtweise entspricht der linken Gehirnhälfte, welche die rechte Körperseite steuert. Die weibliche Seite wird durch die rechte Hemisphäre des Gehirns vertreten, welche die linke Körperseite steuert. Die nachfolgende energetische Verschmelzung verstärkt nochmals das innere Gleichgewicht der Energien und der Verständigung.

- Stimme dich mit Atem- und Lichtarbeit ein.
- Visualisiere, daß du dich in deinem Heiligtum aufhältst.
- Atme tief, weich und rhythmisch, bis du völlig entspannt bist.
- Visualisiere dann in deinem Heiligtum einen besonderen Platz, wo dein männlicher und weiblicher Wesensanteil – wie in der Ehe – symbolisch vereint werden können.
- Während du die inneren Sinne öffnest, nimmst du alle Einzelheiten in deiner Umgebung wahr.
- Du hörst, wie eine weibliche Stimme dich ruft, und folgst ihrem Klang und vor dir steht dein weiblicher Wesensanteil.
- Achte darauf, wie sie aussieht, welche Kleidung sie trägt (falls sie überhaupt bekleidet ist). Ist sie jung oder alt?
- Wie fühlt sich ihre Ausstrahlung an? Erscheint sie dir vertraut?
- Sie weiß um die Bedeutung dieser schicksalhaften Vereinigung. Ehe du sie verläßt, um dich deinem männlichen Anteil zuzuwenden, fragst du sie, ob es irgendetwas gibt, dem du deine Aufmerksamkeit schenken solltest, um dein Leben ausgeglichener zu gestalten und deinen weiblichen Wesensanteil umfassender oder harmonischer auszudrücken.
- Sei still und lausche auf mögliche innere Anweisungen, die sie dir gegebenenfalls übermitteln will.
- Atme tief und verbunden. Erlaube, daß deine übersinnlichen Sinne aktiviert werden.
- Du hörst, wie eine männliche Stimme dich ruft, jedoch ehe du auf sie eingehst, dankst du deinem weiblichen Wesensaspekt für seine Weisheit und Führung.

- Nun steht vor dir dein männlicher Wesensanteil.
- Achte darauf, wie er sich dir präsentiert. Ist er jung oder älter, nackt oder bekleidet?
- Wie fühlt sich seine Ausstrahlung an? Erscheint sie dir vertraut?
- Auch diesen Wesensaspekt von dir bittest du um Führung, die dir zu einem umfassenderen und ausgeglicheneren Ausdruck deines männlichen Wesensanteiles verhelfen wird.
- Du lauschst in die Stille hinein und nimmst alle Bilder deiner Umgebung durch alle deine inneren Sinne in dich auf.
- Atme tief und verbunden. Erlaube, daß deine übersinnlichen Sinne aktiviert werden.
- Du ergreifst seine Hand, dankst ihm für seine Weisheit und führst ihn zu deinem weiblichen Wesensanteil.
- Achte darauf, wie sie einander begrüßen. Sind sie schüchtern oder freudig beschwingt wie Gefährten, die sich schon lange kennen?
- Vielleicht hatten beide Wesensanteile gleiche Chancen, sich in deinem Leben zu äußern, vielleicht auch nicht.
- Da du dich in der inneren Welt befindest, wo Gedanken sofort Gestalt annehmen, siehst du nun, wie beide im Gewand ihrer Vereinigung erscheinen.
- Wenn sich ihre Hände nun berühren, bemerkst du einen Lichtstrahl, der beide energetisch miteinander verbindet.
- Erst verbinden sich ihre Wurzelchakras, dann ihre beiden Sakralchakras.
- Ein weißgoldener Lichtstrahl verbindet nun ihre beiden Solarplexuschakras.
- Dann verbindet ein schöner, weicher, rosafarbener Lichtstrahl ihre Herzen,
- während ein blauer Strahl ihre Halschakras miteinander verbindet.

- Ein violetter Lichtstrahl geht von Stirn zu Stirn.
- Ein spektralfarbenen Regenbogen vermischt sich zu reinweißem Licht und verbindet ihre Kronenchakras miteinander.
- Während du diese herrliche Lichterscheinung betrachtest, achte darauf, wie dein Körper sich anfühlt, denn in deinem Inneren findet gleichzeitig eine Verschmelzung statt.
- Wenn du nun einen Schritt zurücktrittst, siehst du, wie das Licht um ihre beiden Kronenchakras immer heller und größer wird, bis die beiden Wesensanteile schließlich von einer riesigen Energiekugel umhüllt werden und allmählich miteinander verschmelzen.
- Es sieht aus, wie ein doppelt belichtetes Negativ, das nun ein einziges klares Bild ergibt, das mit einem reinweißen Lichtkranz umgeben ist.
- Du betrachtest die Szene ihrer Vereinigung als losgelöster Beobachter.
- Nun siehst du dieses schöne Gott/Göttin-Wesen aus dem Lichtfeld hervortreten und auf auf dich zugehen.
- Und dann verschmilzt es mit deinem Energiefeld.
- Du spürst, wie ein gewaltiger Energiestrom deinen Körper durchfließt.
- Gleichwohl fühlst du dich heil, ausgeglichen und von innerer Harmonie erfüllt.
- Nimm einige tiefe Atemzüge.
- Atme tief, weich und verbunden.
- Du hast das Gefühl, als ob diese innere Verschmelzung dich elektromagnetisch neu ausgerichtet hat.
- Sobald du bereit bist, wende dich allmählich wieder deinem Körper und dem Ort zu, wo du gegenwärtig sitzt.
- Spüre deine Beine und Arme.
- Du empfindest unermeßlichen Frieden und eine tiefe innere Zufriedenheit.
- Öffne nun die Augen.

Schöpferische Visualisierung 12
Steigerung des Energiekreislaufs in beiden Gehirnhälften

Viele Menschen bemerken, daß sie oft vorwiegend auf die linke Gehirnhälfte ausgerichtet sind, also analytisch vorgehen, spielend mathematische und wissenschaftliche Daten erfassen und anderes mehr, während andere dazu neigen, sich eher intuitiv und schöpferisch zu verhalten, indem sie überwiegend die rechte Hemisphäre benutzen. Wie im vorigen Kapitel ausgeführt, bestärkt die Gesellschaft obendrein jeweils die spezifisch ausgeprägte männliche oder weibliche Rolle und folglich auch die dazugehörigen Gehirnfunktionen. Die vorliegende Visualisierungsübung eignet sich bestens, um Kopfschmerzen zu lindern oder einen wirren Kopf zu entlasten. Sie läßt den Energiestrom durch die elektrischen Leitbahnen und Schaltkreisläufe des Gehirns freier und stärker werden. Dadurch kommt ein optimaler Energiefluß zwischen der linken und rechten Gehirnhälfte zustande, und das führt zu mehr Gleichgewicht im Leben.

- Stimme dich mit Licht- und Atemarbeit ein.
- Schließe deine Augen und visualisiere dir dein Gehirn. Stelle dir vor, du hältst es zwischen deinen einander zugewandten Handflächen.
- Visualisiere, wie durch dein Kronenchakra ein reiner, goldweißer Lichtstrahl eintritt und das gesamte Körpergewebe erfüllt, ehe das Licht aus deinen Handflächen strömt.
- Stell dir vor, daß dieses Licht ein intensives, stark aufgeladenes heilendes Laserlicht ist, das den Zweck hat, eventuell vorhandene Blockaden aufzulösen. Es dient dazu, zu heilen und zu erneuern. Während es allmählich deine Gehirnzellen überflutet, stellst du dir immer noch vor, daß du dein Gehirn zwischen den Händen hältst.
- Womöglich spürst du einen Widerstand, während du dei-

ne Hände allmählich zusammenführst, so als wären sie
unsichtbar und könnten sich durch jede Zelle deines Gehirns bewegen,
- Deine Hände fügen sich wie ein Akkordeon zusammen und verteilen ihre Energie innerhalb des Gehirns. Anschließend ziehst du sie auseinander, wie ein Gummiband, das ausgedehnt wird, und dann kehren sie wieder in ihre Ausgangslage zurück.
- Wiederhole diese Übung mehrfach.
- Jedesmal, wenn du deine Hände zusammenführst, stellst du dir vor, daß das Licht, das stark zwischen ihnen hin- und herfließt, alle Leitbahnen des Gehirns aktiviert, heilt und reinigt.
- Du hast das Gefühl, als ob zwischen der linken und rechten Gehirnhälfte ein elektrischer Stromkreis eingeschaltet wird, als ob jemand eine Lichtquelle mit der Wattstärke von tausend Glühbirnen angeknipst hat.
- Womöglich fühlt es sich an, als ob gewitterartige elektrische Stromstöße das Gehirn durchjagen und es energetisch aufladen. Sie aktivieren schlafende Zellen, entsorgen verbrauchte Zellen und bewirken, daß die Kapazität deines Gehirns vollständig genutzt wird.
- Falls deine Hände sich nur widerstrebend zusammenführen lassen, fahre ganz langsam fort. Es bedeutet einfach, daß du auf energetische Blockaden gestoßen bist, die aufgelöst werden müssen.

Diese Übung habe ich einmal mit einem meiner Schüler durchgeführt, der meinte, sein Gehirn fühle sich ziemlich matschig an. Ich lachte und sagte, er werde sich wohl in jungen Jahren mit zuviel Alkohol zugedröhnt haben!

Danach gestand er, früher ein Alkoholiker gewesen zu sein und das wurde durch seine Gehirnstruktur bestätigt. Als er mit dieser Übung fortfuhr, spürte er, wie sein Gehirn fester und zugleich elastischer wurde. Auch andere, die die oben beschriebene Visualisierung anwandten, berichteten, daß ihre Migränekopfschmerzen erheblich nachließen.

Die Meister sagen, wenn wir regelmäßig unser Gehirn in illuminierendem Licht baden, dann bringt das zahllose Segnungen mit sich, die wir erst noch entdecken werden!

Kapitel 22

Meditation und Kristalle

Seit Jahrtausenden werden Kristalle benutzt, um einerseits die menschliche Körperenergie und andererseits Heilanwendungen zu verstärken und zu optimieren. Wegen dieser Eigenschaften verwenden viele Menschen während der Meditation eine Vielzahl oder einen bestimmten Kristall. Da ich persönlich gern mit Kristallen arbeite, gebe ich den Leserinnen und Lesern, die sich für die Kraft und die Qualitäten der Kristalle interessieren, nachfolgend einige grundsätzliche Auskünfte. Ausführliche Informationen können Sie Katrina Raphaells Büchern »Wissende Kristalle« und »Heilen mit Kristallen« entnehmen.

Zur Zeit von Lemurien und Atlantis wurden Kristalle als Generatoren für verschiedene Antriebskräfte verwendet. Viele Ureinwohner sind mit den heiligen Eigenschaften der Kristalle vertraut. Kristalle kann man bei Heilbehandlungen verwenden, um den Energiehaushalt der Kraftzentren des Körpers – der Chakras – neu zu ordnen. Jedes Chakra schwingt besonders gut innerhalb des Frequenzbereichs eines bestimmten Kristalls. Kristallarbeit läßt sich während der Meditation und der Kontemplation durchführen. Da Kristalle von Natur aus als Verstärker wirken, steigern sie den Fluß oder die Wirkung der vorhandenen Energie auf ein Höchstmaß. Nachstehende Kristalle sind zur Behandlung der höheren Chakras empfehlenswert.

Bergkristalle geben ein klares, weißes Licht ab, das die gesamte Farbskala enthält. Man benutzt diesen Kristall, um einerseits Gefühlsregungen auszugleichen und andererseits um Gedankenformen zu verstärken. Der Bergkristall wird stets mit dem Kronenchakra in Verbindung gebracht. Er empfängt, speichert, aktiviert, überträgt und verstärkt Energien. Man kann ihn dazu verwenden, um negative Spannung im eigenen Energiefeld und in der Umgebung zu zerstreuen. Ein durchsichtiger Bergkristall eignet sich ausgezeichnet zur Meditation und begünstigt die interdimensionale Kommunikation und den Dialog mit der eigenen ICH BIN-Gegenwart, dem Hhöheren Selbst und/oder Geistführern.

Wie man weiß, arbeiten klare Bergkristalle unterschwellig durch das Unterbewußtsein und regen die feineren, subtileren Bereiche unseres Wesens an. Es gibt männliche oder weibliche Bergkristalle. Den weiblichen Kristall erkennt man an der vollständigen Eintrübung, und er ist seltener zu finden. Der männliche Bergkristall eignet sich zur Auflösung emotionaler Verwirrtheit, während der weibliche dazu dient, mediale Eigenschaften anzuregen.

Der Amethyst eignet sich bestens für die Meditation, denn er trägt dazu bei, das Stirnchakra, das Dritte Auge, zu öffnen und die Fähigkeit des Hellsehens zu stimulieren. Seine Farbe entspricht dem purpurnen/violetten Strahl mit der höchsten Schwingungsfrequenz, hilft das Denken an weltliche Dinge zu beruhigen und fördert Gelassenheit. Die Energie des Amethyst lehrt den Verstand Demut, wodurch sich das Tor zum höchren Verstand auftun kann. Zudem wirkt er beruhigend und heilend auf das Nervensystem. Der Amethyst fördert Weisheit und tieferes Verstehen und dient dazu, uns Bescheidenheit zu lehren. Wer überarbeitet oder überlastet ist, tut gut daran, ihn anzuwenden. Wenn man den Amethyst vor dem Einschlafen auf die Stirn legt, begünstigt er einen tiefen, friedlichen Schlaf.

Der blaue Moosachat ist neben dem Chrysokoll und dem Türkis zuständig für das fünfte Chakra, das Kehlkopfchakra, und ermöglicht einen friedliche, wohlklingende Ausdrucksweise, Klarheit beim Kommunizieren und das Aussprechen der eigenen Wahrheit. Diese blauen Halbedelsteine sind mit der Energie der Venus verbunden und strahlen eine friedliche weibliche Energie aus. Die uramerikanischen Indianer haben sie ausgiebig verwendet. Der blaue Moosachat eignet sich gut für die Schilddrüse und fördert zugleich ein ausgewogenes Gefühlsleben und Einfühlungsvermögen.

Der Rosenquarz ist ein Kristall, der neben dem grünen Turmalin maßgebend für das Herzchakra ist. Seine Energie trägt entscheidend zur Selbstverwirklichung und inneren Harmonie bei. Er tröstet und heilt alle denkbaren Verletzungen, die sich im Herzen angestaut haben. Dieser Halbedelstein fördert die Ruhe und löst allerhand aufgehäuften Ballast auf, der die Fähigkeit des Herzens, Liebe zu geben und zu empfangen, verhindert. Der Rosenquarz lehrt Vergebung und programmiert das Herz neu, sich selbst zu lieben und sich der unendlichen Quelle göttlicher Liebe anzuschließen. Dieser Kristall reinigt den Energiekanal, der den niederen Körpern und Chakras die Energie des höheren Bewußtseins über den Weg durch das Herzchakra zuführt. Setzt man den Rosenquarz für Heilbehandlungen ein, hilft er, angestaute Wut, Groll, Schuldgefühle, Angst, Eifersucht zu klären und vermindert Streß und Anspannung. Desweiteren steigert der Rosenquarz Selbstvertrauen und Kreativität und hilft, Vergebung und Mitgefühl zu entwickeln.

Wer aufgeschlossen dafür ist, mit der feinstofflichen Substanz des Höheren Bewußtseins zu arbeiten und sie zu intensivieren, kann die Wirkkräfte von Bergkristall, Amethyst, Moosachat sowie Rosenquarz kombinieren und auf diese Weise die göttliche Weisheit (Kronenchakra), das göttliche Sehen oder die Hellsichtigkeit (Stirnchakra) mit dem göttlichen Ausdruck/Sprechen (Halschakra) und der göttlichen Liebe (Herzchakra) auf ein Höchstmaß steigern.

Kapitel 23

Schwingungsfrequenzen verstehen und anwenden

Ich erinnere mich daran, daß ich Mitte der achtziger Jahre im sonnigen Frühling auf einem Bürgersteig von Brisbane stand, wo mir intuitiv klar wurde, daß ich über Schwingungen und Frequenzen mehr wissen sollte. Damals hatte ich bereits fünfzehn Jahre regelmäßig meditiert. Während ich aus dieser Praxis großen Nutzen zog, tauchte von irgendwoher aus meinem tiefsten Inneren die Einsicht auf, daß der nächste unumgängliche Schritt in meiner spirituellen Entwicklung sich auf das Verständnis der Energiefrequenzen bezog. Zu diesem Zeitpunkt meines Studiums hatte ich begriffen, daß die vier niederen Körper – auf physischer, emotionaler, mentaler und spiritueller Ebene – mit einer viersaitigen Gitarre vergleichbar sind. Wenn alle Körper oder Energiefelder gestimmt waren, verlief das Leben harmonisch. War einer davon verstimmt, erwiesen sich die Lebensumstände als weniger ausgewogen. Außerdem stellte ich fest, daß wir den freien Willen besitzen, uns persönlich ganz bewußt einzustimmen oder es zu unterlassen. Ist man sich der verschiedenen Körper als Energiesysteme bewußt, hat man die Wahl, ein gestimmtes Instrument zu sein und sein Dasein nach eigenen Wünschen zu gestalten, statt den Ereignissen des Lebens freien Lauf zu lassen.

Annalee Skarin schreibt in ihrem Buch »Ye Are Gods«: »Lerne mit Hilfe von Gedankenkontrolle die Schwingungen zu kontrollieren und du hältst die Schlüssel zum ewigen Leben in deinen Händen. Die ewige Energie, die alle Materie durchströmt, die Lebenskraft in den Atomen mit ihren herumwirbelnden Molekülen und Elektronen in der ganzen irdischen Substanz, sind sozusagen nur Schwingungen, die sich so sehr verdichtet haben, daß sie langsam, schwer, sterblich erscheinen. Überprüfe die Schwingungen, damit dir eines Tages die Macht zuteil wird, Substanz und Materie zu kontrollieren. Das ist der Schlüssel, der Einlaß zum ewigen Leben gewährt, denn Energie ist Leben, und Leben ist Licht. Leben, Licht, Liebe und Energie sind die ewigen Elemente und Schwingungen, die durch mentale Denkprozesse geschaffen werden.

Jeder ausgesandte Gedanke ist eine nie endende Schwingung, die ihre Bahn durch das Universum zieht, um uns genau das zurückzubringen, was wir ausgesandt haben. Wir können die von uns ausgehenden Schwingungen kontrollieren und so Einfluß auf unser Schicksal nehmen. So können Wissenschaft und Religion sich endlich die Hände reichen und gemeinsam in das spirituelle Reich des ewigen Fortschritts und Glücks eintreten. Einmal erreicht man höheres Wissen durch vollständiges Begreifen der materiellen Elemente, die in Licht, Energie und Schwingung aufgehen, zum anderen durch die unmittelbare Erkundung des Spirituellen, denn beide sind eins und drücken sich nur durch unterschiedliche Grade von Intensität und Schwingung aus.«

Bei meinen weiteren Untersuchungen stieß ich auch auf den folgenden Auszug aus Dr. Norma Milanovichs Werk »We the Arcturians«: »Wir fanden heraus, daß die Frequenz, in der ein Wesen schwingt, eng mit dessen Kontrolle über seine Gedanken, Worte und Gefühle zusammenhängt. Wenn ein Mensch in einem relativ niedrigen Frequenzbereich schwingt, gewährt er zahllosen anderen Energieformen, sich mit seinem Energiefeld und seinen Zyklen zu vermengen. Wenn dies geschieht, treten mitunter wirre Gedanken auf, was bei dem Betreffenden Unbehagen erzeugt. Ein Mensch, der innerhalb des niederen Frequenzbereichs agiert, kann sich in diesem SEINS-zustand sehr entmutigt oder deprimiert fühlen, was wiederum nur dazu führt, daß sein Schwingungsniveau konstant niedrig bleibt.

Erhöht man seine Schwingungsfrequenz bis zur Lichtgeschwindigkeit, so gewinnt man allmählich die Meisterschaft über diesen Vorgang. Somit kann der Betreffende nun mehr Informationen aus dem universalen Bewußtsein abrufen, er verfügt jedoch zugleich über die Macht zu bestimmen, was seinen Filtermechanismus passieren darf und was nicht.

Der Prozeß wird in der Tat komplexer und zugleich einfacher. Wenn ein Mensch dieses Prinzip nicht durchschaut, durchläuft er vielleicht Zyklen mit hohen und niedrigen Frequenzen, die sein Bewußtsein steuern. Der Grund liegt drin, daß die Schwingungen ihn kontrollieren. Wenn man entdeckt, daß man die eigenen Gedanken innerhalb der Frequenzabstufungen beherrschen kann, steht es einem frei, weitere Schritte zu unternehmen, um sicherzustellen, daß das erreichte Schwingungsniveau erhalten bleibt. Der Grund, weshalb eine höhere Schwingungsfrequenz ein Wesen davor schützt, andersartige, niedrigere Schwingungen aufzunehmen, liegt darin, daß das im Wesenskern der betreffenden Seele vorhandene Licht undurchlässig ist. Wenn ein Mensch ein höheres Bewußtseinsmuster erworben hat und das innere Licht aus eigenem Antrieb abwandelt, so wird dessen Körper von Stille erfaßt und unterzieht sich einem Transformationsprozeß. Während dieser Wandlung findet der Mensch in seine Mitte. Wenn man zentriert ist, bilden sich schlüssigere, ganzheitlichere und weniger zufällige Energiemuster heraus.

Wenn wir uns in unserer Mitte befinden, sind wir dem universalen Kode angeschlossen. Wenn wir diese Frequenz anzapfen, erfassen wir auch die Schwingungsmuster unserer Mitmenschen. Dies ist, wie bereits erwähnt, auf unsere grundsätzliche Verbundenheit zurückzuführen. Angesichts der Einheitlichkeit dieser Seinsebene gelingt es uns, Nachrichten zu übermitteln und zu empfangen. Von größerer Bedeutung ist, daß wir mit allumfassendem Verständnis als Sender und Empfänger agieren können.«

In der Schrift »Revelations from an Archangel – Ascension to the twelfth Dimension« (Enthüllung eines Erzengels – Aufstieg in die zwölfte Dimension) bekundet der Erzengel Ariel: »Materie, wie Ihr sie aus der dritten Dimension kennt, ist eine Lichtverdichtung ... Wenn ein Verdichtungsprozeß wie in Eurem Universum vorliegt, ist ein Punkt der größtmöglichen Trennung vom reinsten Ausdruck des Lichts erreicht worden. An diesem Wendepunkt der maximalen Trennung setzt ein Umkehrprozeß ein, wobei der Planet seinen Kurs zu ändern beginnt und sich sozusagen auf den Heimweg zurück zum Ausgangspunkt der Einheit begibt. Jedesmal, wenn ein Planet im Aufstieg begriffen ist, ändert er seine Frequenzrate, um weniger dicht und lichtvoller zu werden. Diesen Prozeß durchläuft er auf ganz eigene, einzigartige Weise.«

In den Büchern »Mahatma I« und »Mahatma II« führt Brian Grattan aus, es gäbe 352 Einweihungen oder Initiationsgrade, welche die Erde auf der Rückreise zur Urquelle zu durchlaufen hat. Andere Untersuchungen bestätigen, daß es sieben Frequenzbereiche mit jeweils sieben Unterfrequenzen gibt (sieben hoch sieben). Die erste Frequenzstufe, die sieben Unterebenen enthält, kann man als die sieben Ebenen des Sonnensystems betrachten. Man bezeichnet sie als die kosmische physikalische Ebene. Es soll sieben kosmische Ebenen geben, die physikalische, astrale, mentale, buddhische und atmische Ebene sowie die Ebenen der Monade und des Logos. Die Schichten unseres Sonnensystems gehören zur kosmisch physikalischen Ebene. Sobald man dessen sieben Unterebenen passiert hat, bewegt man sich zur untersten Schicht der nachfolgenden kosmischen Ebene und so weiter. Die Rückreise zur Quelle vollzieht sich als langsamer magnetischer Aufschwung. Es wurde behauptet, ein Tag Gottes, der ein Ausatmen und ein Einatmen umfaßt, dauert vier Milliarden und 320 Millionen Jahre. Wir haben also noch 1,2 Milliarden Jahre vor uns, bis der Vorgang des Einatmens abgeschlossen ist und der Kreislauf von neuem beginnt.

Hier handelt es sich um ein interessantes Konzept, das unter anderem von den Theosophen ausgiebig erforscht wurde. Der exakte Umkehrpunkt zwischen der Einatmung und der Ausatmung ist angeblich das Jahr 2012, das im Kalender der Mayas als letzte Datumsangabe erscheint und in den Vorhersagen der Hopi-Indianer und vieler anderer Kulturen angegeben wird. Dieses Jahr kennzeichnet eine Periode wundersamer Veränderungen, in der sich die Massen zu ihrer eigenen wahren Göttlichkeit bekehren werden. Weshalb geschieht das Einatmen zügiger als das Ausatmen? Wenn man ein Gummiband losläßt, welches langsam bis zu seiner äußersten Dehnfähigkeit in die Länge gezogen wurde, schnappt es sehr rasch in seinen Ausgangszustand zurück.

Aufgrund der Schwingungsveränderungen, die während der Rückreise ablaufen, wandelt sich auch unser Zeitkonzept. Selbst wenn wir nach linearer Zeitberechnung die Halbzeit (1,2 ist nicht die Hälfte von 4,3) bereits überschritten haben, beschleunigt sich offensichtlich der Verlauf der Zeit mit der Erhöhung der Schwingungsrate. Ein ähnliches Phänomen erfahren wir, wenn wir älter werden und die Zeit zu fliegen scheint, weil wir dann vergleichsweise weniger Zeit zur Verfügung haben. Wenn unsere Lebensspanne insgesamt achtzig Jahre ausmacht, haben wir im Alter von acht Jahren noch 90 Prozent unserer Zeit übrig. Mit vierzig Jahren sind fünfzig Prozent aufgebraucht. In medial empfangenen Schriften ist nachzulesen, daß ein 24-Stunden-Tag infolge der Schwingungsveränderung und der beschleunigterten Vibrationsrate vergleichsweise nur noch einem 16-Stunden-Tag entspricht.

Bei der Erörterung der Dimensionen oder Ebenen, namentlich der kosmischen physikalischen Ebene, die sich als Frequenzbereiche darstellen, gilt es zu beachten, daß lediglich der oberste, siebte Frequenzbereich Bewußtwerdung als multidimensionale Erfahrung gewährt. Wenn die Bewußtwerdung diesen Punkt erreicht hat, kann sie in die nächste Frequenzstufe, samt ihren Unterfrequenzen eintreten. Angeblich existiert ab diesem Punkt kein individuelles Bewußtsein mehr. Dies ist der Bereich oberhalb der Monade oder der ICH BIN-Gegenwart. Die siebte Dimension ist unendliche Verfeinerung, reines Licht, reiner Ton, heilige Geometrie, reiner Ausdruck und Kreativität.

Aus medialen Durchsagen von Erzengel Ariel geht hervor, daß unser Heimatplanet derzeit auf der obersten Astralebene schwinge, und mit der fortschreitenden Entwicklung und dem Aufstieg der Erde würden die unteren Dimensionen in die höheren Dimensionen eingerollt werden und nicht mehr sein. Die Dimensionen unterhalb der fünften sind als die unteren Ebenen der Schöpfung bekannt, die Zone der mittleren Schöpfung reicht von der fünften bis zur neunten Ebene.

Die sechste Ebene ist das Christusbewußtsein oder das buddhische Bewußtsein. In diesem Bewußtseinszustand wird mehr Verantwortung für das Wohl der Gesamtheit, statt für das Individuum übernommen. Hier ist die Monade verankert. Es heißt, daß Jesus sich in dieser Bewußtseinsstufe befand, als er zum Christus wurde. In der sechsten Dimension befinden sich auch die Schablonen für die DNS-Muster der gesamten Schöpfung. Sie besteht aus Farben und Klängen (Tönen) und birgt sämtliche Lichtsprachen in sich. Auf dieser Ebene erzeugt das Bewußtsein Gedanken, hier lernen und arbeiten wir während des Schlafs. Die Wesenheiten, die sich in diesem Bereich aufhalten, sind Energiefelder, die jedoch imstande sind, sich nach Belieben einen Körper zu erschaffen, falls das, wie beispielsweise in der fünften Dimension, vonnöten ist.

Die fünfte Dimension ist nicht an die lineare Zeit gebunden. Dort gibt es das experimentelle Bewußtsein des ICHs in Form einer Gruppenidentität, verdichtete Weisheit und den Wunsch, zu teilen und sich mitzuteilen. Hier findet die Verschmelzung der Überseele oder des Höheren Selbst statt. Die Wesen auf dieser Ebene können eine körperliche Gestalt annehmen, wenn und falls sie dies wünschen. Die fünfte Dimension ist eine Lichtdimension, wo jede Wesenheit ein multidimensional bewußter Meister ist, sich dem Geistigen völlig unterordnet und ausschließlich dem göttlichen Willen dient. Laut Aussage des Buches »Das Buch des Wissens: Die Schlüssel des Enoch« ist die fünfte Dimension das künftige Lichtgewand, in das unser »Materie-Energie-Körper« eingehen wird. Das Lichtgewand stellt einen weniger grobstofflichen Körper dar, dessen Ebenbildlichkeit Gottes wiederhergestellt ist und der die physikalischen Prozesse steuert. Die Menschen aus der dritten Dimension werden hierher versetzt, nachdem sie ihre Schulung im irdischen Reich von Bild und Abbild abgeschlossen haben.

Die vierte Dimension ist ein Zustand des Überbewußtseins und der Wiedereingliederung in die Gruppenidentität, ohne daß dabei die individuelle oder Ego-Identität eingebüßt wird. Sie gewährt die Fähigkeit, sich mit multidimensionellen und unterschiedlich dichten Wirklichkeitsebenen zu verbinden. Sie stellt die letzte Verdichtungsstufe dar, die einen physischen Leib erfordert. Es heißt, die vierte Dimension, die auch als Astralwelt bekannt ist, sei die Welt der Gefühle. Da sich Planet und Menschheit entwickelt haben, sollen wir bereits in das Energiefeld der vierten Dimension eingetreten sein und zahlreiche Erdbewohner bereits das Bewußtsein der dritten Dimension überschritten haben. Die Harmonische Konvergenz (am 16./17.8.1987) hatte eine bedeutsame energetische Verlagerung zur Folge und veränderte sowohl die Schwingungsfrequenz der Erde als auch die ihrer Geschöpfe. Das Ereignis 12:12 im Jahr 1994 öffnete das Tor für einen weiteren Zustrom von Energien, die der Neuausrichtung des Planeten dienen. Diese Kräfte werden weiterhin mal mehr mal weniger einströmen.

Die dritte Dimension basiert auf Materie und erzeugt eine Vorstellung von Raum, Ego und Individuum. Die

Schwingungsfrequenz dieser Ebene erzeugt die Illusion des Getrenntseins und stellt somit eine Herausforderung für individuelles Erwachen dar. Sie bietet der Menschheit die Möglichkeit zu entdecken, daß wir Erdbewohner spirituelle Wesen sind, die versuchen Mensch zu sein, statt Menschen, die versuchen, spirituelle Wesen zu sein.

Die zweite Dimension ist die Verdichtungsstufe des Pflanzen-und Tierreichs. Auch diese Lebewesen sind infolge der Veränderung des planetarischen Schwingungsfeldes in feinstofflichere Frequenzbereiche aufgestiegen und rücken in die dritte Dimension auf. In der zweiten Seinsebene ist normalerweise kein Selbst- und Egobewußtsein vorhanden. Das Bewußtsein der zweiten Dimension entspricht der Geometrie einer Linie.

Die erste Dimension hält das Bewußtsein von Mineralien, Wasser, Atomen und Molekülen, welche die grundlegenden genetischen Kodierungen bilden. Wenn sich ein Lebewesen spirituell weiterentwickelt, spiegelt sich dieser Umstand sowohl in dessen Schwingungsfrequenz als auch in dessen Molekularstruktur wider. In bezug auf die molekulare Verdichtung haben die Aufgestiegenen Meister erklärt, daß der Raum zwischen den Elektronen, Neutronen und Protonen in der atomaren Struktur zunehmend größer wird, in dem Maße, wie sich das Licht innerhalb des Atoms ausdehnt. Der sogenannte Lichtquotient bestimmt gleichsam das Bewußtsein eines Lebewesens hinsichtlich seiner innewohnenden göttlichen Natur. Während die Lichtmenge, sprich der Bewußtseinsgrad, zunimmt und immer weiter expandiert, füllt sie den Raum in allen Atomen aus, wodurch sich die Frequenz oder Schwingungsrate der Atome verändert. Wenn ein Wesen sein Bewußtsein ausdehnt und den Lichtquotienten innerhalb der Zellstruktur vergrößert, wird es multidimensional, das heißt, es erwirbt die Fähigkeit, sich in anderen Dimensionen der Realität zu bewegen. Auch hier verlagert sich lediglich die

Art der bewußten Wahrnehmung und man wechselt auf einen anderen Kanal über.

Wie wir aus verschiedenen zuverlässigen medial übermittelten Botschaften wissen, verändert sich die menschliche DNS-Struktur. In dem Maße wie wir uns immer stärker zum Licht hin entwickeln, paßt sich die DNS-Struktur, die gegenwärtig von zwei auf zwölf Stränge erhöht wird, diesem Vorgang an. Der derzeitige Einstrom höherer Energien ermöglicht es der Menschheit, sich in den kommenden vierzig Jahren schneller zu entwickeln als dies in den vergangenen drei Milliarden Jahren der Evolution der Fall gewesen ist. Diese Kräfte sind auch für die Beschleunigung der uns geläufigen Zeit verantwortlich.

In dem Maße, wie sich unsere Schwingungsfrequenz verändert, werden auch Fähigkeiten wie Telepathie, Heilung durch Handauflegen, Hellsehen, Teleportation usw. sich als völlig natürliche Erscheinungen sein. Wenn wir uns auf unser höchstes Potential einstimmen und danach handeln, wird unser Leben voller Harmonie, Freude, Synchronizität, Gnade und Magie sein. Selbst wenn wir uns aufgrund der Evolution der Erde diesem Umwandlungsprozeß nicht entziehen können, können auch wir nicht umhin, uns mit ihr zu ändern, wir können allerdings den fortschreitenden Wandlungsprozeß bewußt verfolgen und ihn auf Wunsch beschleunigen.

Im vorliegenden Buch finden Sie an vielen Stellen gut fundierte Hinweise sowie praktische Anleitungen zur bewußten Veränderung der Schwingungsfrequenz. In vereinfachter Form ausgedrückt kann man die eigene Schwingungsfrequenz erhöhen, indem man:

- Meditation, Atem- und Lichtarbeit betreibt – dies ist das wichtigste und kraftvollste Werkzeug – insbesondere dann, wenn die Meditation dazu dient, den Lichtquotienten in der Zellstruktur zu erhöhen,

- seine Nahrung (den Brennstoff) sorgfältig auswählt und seinen physischen Leib gründlich pflegt; es ist stets eine Frage der eigenen Entscheidung, ob man sein Körperfahrzeug wie eine schrottreife Klapperkiste oder wie einen Porsche behandelt, der Spitzenleistungen erbringen soll;
- den Emotionalkörper und das Zellgedächtnis beherrscht,
- den Mentalkörper mit Absicht beherrscht, indem man sich programmiert und Zugang verschafft zu den vier Fünfteln des Gehirns, die das höhere Bewußtsein beinhalten und
- Mantras chantet (singt), die besondere Schallwellen aussenden.

Der bewußte Einstimmungsprozeß bringt auch ein starkes Gefühl von Schöpferkraft mit sich, da wir buchstäblich das praktische Spiel der Erschaffung der Realität verstehen, wenn wir als Energiesysteme Signale aussenden.

Der 33er Takt des Universums

Ausgerüstet mit den Kenntnissen über Schwingungsfrequenzen und das Kraftfeld, an dem man als gestimmtes Instrument teilhaben kann, dürfte es aufschlußreich sein, sich mit den sogenannten Takten und Oktaven zu befassen.

Aus esoterischen Schriften ist zu entnehmen, daß die irdische Realität sich im Rahmen von sieben Frequenzbereichen mit je sieben Unterebenen oder Oktaven bewegt. Sie drücken sich in sieben Chakras, sieben Farben des gebrochenen weißen Lichts und so weiter aus. Demzufolge kann man den Takt der Menschheit, soweit es die Physikalität des Planeten Erde betrifft, als Siebener-Schwingung bezeichnen. Folglich stehen uns sieben hoch sieben (7^7) Schöpfungsmöglichkeiten innerhalb der natürlichen Welt zur Verfügung.

Aus weiteren Untersuchungen geht hervor, daß das Sonnensystem einem Zehner-Takt mit jeweils zehn Unterebenen pro Frequenzbereich unterliegt. In unserer Galaxie liegt ein Zwölfer-Takt mit je zwölf Unterebenen vor. Der höchste und feinstofflichste Rhythmus, der noch innerhalb der Gesetze der physischen Wirklichkeit erreichbar ist beziehungsweise auf den man sich einschwingen kann, ist der universale 33er-Takt. Auch dieser Takt verfeinert oder unterteilt sich wiederum in 33 Unterfrequenzen – 33 hoch 33 (33^{33}).

Mit zunehmender Verfeinstofflichung wächst der Kenntnisstand über alle komplexen Zusammenhänge der einzelnen Verdichtungsstufen und Parallelwelten. Einfacher gesagt, lebt ein Mensch nach dem Motto: Ich glaube es erst, wenn ich es sehe, ausschließlich im Bezugsrahmen der natürlichen Welt, zieht er genau 7^7-Variationen in seinen Wirklichkeitsbereich. Er wird außerstande sein, diesem Feld zu entwachsen, bis er sich bewußt dafür entscheidet, sich auf die nächsthöhere Frequenz zu verfeinern, indem er seine Wahrnehmung und sein Bewußtsein erweitert.

Dies gelingt, wenn wir uns dem Prozeß der Involution unterziehen und unser Denken nach innen richten, der Kontemplation nachgehen und mit dem göttlichen Selbst Verbindung aufnehmen. Das Gottselbst schwingt im 33er Takt, und das entspricht sowohl dem schöpferischen Funken als auch dem Wesenskern des vereinten Feldes. Letzteres ist eine Bezeichnung aus der Quantenphysik. Somit bildet das Gottselbst die Leinwand oder die Tafel (Kontext), worauf sich die gesamte Schöpfung mit ihrer Formenvielfalt aufgebaut hat.

Wenn ein Wesen sich bewußt verfeinstofflicht und einstimmt, erschließt es sich mehr Möglichkeiten und erhält Zugang zu anderen Reichen des Takt 10^{10}, 12^{12} oder sogar 33^{33} Takts. Inzwischen erleben zahlreiche Menschen Erweiterung und Multidimensionalität, weil ihr innerer Lehrer begonnen hat, ihnen die Freude nahezubringen, die allen Aspekten unseres Wesens innewohnt. Daher wenden wir unsere Aufmerksamkeit den Themen zu, die den rein grobstofflichen Aspekt unseres Wesens übersteigen, der sich auf den physischen Körper bezieht und sich innerhalb des irdischen 7/-Takts seiner Existenz erfreut. Die bewußte Verfeinerung führt zu großer Freiheit und unbegrenztem Sein und befreit von der Notwendigkeit zu essen und zu schlafen. Selbst die Zeitrechnung wird überflüssig; das betrifft sowohl das gregorianische 12 : 60System, wie auch die Zeiteinteilung der Mayas nach dem 13 : 20Schlüssel. Die Verfeinerung schleust uns direkt in den göttlichen Zeitverlauf ein, wonach wir uns stets zur exakt rechten Zeit am exakt rechten Ort einfinden.

Die subatomaren Teilchen beziehungsweise die weichen Partikel des Quantenfeldes, die ebenfalls unter den Bezeichnungen Prana, Chi, universale Lebenskraft oder Gott bekannt sind, schwingen in ihrer feinstofflichsten Ausdrucksweise innerhalb der 33^{33} Oktave – zumindest in dem Quadranten, in dem unser Universum beheimatet ist.

Stimmt man sich auf diesen Takt ein, wie man den Drehknopf zur Senderwahl eines Radios bedient, um eine bestimmte Sendefrequenz zu empfangen, gerät man buchstäblich in das Paradigma der Einheit. Wir sehen die göttliche Vollkommenheit in allen Dingen. Das Gefühl oder der Gedanke, getrennt zu sein, fällt von uns ab. Alles ist mit allem verbunden, denn wir haben uns mit der Kraft, die in uns und in allem wohnt, bewußt auseinandergesetzt, weswegen wir gemäß den Resonanzgesetzes ständig gleichartige Teilchen in unser Energiefeld anziehen, die unseren erweiterten Bewußtseinszustand spiegeln.

Mir erscheint dieser Weg faszinierend. Als metaphysische Geschichtenerzählerin und Beraterin werden mir auf meinen weltweiten Seminartouren diverse Fragen gestellt. Ich konnte feststellen, daß ich inzwischen nachfragen muß: »Auf welcher Ebene wünschen Sie sich eine Auskunft?« Die Antwort hängt jeweils vom Takt des Fragestellers ab und von dessen Fähigkeit, sich den unterschiedlichen Wirklichkeitsebenen anzuschließen und sie zu deuten. Die einfachste Methode ist, sich einzustimmen und zu bitten, daß alles, was wir anderen Menschen mitteilen, deren und unserem eigenen höchsten Wohl dienen möge. Dies ist eine Garantie dafür, daß der Austausch ebenbürtig verläuft und sich dem höchstmöglichen Bewußtseinsschema angleicht, das die beiden Beteiligten gemeinsam erreichen können.

Das bewußte Einstimmen läßt sich mit Tonleiterübungen auf dem Klavier vergleichen. Anfangs bilden sie die Grundübung, erst später werden Rhythmus und unterschiedliche Taktkombinationen unterrichtet. Bemüht man sich in ähnlicher Weise darum, sein Bewußtsein zu erweitern – gemäß dem eigenen Herzenswunsch, das eigene Potential in vollem Umfang zu verwirklichen – erreicht man weitere Ebenen der Verfeinerung, die den Notenkombinationen für Fortgeschrittene entsprechen.

Schließlich stellt man fest, daß man über die Schöpferkraft verfügt, selbst etwas in die Welt zu setzen und Zugang zu allen möglichen Realitätsebenen zu bekommen. Man versteht, daß man ständig Situationen – sogar in Form von parallelen Wirklichkeiten – geschaffen hat, um daraus zu lernen und sich im Laufe aller Verkörperungen zu entwickeln. Der universale Geist leitet uns an, das Spiel zu vereinfachen und uns auf das höchstmögliche Leitbild – nämlich den Takt des Göttlichen – einzuschwingen. So entsteht das Symphonieorchester, das die Entfaltung des göttlichen Plans beschleunigt. Sobald ein Mensch Mitglied dieses Orchesters wird, indem er seinen freien Willen mit dem göttlichem Willen in Übereinstimmung bringt, öffnen sich garantiert alle Türen.

Der einzige Trick, um dorthin zu kommen, ist, wie viele berichtet haben, die Wahl des göttlichen Zeitpunkts. Man kann ein Instrument im göttlichen Orchester sein und trotzdem nicht im Takt musizieren. Viele Menschen haben erfahren, daß die folgende Programmierung den Gleichklang mit der göttlichen Zeit garantiert: »Lieber Mutter-Vater-Schöpfer

Gott, ich bitte darum, daß sich mein nächster richtiger Schritt meines Beitrags innerhalb des göttlichen Plans eindeutig offenbart und mir sowohl die richtigen Menschen als auch die erforderlichen Mittel zugeführt werden mögen, damit sich mein Beitrag in der irdischen Welt JETZT verwirklichen möge.« Diese Programmierung schafft sowohl die benötigten Personen als auch die Mittel herbei, um unsere Vision und unseren Auftrag in der irdischen Welt wahrzumachen.

Die Gefühlsschwingung dieses Taktes ist reine göttliche Liebe, deren Variationen von der 33^{33} Schwingung bis hin zur grobstofflicheren 7^7 Schwingung reichen, in welcher sich der niedere emotionale Körper äußert. Göttliche Liebe ist nicht allein die Quelle und das energetische Baumaterial aller Schöpfungen, sondern auch die stärkste verwandelnde Kraft, die uns zur Verfügung steht. Wenn man sich auf die göttliche Liebe einstimmt, sich mit ihr verbindet und in sie versenkt, wird sie alle niederen Emotionen in sich aufnehmen, verfeinern und mit dem feinstofflichsten Takt in Einklang bringen. Der 33er-Takt ist die höchste Schwingung, die innerhalb der irdischen Verkörperung erreicht werden kann. Um es zu wiederholen, sie bringt uns die Freiheit.

Wenn man dem göttlichen Selbst befiehlt, unsere Energiefelder auszurichten und sich innerhalb der irdischen Welt vollständig zum Ausdruck zu bringen, stimmt man sich dabei automatisch auf den universalen Takt ein. Alle Schleier der Illusion und des Getrenntseins fallen, bis alles, was ist, sich in vollkommenem Einklang mit dem innersten Kern von Allem befindet.

So fließt man buchstäblich in ein Meer der Einheit. Dazu ein Ausspruch von Sai Baba: »So wie das Individuelle und das Universale eins sind, bildet die Welle das Meer. Verschmelzung bringt Erfüllung. Sobald die Vereinigung stattgefunden hat, löst sich das Ego auf. Alle Symbole und Zeichen, die Besonderheit ausweisen, wie Name, Aussehen, Kaste, Hautfarbe und Glaubensbekenntnis, Nationalität, Kirche, Sekte und die mit ihnen einhergehenden Rechte und Pflichten werden verschwinden. Die einzige Aufgabe der Menschen, die sich aus der Begrenztheit der Individualität befreit haben, ist, für die Erhebung der Menschheit und das Wohlergehen der Welt zu sorgen sowie Liebe zu verströmen. Selbst wenn sie im Verborgenen wirken, strahlt der Zustand der Glückseligkeit, in dem sie sich befinden, Glückseligkeit in die Welt aus. Liebe ist in allem, Liebe kommt aus allem, Liebe ist alles.«

Ich bezeichne diesen Vorgang als das Einstöpseln in die kosmische Schalttafel. Die Erörterung des Pranismus und Liquidpranismus führt uns zu dieser Thematik. Wenn man zuläßt, sich von der innewohnenden Göttlichkeit erhalten zu lassen, tritt die Fähigkeit, sich von Licht zu ernähren, als natürliches Nebenprodukt auf. So ähnlich läuft es mit der Einstimmung, um das Schlafbedürfnis zu überwinden beziehungsweise gegenüber extremen Temperaturen unempfindlich zu werden und die eigene Körpertemperatur angenehm an die äußere Umgebung anzupassen. Ich bin noch dabei, mich in dieser Fertigkeit zu trainieren.

All diese Fähigkeiten sind aber nur menschliches Rohmaterial – verglichen mit der Bewußtseinserweiterung, wo es keinen Unterschied mehr gibt, ob wir uns im physischen Körper befinden oder auf dem Schoße Gottes sitzen und uns in seinen Armen wiegen, denn alles ist eins. Wenn wir eins mit allem sind, sprechen indische Asketen von Jai Sat Chit Ananda – Sein, Bewußtsein, Glückseligkeit – was in etwa heißt, ich erblicke mich in dir. So sieht das Leitbild der Einheit und des grenzenlosen Seins aus.

Die sieben Elemente und der 33er Takt

Die nachfolgende Abhandlung ergab sich ganz natürlich aufgrund einer Fülle von Informationen, die in einer jüngeren Ausgabe des Magazins »The ELRAANIS« vorgestellt wurden.

Ich hatte mich dahingehend programmiert, daß »das nächste Teilstück meines Beitrags innerhalb des göttlichen Planes mir jetzt eindeutig offenbart werde und mir all jene Menschen über den Weg geschickt werden mögen, die mich bei der Verwirklichung meines Beitrages jetzt unterstützen würden«. So mußte sich Leonard Orr in meinem Umfeld einfinden.

Für die Leserinnen und Leser, die mit Leonard Orrs Arbeit nicht vertraut sind, folgt nun eine kurze Einführung. Im Jahre 1974 gründete er die Rebirthing-Bewegung, der mittlerweile weltweit über zehn Millionen Menschen angehören. Als wir beide in Australien unterwegs waren, vereinbarten wir ein Treffen, wobei jeder die Arbeit des anderen näher kennenlernen konnte.

Beim Studium von Leonard Orrs Arbeit konnte ich einen anderen Aspekt meiner eigenen Arbeit verstehen, indem ich das Bindeglied zwischen beiden erkannte. Mir ist aufgefallen, daß ich intuitiv dazu angeleitet werde, Brücken zu bauen. Ich wußte bereits, daß ich mich gern in Sachen Netzwerkarbeit engagierte, Neues entdeckte, und mich gerne austauschte, insbesondere über inspirierende Themen wie Grenzenlosigkeit. Fügen wir also unserem Wissen nun eine Prise Rebirthing hinzu, und halten wir Ausschau inwieweit sich zum Thema Einstimmung wirksame Brücken bauen lassen: Durch das Einstimmen auf die Elemente und das Reinigen unserer Energiefelder mit Hilfe der Elemente.

Was ich als Einstimmung bezeichne, die sich normalerweise auf das Vierkörpersystem mit den physischen, emotionalen, mentalen und geistigen Körpern bezieht, nennt Leonard spirituelle Reinigung, die mit Hilfe der vier Elemente praktiziert wird.

Das erste Element ist Feuer – die Übung, bei der man lernt, mit offenem Feuer zu leben. Dies geschieht innerhalb des grobstofflichen Feldes des 7^7-Taktes, das im vorhergehenden Kapitel über den »33er Takt des Universums« erörtert wurde.

Feuer verbrennt emotionalen Ballast aus allen Energiefeldern, die man zu reinigen wünscht.

Das zweite Element ist Erde. Sich auf das Erdelement einzustimmen, beinhaltet die Praxis des Fastens, die Nahrungskontrolle sowie Körperübungen.

Das dritte Element ist Luft. Die Einstimmung auf dieses Element erfolgt durch bewußtes Energieatmen. Dabei verläuft jeder Atemzug verbunden, tief und fein, und das Einatmen folgt unmittelbar auf das Ausatmen, bis man in die Erfahrung eintaucht, geatmet zu werden. Der subtilere Aspekt der Luft ist Akasha, das sechste Elemente. Durch bewußtes verbundenes Atmen schlägt man eine Brücke vom irdischen zum ätherischen Reich, es bringt die Erfahrung von ätherischer Verfeinstofflichung in den Körper.

Das vierte Element ist Wasser. Langdauernde körperwarme Bäder stimulieren das Sakralchakra sehr intensiv, und alle Chakras. Das Sakralchakra ist die Brücke zwischen Emotionalkörper und physischen Körper. Außerdem richten Bäder die Energiefelder des Körpers neu aus und stellen ihr Gleichgewicht wieder her. Sie lösen die emotionale Energieverschmutzung – ein Begriff, den Leonard Orr geprägt hat – auf, die man sich durch den Aufenthalt im morphogenetischen Feld des Massenbewußtseins zugezogen hat. Selbst tägliches ausgiebiges Duschen mit warmen Wasser reinigt die Aura, aber nach Meinung von Rebirthern wirkt diese Maßnahme nicht so kraftvoll wie ein Vollbad. Sie vertreten die Ansicht, daß das tägliche Bad und Rebirthing-Sitzungen das Zellgedächtnis vieler Zeitebenen, einschließlich der jetzigen, vielschichtig reinigen können.

Als nächstes folgt das fünfte Element, das sogenannte Astrallicht, das der Solarschwingung 10^{10} entspricht. Dies ist die Schwingung die uns pranisch ernährt, wobei der Körper sich die Photonenenergie zunutze macht.

Nun folgt das sechste Element, Akasha, das der galaktischen 12^{12}-Schwingung, dem Quantenfeld, angehört. Akasha ist außerhalb der Leere, der Quelle, das erste Element, das existierte, als die Schöpfung sich atmend auszudehnen begann. In diesem halbmanifesten Element ereignet sich alles, und es ist gleichzeitig die Essenz von allem, was geschieht.

Das siebte Element mit der universalen 33^{33} Schwingung ist das kosmische Feuer, auch unter der Bezeichnung Prinzip bekannt. Im Zyklus der Ausdehnung ist es das erste Element, in der Phase der Kontraktion das siebte Element.

Die gegenwärtigen Erscheinungsformen der fünf Elemente einschließlich des astralen Lichts entsprechen auch unseren fünf Sinnen: Feuer = Sehvermögen; Erde = Geruchssinn; Luft = Tastsinn; Wasser = Geschmackssinn; Astrallicht = Gehör, und das sechste Element Akasha ist unser sechster Sinn = Intuition. Der zugehörige Sinn für das Element des kosmischen Feuers muß erst noch entdeckt werden. Ich vermute, es steht für den Sinn des reinen WISSENS.

Die Welten zu überbrücken, bedeutet, zunächst die drei subtilen Elemente – Astrallicht, Intuition und Wissen – zu entdecken, sie mit Freude zu erforschen und ihre Kräfte zu erfahren und sie anschließend bewußt in das irdische Geschehen innerhalb der linearen Zeit einfließen zu lassen.

Die Einstimmung des Vierkörpersystems mit Hilfe der Elemente verstärkt Ihre Fähigkeiten auch innerhalb des Erdenplans, vorausgesetzt, Sie haben Kontrolle über Ihren Verstand. Damit gelangt auch eine starke elementare Kraft in Ihr Zellbewußtsein, die Sie auf den Herzschlag von Mutter Erde einstimmt. Je ausgeprägter wir auf den göttlichen Takt eingestimmt sind und dann den Kräften der Elemente erlauben, uns auf den Takt unseres Planeten einzustimmen, desto stärker und wirkungsvoller wird unsere Brücke zwischen den unterschiedlichen Schwingungen dieser Welten sein.

Die Verbindung der Welten erfolgt, wenn sich mittels der Praxis der spirituellen Reinigung die inneren Tore geöffnet haben oder das Vierkörpersystem auf einen synchronen und göttlichen Takt eingestimmt worden ist. Sind diese Tore geöffnet, kann reines Bewußtsein frei fließen und Sie sind der Meister, der die Richtung angibt.

Meister wissen sehr wohl, daß nur ein Aspekt ihres Bewußtseins in der irdischen Welt zum Ausdruck kommt. Ein Meister ist gemäß dem Prinzip: Wie oben, so unten, mit allen Schöpfungsebenen, dem Makrokosmos oder dem Mikrokosmos, vertraut. Der atomare Aufbau des physischen Menschenkörpers ist gewissermaßen ein Mikrokosmos vom Makrokosmos Erde, die einen Mikrokosmos vom Makrokosmos des Universums darstellt, das die Schlüsselnote 33 hat. Alles spiegelt sich in Allem, in Form von Schwingungen auf den unterschiedlichen Ebenen.

Das universale Resonanzgesetzes mit dem Leitgedanken Was man sät, das wird man ernten macht uns verständlich, daß wir das Spiegelbild der Elemente um so stärker anziehen, je bewußter wir uns auf den 33^{33} Takt des Universums – auf die EINHEIT – einstimmen.

Dadurch kommt Einheit in der irdischen Welt offensichtlich zustande, denn unsere Schwingung und schöpferische Kraft spiegelt sich darin wider.

Schwingung und Ton: Tönen und Mantras

»Das Tönen (*engl.:* toning) ist eine Technologie und Sprache für die multidimensionale Übertragung von Licht, Farbe, Bewegung und geometrischen Mustern. Tönen löst Störfelder auf, verwandelt Karma aus vielen Leben, erzeugt neue Muster und fühlt sich einfach gut an«, schreibt Tony Stubbs in »Handbuch für den Aufstieg«.

Ich persönlich habe das Tönen vorwiegend zur Umwandlung und Auflösung energetischer Blockaden im physischen Körper genutzt. Der physische Körper hat oft Schwächen an bestimmten Stellen, weil dort immer noch Erfahrungen aus früheren Leben in der Zellstruktur eingeprägt sind. Mantras sind (vergleiche »Das Buch des Wissens: Die Schlüssel des Enoch«) »heilige Silben: eine verkürzte Form der Dharanis (*sanskrit*: Silben als Gebete) für mentale und spirituelle Expansion ... Eine Gruppe von Klangmustern und Gedankenformen, die imstande sind, Licht-Bewußtsein in das Bewußtsein zu kodieren. Mantren sind heilige meditative Energieformen, die man dazu benutzt, den Körper mit den Kräften und der Ekstase des Göttlichen Geistes aufzuladen. Je größer die Gedankenform ist, desto weiter öffnet das Mantra den Verstand zur wahren Erschließung des Wissens.«

Alle großen Avatare und Meister haben den Gebrauch von Klängen und Mantras bei spirituellen Übungen empfohlen. Es heißt, die Seele eines Sterbenden, der kurz vor Eintritt des Todes den Namen Gottes ausspricht, gehe geradewegs in jene heilige Seinssphäre. So mächtig sind heilige Namen und Töne.

In seinem Buch »The Complete Ascension Manual« schreibt Dr. Stone: »Der einzig wahre Zweck, die Namen Gottes zu rezitieren, ist, das persönliche Bewußtsein im göttlichen Bewußtsein aufgehen zu lassen.« Er betont, daß das fortwährende Chanten der Kraftnamen und -worte die individuelle Schwingungsfrequenz auf die jeweilige Resonanz des benutzten Mantras abstimme und die dafür aufgebrachte Disziplin in der Aura des Übenden spirituelle Kraft und Macht aufbaue. Ferner würde dadurch das individuelle Vierkörpersystem gereinigt und die Strahlungsfelder mit der Frequenz der verwendeten Klangeinheit harmonisiert werden. Dr. Stone widmet den Kraftnamen ein ganzes Kapitel, dem eingehende Forschung zugrunde liegt und das eine wertvolle Lektüre ist.

Klänge sind Schwingungen, und die Verwendung von Klängen und Tönen richtet die Schwingungsfrequenzen neu aus. White Eagle sagt hierzu: »Das Wort war Schwingung und

Klang, und die Schwingung, die durch das Wort erschaffen wurde, brachte das körperhafte Leben hervor. Alle heiligen Schriften der Welt beschreiben dieselbe Wahrheit. Sie erwähnen allesamt das Wort, den Klang, die Schwingung, die wirbelnden Atome, durch die das Leben in sichtbarer Form auf Erden erschaffen wurde.«

AUM – im Anfang war der Ton – das Wort, und das Wort war Gott – AUM. Falls das Wort AUM wiederholte Male ausgesprochen wird, erzeugt es im gesamten Wesenskern einer Person eine mächtige Schwingung. Alle Religionen verwenden Mantras, als da sind die hebräische Spruchformel Yod He Vod He, das AUM oder OM der Hindureligion, das Allahu Akbar des Islam, das ICH BIN der ICH BIN des Westens, das Nuk-Pu-Nuk der Ägypter, das christliche Vaterunser oder die Formel Jesus Christus, die Chakramantras der Tibetan Foundation, das buddhistische Om Mani Padme Hum bis hin zu Djwhal Khuls Mantra »ICH BIN die Seele (oder ICH BIN die Monade), ICH BIN das göttliche Licht, ICH BIN Liebe, ICH BIN Wille, ICH BIN festgelegter Plan« und noch viele weitere Varianten von Kraftnamen.

Ein uraltes Mantra, das derzeit in New Age-Kreisen praktiziert wird, lautet »Kodoish, Kodoish, Kodoish Adonai Tsebayoth« (ausgesprochen Ka-doi-sh, Ka-doi-sh, Ka-doi-sh Ahdon-ai Tze-bajot). Im »Das Buch des Wissens: die Schlüssel des Enoch« heißt es, dies sei die universale Grußformel oder Anrede in der ursprünglichen sumerisch-hebräischen Muttersprache der zivilisierten Welt. Dieses Mantra dient als Gebet und Schutzformel, das negative Kräfte auf allen Ebenen unverzüglich ausgleicht und zerstreut. Angeblich stellt es einen Klangkode und die Schwingungssignatur des universalen Hologramms dar, die den Rhythmus und Takt der gesamten Energie- und Materiemenge kodiert. Angeblich entspricht dieses Mantra auch dem Klang des menschlichen Herzschlags und synchronisiert die linke und rechte Gehirnhälfte des

Überselbstkörpers (entspricht der höheren Gehirnfunktion). Es ruft nicht nur geistige Konzentration und Urteilsfähigkeit hervor, sondern auch außergewöhnliche tiefe Erkenntnisse und Klarheit.

Eines der machtvollsten Mantras, das man verwenden kann, wird in dem Werk »Das Buch des Wissens: Die Schlüssel des Enoch« erläutert und lautet folgendermaßen:

»Amen-Ptah, Phowa, Kuan Yin, Gabriel, Buddha.«

Dieses Mantra verknüpft die ägyptische und chinesische Sprache und vereint so alle biochemischen Sprachen innerhalb des menschlichen Körpers auf horizontaler Ebene. Die Feuerbuchstaben des Sanskrit und der tibetischen Sprache dienen dazu, alle vertikalen Ebenen zusammenzufassen. Die hebräischen Feuerbuchstaben, die heiligen Energieklänge und die Licht-Gedankenformen verbinden uns mit den intelligenten Wesenheiten von den Plejaden und Orion, indem sie alle kristallinen Sprachformen des Drittes Auges vereinigen und der Schablone des Verstandes den Zugang zum Ewigen Licht ermöglichen.

Werden die oben erwähnten Namen alle gleichzeitig ausgesprochen, wird dadurch die piktographische Kommunikation der Bruderschaft(en) im Gehirn aktiviert. Diese Sprachen bilden ein Gittermuster, welches die höhere ICH BIN-Gegenwart mittels einer kosmischen Lichtschwingung mit dem menschlichen ICH BIN Bewußtsein verbindet.

Das horizontal verlaufende ägyptisch-chinesische Gittermuster wirkt durch eine Reihe von Lichtpiktogrammen auf die Lebenssituation ein, was ermöglicht, daß viele Ebenen äußerlichen Wissens verinnerlicht und einkodiert werden. Dies geschieht mit Hilfe von Denkprozessen, die das normalerweise Aussprechbare übersteigen.

Das vertikal verlaufende Gittermuster des Sanskrit und der tibetischen Sprache bildet Verbindungsglieder, die von den niederen Seinsschichten in die höheren Dimensionen hineinreichen, wo sich unendliche Seligkeit ausbreitet. Diese beiden Gittermuster ordnen sich ständig zu neuen Formen, um sich den Veränderungen anzupassen, die durch den Kreislauf der Wiederverkörperung zustandekommen.

Sobald Sie die Bewußtseinsstufe erreicht haben, in der die Höherverpflanzung der Seele stattfinden kann, öffnet sich das Gitternetz einem dritten gitterartigen Muster. Es handelt sich um ein göttliches Lichtmuster hebräischer Herkunft, das absolute Glückseligkeit und Freiheit gewährt, die totale Verbindung des Körpers mit der geistigen Ebene.

Die Flammenschrift oder die heiligen Feuerbuchstaben bilden eine uralte, kosmische Sprache der Geometrie, die laut Aussage von »Das Buch des Wissens: Die Schlüssel des Enoch« dazu dient, »die Augen des Menschen zu öffnen, damit er die wunderbaren Dinge der göttlichen Weisheit erblicken kann«. Es handelt sich hierbei auch um »spezifische Buchstaben einer heiligen Sprache, gestaltet in einer Feuerschrift, so daß das Bewußtsein der heiligen Buchstaben in geistlichen Schriften tatsächlich in die Seele des Lesers eindringen und diese die Gottheit schauen kann.«

Das Gebiet der Mantras habe ich wie auch einige andere Themen dieses Handbuchs nur kurz gestreift. Daher empfehle ich den interessierten Lesern, diese Thematik zu erforschen, bis Sie ein Mantra finden, mit dem Sie gerne arbeiten möchten.

Atemtechnik zur willentlichen Steigerung der eigenen Schwingungsfrequenz

Die nachstehende Übung wurde mir vom Kommandant Korton des Weltraumkommandos nahegebracht, während ich hinsichtlich telepathischer Kommunikation Unterweisungen von ihm erhielt. Er betonte, diese Technik diene dazu, das persönliche Energieniveau rasch auf eine höhere Schwingungsfrequenz anzuheben.

Zunächst müssen Sie Ihre Denkweise umstellen und wirklich begreifen, daß der Mensch nicht von Sauerstoff, sondern von Energie erhalten wird und daß diese Übung dazu angelegt ist, die Resonanz oder Schwingung Ihrer Energiefelder umzupolen. Der bloße Gedanke, daß wir zur Erhaltung des Lebens Sauerstoff benötigen, führt eventuell dazu, daß Sie bei dieser Übung buchstäblich nach Luft schnappen. Sie müssen also vor allem Disziplin aufbringen, sich in der Anwendung der Formel »Das Bewußtsein herrscht über die Materie« üben und darauf vertrauen, daß der Beobachter des Körpers dafür sorgen wird, daß Ihr persönlicher Sauerstoffbedarf gedeckt wird.

1. Seien Sie sich bewußt, daß diese Übung Ihre Schwingungsfrequenz anheben wird.
2. Stimmen Sie sich zuerst mit Atem- und Lichtarbeit ein.
3. Anschließend verändern Sie Ihren gleichmäßigen Atemrhythmus in einer Weise, daß Sie weniger ausatmen als einatmen.
4. Wenn Sie beispielsweise bei der ersten gleichmäßigen Atemtechnik für das Ein- und Ausatmen jeweils bis 7 gezählt haben, so behalten Sie nun beim Einatmen das Zählen bis 7 bei, während Sie beim Ausatmen nur bis 5 zählen.
5. Um den für Sie angemessenen Rhythmus zu finden, müssen Sie ausprobieren und experimentieren. So wie bei der ersten gleichmäßigen Atemtechnik manche Menschen bis 10 & 10, andere bis 15 & 15 zählen, so ist auch hier die Zähldauer unterschiedlich. Vielleicht atmen Sie hier nach dem Schlüssel 10 & 5 oder 12 & 8 und so weiter. Beide Atemmethoden erfordern die Fähigkeit, regelmäßig, gleichmäßig und ausdauernd atmen zu können.
6. Nach einer Weile stellen Sie vielleicht fest, daß Sie wieder genauso lange ausatmen müssen wie Sie eingeatmet haben. Das ist in Ordnung. Atmen Sie ganz nach Belieben, und

nehmen Sie dann den versetzten Atemrhythmus wieder auf.
7. Es sollte sich anfühlen, als ob Sie auf einem Förderband nach oben gleiten, eine Treppe hochsteigen oder auf einen Berg klettern. Sie erklimmen einen Gipfel, gleiten dann in ein Tal, besteigen den nächsten Gipfel und sinken anschließend in ein weniger tiefes Tal und so weiter.
8. Sie haben das Gefühl, energetisch emporgehoben zu werden.
9. Sobald Sie imstande sind, diesen Rhythmus beizubehalten, gehen Sie in die innere Stille, betrachten Sie sie mit Ihren geistigen Augen und lauschen Sie ihnen mit Ihren geistigen Ohren, welche Visionen sich vor Ihnen entfalten.

Ich verwende diese Übung, um mich rasch in einen Zustand gesteigerter Empfänglichkeit einzustimmen. Der Vorgang läßt sich mit folgendem Bild beschreiben: Sie nutzen die Energie der Chakras, um ein Kraftpotential aufzubauen, das dazu imstande ist, Sie aus der Begrenztheit Ihres physischen Körpers hinauszuschleudern, wo Sie sich jenseits der Grenzen des Körpers bewegen können. Wer diese Atemtechnik als Mechanismus der Energiekontrolle verwendet, kann seine Schwingungsfrequenz rasch und mühelos auf eine feinere und höhere Stimmlage oder Resonanzebene einstimmen.

Kapitel 24

Channeling

Es folgen Definitionen des Begriffs Kanal oder Channelmedium, zitiert aus »Das Buch des Wissens: Die Schlüssel des Enoch« von J. J. Hurtak: »Ein Kanal (*engl.:* Channel) ist ein Pfad, entlang dem Signale ausgesandt werden können, z.B. ein Datenkanal oder Ausgabekanal, für die Erziehung einer Seele über spirituelle Befehle ... Er ist Teil eines Speicher-Mediums, der für eine bestimmte Lese-Station, z.B. Magnetband, erreichbar ist ... Er ist eine Einheit, welche die Operation von einer oder mehreren Einheiten kontrolliert ... Er ist eine Bandbreite von Frequenzen, die für Kommunikation gebraucht werden.«

Ich habe das Kapitel 24 über Channeling eingefügt, weil es eine großartige Methode ist, sich auf die innere Führung durch das eigene Höhere Selbst und die ICH BIN-Gegenwart einzulassen und sich den Unterweisungen von Geistführern oder Lichtwesen zuzuwenden. Neben dem Vorteil, eine klare persönliche Orientierung zu erhalten, kann man geschriebene, mündliche oder telepathisch gechannelte Durchgaben auf unterschiedliche Weise nutzen. Einer dieser Vorteile ist die regelmäßige Einstimmung auf höhere Schwingungsebenen, was, wie es heißt, unser geistiges Wachstum angeblich um das Tausendfache erhöhen soll.

Wenn es uns gelingt, unsere Wahrnehmung so zu verlagern, daß wir, die wir zuvor ausschließlich das Programm des einen Senders angeschaut haben, uns nun in eine andere Fernsehstation einblenden, sind wir nicht nur in der Lage, zu sehen und Visionen von diesen anderen Daseinsebenen wahrzunehmen, sondern können sie auch hören und telepathische Botschaften von Wesenheiten empfangen, die sich in diesen anderen Frequenzbereichen aufhalten. Telepathische Kommunikationstechniken werden in Kapitel 28 ausführlich behandelt. Das Channeling und die Informationsübermittlung von seiten fremder intelligenter Wesen aus anderen Zeitdimensionen wird dann so einfach wie ein Telefonanruf von Australien nach Europa.

Eines der berühmtesten Channelmedien der Geschichte war der schlafende Prophet Edgar Cayce (†). Schlafend wurde er deshalb genannt, weil er sich in Tieftrance – eine Art Schlaf – begab und in diesem Zustand auf Anfrage unglaublich differenzierte medizinische Diagnosen stellte. Da er keine medizinische Ausbildung vorweisen konnte und nur bis zur sechsten Klasse die Schule besucht hatte, erschien dies den Medizinern zu seinen Lebzeiten um so erstaunlicher. Cayce ging auch dazu über, ausgezeichnet dokumentierte mediale Durchgaben über frühere Leben zu machen, von denen viele aufgrund von Nachforschungen geschichtlich verifiziert werden konnten. Man sagt, daß er – während der Tieftrance oder im Schlaf – die Akashachronik habe aufsuchen können. Er zapfte so das universale Bewußtsein an, in dem sämtliche Lebensereignisse – wie in einem riesigen kosmischen computerisierten Datenspeicher – aufgezeichnet sind. Berichten zufolge soll Cayce in einer vorhergehenden Inkarnation auch der große ägyptische Prophet und Priester Ra-Ta gewesen sein, der dem Niedergang von Atlantis entkommen sei und einen Großteil des atlantischen Wissens nach Ägypten gebracht habe.

Edgar Cayce wurde als Tieftrancemedium bezeichnet – er hat tatsächlich geschlafen – und viele Quellen bestätigen, daß die Übermittlung um so reiner ist, je tiefer die Trance ist, weil dann das Tagesbewußtsein und die Wahrnehmungsfilter der channelnden Person, sich kaum einmischen kann. Das vollbewußte Channeling wird allerdings immer alltäglicher, da inzwischen immer mehr Individuen sich für ihre höhere Führung öffnen. Deshalb sollte man stets bedenken, daß alle gechannelten Durchsagen nur so rein wie das jeweilige Medium sind. Die Ebene der Information, zu der ein Medium Zugang erhalten kann, spiegelt dessen Bewußtseinszustand unmittelbar wider, da Gleiches nur Gleiches anzuziehen vermag.

Falls Sie ein Medium zu Rate ziehen wollen, achten Sie auf die Lebensumstände der betreffenden Person, bevor Sie ihr Glauben schenken. Ist ihr Leben voller Fülle, Liebe und Freude? Ist sie ein gutes Vorbild und *lebt sie, was sie predigt?* Eine positive Führung läßt sich an den Früchten im Leben erkennen. Wenn ein Medium (Channel) eine klare innere Führung hat, wird dies in seinem Privatleben zutagetreten. Achten Sie ebenfalls darauf, ob die gechannelten Informationen abwertend, negativ oder entmutigend sind, da solches Material nicht aus der reinsten Quelle (Gott) stammen wird. Alle Lichtwesen wollen inspirieren, dienen und ermächtigen.

Ich persönlich bin der Meinung, daß die einzig wahre Führung, der wir uns anvertrauen können, die des inneren Lehrers ist. Aufgrund unserer Einzigartigkeit kann es einfach keine Vorgaben geben, die jeder zu befolgen hat. Niemand kennt uns so gut wie unser innerer Lehrer, unser eigenes Gottselbst oder unsere ICH BIN-Gegenwart. Je mehr wir uns darauf konzentrieren, uns öffnen und die innere Verbindung mit der unendlichen Quelle des inneren Wissens stärken, desto sinnerfüllter, integrierter, glücklicher und reicher wird unser Leben sein. Sobald wir eine starke Verbindung hergestellt haben, kommt es nicht mehr darauf an, ob wir sie als Höheres Selbst, ICH BIN-Gegenwart, Lichtwesen, Geistführer oder als Sonstiges bezeichnen – wichtig ist, welche Ergebnisse anhand dieser Unterweisung, sofern wir sie befolgen, in unserem Leben sichtbar werden.

Es lohnt sich, das Buch »Opening to Channel« von Sanaya Roman und Duanne Packer zu lesen, deren geistige Führer Orin und DaBen mitteilen: »Die meisten Seelen halten sich nach ihrem Tod im Astralreich auf, weil sie nicht weit genug entwickelt sind, um sich in der Kausalebene aufzuhalten. Viele hochrangige Geistführer kommen aus der Kausalebene und den darüberliegenden Dimensionen. Ihre Welt ist die sogenannte multidimensionale Wirklichkeit. Wer in solchen Dimensionen lebt, muß die polaren Gegensätze gemeistert haben, seine Gefühle und seinen Verstand hervorragend beherrschen und imstande sein, mit Energien umzugehen. Einige Geistführer haben auf Erden gelebt, sich rasch entwickelt, ihre Lektionen gemeistert. Sie existieren mittlerweile als reiner Geist in der Kausalebene und entwickeln sich weiter, indem sie der Menschheit dienen. Andere Geistführer entstammen multidimensionalen Wirklichkeiten und sind außerordentlich hohe Wesenheiten in ihren eigenen Systemen.«

Die geistigen Führer Orin und DaBen von Roman und Packer erklären weiter: »Geistführer nehmen mit Ihrer Seele Kontakt auf und leiten Informationen durch Ihre Seele (= das Höhere Selbst) zum Bewußtsein, wobei der Inhalt mit Ihnen verfügbaren Worten und Konzepten eingekleidet wird.« Es gibt unbegrenzte Möglichkeiten, wie ein Geistführer Ihrer Seele Informationen übermitteln kann ... Für den Vorgang des Channeling erhöhen Sie Ihre Schwingungsfrequenz, bis Sie in eine Art Trancezustand gelangen, und zugleich senken wir entsprechend unsere Frequenz. Beide Energiefelder sind nicht exakt deckungsgleich, doch sie ergänzen sich. Wir erzeugen in unserer Dimension elektromagnetische Felder, die denen in der irdischen Dimension ähneln.«

Desweiteren führen Orin und DaBen aus, daß die Informationsübertragungen überwacht und entsprechend angepaßt würden. Je besser eingestimmt und offener wir dafür seien, desto leichter sei die Übermittlung. Auch hier ist Vertrauen von allergrößter Bedeutung. Die Mehrzahl der Übermittlungen würden über die rechte Gehirnhälfte empfangen, dort verarbeitet und mittels der linken Gehirnhälfte ausgesprochen oder geschrieben. Sie führen weiter aus, daß Neuronen neue Leitbahnen in unserem Bewußtseinsfeld aufbauen, entwickeln und benutzen würden, in dem Maße, wie wir uns dafür öffneten und uns im Channeling übten, wodurch sich unser normales Denken ändern würde.

Orin und DaBen erläutern ferner, daß wir lernen müßten, zu vertrauen und unser Vorstellungsvermögen zu schätzen, denn: »Ihre Vorstellungskraft kann Sie mit anderen Universen verbinden. Sie vermag Sie in vergangene und zukünftige Zeiten zu versetzen. Sie kann Sie mit höheren Bewußtseinsformen verbinden und all das zuwege bringen, auf das Sie sich konzentrieren. Ihr Vorstellungsvermögen kann Ihnen dabei helfen, außerhalb Ihres Körpers zu reisen. Auf Wunsch können Sie Ihr Bewußtsein an andere Orte versetzen und mit ihrer Imaginationskraft Menschen betrachten, selbst wenn diese weit entfernt sind. Wenn sich Ihre Vorstellungskraft weiter entwickelt, können Sie in vielen Wirklichkeitsebenen reisen. Mit Hilfe dieser Kraft, die zu Ihren höchsten Begabungen zählt, heben Sie sich über die Materie hinweg. Sie vermittelt Ihnen Visionen, Träume und Wahrnehmungen des Bewußtseins, die Ihren normalen Bewußtseinshorizont übersteigen.«

Mit folgender Textstelle bestätigen DaBen und Orion die Aussagen von Grace Cooke (White Eagle) in ihrem Buch »Die Perle im Lotos«: »Nur weil Sie den Eindruck haben, sich etwas einzubilden, bedeutet dies nicht, daß Ihr Eindruck irreal ist. Die Realität beginnt in Ihnen. Wenn Sie das erste Mal channeln, könnte in Ihnen das Gefühl aufkommen, Sie würden sich etwas vormachen. Das Vorstellungsvermögen schwingt in einem höheren Frequenzbereich als der Verstand, und es ist nicht so sehr den Einschränkungen und Konstruktionen der physischen Realität unterworfen. Es vermag, Gedanken zu erfassen, die dem Verstand als unmöglich oder ungewöhnlich erscheinen mögen. Ihre Einbildungskraft ist das Sprungbrett in die höheren Realitätsebenen.«

Anhand meiner eigenen Erfahrungen und Nachforschungen konnte ich feststellen, daß man dem eigenen Körper durch Channeling nicht nur vermehrtes Licht und höhere Schwingungen zuführt, sondern daß sich infolgedessen auch die Molekular- und Zellstruktur des Körpers allmählich umstellt. Dies wiederum steigert unter Umständen den persönlichen Bewußtseinshorizont und den Wahrnehmungsgrad der körperlichen Sinne. Channeling ermöglicht uns, unsere Verbindung mit dem universalen Bewußtsein, der innewohnenden göttlichen Intelligenz, zu erwecken. Im Lauf der Geschichte hat es immer einzelne Menschen gegeben, die mit Welten außerhalb unseres bekannten Universums in Verbindung gestanden sind. Schamanen, Seher, Propheten, Wahrsager, übersinnlich Begabte, Medien, Channelmedien aus allen Religionen, Kulturen, Glaubensrichtungen sind aufgrund ihrer Fähigkeit, einen Blick in andere Welten zu werfen und/oder eindrucksvolle Visionen für ihr Volk zu empfangen, von der Masse aufgesucht worden.

Infolge der feinstofflichen Veränderungen auf unserem Heimatplaneten sind inzwischen immer mehr Menschen in der Lage, sich mit derselben Quelle des ewigen Wissens zu verbinden, indem sie sich einfach nach innen wenden, denn alle immanenten übersinnlichen Fähigkeiten kommen jetzt zum Vorschein und werden erkannt.

Kurz nachdem ich mich dem 21-Tage-Prozeß unterzogen hatte, bekam ich Kopf- und Nackenschmerzen und spürte sehr viel Spannung im Hinterkopfbereich. Ich hatte keine Lust zu channeln. Ich zog es vor, still in einer Ecke des Raums zu sitzen, wo sich dieses Phänomen abspielte, und es zu beobachten. Ich war definitiv nicht daran interessiert, ein Medium für die Öffentlichkeit zu sein. Gleichzeitig hörte ich viele Stimmen in meinem Kopf, die ich für Selbstgespräche oder Einbildung hielt. Als diese jedoch nicht verstummen wollten, begann ich zu scherzen, daß ich womöglich schizophren werden würde.

In den vergangenen Jahren hatte ich häufig mediale Durchsagen von Toten empfangen. Informationen, die keinen Sinn ergaben, tauchten plötzlich in meinem Kopf auf. Gleichzeitig hörte ich den Namen eines kürzlich Verstorbenen oder spürte dessen Energiefeld und wußte einfach, um wen es sich handelte. Schließlich gab ich diese Angaben dem Betreffenden, dem die Botschaft galt, etwas schüchtern weiter. Man hatte mir mitgeteilt, daß der Grund dafür, daß sie gerade mich für ihre Botschaften ausssuchten, der war, daß sie mich für aufgeschlossen, empfänglich und integer hielten. Sie fügten hinzu, ihre Angehörigen seien oft zu emotional, als daß sie direkte Botschaften empfangen könnten. Ich zweifelte stets an dieser Art der Verständigung, richtete die Hinweise allerdings aus, nur für den Fall, daß …

Mir wurden auch deutlich die Namen der Geistführer Elijah und Samuel übermittelt, die sich mir während meiner Meditationen Mitte der achtziger Jahre vorgestellt hatten. Sie unterweisen mich eine Weile lang voller Wohlwollen. Sie gaben mir zu verstehen, daß sie stets für einen Austausch bereitstünden, wenn ich es verlangte. Ich aber ignorierte sie meistens, weil mein logischer Verstand solche Eindrücke meiner überaktiven Einbildungskraft zuschrieb, insgeheim jedoch war ich auch erfreut darüber!

Ich gestehe, daß ich zwar von der Existenz von Geistführern und einer höheren Art der Verständigung überzeugt war, doch ich glaubte weder, daß mir dies widerfahren könnte, noch daß ich medial und fähig sei, auf diese Weise zu kommunizieren. Ich war der Meinung, daß nur auserwählte Mitmenschen mit der richtigen Ausbildung oder von Natur aus übersinnlich Begabte sich mit Geistführern und Verstorbenen unterhalten könnten. Allmählich wurde mir klar, daß alles eine Frage von Schwingungsfrequenzen ist und daß jeder Mensch über eine telepathische Veranlagung verfügt, die zum Vorschein kommt, sobald wir die unsere Schwingung und unser Aurafeld verfeinern.

Aufgrund der intensiven Veränderung meiner Schwingungsfrequenz infolge der Neueinstimmung während des 21-Tage-Prozesses empfing ich allmählich regelmäßig Durchsagen und Stimmen, denen anscheinend unterschiedliche Energiefelder anhafteten. Einige empfand ich als sanftes, weiches Strahlungsfeld, andere kamen energischer und stärker durch. Und mein Körper fühlte sich anders an. Mir wurde telepathisch mitgeteilt, daß der Spannungsaufbau und meine nachfolgenden Beschwerden (Kopfschmerzen, usw.) auf den Energiestau im Bereich des Hypothalamus zurückzuführen seien. Wenn ich meinen Mund öffnen und diese Stimmen sich durch mich ausdrücken könnten, würde sich die Blockade auflösen.

Mir wurde überdies durchgegeben, daß ein Teil meiner körperlichen Beschwerden dem aktivierten Aufstiegschakra zuzuschreiben sei, das sich am Hinterkopf auf der Höhe des Pferdeschwanzansatzes befindet. Dieses Chakra gewährt den Zustrom höherer Kommunikation und empfängt Energien die nicht nur den Hypothalamus, sondern auch das Großhirn allmählich anregt. Somit werden die vier Fünftel des Gehirns, die normalerweise ungenützt bleiben, für die interdimensionale Verständigung verwendet.

Aurasichtige Freunde berichteten mir von einer deutlich erkennbaren Kugel aus konzentrierter Kraft, die sich an meinem Schädelansatz befand. Kein Heilungsversuch, ob Reikibehandlungen oder Energiearbeit, vermochte mir Erleichterung zu verschaffen. Ich beschloß, das Wagnis einzugehen und sprach eine Einladung an die Lichtwesen aus, die ausschließlich meinem höchsten Wohl und dem der gesamten Menschheit dienten, sich durch mich zu melden und mitzuteilen. Ab diesem Zeitpunkt setzte für mich eine herrliche Erfahrungsreise mit Channeling ein.

Das Buch »Opening to Channel« beschreibt sehr schön die Gefühle, die man zu Beginn dieser Reise als Medium hat. Zweifel und Skepsis verwandeln sich letztendlich in Freude und Hochgefühl. In Zeiten, als ich mich nicht verbunden gefühlt habe, mich dennoch dienstbereit als Kanal für reine Botschaften zur Verfügung gestellt habe, war es oft so, als würde eine unsichtbare Hand von oben in mein Kronenchakra hineingreifen und meine Ausstrahlung und Schwingungsfrequenz auf eine besser gestimmte, vollkommenere Resonanz anheben. Diese Veränderung war damit zu vergleichen, als hätte ich stundenlang oder manchmal auch wochenlang regelmäßig meditiert um mich neu auszurichten. Natürlich habe ich diese Soforthilfe dankbar angenommen.

Offensichtlich ist es so, daß, je mehr wir uns willentlich voller Hingabe und reiner Absicht auf höhere Lichtkräfte einstimmen, desto mehr werden wir zu jener Energie, auf die wir uns ausrichten. Diese Wirkung geht auf das universale Resonanzgesetz zurück. Channeling ist eine einfache Anwendung dieses Gesetzes. Es ist nicht notwendig, für andere zu channeln, es genügt dies für sich selbst zu tun. Wer eine klare, innere Führung erhält, dessen irdische Reise wird einfach erfreulicher und weniger verwirrend.

Obschon man das Phänomen Channeling studieren und geführte Meditationen und Visualisierungsübungen durchführen kann, um diese außersinnlichen Fähigkeiten zu erwecken, sollte man auch wissen, daß sie sich auf natürliche Weise einstellen werden, wenn man sein Schwingungsfeld auf die Kraft ausrichtet, die uns am Leben erhält.

Die Aufgestiegenen Meister teilten mir mit, daß man sich bei der Einstimmung als Channel mit dem universalen Bewußtsein verbindet. Ich weiß aber nicht sicher, ob dies auf alle Ebenen telepathischer Kommunikation zutrifft. Die Informationen kommen entweder aus der Akashachronik, falls man mit vergangenen, gegenwärtigen und zukünftigen Ereignissen des linearen Zeitrahmens arbeitet, oder aus der unendlichen Intelligenz. Wahrheit ist Wahrheit, und man kann das im Herzen fühlen, wenn man das Urteilsvermögen hinzuzieht.

Falls jemand für andere Menschen channelt, empfehle ich folgende Programmierung:

- »Liebe Mutter Vater Schöpfer-Gott, ich bitte Euch, mich als reinen Kanal für Eure Liebe und Weisheit zu nutzen. Ich bitte darum, daß die Schwingung des Energiestroms und der Auskünfte, die mich durchfließen werden, vollkommen auf das Bewußtsein der anwesenden Person .... und/oder der Gruppe zugeschnitten sein möge. Ich bitte darum, daß JETZT ein vollendetes lichterfülltes und liebestrahlendes Wesen, das dem höchsten Wohl aller dient, durch mich sprechen möge.«

Wenn man um die richtige Schwingung bittet, wird man harmonisch auf die Bedürfnisse der anwesenden Gruppe gestimmt. Bittet man hingegen um die höchste Schwingung, kann passieren, daß die einströmende Energie für die anwesende Gruppe zu stark ist.

Ich empfehle den Teilnehmern von Channelingsitzungen, auf dem Stuhl des Unterscheidungsvermögens ihres Herzens Platz zu nehmen und zu berücksichtigen, daß jeder ein göttliches Wesen ist. Es gibt keinen größeren Mentor als der innere Lehrer in uns allen. Das wichtigste Geschenk, das man sich selbst machen kann, ist zu lernen, auf die Stimme des inneren ICH BIN-Gottselbst zu lauschen und zu vertrauen.

Auf meinen Reisen werde ich häufig Zeugin dieser erstaunlichen Eigenart der menschlichen Spezies, unsere eigene Macht ganz selbstverständlich an andere abzugeben – an einen Lehrer oder Guru, ein Medium oder eine außerirdische Entität. Mir kommt es vor, als würden viele Menschen immer noch erwarten, daß irgendeine äußere Macht ihr Leben verändert, indem sie einen Zauberstab schwenkt und alle Mißstände in ihrem Leben wieder in Ordnung bringt.

Es gibt nur den inneren Guru. In uns wohnt ein erleuchtetes Wesen, unser aufgestiegenes Selbst. Es weiß alles über unsere Vergangenheit, Gegenwart und Zukunft und verfügt über den Schlüssel zu allen Dingen, die wir begehren. Wer lernt, sich auf seinen inneren Lehrer einzustimmen, auf seine Weisungen zu lauschen und zu vertrauen, dessen Leben gestaltet sich weitaus machtvoller, erfüllender und befriedigender, als wenn man einen äußeren Lehrer findet, der einem sagt, was man tun soll. Sein eigener Meister zu werden, heißt sich selbst zu erkennen und sich des göttlichen Selbst vollkommen bewußt zu werden.

Kapitel 25

Aufstieg

Aufstieg ist lediglich eine Bezeichnung für den Aufbau des inneren Lichtquotienten, die Vereinigung mit unserem wahren Wesen. Der innere Lehrer vermittelt keine Regeln, nur Weisungen bezüglich dessen, was speziell für uns richtig ist. Es ist unsere Reise, und niemand kennt den Weg so gut wie wir selbst, denn unsere Reiseroute ist nicht neu, sie ist nur in Vergessenheit geraten.

Aufstieg könnte auch so beschrieben werden: Die Schwingungsfrequenzen unserer Energiefelder werden auf die höchsten Lichtoktaven angehoben, bis ein vollkommener Gleichklang mit unserem Höheren Selbst, dem Gottselbst oder der reinen lebensspendenden Kraftquelle entsteht. Die östliche Philosophie bezeichnet diesen Zustand als Soruba samadhi, wobei die Gottheit herabsteigt und das Vierkörpersystem (Geist, Verstand, Gefühle und Körper) in einen vollkommenen Zustand verwandelt. Danach ist der Mensch imstande, willentlich zu erscheinen und zu verschwinden, seinen Alterungs-/Verjüngungsprozeß zu beherrschen und auch die Molekülstruktur mittels Entmaterialisation neu zu ordnen und so weiter. Die Wesenheiten, die sich für das Aufgestiegene Dasein und folglich auch für die Unsterblichkeit entschieden haben, tun dies, um der Menschheit weiterhin dienen zu können, da sie den Kreislauf von Leben und Sterben überwunden haben und (nach Aussage der östlichen Philosophen) übernatürliche Talente erworben haben.

Die sogenannten Siddhas (heilige unsterbliche Männer) nutzten die Wissenschaft des Kriya Yoga, um ihren Körper zu verjüngen und Selbstmeisterung zu erlangen. Durch die Einnahme von Rezepturen aus Mineralstoffen, Kräutern und

Salzen verlangsamten sie ihren Alterungsprozeß. Außerdem praktizierten sie Kriya Yoga sowie spezifische Atemtechniken, wodurch die Pranaaufnahme auf ein Höchstmaß gesteigert und ein langes Leben begünstigt wurde. Wenn sie ihre Rolle erfüllt hatten, verließen sie ihren irdischen Körper willentlich, wechselten in andere Daseinsebenen über und wandten sich neuen Dienstaufgaben zu oder brachten ihren Körper in das Licht.

Fähigkeiten dieser Art sind nicht mehr nur wenigen Auserwählten vorbehalten, noch wird von uns verlangt, fünfzig Jahre lang in einer Höhle auszuharren und zu meditieren, um diesen Zustand der Vollkommenheit zu erlangen. Da sowohl die Schwingungsfrequenz des Planeten Erde als auch der Menschheit angehoben wird, werden diese übernatürlichen Kräfte immer alltäglicher.

Wie in den vorigen Kapiteln erörtert, ist es anhand des universalen Resonanzgesetzes, wonach Gleiches Gleiches anzieht, möglich, unsere Frequenz bewußt anzuheben, um erwünschte feinere Empfindungen wie etwa Freude, Ausgeglichenheit, Harmonie und bedingungslose Liebe (feinstoffliche Schwingungsfrequenzen = feines Leben) anzuziehen. Wer sich nach mehr dauerhaften Erfahrungen dieser Art sehnt, kann etwas dafür tun.

In den Kapiteln 15 und 23 wurde ausführlich erläutert, welche praktischen Maßnahmen man bewußt durchführen kann, um die eigene Schwingungsfrequenz zu erhöhen. Nachstehend fasse ich diese Punkte nochmals knapp zusammen:

Auf irdischer, praktischer Ebene:
1. Ernährung: Nehmen Sie leichte und frische Nahrungsmittel zu sich. Essen Sie frisches Obst und Gemüse, Getreideprodukte, Nüsse und Hülsenfrüchte. Alkohol, Zucker und rotes Fleisch vedichten bekanntlich die menschliche Schwingungsfrequenz, solange wir noch nicht die Fähig-

keit haben, Energie willentlich umzuwandeln. Wer sein Körpervehikel auf einen höheren Schwingungsgrad anheben will, sollte diese Dinge aus dem Ernährungsplan streichen. Wenn wir unsere Schwingungsfrequenz immer mehr verfeinern, ist es in der Tat möglich, einen Zustand zu erreichen, wo wir weder essen noch trinken müssen und imstande sind, uns von Licht (Prana) allein zu erhalten.

2. Flüssigkeit: Trinken Sie viel Wasser, denn Wasser ist ein wundervoller Energieleiter und bildet die Grundlage der Konstitution des Körpers. Obendrein schwemmt es Giftstoffe im Gewebe und in den Organen aus und dient zur Reinerhaltung des Organismus. Sobald Licht statt Wasser die Konstitution des Menschen bestimmt, wird man nur noch sehr wenig Flüssigkeit trinken müssen.

3. Gymnastik: Machen Sie sanfte, streßfreie Körperübungen, die einerseits das Blut mit Sauerstoff anreichern und andererseits den ungehinderten Fluß der Energien fördern. Besonders geeignet sind Yoga, Tai Chi, Schwimmen, Spazierengehen, in Kombination mit tiefem, verbundenen Atmen. Sehr zu empfehlen ist, mit geschlossenen Augen und abgeschirmt von äußeren Reizen zu tanzen, weil dadurch im ganzen Körper ein freier Energiefluß entsteht. Tanzen hilft ganz allgemein, um loszulassen und locker zu werden. Wer so tanzt, hat vielleicht das Gefühl, er könne über die Grenzen seines Körpers hinauswachsen.

Auf der Gefühlsebene:
Dr. Deepak Chopra betont, Zellen seien lediglich Erinnerungen, die von organischer Substanz umgeben sind. Der Mensch ist die Gesamtsumme aller Einflußfaktoren, die im Zellgedächtnis gespeichert werden – aktuelle Lebensumstände, frühere Inkarnationen, genetische Anlagen sowie Umwelteinflüsse. Da wir von einem linearen Zeitverständ-

nis ausgehen, neigen wir dazu zu glauben, Ereignisse würden aufeinanderfolgen. Sobald unsere Wahrnehmung den linearen Zeitrahmen überschreitet, begreifen wir, daß alles gleichzeitig geschieht. Demzufolge koexistieren Vergangenheit, Gegenwart und Zukunft in sogenannten Parallelwirklichkeiten, die einander fortwährend nähren.

Energetische Blockaden, die auf verschiedene Einflüsse zurückzuführen sind, machen sich im elektrischen Schaltkreis des Körpers bemerkbar und beeinträchtigen unmittelbar die Resonanz oder Schwingungsfrequenz. Diese Blockaden bilden sich aufgrund von minderwertiger Ernährung, Mangel an körperlicher Bewegung, Gift- und Schadstoffen, ungelösten negativen Emotionen, negativen Überzeugungen und einschränkenden Gedankenmustern. Sie können durch verschiedene alternative Heilmethoden, wie Kinesiologie oder Homöopathie aufgelöst werden.

Noch wichtiger ist es, bestimmte Meditationen, Atemtechniken und schöpferische Visualisierungsübungen anzuwenden, um den eigenen Energiehaushalt auf die Lichtfrequenz auszurichten und die Zellen mit Licht zu reinigen. Die Selbstheilung erweist sich als äußerst wertvolles Werkzeug. Wir können auch unser Höheres Selbst und/oder den/die Geistführer bitten, unseren Emotionalkörper während des Traums mittels des Unterbewußtseins zu reinigen, da bekanntlich alle Zellerinnerungen im Unterbewußtsein gespeichert sind (siehe Kapitel 10 über die Macht der Gefühle).

Auf mentaler Ebene:
Wenn wir begreifen, daß unsere Gedanken unsere Wirklichkeit erschaffen, und unsere Gedankenmuster und deren energetische Qualität überwachen, können wir die von uns erwünschte Erfahrung heranziehen. Die Energie folgt den Gedanken (siehe Kapitel 9 über die Macht des Verstandes).

Auf geistiger Ebene:
Meditation und Zeiten in der großen Stille mit dem inneren Lehrer sind wirksame Vorgehensweisen, um die eigene Schwingungsfrequenz auf höhere Lichtoktaven anzuheben. Meditation läßt sich in sieben Kategorien einteilen, die man verwenden kann oder auf die man sich einstimmen kann.

Da wir uns im Energiefeld des lebendigen Organismus der Erde aufhalten und diese sich gegenwärtig in ihrem eigenen Aufstiegsprozeß in höhere Frequenzebenen befindet, werden wir feststellen, daß sich sowohl unser Energiefeld als auch unsere Schwingungsfrequenz automatisch entsprechend dem unseres Heimatplaneten verändern werden.

Der planetarische Aufstieg ist ein natürliches Phänomen, das bei allen Planeten auftritt, die im Verlauf ihrer Entwicklung eine bestimmte Stufe erreicht haben, auf der sich die Grundsubstanz von Kohlenstoff auf Silikon umstellt. Während sich die planetarische Schwingungsfrequenz verfeinert oder sich auf höhere Oktaven einschwingt, verändern sich die Lebewesen im Inneren und auf der Oberfläche ebenfalls. So ist der persönliche Aufstieg eine natürliche Folge des planetarischen Aufstiegs.

Der persönliche Aufstieg erfolgt entweder mit oder ohne die bewußte Wahrnehmung und Anteilnahme des betreffenden Menschen. Er vollzieht sich ohnehin. Der Verlauf des persönlichen Aufstiegs läßt sich allerdings mit einer großen Festveranstaltung vergleichen, die soeben im Gang ist. Entweder bekommen die Gäste erst noch ihre Einladungen mit der Post zugestellt, oder sie kaufen gerade die passende Garderobe für den Anlaß ein, oder sie reisen schon im Auto oder in der Kutsche an, oder sie sind bereits am Ort des Geschehens eingetroffen und tanzen dort schick gekleidet und amüsieren sich glänzend. Unser Heimatplanet und wir Erdbewohner erfahren derzeit ein Erwachen, denn immer mehr Menschen suchen Antworten auf die Fragen: Weshalb sind wir hier? Oder:

Welche Lebensaufgabe ist mir vorherbestimmt? Diese beiden Fragen entstehen aus dem Grundgefühl: Es muß noch mehr geben.

Wenn ein Individuum die Schwingungsfrequenz seiner niederen Körper (physischer Körper, Gefühle, Verstand und Geist) mit den höheren Lichtoktaven in Übereinstimmung bringt, bis beinahe zur Lichtgeschwindigkeit, entwickeln sich Begabungen wie telepathische Kommunikation (Hellhören), heilendes Berühren (Handauflegen), Hellsichtigkeit, physische Unsterblichkeit sowie Bilokation (die Fähigkeit, an zwei Orten gleichzeitig zu sein) völlig natürlich und sind leicht zugänglich. Die innere Führung wird zu einer starken, klaren Macht in unserem Leben und offenbart uns unsere vorherbestimmte Rolle und den persönlichen Lebenszweck.

Es gibt unterschiedliche Gründe, weshalb sich jemand in der heutigen Zeit für den Aufstiegspfad entscheidet. Die Beweggründe sind unter anderem der Wunsch nach mehr Lebensfreude und Sinnerfüllung (der dazu veranlaßt, die eigene Lebensqualität und -dauer zu steigern) oder das Bedürfnis, dem Willen Gottes zu dienen und die Lebensqualität aller Geschöpfe unseres Heimatplaneten zu verbessern.

Aus meiner Sicht ist der Aufstieg ein Abstieg, da sich der Geist in die physische Wirklichkeit herabsenkt. Wer Zugang zu seinem göttlichen Bauplan hat, seine Lebensaufgabe entdeckt hat und erfüllt, erkennt, daß der Aufstieg die allmähliche Einstimmung der jeweiligen Schwingungsfrequenzen seines Vierkörpersystems, auf den Gott im Inneren, das ICH BIN, ist. Dann kann das Licht und die ICH BIN-Gegenwart sich in vollem Umfang durch den Betreffenden in dessen irdischer Realität ausdrücken. Dadurch daß wir den Abstieg des Lichts herbeiführen, lösen wir unsere göttliche Lebensaufgabe ein, indem wir die Lichtenergien hier verankern und erden, damit sie sich über unser Wesen zum Wohl des Ganzen, nicht des einzelnen allein, verwirklichen.

Der Aufstieg ist die natürlichste Folge der vollständigen und vollkommenen Einstimmung unserer Energiefelder. Je intensiver und reiner die Einstimmung ist, desto intensiver und reiner sind die Energien, die uns während unseres irdischen Aufenthalts durchfluten. In dem Maße, wie wir diese reinen Energien ausstrahlen oder übertragen, ziehen wir reine und vollkommene Lebenserfahrungen an. Wir stellen dann fest, daß wir buchstäblich den Himmel hier auf Erden erfahren. Die allgemeingültige Verpflichtung für diejenigen, die sich auf dem Aufstiegspfad befinden, ist, als reinstes Gefäß des göttlichen Ausdrucks zu wirken. Sie erkennen, daß, indem sie dem göttlichen Willen dienen, sie letztlich der Menschheit und dem Wohl des Ganzen dienen.

Unser gegenwärtiger Lebenszweck ist, das Goldene Zeitalter auf Erden zu errichten. Aufstieg hat nichts mit der Vorstellung zu tun, sich von einem Raumschiff abholen zu lassen, um dieser verrückten 3-D-Welt den Rücken zu kehren. Besuche von Raumschiffen sind für Menschen, die sich dafür entschieden haben, eine Tatsache. Bei entsprechend stark beschleunigter Schwingungsfrequenz wird regelmäßige Kommunikation mit Lichtwesen (wie etwa die Mitglieder des Ashtar Kommandos, der Großen Weißen Bruderschaft und weiterer Gruppen) zu einer natürlichen Erscheinung. Jene Lichtwesen sind einfach zur Stelle, um der Menschheit zu dienen, da man im größeren Universum verstanden hat, daß das mächtigste Mittel zur spirituellen Weiterentwicklung die Bereitschaft ist, dem All-Einen, der Ersten Ursache, zu dienen.

»Die natürliche Lebensweise der Aufgestiegenen Meister ist, zu geben, zu geben und nochmals zu geben. Zunächst gilt die Liebe und Anbetung ihrer eigenen mächtigen ICH BIN-Gegenwart, alsdann wächst ihre Liebe und Vollkommenheit, indem sie sie jedem Geschöpf und allen Dingen schenken. Fortwährend grenzenlose Liebe auszustrahlen, ist alles, um das Gesetz zu erfüllen. Könnten die Menschen dies bloß begreifen, würde der Einzelne erkennen, daß er die Flamme der göttlichen Liebe aussenden muß, bevor die von ihm gewünschte Vollkommenheit in seine Welt und zu seinem Gebrauch eintreten kann.

Die göttliche Liebe ist ein Gefühl, ein wahrhaftiger Lichtstrahl, der von der Flamme des Herzens ausgeht. Er kann so machtvoll ausgestrahlt werden, daß er sowohl sichtbar als auch greifbar in Erscheinung tritt. Er ist die vortrefflichste Macht des Universums. Verwendet ihn ohne Einschränkung, meine Lieben, und nichts wird Euch unmöglich sein.«

Saint Germain

Einweihungen

Ich bin zu dem Thema Einweihungen angeleitet worden, um die Menschen dazu anzuregen, sich wieder auf sich selbst zu besinnen und zu erkennen, wer sie wirklich sind.

Aus uralten Weisheitslehren und gechanneltem Material, das nach linearer Zeitrechnung seit dem ausgehenden neunzehnten Jahrhundert bis heute übermittelt worden ist, geht hervor, daß es im wesentlichen zwei Systeme gibt, die als Bewertungsmaßstab für esoterische Einweihungen genutzt werden.

Nach Aussage von Dr. Stone, der die Werke von Alice Bailey und Meister Djwhal Khul sowie die theosophische Weisheitslehre studiert hat, kann ein siebenstufiges System zuhilfe genommen werden, um den spirituellen Entwicklungsstand eines Menschen zu ermitteln. Man kann dies auch als den Grad des Erwachens bezeichnen, den eine Person im fortschreitenden Prozeß der Erkenntnis seiner wahren Identität erlangt hat.

Einige Weisheitsschulen des Altertums verwenden ein zwölfstufiges System, das laut Dr. Stone als Unterteilung des siebenstufigen Systems gilt, auf das sich andere Schulen stützen. Sobald der Aspirant eines der beiden Systeme vollendet hat, braucht er sich nicht mehr auf der physischen Ebene zu inkarnieren.

Wie im nachfolgenden medial übermittelten Beitrag ausgeführt wird, ist nun die Zeit gekommen, die individuellen und globalen Drehbücher übereinstimmend mit dem göttlichen Bauplan umzuschreiben.

Eines der Drehbücher, das wir umschreiben müssen, ist das Thema Selbstwert. Viele Menschen haben schon seit langem Seminare besucht, Bücher gelesen, sich entprogrammiert und umprogrammiert und sich neu ausgerichtet. Vielfach haben wir uns so intensiv mit den Eigenschaften beschäftigt, die wir an uns ablehnen, daß wir dabei versäumt haben, zu erkennen, wer wir wirklich sind. Und erinnern Sie sich an das universale Gesetz der Gedankenenergie: Das, worauf wir uns konzentrieren, wächst.

In einem Artikel über die Neue Gruppe der Weltdiener wird erwähnt: »Viele der Mitglieder sind sich hinsichtlich ihrer Rolle als Weltdiener nicht bewußt. Gleichwohl sind sie im Innenreich tätig und werden dazu angeleitet, sich intuitiv und telepathisch mit der feinstofflichen Welt auszutauschen. Sie unterstehen den direkten Weisungen der Geistigen Hierarchie der Aufgestiegenen Meister.«

Kürzlich übermittelten mir die Aufgestiegenen Meister eine schlichte maßgeschneiderte Übung, die dazu angelegt war, mir einen tiefen Einblick in die Vorgänge zu gewähren, die sich letztlich abspielten, während ich mich in meiner jetzigen Verkörperung intensiv mit dem Thema Erleuchtung und Aufstieg beschäftigt habe. Ähnlich wie es mir ergangen ist, sind alle, die seither diese Übung gemacht haben, erstaunt über deren Ergebnisse gewesen, hauptsächlich deshalb, weil sich ihre Einstellung zu sich selbst verändert hatte.

Widmen wir uns zunächst der Frage: Was ist eigentlich

eine Einweihung? Der nachfolgende Auszug »Gespräche mit Reac« bietet dem Leser einige Informationen zu diesem Thema. Im Grunde genommen läßt sich eine Einweihung oder Initiation mit der Bewährung innerhalb einer Testsituation vergleichen, wonach man das Zeugnis zur bestandenen Prüfung erhält.

Im Lauf der Geschichte haben sowohl die Völker des Altertums, die Ureinwohner als auch die Religionen das Mittel der Initiation als Prüfungs- und Belohnungssystem verwendet. Wie alle Ereignisse können auch Einweihungen auf unterschiedlichen Seinsebenen wahrgenommen werden, angefangen bei den höchsten spirituell-esoterischen Initiationserfahrungen bis hin zu Einweihungen auf physischer Ebene.

Stammesangehörige haben bestimmte Übergangsriten, Rituale und Einweihungen, Universitäten und Schulen benutzen Examina und Abschlußprüfungen als Einweihungssystem, und die Einsichten, die wir während unserer Prüfungszeiten und Leiderfahrungen gewinnen, entsprechen der Form von Initiation, derer sich das Leben bedient. Einweihungen können auf körperlicher, emotionaler, mentaler und ätherisch-geistiger Ebene erfolgen. Sie reichen mitunter von kleinen Ahas bis hin zu Urknall-ähnlichen Erweckungsmomenten.

Die Übung ist relativ einfach. Sammeln Sie sich in der Kontemplation und erinnern Sie sich an alle Erkenntnisse und/oder Segnungen, die Ihnen bei Seminaren als auch bei Meditationen und Erlebnissen im Traum und/oder im Ätherreich zuteil geworden sind. Sie werden zu der Einsicht gelangen, daß dies tatsächlich Einweihungen waren. Mit Hilfe meiner inneren Führung erinnerte ich mich daran, daß mir im Alter von vierzehn Jahren, als mein Bruder gestorben war, das Geschenk der Einsicht zuteil geworden ist. Damals erhaschte ich durch einen ersten telepathischen Kontakt Einblicke in das Leben nach dem Tod. Außerdem erhielt ich das intuitive Geschenk des Glaubens an einen größeren Plan, was mir damals half, meinen Kummer erträglicher zu machen.

Mit siebzehn Jahren erfolgte meine körperliche und geistige Einweihung durch das Mahatma meines indischen Gurus, der mich in die althergebrachte Kunst der Meditation einweihte, nachdem ich zwei Jahre lang gewartet und mich darauf vorbereitet hatte, was mir wie eine Ewigkeit vorkam. Später verlieh mir diese Fertigkeit die Gabe vertiefter Disziplin, Ergebenheit und Hingabe.

Meine körperliche Einweihung in die Mutterschaft vermittelte mir die Gabe der Geduld und Beharrlichkeit sowie die Erkenntnis von Reinheit und Unschuld. Im Anschluß daran erhielt ich anhand von Träumen eine Einweihung, die mich mit den Sirianern verband, die sich später auf irdischer Ebene durch die Begegnung mit Walfischen wiederholte.

Weitere ätherische Einweihungen erhielt ich von Sanat Kumara, der einen Kristall in mein Stirnchakra einpflanzte, um meine Hellsichtigkeit zu fördern. Von der Aufgestiegenen Meisterin Kuan Yin empfing ich die Einweihung in Magnified Healing und später die Reiki-Einweihung nach Meister Usui. Im Jahr 1994 erfolgte die ätherische Initiation während eines Praxisseminars unter Leitung von Joanna Cherry, worin die Teilnehmer mittels Bilokation die Heimat der Aufgestiegenen Meister besuchten. Und die Liste der Einweihungen setzt sich fort.

In dem Ort Mount Shasta erlebte ich eine weitere irdische Soforteinweihung in einem Seminar von Jo Dunning (später Hazur genannt), deren Bedeutung sich mir erst einige Wochen nach dem Ereignis in vollem Umfang enthüllte. Bei einer ätherischen Einweihung während der Meditation erhielt ich die Einsicht, daß ich ein Amt nur verkörpern konnte, wenn ich dessen Auszeichnung und Amtstracht entgegennehme, ungeachtet dessen, ob ich mich für würdig genug erachte. Wenn ich mich weiterhin mit einem Wesen im Prozeß des Werdens identifizierte, würde das immer so bleiben. Akzeptierte ich hingegen, daß ich bereits Alles war, genügte es, einfach zu SEIN und alles in seiner Fülle in Erscheinung treten zu lassen.

Nehmen Sie sich einen Augenblick Zeit, um Ihre Ausbildung und die Gaben, die Ihnen zuteil geworden sind, aufrichtig und ohne falsche Demut zu würdigen. Halten Sie das Ergebnis schriftlich fest, kosten Sie es aus, schenken Sie sich selber Anerkennung und seien Sie versichert, daß Sie bereits alles sind, was Sie sich je wünschen könnten zu SEIN.

Gespräche mit »Reac« über das Thema Einweihung

Eltreya: Auf welche Weise versenkt sich das Selbst in die irdische Verkörperung?

Reac: Das Selbst gebiert zwölf Seelen aus sich heraus, um sich besser kennenzulernen. Jede Seele inkarniert sich in Form von zwölf Persönlichkeiten oder Seelenerweiterungen, die alle gleichzeitig auftreten, das heißt, nicht im Sinne der folgerichtigen (linearen) Zeit. Anders gesagt, nach linearer Zeitrechnung erscheinen einige der Persönlichkeiten womöglich im Zeitalter Lemuriens, in Atlantis, der Gegenwart oder einer künftigen Kultur; aus der höheren Seelenperspektive existieren sie jedoch gleichzeitig. Dieser Umstand gibt jeder Seele reichhaltige Gelegenheiten, bestimmte Problemstellungen zu bearbeiten. Die Seele erwirbt sich über ihre zwölf Erweiterungen die Kenntnisse über sich selbst, um die sie sich bemüht.

Einer individuellen Persönlichkeit gelingt es, in der Seele aufzugehen und ihre Ausdrucksweise gänzlich anzunehmen, indem sie ihren physischen, Emotional-, Mental- und Geistkörper nachdrücklich anweist, synchron miteinander zu schwingen. Damit offenbart sich das Wesen der Seele als Wille, Liebe-Weisheit und Intelligenz.

Eltreya: Könntest Du die unterschiedlichen Entwicklungsstufen näher erklären?

Reac: Die Initianden des ersten Grades haben Kontrolle über die irdische Welt. Die Initianden des zweiten Grades beherrschen die emotionale Ebene. Initianden des dritten Grades kontrollieren die mentalen Vorgänge.

Nur die Initianden des dritten Grades sind imstande, die Seele angemessen zu vertreten, das heißt, ihre Persönlichkeit ist eins mit ihrer Seele und wird vollkommen von ihr durchdrungen. Nachdem der Aspirant seine dritte Einweihung bestanden hat, ruft die Seele ihre Seelenerweiterungen allmählich in die geistige Welt zurück, wo sie sich den fortgeschritteneren Seelenerweiterungen eingehender widmet.

Inkarnierte Initianden des vierten Grades haben Selbstverwirklichung erlangt. Die vierte Einweihung ist vollzogen, wenn die Seele im Selbst aufgeht. Ab der fünften Einweihung ist die Seele als Vermittlerin zwischen dem Selbst und der Persönlichkeit nicht mehr vonnöten, weswegen sich der Kausalkörper, die äußere Hülle der Seele, auflöst. Zwischen dem Selbst und dem Individuum bildet sich ein neues direktes Verhältnis. Ein solcher Mensch wird als Adept bezeichnet.

Eltreya: Kannst Du das Wesen der Seele näher erläutern?

Reac: Die Seele hält sich in der Kausalebene auf und vibriert mit sehr hoher Frequenz. Ihre Natur ist Feuer. Die Persönlichkeit ist das Ebenbild der Seele auf irdischer Ebene. Der physische Körper, der Emotional- und der Mentalkörper sind die Vehikel, die die Seele benötigt, um ihre Entwicklung innerhalb von Zeit und Raum mitzuverfolgen. Die Seele hat das Ziel, Vehikel heranzubilden, durch die sie ohne Einschränkung, Blockaden oder Verringerung ihrer spirituellen Energien wirken kann.

Eltreya: Welche Anregungen kannst Du uns hinsichtlich der spirituellen Weiterentwicklung geben?

Reac: Losgelöstheit und die Bereitschaft zu dienen sind die Haupteigenschaften, die es zu entwickeln gilt, und durch Meditation und Traumarbeit erhält man ausführlichere Unterweisungen.

Eltreya: Viele beschäftigen sich in Gruppenarbeit mit esoterischen Themen. Meines Wissens nach besteht die Möglichkeit zur Gruppeneinweihung. Könntest Du Dich dazu äußern?

Reac: Gruppeneinweihung bedeutet, daß der Einzelne so im Gruppenbewußtsein aufgeht, daß er sich nicht mehr als getrennt empfindet. Dabei erweitert sich das Gruppenbewußtsein allmählich, was individuell als fortschreitende Bewußtseinserweiterung spürbar ist.

Eine Gruppeneinweihung kommt zustande, wenn durch unpersönliche Konzentration auf die vorliegende Aufgabe ein spiritueller Spannungszustand erzeugt und aufrechterhalten wird.

Eltreya: Kannst Du erläutern, welche Maßnahmen dazu erforderlich sind?

Reac: Damit man sich unter Nutzung einer Gruppenstruktur weiterentwickeln kann, sollte man bestimmte Vorgehensweisen befolgen:

- Man muß sich unpersönlich, losgelöst und nicht sentimental verhalten.
- Individueller Ehrgeiz muß ausgemerzt werden, und persönliche Bindungen müssen unterbleiben, damit die notwendige Losgelöstheit gewährleistet ist.
- Die Stärken und Begabungen der einzelnen Mitglieder müssen anerkannt und genutzt werden, und indem Vielfalt anerkannt wird, wird Einheit erhalten.
- Okkultes Schweigen muß beachtet werden. Der Gedankenfluß muß durch vermindertes Sprechen unter allen Umständen kontrolliert und gelenkt werden.

Eltreya: Die Harmonisierung des Vierkörpersystems ist demnach von entscheidender Bedeutung?

Reac: Die lemurische Rasse konzentrierte sich auf die Entwicklung des physischen Körpers, die Atlanter auf die Ausbildung des Gefühlspotentials, und die gegenwärtige arische Rasse widmet sich dem verstandesmäßigen Fortschritt. Fortgeschrittene Menschen kümmern sich derzeit um den Ausbau ihres Geistkörpers. Entwicklung beinhaltet ein richtiges Ausbalancieren der vier Körper (Körper, Gefühle, Verstand und Geist), ohne einen der Körper besonders hervorzuheben. Alle vier Körper sind gleich wichtige Vehikel, mit deren Hilfe sich das Selbst besser zum Ausdruck bringen und kennenlernen kann. Die vier Körper sind wie Musikinstrumente, die vom Selbst gleichzeitig gespielt werden. Sie müssen gewartet und gestimmt werden, damit sie gute Musik hervorbringen. Einer der Körper mag vielleicht eine Zeitlang größere Aufmerksamkeit erfordern, aber wesentlich ist doch eine ausgewogene, integrierte Verfassung.

Eltreya: In welcher Beziehung stehen Menschen zueinander, die sogenannte Zwillingsseelen sind?

Reac: Der Begriff Zwillingsflammen beschreibt die Beziehung zweier Seelenerweiterungen von derselben Seele. Begegnungen dieser Art sind sehr selten, geschehen allerdings vereinzelt. Den Begriff monadische Gefährten benutzt man, um das Verhältnis eines Menschen mit einem der anderen hundertvierundvierzig Erweiterungen des gleichen Selbst zu umschreiben. Zwillingsflammen oder monadische Gefährten können verschieden sein, was Alter, Geschlecht und die kulturelle Herkunft anbelangt. Auch wenn sie in persönlicher Hinsicht womöglich nicht zusammenpassen, sind sie einander jedoch außerordentlich stark zugetan. Die Suche nach dieser schwer faßbaren Person ist Zeit- und Energieverschwendung, da die Erfolgsaussichten äußerst gering sind, zumal die Begegnung, falls sie erforderlich sein sollte, ohnehin auf dem Weg der Synchronizität zustande kommen wird.

Übungen zur Beschleunigung des Aufstiegs

Für diejenigen, die sich bereits dem Aufstiegspfad verpflichtet haben, habe ich mir erlaubt, empfehlenswerte Aufstiegsübungen, die während der Meditation anzuwenden sind, in gekürzter Form vorzustellen. Sie sind aus dem Buch »The Complete Ascension Manual« von Dr. Joshua David Stone entnommen. Es lohnt sich, dieses Werk zu lesen, denn es erläutert gründlich die sieben Einweihungsstufen, die eine Voraussetzung sind, damit die totale Verschmelzung mit der ICH BIN-Gegenwart oder dem göttlichen Wesensanteil erfolgen kann. Dr. Stone setzt den Aufstieg mit der sechsten Einweihung gleich. Er führt aus: »Das Bewußtsein des Aufstiegs ist absolute Freude, totale bedingungslose Liebe und die vollständige tiefe Einsicht, daß Sie Gott sind und daß jeder Mensch, dem Sie begegnen, Gott ist, der auf Erden wandelt.«

Bitte beachten Sie, daß ich der Einfachheit halber die nachstehenden Aufstiegstechniken in Kurzform dargestellt und ähnliche Methoden zusammengefaßt habe. Ich empfehle Ihnen, diese Übungen nach Belieben anzuwenden und dabei stets zu beachten, ob Ihr Herz zustimmt. Aus meiner Sicht ist der gemeinsame Nenner, der sämtlichen Aufstiegsstudien und gechannelten Mitteilungen zugrundeliegt, die Notwendigkeit, den Lichtquotienten innerhalb unseres Vierkörpersystems zu erhöhen, was sich wiederum auf unsere Schwingungsfrequenz auswirkt und dazu beiträgt, daß der Aufstieg ganz natürlich in Gang kommt.

Meines Erachtens ist es unnötig, Dr. Stones Werk vollständig wiederzugeben, ich bin jedoch der Meinung, daß Hintergrundinformationen über die Lichtwesen, die er herunterzurufen empfiehlt, für manche Leserinnen und Leser hilfreich sein dürfte. Daher habe ich ein Stichwortverzeichnis der verwendeten Begriffe zum Nachschlagen erstellt, das im Anschluß an diese Übungen angegeben ist. Die Methoden und Empfehlungen können allerdings genauso wirksam sein, wenn

Sie statt dessen Ihre ICH BIN-Gegenwart (Monade) zuhilfe nehmen. Ferner bin ich der Meinung, daß es darauf ankommt, die eigene Macht an niemanden, auch nicht an die Aufgestiegenen Meister, abzugeben. Daher ziehe ich es vor, unmittelbar mit meiner ICH BIN-Gegenwart zusammenzuarbeiten.

- Bitten Sie Ihre ICH BIN-Gegenwart bei jeder Meditation, Ihr Vierkörpersystem so vorzubereiten, daß es dessen vollständige Niederkunft annimmt und verankert und obendrein den Lichtquotienten ausbaut, um dafür die Möglichkeit zu schaffen.
- Bitten Sie Ihre ICH BIN-Gegenwart, Sie mit einer dauerhaften Kuppel aus weißgoldenem Licht zu umhüllen – oder erzeugen Sie diese Kuppel mit Hilfe der zuvor erwähnten Visualisierungstechniken. (Ich empfehle statt eine Kuppel eine nach oben offene Säule zu visualisieren, die Sie mit allen Energien der Urquelle verbindet.)
- Bitten Sie Ihre ICH BIN-Gegenwart, höchsten Beistand anzufordern, um eventuell auftretende energetische Blockaden oder körperliche Beschwerden während der Meditation zu entfernen, damit Ihr physischer Körper im Gleichgewicht bleibt.
- Bitten Sie Ihre ICH BIN-Gegenwart, alle Elektronen Ihres Organismus in völliger Resonanz mit den Aufgestiegenen Meistern schwingen zu lassen. Das verbessert die Qualität der telepathischen Verständigung und der Unterweisungen.
- Lassen Sie täglich die goldweißen Aufstiegsenergien über Ihr Kronenchakra einströmen. Beginnen Sie jede Meditation mit der goldweißen Lichtsäule. Fordern Sie Metatron oder die Mahatmaenergie auf, Ihren Lichtquotienten um hundert Prozent zu verstärken.
- Rufen Sie den vollständigen Zusammenschluß aller Ihrer Wesensaspekte auf Erden herbei. Dabei mögen sich Ihre

Persönlichkeit, Ihr Höheres Selbst (Seele) und Ihre ICH BIN-Gegenwart (Monade) vollständig verankern. (Dies kann erst dann erfolgen, wenn Ihr Lichtquotient genügend hoch ist.)
- Rufen Sie während der Meditation eine ekstatische Erfahrung herbei, indem Ihnen gewährt wird, in einer Lichtsäule aufzusteigen.
- Beauftragen Sie die Aufgestiegenen Meister oder Ihre ICH BIN-Gegenwart, Ihr gesamtes Vierkörpersystem zu reinigen und alle nicht angemessenen negativen Einflüsse – sei es Ego, Angst, Beschränktheit oder das Gefühl des Getrenntseins – aufzuheben.
- Rufen Sie die Meister der Sieben Strahlen auf, aus Ihrem Stirnchakra zu leuchten und die Antahkarana-Kraft in die Lichtsäule des Aufstiegs einzubinden, die das gesamte Chakrasystem umfaßt und bis zur Monade oder ICH BIN-Gegenwart reicht.
- Verankern Sie dauerhaft eine weißgoldene Lichtsäule über Ihrem persönlichen Meditationsplatz und dem Ort, wo Sie gegebenenfalls Gruppentreffen abhalten.
- Bitten Sie täglich darum, daß alle Ihre Energiefelder vollkommen integriert und in Übereinstimmung mit den höchsten kosmischen Kräften schwingen.
- Bilden Sie mit anderen Menschen, die sich auf dem Aufstiegspfad befinden, ein Team. Meditieren Sie gemeinsam, da Entwicklungen durch die Gruppenenergie beschleunigt werden.
- Visualisieren Sie, wie Ihre höheren und niederen Energiefelder zu einer vollkommenen Einheit verschmelzen.
- Bitten Sie in der Meditation darum, an einen ätherischen Tropf mit flüssigem Licht angeschlossen zu werden, der Ihren Lichtquotienten anwachsen läßt, während Sie schlafen.
- Bitten Sie darum, daß der monadische (ICH BIN) Bau-

plan die ehemaligen Baupläne ersetzen möge, nach denen Sie in früheren Inkarnationen bislang gehandelt haben.
- Bitten Sie die Aufgestiegenen Meister und Ihre ICH BIN-Gegenwart darum, Ihr physisches und ätherisches Nervensystem so umzugestalten, daß Sie imstande sind, Ihr göttliches Selbst JETZT im irdischen Reich in vollem Umfang zum Ausdruck zu bringen.
- Bitten Sie Ihre ICH BIN-Gegenwart, die zwölfsträngige DNS-Spirale in Ihrem ätherisch-physischen Körper aufzubauen.
- Rufen Sie Ihr Merkabah-Gefährt herbei und bitten Sie während der Meditation darum, daß es in Rotation versetzt werde, damit sich Ihre Schwingungsfrequenz erhöhen möge. Erlernen Sie die Merkabah-Atmung (nach »Flower of Life« von Drunvalo Melchizedek, USA) und wie dieses Lichtfahrzeug zu konstruieren ist, denn dies ermöglicht jenen, die sich darauf einstimmen, während der Meditation oder des Schlafs Seelenreisen zu unternehmen.
- Fordern Sie, daß das Vereinte Chakra verankert und aktiviert werden möge (die entsprechende Meditation dazu wurde im Kapitel 16 über Chakras vorgestellt). Beim Aufstiegsvorgang bündeln sich die sieben Chakras zu einem und bilden eine innere Lichtsäule, das Vereinte Chakra.
- Rufen Sie die konstante Verankerung des kosmischen Herzens herbei. Die Absicht dieses Schrittes erklärt sich von selbst.
- Verbinden Sie sich während der Meditation mit Sanat Kumara (dem planetarischen Logos) und bitten Sie darum, daß Ihr Aufstieg erfolgen und die Voraussetzungen für den Aufstieg geschaffen werden mögen. Sie können auch angeben, welche Art von Dienst Sie vorzugsweise leisten wollen und bitten um Führung und Unterweisung, damit Sie dies erfüllen können.
- Angeblich existieren 60000 Millionen Monaden (ICH

BIN-Gegenwarten), die jeweils zwölf Seelen (Höhere Selbste) ausgesandt haben. Diese wiederum verfügen jeweils über zwölf Seelenerweiterungen (Persönlichkeiten), die nicht alle verkörpert sein müssen. Suchen Sie während der Meditation die Verbindung mit Ihren hundertvierundvierzig Seelenerweiterungen, da Ihr Aufstieg durch diesen Kontakt gestärkt und beschleunigt wird.

- Meditieren Sie und bitten Sie darum, in einen Aufstiegsraum nach Wahl Ihrer ICH BIN-Gegenwart versetzt zu werden, und dann gehen Sie darin spazieren. Dies ist eine nützliche Bilokationsübung, denn Ihr Bewußtsein wird sich auf diese Weise in zwei Brennpunkte aufteilen.
- Bitten Sie darum, in die goldene Kammer des Melchizedek versetzt zu werden, um in den Orden des universalen Logos Melchizedek eingeweiht zu werden. Diese Wesenheit beseelt das gesamte Universum, und der Orden des Melchizedek stellt das Fundament aller spirituellen Unterweisungen auf Erden dar.
- Bitten Sie während der Meditation unmittelbar vor dem Schlafengehen darum, zum Unterricht zugelassen und an den Schulklassen im Innenreich teilzunehmen, um Ihren göttlichen Bauplan in der irdischen Realität jetzt auszuführen. Informationen und Unterweisungen sind im Zellgedächtnis gespeichert und können zu einem späteren Zeitpunkt abgerufen werden.
- Sie können auch den Erzengel Metatron, den Schöpfer des Elektrons und aller äußeren Lichtwelten im Universum herbeirufen, damit er den Lichtquotienten Ihres Körpers erhöhe. Der Mensch benötigt für den Aufstieg angeblich ein Minimum von 80-83 Prozent Licht in seiner Zellstruktur.

Stichwortverzeichnis der verwendeten Begriffe:
- Das Antahkarana ist eine Lichtschnur, die in jedem Leben neu gebildet wird und mittels geistiger Schwingungen

energetisch aufgeladen und verstärkt wird. Diese Schnur oder Regenbogenbrücke führt immer weiter nach oben und wird mit Hilfe von Meditation, spirituellen Übungen und dem Bemühen um höheres Wissen ausgebaut. Die Antahkarana-Brücke ermöglicht uns, feinstofflichere Energien aus der geistigen Welt auf die irdische Ebene zu übertragen. Diese Brücke verbindet unsere physische Inkarnation mit dem Höherem Selbst, führt weiter zu unserer ICH BIN-Gegenwart und endet schließlich bei der Urquelle.

- Die Bundeslade (Arche) entwickelt sich, sobald die Hirnanhang- und die Zirbeldrüse vollständig geöffnet sind und zusammenwirken, wodurch ein regenbogenfarbener Lichtstrahl entsteht, der sich über den Kopf zum Dritten Auge spannt. Die Bundeslade hat auch den Entschlüsselungskode für die Sprache der höchsten Dimension.
- Axiatonale Linien sind Vibrationslinien, welche die elektrochemischen Aktivitäten im Menschen mit den astrobiologischen Kreisläufen zusammenschließen, die das Sonnensystem umspannen und mit gleichschwingenden Sternensystemen verbunden sind. Die axiatonalen Linien verbinden das System der Akupunkturpunkte des menschlichen biologischen Organismus mit den überlegenen astrobiologischen Entsprechungen.
- Die Elohim sind die Schöpfergötter/Gottheiten, welche die Licht-Kalibrationen kontrollieren, die notwendig sind, um alle Kombinationen von »Bildnis und Gleichnis durch das Ewige Auge des Göttlichen Vaters« entstehen zu lassen. Angeblich wird der Name Elohim im Alten Testament über 2500 mal genannt.
- Der Sonnenlogos Helios beseelt das gesamte Sonnensystem. Helios ist die Wesenheit, deren Essenz in unserer Sonne verankert ist.
- Die Lichtpaket-Informationen könnte man als transzen-

dente Lichttaschen bezeichnen, die sowohl in den computerisierten Datenspeichern innerhalb unseres Vierkörpersystems als auch außerhalb in der Akashachronik einprogrammiert sind. Angeblich handelt es sich hierbei um Informationseinheiten der höheren Universität auf dem Sirius.

- Die Mahatmaenergie ist eine goldweiße Lichtstrahlung der höchsten Schwingungsfrequenz und reinsten Art, die in sämtlichen Universen verfügbar ist.
- Melchizedek ist der Ewige Herr des Lichts. Als universaler Logos ist er beim Übergang in eine neue Schöpfung mit der Organisation der Ebenen der himmlischen Welten beauftragt. Melchizedek setzt sich gleichrangig mit den Erzengeln Metatron und Michael für die »Rettung, Neuschöpfung und Umerziehung der Welten« ein. Das Lichtwesen Melchizedek beseelt das gesamte Universum. Der Orden des Melchizedek bildet den Kern, die Essenz und die Vorgeschichte aller geistigen Lehren auf dem Planeten Erde.
- Die Merkabah ist ein göttliches Lichtvehikel, das von Lichtwesen für interdimensionale Reisen benutzt wird. Die Merkabah kann viele Formen annehmen und ist zugleich unser Lichtkörper.
- Metatron ist der Schöpfer des Elektrons und der Schöpfer der äußeren Lichtwelten im sichtbaren Universum.
- Die Heilige Geometrie und die Feuerbuchstaben – Die Feuerbuchstaben, die auch als Flammen-Geometrien bekannt sind, kodieren das menschliche Bewußtsein in das Licht. Es sind spezifische Buchstaben einer heiligen Sprache, die als Feuerschrift gestaltet ist, so daß das Bewußtsein der heiligen Buchstaben spiritueller Schriften tatsächlich in die Seele des Lesers eindringen kann. Es heißt, die Sprache dieser Buchstaben könne die drei Schleier der konventionellen Relativität durchdringen und die Augen

des Menschen für die Wunder der göttlichen Weisheit öffnen.
- Die heiligen Sprachen fassen die vielfältigen Ebenen des Wissens zusammen. Dies geschieht in Verbindung mit der vollständigen Entwicklung einer planetarischen Spezies und ihrer spirituellen Bestimmung.
- Sanat Kumara ist unser planetarischer Logos. Seine Stellung entspricht etwa dem Amt eines Präsidenten oder Königs des Planeten. Alle Geschöpfe existieren innerhalb seiner Aura. Die Wesenheit oder das Energiefeld Sanat Kumara trägt für alle Lebensformen auf dem Planeten, die gleichzeitig auftreten, die Verantwortung. Angeblich wurde Sanat von Adonis auf der Venus unterrichtet.

Die obenstehenden Erklärungen zu den Begriffen sind zum Teil aus »Das Buch des Wissens: Die Schlüssel des Enoch« und teilweise aus dem Werk »The Complete Ascension Manual« von Dr. Stone entnommen.

Meditation zur Beschleunigung des Aufstiegs

Die nachfolgende Meditation basiert auf einem Beitrag aus dem Buch »The Complete Ascension Manual« von Dr. Joshua David Stone und wurde an manchen Stellen durch die S.E.A. mit Zusätzen versehen.

Wir empfehlen, diese Meditation zusammen mit den Affirmationen täglich für die Dauer von neunzig Tagen auszuführen, um so größtmöglichen Gewinn daraus zu ziehen und Transformation zu erreichen. (Sie können die Meditation auch so lange machen, bis Sie intuitiv angewiesen werden, damit aufzuhören.)

Setzen Sie sich in bequemer Haltung an einen Ort, wo Sie nicht gestört werden können. Richten Sie Ihr Bewußtsein und Ihre Aufmerksamkeit konzentriert auf jede Anweisung.

Stimmen Sie sich mit tiefen, weichen und verbundenen Atemzügen ein. Atmen Sie dreimal tief ein und aus. Sie können jede Anweisung wiederholen, während oder nachdem sie ausgesprochen wird/wurde oder Ihrem Wesen einfach die Anweisung geben, alles in sich aufzunehmen, was Ihnen zum gegenwärtigen Zeitpunkt Ihres Lebens zum Besten gereicht.

- Geliebter Gott, Allerhöchster des allerhöchsten Universums,
- Geliebte mächtige ICH BIN-Gegenwart, meine Monade, ICH BIN der/die ICH BIN,
- Geliebte Lichtwesen, die sich für mein höchstes Wohl und für das höchste Wohl der Menschheit und aller empfindungsfähigen Geschöpfe einsetzen ...,
- ICH BIN die Monade,
- ICH BIN das göttliche Licht,
- ICH BIN Liebe,
- ICH BIN festgelegter Plan.
- Ich bete für und erbitte hiermit Euren kollektiven Beistand in der nachfolgenden Aufstiegsmeditation.
- Ich rufe nun eine allmächtige Röhre aus kosmischer Lichtsubstanz hervor, die mir während dieser Meditation und in meinem Leben allgemein als unüberwindliches Schutzschild dienen möge.
- Ich bitte darum, daß diese Lichtröhre absolut unangreifbar und unbesiegbar sein möge gegenüber allen negativen Einflüssen, die nicht dem Christuslicht entsprechen.
- Ich visualisiere nun innerhalb dieser größeren Röhre eine kleinere Röhre, deren Durchmesser den Umfang meines Kopfes hat.
- Von meinem Kronenchakra aus wächst sie nun nach oben durch meine Seele.
- Sie steigt weiter auf zu meiner Monade, der ICH BIN-Gegenwart.

- Sie durchdringt alle Schwingungsschichten meines Wesens und mündet in die Urquelle ein.
- Visualisiere, wie diese Vereinigung nunmehr hergestellt wird. Atme dabei dreimal tief ein und aus.
- Wisse, daß Gott, Alles, Was Existiert, sowohl innen als auch außen ist.
- Die Schwingungsebenen werden nach oben hin immer klarer und reiner, je feiner die Verbindung auf die Energien der Urquelle abgestimmt ist.
- Die visualisierte Lichtröhre ist eine Regenbogenbrücke, die dich mit allen Schichten deines Wesens verbindet. Sie reicht von deinem physischen Körper bis hin zu den Schwingungsfeldern deiner ICH BIN-Gegenwart, deinem Gottselbst.
- Visualisiere, wie sie durch deine sieben Chakras hindurch und bis in die Erdmitte hineinreicht.
- Erkenne dich als einen Kanal, einen Energieleiter, durch den die Kraft von der Gottquelle in die Erde hineinfließt. So unterstützt auch du unseren Heimatplaneten bei seinem Aufstieg, indem du die reinen Schwingungsfrequenzen aus der Quelle dem Erdkern zuführst.
- Fühle, wie sich Einheit in deinem Wesen ausbreitet.
- Chante siebenmal den heiligen Namen AUM, den heiligen Klang der göttlichen Schöpferkraft. Schicke die Töne durch die Regenbogenbrücke, die Lichtsäule, aufwärts, bis sie zur Urquelle heimkehren.
- Fühle, wie dein ganzes Wesen im Klang des AUM vibriert.
- Während du AUM singst, wirst du neu ausgerichtet und eingestimmt.
- Chante siebenmal AUM.
- Atme dreimal tief ein und aus und bleib in der Stille, während du diese Schwingungen in dir nachwirken läßt.
- Rufe eine reine goldweiße Lichtsäule aus Gott und der

Schöpferkraft hervor und sieh, wie sie deine Schutzsäule ausfüllt.
- Nachdem sie gefüllt ist, laß daß Licht überfließen und fülle
- deinen physischen Körper,
- deinen Ätherkörper,
- deinen Emotionalkörper,
- deinen Mentalkörper,
- deinen Geistleib
- und alle Energiefelder aller deiner Körper.
- Fühle, wie das goldweiße Licht der Mahatmakraft alle Zellen deines Wesens durchflutet. Sie ist eine der reinsten und heiligsten Energien, die in allen Universen bekannt sind, und sie verkörpern alle Bewußtseinsformen bis hin zur Urquelle.
- Laß zu, daß alle deine Organe von dieser Lichtkraft erfüllt werden.
- Weise dieses Licht an,
- deine Zirbeldrüse,
- deine Hirnanhangdrüse,
- deine Schilddrüse,
- deine Thymusdrüse,
- deine Nebennierendrüsen,
- deine Gonaden (Keimdrüsen), Eierstöcke oder Hoden, zu füllen
- Laß das Licht der Mahatmaenergie deine sieben Körper und dein ganzes Wesen erfüllen.
- Atme dreimal tief ein und aus.
- Affirmiere: »Geliebter Gott und Mahatma, ich entscheide mich in diesem Augenblick dafür, deine Kraft herbei zu rufen und zu akzeptieren, daß mein ganzes Wesen, meine gesamte Energiematrix bis ins letzte davon durchdrungen wird. Dies erlaubt die umfassende, offene Ausstrahlung meines Gottselbst, das JETZT Allem, Was Existiert, dient.«

- Visualisiere nun, wie mehrere goldene Lichtkugeln aus der Gottquelle austreten, deine ICH BIN-Gegenwart durchströmen, in dein Kronenchakra eintreten und entlang der Chakrasäule hinunterfließen.
- Ich lasse nun die goldene Lichtkugel in mein erstes Chakra einströmen.
- Ich öffne und aktiviere nun vollständig mein erstes Chakra – ICH BIN, der/die ICH BIN – AUM.
- Ich lasse nun die goldene Lichtkugel in mein zweites Chakra einströmen.
- Ich öffne und aktiviere nun vollständig mein zweites Chakra – ICH BIN, der/die ICH BIN – AUM.
- Ich lasse nun die goldene Lichtkugel in mein drittes Chakra einströmen.
- Ich öffne und aktiviere nun vollständig mein drittes Chakra – ICH BIN, der/die ICH BIN – AUM.
- Ich lasse nun die goldene Lichtkugel in mein viertes Chakra einströmen.
- Ich öffne und aktiviere nun vollständig mein viertes Chakra – ICH BIN, der/die ICH BIN – AUM.
- Ich lasse nun die goldene Lichtkugel in mein fünftes Chakra einströmen.
- Ich öffne und aktiviere nun vollständig mein fünftes Chakra – ICH BIN, der/die ICH BIN – AUM.
- Ich lasse nun die goldene Lichtkugel in mein sechstes Chakra einströmen.
- Ich öffne und aktiviere nun vollständig mein sechstes Chakra – ICH BIN, der/die ICH BIN – AUM.
- Ich lasse nun die goldene Lichtkugel in mein siebtes Chakra einströmen.
- Ich öffne und aktiviere nun vollständig mein siebtes Chakra – ICH BIN, der/die ICH BIN – AUM.
- Ich rufe meine ICH BIN-Gegenwart und alle Lichtwesen herbei, die ermächtigt sind, sich für mein höchstes Wohl

einzusetzen, nun nacheinander in alle meine Chakras einzufließen, sie auszugleichen, vollkommen einzustimmen und alle negativen Energien aufzulösen, die meiner göttlichen Lebensaufgabe oder meinem wahren göttlichen Bauplan nicht mehr förderlich sind.
- Mach nun eine Pause. Atme tief und verbunden, während alle Chakras nacheinander eingestimmt werden.
- Mein erstes Chakra wird eingestimmt. (Atme dreimal tief)
- Mein zweites Chakra wird eingestimmt. (Atme dreimal tief)
- Mein drittes Chakra wird eingestimmt. (Atme dreimal tief)
- Mein viertes Chakra wird eingestimmt. (Atme dreimal tief)
- Mein fünftes Chakra wird eingestimmt. (Atme dreimal tief)
- Mein sechstes Chakra wird eingestimmt. (Atme dreimal tief)
- Mein siebtes Chakra wird eingestimmt. (Atme dreimal tief)
- Ich rufe die violette Flamme von Saint Germain herbei und spüre, wie mein ganzes Wesen JETZT in dieser Flamme badet und jegliche Negativität in göttliche Reinheit und Vollkommenheit umgewandelt wird.
- Atme dreimal tief ein und aus.
- Ich rufe den goldenen zwölften Strahl herbei und fühle, wie er nun mein gesamtes Wesen mit der Kraft des Christusbewußtseins erfüllt.
- Visualisiere, wie diese Energie in dich einströmt und alle Schichten deines Wesens durchdringt.
- Atme dreimal tief ein und aus.
- Nun beauftrage ich meine ICH BIN-Gegenwart, mein Merkabah-Fahrzeug um mich herum aufzubauen.

- Visualisiere, daß ein geometrischer Raum um dich entsteht, der wie ein dreidimensionaler Davidstern aussieht. Die Spitze des einen Tetraeders zeigt nach oben, die des anderen nach unten.
- Beobachte, wie das Merkabah-Gefährt mit dem Licht der göttlichen Schöpferkraft erfüllt wird.
- Visualisiere, wie das Gebilde sich allmählich zu drehen beginnt und alle deine Schwingungsfrequenzen beschleunigt und dich mit dem kosmischen Pulsschlag, den göttlichen Schwingungen der Schöpferkraft gleichrichtet.
- Atme dreimal tief ein und aus.

Ich bin nun bereit, den Aufstiegsprozeß zu beginnen:
- Geliebter Gott und geliebte Schöpferkraft,
- ich rufe mein Höheres Selbst, meine Seele, herbei, sich vollständig in mich zu versenken und
- mein Bewußtsein und mein Vierkörpersystem zu erfüllen, falls dies nicht bereits geschehen ist – ICH BIN, der/die ICH BIN – AUM.
- Ich rufe meinen herrlichen Lichtkörper herbei, sich nun voll und ganz in meinem Bewußtsein und meinem Vierkörpersystem niederzulassen.
- ICH BIN, der/die ICH BIN – AUM.
- Ich erteile den Auftrag, daß das gesamte Potential meiner zwölfsträngigen DNS-Spirale innerhalb meines Körpervehikels vollständig aktiviert und aufgebaut wird – ICH BIN, der/die ICH BIN – AUM.
- Ich erteile den Auftrag, daß meine Hirnanhangdrüse vollständig aktiviert wird, und nur lebenserhaltende Hormone erzeugt, die physische Unsterblichkeit mit sich bringen. ICH BIN, der/die ICH BIN – AUM.
- Ich erteile den Auftrag, daß die göttlichen Baupläne meiner Monade nun in meinem Bewußtsein, Unterbewußtsein und Überbewußtsein und innerhalb meines Vierkör-

persystems vollständig aktiviert werden – ICH BIN, der/die ICH BIN – AUM.
- Ich erteile den Auftrag, daß meine Kundalinikraft vollständig aktiviert wird, geleitet durch die Führung meiner Monade und meiner mächtigen ICH BIN-Gegenwart – ICH BIN, der/die ICH BIN – AUM.
- Ich rufe JETZT den vollkommenen göttlichen Funken des kosmischen Feuers aus der reinsten Gottquelle herbei, um mein ganzes Wesen in göttliches Licht einzutauchen und umzuwandeln – ICH BIN, der/die ICH BIN – AUM.
- Ich fordere meine ICH BIN-Gegenwart und das Licht Gottes dazu auf, sämtliche Substanzen, die ich möglicherweise meinem physischen Körper zuführe, augenblicklich in Licht und reine Energie umzuwandeln – ICH BIN, der/die ICH BIN – AUM.
- Ich rufe nun meine physische Unsterblichkeit herbei und nehme sie in vollem Umfang in Anspruch. Ich gebiete, daß der Prozeß des Alterns und Sterbens vollständig angehalten wird. Gegenwärtig verjünge ich mich und werde mit jedem Tag jünger – ICH BIN, der/die ICH BIN – AUM.
- Ich erteile den Auftrag, daß mein Drittes Auge JETZT vollständig geöffnet wird und alle meine übersinnlichen und medialen Begabungen erwachen, damit ich imstande bin, sie zur Verherrlichung und im Dienste des allerhöchsten Gottes und zugunsten meiner Brüder und Schwestern in Christi auf Erden zu gebrauchen – ICH BIN, der/die ICH BIN – AUM.
- Ich erteile den Auftrag, daß sich JETZT vollkommene, strahlende Gesundheit innerhalb meines physischen, ätherischen, emotionalen, mentalen, und spirituellen Körpers ausbreitet. Ich erbitte und befehle, daß alle genannten Körper nun die Gesundheit und Vollkommenheit Christi vergegenwärtigen – ICH BIN, der/die ICH BIN – AUM.
- Ich rufe von ganzem Herzen und ganzer Seele, mit vol-

lem Bewußtsein und aller Macht meine elf anderen Seelenerweiterungen aus meiner Monadengruppe auf, mir JETZT ihren kollektiven Beistand bei meinem Aufstiegsprozeß zu gewähren.
- ICH BIN, der/die ICH BIN – AUM.
- Ich erteile den Auftrag, daß der vollständige Ausgleich meines gesamten Karmas aller meiner vergangenen, gegenwärtigen und zukünftigen Inkarnationen JETZT stattfinden möge.
- ICH BIN, der/die ICH BIN – AUM.
- Ich erteile den Auftrag, daß die Schwingungsfrequenz innerhalb meiner physischen, astralen, emotionalen, mentalen, ätherischen und spirituellen Körper JETZT in den fünfdimensionalen Frequenzbereich erhöht werden möge – ICH BIN der/die ICH BIN – AUM
- ZU GUTER LETZT rufe ich JETZT meine Monade, meine mächtige ICH BIN-Gegenwart und meinen Geist an, sich gänzlich in mein Bewußtsein und mein Vierkörpersystem niederzulassen und mich in das Lichtwesen und den Aufgestiegenen Meister zu verwandeln, der ich wahrlich BIN.
- ICH BIN, der/die ICH BIN – AUM.
- Verweile eine Zeitlang in der Stille, damit der vollendete Aufstieg erfolgen kann, während du hier auf Erden weilst. Atme tief und langsam.

Wenn du bereit bist, affirmiere folgende Aussagen:
- Sei still und wisse, ICH BIN Gott – ICH BIN, der/die ICH BIN – AUM.
- ICH BIN in Ewigkeit die mächtige ICH BIN-Gegenwart auf Erden – ICH BIN, der/die ICH BIN – AUM.
- ICH BIN der/die aufgestiegene Meister/in .... (füge hier deinen Namen ein) – ICH BIN, der/die ICH BIN – AUM.

- ICH BIN Gott, der in diesem Körper lebt – ICH BIN, der/die ICH BIN – AUM.
- Die mächtige ICH BIN-Gegenwart ist nun mein wirkliches Selbst– ICH BIN, der/die ICH BIN – AUM.
- ICH BIN die göttliche Vollkommenheit, die sich nun manifestiert – ICH BIN, der/die ICH BIN – AUM.
- ICH BIN die physische Manifestation des ewigen Selbst – ICH BIN, der/die ICH BIN – AUM.
- ICH BIN die Verkörperung der göttlichen Liebe in Aktion – ICH BIN, der/die ICH BIN – AUM.
- Ich lebe innerhalb aller Wesenheiten, und alle Wesen leben in mir – ICH BIN, der/die ICH BIN – AUM.
- ICH BIN nun mit dem Bewußtsein der Monade eins – ICH BIN, der/die ICH BIN – AUM.
- Ich bestätige voll und ganz meine Identität als Ewiges Selbst, Christus, Buddha, Atman, Monade, ICH BIN-Gegenwart im Dienste der Menschheit – ICH BIN der/die ICH BIN – AUM.
- Ich bestätige voll und ganz, ICH BIN physisch unsterblich und kann, falls ich mich dafür entscheide, unbegrenzt auf dieser Erde sein, ohne dabei zu altern – ICH BIN, der/die ICH BIN – AUM.
- Ich erkenne, daß alle Menschen, Tiere und Pflanzen das Ewige Selbst verkörpern, unabhängig davon, ob sie sich ihrer wahren Identität bewußt sind oder nicht – ICH BIN, der/die ICH BIN – AUM.
- ICH BIN nun die vollständige Integration von der Monade, Seele und Persönlichkeit auf Erden.
- ICH BIN, der/die ICH BIN – AUM.
- Kodoish, Kodoish, Kodoish, Adonai Tsebayoth! Heilig, heilig, heilig ist der Herr, Gott der Heerscharen!
- Kodoish, Kodoish, Kodoish, Adonai Tsebayoth! Heilig, heilig, heilig ist der Herr, Gott der Heerscharen!

- Kodoish, Kodoish, Kodoish, Adonai Tsebayoth! Heilig, heilig, heilig ist der Herr, Gott der Heerscharen!
- ICH BIN, der/die ICH BIN.
- AUM.

Kapitel 26

Physische Unsterblichkeit

Es ist interessant festzustellen, daß auch künftig sowohl Pranier als auch Liquidpranier altern werden und sterben können. Die Menschheit hat sich über Jahrtausende hinweg ihrem Denken und Glauben Grenzen gesetzt und zwar so sehr, daß beispielsweise die Hirnanhangsdrüse und die Zirbeldrüse sich eher auf den Tod einstellen, als ihre lebenserhaltenden und regenerierenden Aufgaben erfüllen.

Ausführliche Untersuchungen enthüllen, daß der Körper die denkbar komplexeste und sich selbst erhaltende Molekularstruktur hat, die man sich vorstellen kann. Täglich entstehen Milliarden neuer Zellen. Es bilden sich beispielsweise alle fünf Tage neue Magenschleimhäute. Es heißt, daß der Mensch alle zwei Jahre seinen Zellbestand im Körper von Grund auf erneuert. Also weshalb altern und sterben wir denn überhaupt, wenn wir über die angeborene Fähigkeit verfügen, uns zu erneuern und sämtliche Zellstrukturen neu zu bilden?

In seinem Buch »Die heilende Kraft« behauptet Dr. Chopra, es läge an unserer Programmierung und unseren Glaubenssätzen und Zellen seien nichts weiter als ein in Materie gekleidetes Gedächtnis. In seinem Buch »Ende der Sehnsucht« vertritt Leonard Orr die Meinung, die Menschen stürben vor allem deshalb, weil sie den Tod erwarteten.

Nachdem ich etwa ein Jahrzehnt als Geschäftsfrau tätig gewesen war und vielfach fünfzig bis sechzig Stunden in der Woche gearbeitet, mich als alleinerziehende Mutter um meine Töchter gekümmert und mich außerdem der Meditation und meinen esoterischen Interessen gewidmet hatte, konnte ich nicht umhin, mich bewußt mit Zeitmanagement zu befassen, um bei dem von mir gewählten Lebensstil ein gewisses Maß von Gesundheit an Leib und Seele zu gewährleisten. Dabei bin ich irgendwann zu dem Schluß gekommen, daß der körperliche Tod nur die Folge einer schlechten Zeiteinteilung ist. Nach zwanzig Jahren von anfangs vegetarischer, später praktisch veganischer Ernährung, verbunden mit Gymnastik und intensiver Suche nach Informationen, wie maximale Gesundheit zu erreichen sei, stellte ich fest, daß der Körper eine sich selbst erhaltende Maschine ist, die sich wunderbar regeneriert und sich nur durch sehr viel Gift abnutzt. Negative Gedanken, negative Gefühle und falsche Ernährung vergiften den Körper. Mein Wunsch nach maximaler Gesundheit beruhte ganz einfach auf der Tatsache, daß ich mir bei meiner wenigen freien Zeit den Luxus, krank zu sein, nicht leisten konnte.

Die Idee der physischen Unsterblichkeit erschien mir immer verlockender, da mir die Vorstellung keineswegs gefiel, eine gewisse Bewußtheitsstufe oder einen Grad der Erweckung zu erreichen und irgendwann miterleben zu müssen, wie mein Körper verfällt, weil ich ihn vernächlässigt habe. Im Anschluß daran müßte ich ein neues Körpergefährt vorbereiten und mir geeignete Bedingungen für das nächste Leben aussuchen. Die Aussicht, geboren zu werden, Windeln zu tragen, von Eltern erzogen zu werden, die Schule zu besuchen, zu pubertieren, erweckte in mir auch keine Begeisterung. An dieser Stelle möchte ich festhalten, daß ich eine wunderbare Kindheit und Jugendzeit mit liebevollen Eltern erleben durfte. Meine anspruchsvolle, doch lehrreiche Jugend gewährte mir die Freiheit, zu wachsen, mich zu entwickeln und schließlich ganz im Sinne meiner bewußten Entscheidung zu erblühen. Ich war mir bereits im Klaren darüber, daß ich vor Antritt dieser Inkarnation sozusagen die Gärtner und das Gartenbeet bewußt ausgewählt hatte, in das die Saat meines Bewußtseins gepflanzt werden sollte. Alle diese Stationen erneut zu durchlaufen und mich schließlich an das zu erinnern, was ich nach Jahren des Suchens und der Erfahrung in meinem gegenwärtigen Leben schon längst verstanden hatte, erschien meinem logischen Verstand absurd. Außerdem schien mir eine solche Wiederholung im Grunde eine schlechte Zeiteinteilung zu sein.

In diesem Stadium hatte ich eine vage Vorstellung von körperlicher Unsterblichkeit. Ich hatte endgültig verstanden, daß dieses Leben meine letzte Inkarnation auf Erden sein könnte, wenn ich es wollte. Ferner wußte ich, daß ich eine Aufgabe zu erfüllen und eine Rolle zu spielen hatte. Ich beschloß, daß ich erst dann verschwinden wollte, wenn ich meine Arbeit erledigt hatte und bereit war zu sterben. Ich konnte mich nicht mehr dafür erwärmen zu sterben, nur weil ich meinen Körper aus Unwissenheit schlecht behandelte.

Die Idee der physischen Unsterblichkeit hat nichts mit der Angst vor dem Tod zu tun. Alle mir bekannten Immortalisten betrachten den Tod als sanfteren, angstfreieren und und weniger schmerzvollen Vorgang als die Geburt. Man kann das Leben innerhalb der irdischen Dimension mit der Schulzeit vergleichen und die Zeitspanne, die man außerhalb der physischen Verkörperung verbringt, mit wunderbaren Ferien. Häufig wird der Wunsch eines Menschen nach körperlicher Unsterblichkeit mit der Angst vor dem Tod und dem Unbekannten gleichgesetzt, was in manchen Fällen auch zutreffen mag. Immerhin gelangt der Mensch im Lauf seiner Entwicklung an einen Punkt, an dem die physische Unsterblichkeit nicht nur gutes Zeitmanagement bedeutet, sondern auch die natürliche Folge der Schwingungsrate des Betreffenden ist. Physische Unsterblichkeit ist unmöglich, wenn keine entsprechende Resonanz vorhanden ist oder die Überzeugung fehlt, daß diese Möglichkeit für einen selbst in Frage kommt.

Um auf der physischen Ebene unsterblich zu werden (und das hat nichts mit der Unsterblichkeit der Seele zu tun) sind folgende Punkte zu beherzigen:

1. die Glaubensüberzeugung aufzugeben, man müsse sterben,
2. alle negativen Anteile, sowohl im Denken als auch im Fühlen aus den Energiefeldern der jeweiligen Körper zu entfernen und
3. die eigenen Energiefelder (Körper, Gefühle und Verstand) zu meistern.

Sich von dem Glauben zu lösen, daß wir sterben müssen, ist relativ leicht, wenn man wirklich versteht, daß wir ganz einfach Energiesysteme sind und daß die Stufe des zellulären Abbaus und/oder der Regeneration davon abhängt, welche Stufe der geistigen Meisterschaft wir erreicht haben.

Die Meisterung des Verstandes ermöglicht die Beherrschung des Emotionalkörpers, der wiederum den physischen Körper kontrolliert.

Es gibt allerdings auch praktisch anwendbare Methoden, die, so wird berichtet, den Alterungsprozeß umkehren. Es lohnt sich, diese Techniken ausführlicher zu behandeln. Ein Teil der Angaben im folgenden Abschnitt wurde dem zauberhaften Buch mit dem Titel »Die fünf Tibeter« von Peter Kelder entnommen. Im folgenden stellen wir eine Reihe von Werkzeugen zur Regeneration und Verjüngung vor.

Erneuerung und Verjüngung – der »Jungbrunnen«

Mittlerweile bin ich davon überzeugt und verstehe, daß die natürliche Fähigkeit zur Zellerneuerung auf reinster Stufe zunimmt, je höher der Lichtquotient im Körperinneren ist. Es leuchtet ein, daß je weniger das Zellgewebe von vielerlei Arten von Giftstoffen belastet ist und je höher und feiner sowohl der Lichtanteil als auch die Schwingungs- oder Oszillationsrate der menschlichen Energiefelder, um so geringer ist die Chance für Krankheiten, Verfall und Degeneration. Licht zieht Licht an, es verwandelt und löst alle nicht lichthaften Elemente auf. Demnach gilt es, sein Hauptaugenmerk darauf zu richten, den Lichtquotienten innerhalb des eigenen Zellgewebes zu steigern, wenn man seine Drüsen neu programmieren möchte, damit sie ausschließlich lebenserhaltende Hormone erzeugen.

In seinem Buch »The Complete Ascension Manual« führt Dr. Stone aus, daß der Aufstieg möglich ist, wenn der Lichtquotient 80 bis 83 Prozent beträgt. Liegt der Lichtquotient bei 96 bis 98 Prozent, sind Dematerialisation, Teleportation und erneute Materialisation möglich, wobei man die Zellstruktur des Körpers mit einem einzigen Befehl oder seinem Willen beeinflußt. In diesen Stadien ist physische Unsterblichkeit eine natürliche Folge, da flüssiges Licht durch die Systeme fließt und die Chakras in einer Säule aus Licht vereint werden. Sobald der Lichtkörper vollständig aktiviert ist und die Monade, die ICH BIN-Gegenwart fest verankert ist, arbeiten sämtliche Systeme ganz natürlich in selbsterhaltender Weise.

Es folgt ein Auszug aus »Die Fünf Tibeter« von Peter Kelder: »Der Körper hat sieben Energiezentren, die man sich als wirbelnde Kraftfelder vorstellen kann. Die Hindus nennen sie Chakras.

Das sind kraftvolle elektrische Felder, unsichtbar für das Auge, aber nichtsdestoweniger real. Jeder dieser sieben Wirbel hat einen bestimmten Bezug zu einer der sieben Hormondrüsen im endokrinen System des Körpers, und seine Funktion besteht darin, den Hormonausstoß der jeweiligen Drüse anzuregen. Diese Hormone sind es, die alle Funktionen des Körpers regeln, einschließlich des Alterungsprozesses.

Der unterste, erste Wirbel ist mit den Nebennieren verbunden, der zweite mit den Geschlechts- oder Keimdrüsen, der dritte am Solarplexus mit der Bauchspeicheldrüse, der vierte Wirbel hat eine Beziehung zu der Thymusdrüse in der Herzregion, der fünfte sitzt an der Schilddrüse am Hals, der sechste (das »Dritte Auge«) steht in Beziehung zur Hypophyse oder

Hirnanhangdrüse an der vorderen Gehirnbasis, und der siebte, höchste Wirbel (das Scheitel-Chakra) ist mit der Epiphyse oder Zirbeldrüse an der rückwärtigen Gehirnbasis verbunden.

In einem gesunden Körper dreht sich jeder dieser Wirbel mit hoher Geschwindigkeit und ermöglicht es dadurch der vitalen Lebensenergie, auch Prana oder ätherische Energie genannt, durch das endokrine System aufwärts zu fließen. Wenn aber einer oder mehrere dieser Wirbel anfangen, sich langsamer zu drehen, dann ist der Fluß der vitalen Lebensenergie behindert oder blockiert und – nun ja, das ist einfach eine andere Bezeichnung für Altern und schlechte Gesundheit.

Diese sich drehenden Wirbel dehnen sich bei einem gesunden Menschen so weit aus, daß sie aus dem Körper herausragen, bei einem alten, schwachen und kränklichen dagegen ereichen sie kaum die Körperoberfläche. Die schnellste Art, Jugend, Gesundheit und Vitalität wiederzugewinnen ist, diese Energiezentren dazu zu bringen, sich wieder normal zu drehen.«

In dem erwähnten Buch werden sechs Rituale oder Übungen erläutert, die man ausführen kann, um diese Chakras anzuregen. Diese Techniken, welche die Langlebigkeit fördern, werden bereits seit Jahrtausenden von den Lamas praktiziert, die in einem schwer zugänglichen Kloster leben, das hoch oben im Himalajagebirge liegt. Diese höchst interessante Lektüre möchte ich noch einmal allen empfehlen.

Schöpferische Visualisierung 13
Ent- und Neuprogrammierung der Körperdrüsen
zur Zellerneuerung

Die nachfolgende einfache Technik dient dazu, die Produktion aller Hormone in einer Weise umzudrehen, daß sie lebenserhaltend und nicht schwächend wirken. Da der Verstand die Kontrollinstanz ist und folglich die Materie beherrscht, sind die Drüsen des menschlichen Körpers infolge des Glaubens an die Notwendigkeit des Todes bislang nicht in der Lage gewesen, die natürliche Regeneration der Zellstruktur zu unterstützen. Solange wir glauben, der Tod sei naturgegeben, müssen und werden unsere Körper diese Überzeugung mittragen, unabhängig von ihrer Fähigkeit, sich anders zu verhalten.

Eine einfache Technik zur Neuprogrammierung der Hormonproduktion innerhalb des Körpers wird im Folgenden beschrieben. Sie kann garantiert nur bei Menschen wirken, die ihre Todesmentalität vollständig aufgelöst haben:

- Setze dich in Meditationshaltung (Kontemplation) hin.
- Stimme deine Energiefelder mit Hilfe von Atem- und Lichtarbeit ein.
- Visualisiere, wie ein Lichtstrahl aus der höchsten Quelle kommend zunächst in dein zwölftes Chakra eintritt. Dadurch wird dein ICH BIN in deinem Wesen verankert. In Abwärtsrichtung durchfließt der Lichtstrahl die nachfolgenden Chakras und tritt über das Kronenchakra in deinen Kopf ein.
- Erlaube, daß dieser goldweiße Lichtstrahl sämtliche Gehirnzellen erfüllt.
- Weise das Licht an, sich in deiner Hirnanhangdrüse (Hypophyse) und anschließend in der Zirbeldrüse zu verankern und sie vollständig zu aktivieren.
- Weise diese Drüsen an, alte Programmierungen und Überzeugungen zu entfernen und ab diesem Augenblick ausschließlich lebenserhaltende Hormone zu erzeugen, die die physische Unsterblichkeit fördern und unterstützen.
- Fühle, wie der Lichtstrahl in deine Halsregion einströmt und das gesamte Zellgewebe mit Licht erfüllt.
- Weise die Schilddrüse nahe dem Kehlkopfchakra an,

ebenso zu verfahren, wie es zuvor (bei Hirnanhang- und Zirbeldrüse) beschrieben wurde.
- Fühle oder visualisiere, wie das Licht durch deinen Körper strömt und jede einzelne Zelle erfüllt.
- Weise deine Thymusdrüse, Nebennieren, Bauchspeicheldrüse sowie deine Keimdrüsen an, ihre Hormonproduktion auf die gleiche Weise umzustellen, wie dies bei den vorhergehenden Drüsen geschehen ist.
- Danke allen Drüsen für den wunderbaren Dienst, den sie dir bislang aufgrund früherer Anweisungen geleistet haben. Mache ihnen jedoch unmißverständlich klar, daß du ab sofort den Zustand der körperlichen Unsterblichkeit annimmst. Verlange von ihnen, deine neue Überzeugung, die deinem vollkommenen göttlichen Bauplan entspricht, in vollständigem Einklang zu unterstützen.

Kapitel 27

Prana

Um verstehen zu können, wie sich ein Wesen ausschließlich von Licht erhalten kann, muß man die Substanz verstehen, die es am Leben erhält – Prana, auch als universale Lebensenergie oder flüssiges Licht bekannt.

Prana ist ein subtiles Element, das jede Art von lebendem Gewebe durchdringt. Das biologische Gegenstück zu Prana ist eine feine Essenz (Apana), die sowohl im Gehirn als auch im Nervensystem vorhanden ist, als motorischer Impuls im Organismus zirkuliert und alle Organfunktionen des Körpers steuert.

Der Begriff Prana bezieht sich sowohl auf die kosmische Lebensenergie als auch auf den subtilen Leitstoff im Körper. Beide Energieströme sind untrennbar miteinander verbunden. Eine begrenzte Anzahl von Nervensträngen in einem bestimmten Körperbereich ist dafür zuständig, das Gehirn mit Prana zu versorgen. Mit dem Erwachen der Kundalinikraft setzt eine radikale Veränderung ein und andere, größere Gruppen von Nervensträngen werden aktiv, um eine weitaus intensivere Form der Pranastrahlung an das Gehirn weiterzuleiten.

Es gibt drei Energieleitbahnen, die sogenannten Nadis, die entlang der Wirbelsäule verlaufen, die Kundalinienergie transportieren können und die Chakras miteinander verbinden.

Der *Pingala* Nadi, die solare Leitbahn, reguliert den Wärmefluß und befindet sich auf der rechten Seite der Sushumna Leitbahn, die innerhalb des Rückenmarkskanals verläuft.

Der *Idakalai* Nadi entspricht dem Mond, ist für die Kühlung verantwortlich und befindet sich auf der linken Seite des

Sushumna. Er ist die geeignete Leitbahn, für die Beförderung der Kundalinienergie. Alle drei Energiekanäle befinden sich im Astralkörper. Die *Medulla oblongata* ist ein Teil des Gehirns und liegt an der Schädelbasis. Sie gilt als Nebenchakra, da sie als Aufnahmestation der spirituellen Energie von den höheren Körpern wirkt. Hält man während der Meditation den Kopf aufrecht, ermöglicht man der Medulla oblongata, den Zufluß der Pranaenergie frei und ungehindert aufzunehmen. Die spirituellen Kräfte respektive die Pranaenergien strömen über den Hypothalamus in diesen Bereich ein. In dem Maße wie sich der Lichtquotient in unserem Wesen erhöht, wächst auch die Empfänglichkeit für telepathische Übermittlungen.

Die Kundalini: Vor der Aktivierung der Kundalinienergie würde ich empfehlen, die Chakras zu reinigen, sie vollständig mit Licht zu aktivieren und die Meditation des Vereinten Chakras (siehe schöpferische Visualisierung 7 in Kapitel 16) auszuführen. Desweiteren empfehle ich, die ICH BIN-Gegenwart zu beauftragen, sich zuzuschalten und die feinstofflichen (ätherischen) und grobstofflichen Nervensysteme miteinander zu koppeln. Durch diese Maßnahme werden Sie elektromagnetisch vollständig ausbalanciert, obwohl dies bereits durch die Anrufung des Vereinten Chakras erfolgt sein sollte.

Es ist außerdem sehr wichtig, die ICH BIN-Gegenwart anzuweisen, die Aktivierung der Kundalinienergie zu überwachen, um einem etwaigen *Ausbrennen* vorzubeugen.

Zahlreichen Berichten zufolge haben indische Asketen wiederholt davor gewarnt, daß das vorzeitige Erwecken der schlafenden Schlange (der Kundalini) großen Schaden anrichten könne, falls das Bewußtsein des Betreffenden nicht darauf vorbereitet ist und er sein Körperfahrzeug nicht ausgerichtet hat. Dabei könnten die elektrischen Schaltkreise des Körpers ausbrennen und sogar der Tod eintreten. Ausführlichere Informationen hierzu finden Sie in Gopi Krishnas Buch »Kundalini«. Das Erwachen der Kundalini wird nach den Wünschen des Einzelnen von dessen ICH BIN-Gegenwart gesteuert und kann daher schnell oder langsam erfolgen.

Um die Kundalini zu erwecken, programmieren Sie einfach folgende Affirmation während der Meditation: »Gemäß der Führung meiner Monade und mächtigen ICH BIN-Gegenwart rufe ich meine Kundalinienergie herbei und aktiviere sie vollständig.«

Wer die Zufuhr der pranischen Lebenskraft erhöht, indem er die kosmische Lebensquelle anzapft, vermag auch den Tod zu überwinden. Durch langsames, rhythmisches Atmen nimmt man reichlicher Prana auf und kann es folglich im Gehirn und den Nervenzentren speichern. Prana versorgt die Nerven mit Elektrizität, magnetisiert den Eisengehalt im Organismus und erzeugt die Aura, als natürliche Emanation des Körpers.

Es folgt ein Auszug aus dem Buch »Babaji, Kriya Yoga und die achtzehn Siddhas«: »Das Geheimnis der Langlebigkeit liegt in der Technik, den Atem in die feinstofflichen Kanäle und Zentren zu leiten. Die Sekretion des Nektars der Unsterblichkeit (amrita) kommt aus der Gehirnregion durch die Öffnung hinter dem Zäpfchen und der geheimnisvollen Drüse im Hypothalamus. Dieses Lebenselixier wird den menschlichen Organismus stärken und ihn immun machen gegenüber Verfall, Degeneration, Krankheit und Tod.«

In seinem Buch »Kundalini« schreibt Gopi Krishna: »Alle Yogasysteme basieren auf der Annahme, daß lebende Körper ihre Existenz einer äußerst subtilen unstofflichen Substanz verdanken, die das Universum durchdringt und Prana genannt wird. Es verursacht alle organischen Phänomene, steuert den Organismus über das Nervensystem und das Gehirn und manifestiert sich als die Lebensenergie. Prana, das in moderner Terminologie als Lebenskraft bezeichnet wird, nimmt mehrere Aspekte an, um unterschiedliche Körperfunktionen in Gang zu setzen. Prana zirkuliert in zwei getrennten Strömen im menschlichen System, wovon einer eine wärmende und der andere eine kühlende Wirkung aufweist, die für Yogis im Erleuchtungszustand klar wahrnehmbar sind.«

Er führt weiterhin aus: »Aus meiner eigenen Erfahrung kann ich ebenfalls bestätigen, daß der Körper mit Sicherheit zwei Hauptarten von Lebensströmen aufweist, die sowohl kühlend als auch wärmend auf das Körpersystem einwirken. Prana und Apana existieren Seite an Seite in sämtlichen Geweben und Zellen des Organismus. Beide fließen als zwei voneinander getrennte Ströme durch die höheren Nerven und ihre winzigen Verzweigungen, obwohl man ihren Fluß im normalen Bewußtseinszustand nicht wahrnehmen kann, weil die Nerven seit Anbeginn des Lebens an diesen Durchfluß gewöhnt sind.«

Wer verstanden hat, daß Prana die Lebensessenz ist, kann vielleicht auch nachvollziehen, inwiefern ein Organismus ausschließlich aus der Äthersubstanz und von Prana erhalten werden kann. Einigen Menschen ist dies gelungen, indem sie ihr Bewußtsein auf höhere Schwingungsfrequenzen umgewandelt haben, wodurch sich wiederum die Molekularstruktur ihres Körpers, Emotional- und Mentalkörpers verändert hat. Damit haben sie sich auch von der Notwendigkeit befreit, sich Substanzen aus dem atmosphärischen Reich einzuverleiben. Diese Menschen werden als Pranier (*engl.:* Breatharians) bezeichnet. Andere, die ich Liquidpranier (*engl.:* Liquidarians) nenne, nehmen nur Flüssigkeiten zu sich.

Es folgt ein Auszug aus »Seasons of the Spirit«, eine Botschaft des Aufgestiegenen Meisters Hilarion: »Es ist falsch, sich vorzustellen, daß die Kraft, die den physischen Körper des Menschen antreibt, aus der Nahrung stammt, die er zu sich nimmt. Dies ist einer der großen Irrtümer der heutigen Welt ... Die Energie des menschlichen Körpers muß einer viel subtileren und feinstofflicheren Quelle als Kohlenhydratmolekülen entstammen, die heutzutage als Kraftstoffquelle gelten. Die

Lebensprozesse im Menschen finden nicht nur auf rein chemischer Ebene statt, sonst wäre der Mensch nichts weiter als ein Reagenzglas, in dem reaktionsfähige Chemikalien gemischt werden und hätte nicht mehr lebendige Intelligenz oder Geist als man in einem solchen Reagenzglas finden kann. Nach Ablauf der chemischen Reaktion wäre es im Glas ziemlich still, leblos, und leer, und ebenso wäre es mit dem Menschen.

Nein, die Kraft, die die menschliche Maschine antreibt, ist nicht chemischer, sondern ätherischer Art. Der Äther ist ein Ausdruck der allumfassenden Substanz, noch feinstofflicher als der flüchtigste chemische Bestandteil des Menschen. Und tatsächlich ist Äther der Stoff, aus dem sich alle wissenschaftlich erforschten Elemente kondensieren, so wie Wassertropfen aus dem Wasserdampf in der Luft. Unter den Äther, der alle dreidimensionalen Räume des Menschen durchdringt (sogar die Räume zwischen den Protonen und Elektronen der Materie, welche die Wissenschaft als leeren Raum betrachtet), mischt sich eine Substanz, die wir Prana nennen, wobei wir den östlichen Begriff für Lebensenergie verwenden. In der Tat wissen die östlichen Religionen über diese wunderbare Substanz gut Bescheid und verstehen relativ gut, welche Bedeutung ihr bei der Erhaltung des menschlichen Lebens zukommt.

Wenn ein menschlicher Körper Luft in seine Lungen einatmet, wird Prana aus dem ätherischen Gegenstück dieser Atemluft dem ätherischen Gegenstück des Körpers zugeführt. Anschließend wird es in die verschiedenen Energiearten umgeformt, die im täglichen Leben gebraucht werden, wie zum Beispiel mentale, emotionale und physische Energie. Der Sauerstoff, der über die Lungen im Blut aufgenommen wird, spielt natürlich ebenfalls eine Rolle im Stoffwechsel, aber verglichen mit der Bedeutung der Pranaaufnahme ist es nur eine Nebenrolle.«

Von Licht und Prana leben – ein persönlicher Bericht

Soweit es möglich ist, möchte ich objektiv von einem Prozeß berichten, zu dem ich mich entschieden hatte, um von Prana erhalten zu werden. Ich finde, daß ein solcher Entschluß sehr persönlich ist und nur getroffen werden sollte, wenn es sich um einen Herzenswunsch handelt. Viele werden diese Entscheidung zum jetzigen Zeitpunkt nicht so treffen, aber es mag einige geben, die den Gedanken bereitwillig aufnehmen. Man muß wissen, daß es, unabhängig von der eigenen Entscheidung, möglich ist, sich ohne jegliche Nahrung, ausschließlich durch die Aufnahme von Licht, zu erhalten. Das Wissen darüber, und vor allem selbst zu erleben, daß man von Licht ernährt und erhalten werden kann, ist eine faszinierende und erhebende Erfahrung.

Anfang 1993 bekam ich die Gelegenheit, mich an einem besonderen Prozeß der Neuorientierung zu beteiligen, wovon ich nachfolgend einige Einzelheiten beschreiben möchte. Es erscheint mir allerdings notwendig, aus zweierlei Perspektiven zu berichten, aus meinem damaligen Verständnis und aus der Einsicht, die ich rück

blickend gewonnen habe. Zum damaligen Zeitpunkt hatten wahrscheinlich nur etwa ein halbes Dutzend Personen weltweit an einem derartigen Prozeß teilgenommen. Daher war alles noch in den Anfängen und als Pionierarbeit zu betrachten. Die Auskünfte oder die »Gebrauchsanleitungen« sind uns telepathisch übermittelt worden. Es gab weder Handbücher noch Anhaltspunkte, nur das innere Wissen und die Bestätigung dessen, was sich bei jedem Teilnehmer, der diesen Weg wählte, im Herzen als richtig anfühlte.

Als ich auf den Prozeß aufmerksam gemacht wurde, war ich offen, doch distanziert. Ich war der Meinung, es sei lohnenswert, die Sache näher zu untersuchen, und später beschloß ich, sie auszuführen. Der Prozeß an sich war recht einfach.

Während einer Vorbereitungsphase mußte man mindestens 51 Prozent der persönlichen Karmaschuld tilgen und sein Aurafeld heilen.
Nun folgte der 21-Tage-Prozeß, bei dem man:
1. sieben Tage lang weder ißt noch trinkt,
2. während der darauffolgenden sieben Tage nur schluckweise Wasser oder stark verdünnte Säfte zu sich nimmt und sich ausruht. In dieser Phase heilt sich der Körper und stellt sich auf die Veränderungen der ersten Woche ein,
3. weitere sieben Tage ruht, wobei die Verankerung der Energie des Höheren Selbst erfolgen kann.

Welchen Zweck erfüllte dieser 21-Tage-Prozeß, und was ist eigentlich dabei geschehen?

Zunächst einmal sind die drei Zeitabschnitte von jeweils sieben Tagen mit der heiligen Geometrie verbunden, und ein Individuum muß sich dieser Zeit frei und ohne Unterbrechung hingeben. Für mich war es eine heilige Initiation, die es zu achten galt, und nicht einfach hastig zu durchlaufen war. Dieser Prozeß hat es mir und vielen anderen Teilnehmern in Australien gestattet, uns ausschließlich von Prana zu ernähren, denn nach Beendigung der 21-Tage-Periode mußten wir keine feste Nahrung mehr zu uns nehmen. Seitdem werden wir in vollem Umfang aus dem Ätherreich genährt und erhalten. Dies ist eine Tatsache. Wir sind gesund, äußerst energiegeladen und haben unser Gewicht stabilisiert.

In den folgenden Monaten fühlte ich mich großartig. Ich hatte enorm viel Energie und sah ausgesprochen gesund aus, was jedoch meine Angehörigen und Verwandten nicht überzeugte.

Um ihre Bedenken zu zerstreuen, unterzog ich mich, nachdem ich fünf Monate lang ausschließlich von leichten Flüssigkeiten ohne Vitaminzusätze gelebt hatte, einer Reihe von medizinischen Untersuchungen und erhielt nicht nur ein einwandfreies Gesundheitszeugnis, sondern auch die Bescheinigung, daß ich während meines gesamten Erwachsenenlebens noch nie so gesund gewesen war. Diese freudige Mitteilung beruhigte meine Angehörigen und bestätigte mich auf der ganzen Linie.

Die Motivation der Menschen, die sich diesem Prozeß unterzogen haben, sind so einzigartig und unterschiedlich wie sie selbst. Mir erschien dieser Vorgang als ein natürlicher Schritt. Bereits im Alter von zwei Jahren lehnte ich den Fleischverzehr ab, mit fünfzehn Jahren übernahm ich die Kontrolle meiner Ernährung, fastete zur Reinigung und lernte, auf die Bedürfnisse meines Körpers zu hören. Ich stellte fest, daß er sich in einer bestimmten Sprache ausdrückte, die leicht zu deuten war. Ich beschäftigte mich mit Gesundheitsfragen, erforschte Proteinquellen und experimentierte. Ich legte immer mehr Wert auf leichte, naturfrische Nahrung, worauf mein Körper positiv reagierte.

Nachdem ich an Krebs erkrankt war und mich selbst geheilt hatte, lernte ich, daß negative, unbewältigte Gefühle, die sich im Gewebe einlagern, den Körper beeinträchtigen. Die Krankheit lehrte mich, nicht nur meinen physischen Körper zu reinigen, sondern auch die Energieblockaden im Emotionalkörper aufzulösen, mich neu auszurichten und mein Zellgedächtnis zu entlasten. Dank der von mir gewählten Lebensweise mit Meditation, Diät und regelmäßiger Gymnastik blieb der Tumor klein und wuchs nur langsam. Aufgrund von Streß, unverarbeiteten emotionalen Problemen und wohl auch wegen eines Lernprozesses war der Tumor gleichwohl vorhanden und sehr real. Ich brauchte vier Monate intensiver Arbeit, um ihn aufzulösen und zu entfernen.

Infolgedessen war mein Organismus ausgesprochen rein, als ich mit dem 21-Tage-Prozeß begann. In den vorausgegangenen Wochen hatte ich mich von leichter Kost (Suppen und Obst) ernährt, da ich mir vorgenommen hatte, eine angenehme Erfahrung zu machen. Aus meiner vorherigen Fastenerfahrung wußte ich, daß die Freisetzung von Giftstoffen Kopfschmerzen, Übelkeit, Muskel- und Gelenkschmerzen, Schwindelgefühle usw. verursachen konnte.

Ich war hauptsächlich motiviert durch den Wunsch aufzusteigen, mein ganzes Potential in diesem Körper zu realisieren, ein reiner Kanal oder ein Instrument zu sein, durch das der göttliche Wille sich manifestiert. Dieses Motiv war für mich ein natürlicher Schritt nach zwanzig oder mehr Jahren der regelmäßigen täglichen Meditation und der metaphysischen Studien. Durch diese Praktiken hatte ich eine relativ klare innere Stimme entwickelt für das, was für mich »richtig« war. Und diese Entscheidung fühlte sich »richtig« an. Für mich sind die dabei gewonnenen Einsichten und Lernerfahrungen phänomenal gewesen.

Aufgrund der Vorbereitung, der ich mich unterzogen hatte, flog ich äußerst energiegeladen durch die ersten sieben Tage. Ich ruhte, wenn man mir dies sagte, und hing am *ätherischen Tropf*, der mich mit flüssigem Licht speiste. Hatte ich Hunger, so bat ich die Aufgestiegenen Meister, die diesen Prozeß beaufsichtigten, die Tropfrate zu steigern. Diese Bitten sind prompt erfüllt worden, und das Hungergefühl verschwand jedesmal. Wie auch andere, habe ich während dieser Zeit genauestens Tagebuch geführt – und führe es bis zum heutigen Tag. Mein Wunsch ist nichts weiter, als anderen durch die Erzählung meiner Geschichte verständlich zu machen, wie mächtig die Licht- oder Pranakraft für die Erhaltung der Lebensfunktionen ist.

Rückblickend erkannte ich, daß während der ersten sieben Tage des 21-Tage-Prozesses eine umfassende Reinigung erfolgte, in der zweiten Woche wurde ich geheilt und neu eingestimmt, und im Lauf der dritten Woche strömten höhere Energien in mich ein. Dieser Vorgang läßt sich mit dem Reinigen und Sterilisieren einer gebrauchten Glasflasche vergleichen, die zur Wiederverwendung gereinigt wird und anschließend mit einer neuen Substanz gefüllt wird.

Meine Nachforschungen haben ergeben, daß dieser Prozeß den Abstieg des Höheren Selbst in den physischen Körper ermöglicht, der mit der dritten Einweihung des siebenstufigen Initiationsprozesses im Sinne der theosophischen Lehre und Alice Bailey vergleichbar ist. Dr. Stone führt dies in seinem Buch »The Complete Ascension Manual« näher aus. Meine innere Führung und Nachforschungen brachten mich zu folgender Annahme: Aufgrund der unterschiedlichen Schwingungsfrequenz des physischen Körpers (Persönlichkeit), des Höheren Selbst (Seele) und der ICH BIN-Gegenwart (Monade) bleibt es sowohl der Seele als auch der Monade versagt, sich im Körper auf dieser Ebene vollständig zu entfalten, solange das Vierkörpersystem nicht in vollem Umfang ausgerichtet ist.

Der 21-Tage-Prozeß beschleunigte lediglich diese Neuausrichtung, um der Seele den Aufenthalt zu ermöglichen. Und nach Beendigung erhält das Höhere Selbst oder die Seele einfach das neue Zuhause mit Hilfe von Lichtenergie – daher hört das Bedürfnis nach fester Nahrung auf.

Der 21-Tage-Prozeß meisterte allerdings nur den physischen Körper und bis zu einem gewissen Grad den Emotional- und den Mentalkörper, da es schon Gefühlsstärke und Mut voraussetzt, um sich einem Prozeß dieser Art überhaupt zu unterziehen. Nichtsdestoweniger stellt er lediglich eine Sprosse der Aufstiegsleiter dar. Schon kurze Zeit danach habe ich entdeckt, daß Essen emotional bedingt ist. Ein Jahr später erfuhr ich durch den plötzlichen Tod eines Elternteils eine große Gefühlsbelastung. Mein Energieniveau sank und mein inneres Kind suchte Trost im Essen. Also begab ich mich erneut mit Nachdruck auf die Reise der Zellentlastung, Neuprogrammierung und Auflösung alter Muster.

Da der Emotionalkörper, wenn er neu ausgerichtet ist, dem Mentalkörper hilft, führte dies zu einer Intensivierung meiner

Ausbildung im Hinblick auf die Beherrschung des Verstandes. Er sollte nämlich eine Realität erschaffen, in der die bewußte Wahrnehmung von Essen überhaupt keinen Raum hatte.

Ich stellte fest, daß ich meinen Körper programmieren konnte, ein bestimmtes Gewicht beizubehalten, und obendrein dessen Form willentlich zu verändern. Ich habe erfahren, daß mein Körper meinen Gefühlszustand widerspiegelt und mein Emotionalkörper unmittelbar auf meine Denkvorgänge reagiert. Außerdem habe ich gelernt, daß sich der Emotionalkörper wie ein eigensinniges Kind verhält. Aber nur weil man sich entschlossen hat, von jetzt an das Haus durch Gedankenkontrolle sauberzuhalten, bedeutet das nicht, daß man den emotionalen Ballast aus vergangenen Denkprozessen nicht zu entsorgen hat, der im Zellgedächtnis (oder in den Schränken auf dem Dachboden) aufbewahrt wird. Der innere Frühjahrsputz ist unumgänglich. Erst nach getaner Arbeit kann das Haus, unser Wesen, sauber sein und mit voller Leistungskraft funktionieren.

Dieser Prozeß öffnete mir noch eine weitere Tür, die meine Schwingungsfrequenz derart feinstofflich werden ließ, daß ich imstande war, meinen sechsten Sinn der Intuition und den siebten Sinn des Wissens umfassend zu aktivieren. Ein Nebenprodukt davon ist, daß Channeling (mediale Durchgaben), Selbstheilung, Hellsichtigkeit, Bilokation und das Erschaffen durch bloßes Denken mir mittlerweile natürlich und relativ einfach erscheinen. Ich habe gelernt, alle meine Wesensaspekte zu lieben und zu schätzen, die Entscheidungen anderer zu lieben und zu achten, mich mit verschiedenen Lichtwesen ungezwungen auszutauschen und mich eng mit meiner ICH BIN-Gegenwart zusammenzuschließen. Mein Leben ist voller Freude, Fülle und Sinn. Mir ist nicht nur bekannt, wie man Wirklichkeit erschafft, sondern ich erschaffe mir meine Lebenswirklichkeit meinen Wünschen entsprechend. Mein Leben entspricht genau meinen Vorstellungen.

Seit mir dieser Übergang gelungen ist, finde ich meine Haltung, mich von Pranakost erhalten zu lassen, immer wieder bestätigt, doch vielen Menschen erscheint diese Vorstellung unmöglich und ein Leben ohne Essen absurd. Beides trifft nicht zu.

Ausführliche Erläuterungen über den Pranismus und eine detaillierte Beschreibung des 21-Tage-Prozesses finden Sie in meinem Buch »Lichtnahrung«.

Kapitel 28

Telepathische Kommunikation

Es entspricht sowohl meiner Erfahrung als auch meinem Wissen, daß alle übersinnlichen Fähigkeiten, einschließlich der Telepathie, sich natürlich einstellen, sobald man die eigene Schwingungsfrequenz und den Lichtquotienten innerhalb der Zellstruktur erhöht hat. Diese beiden Vorgänge gehen Hand in Hand, denn je schneller die Schwingungen sind, desto höher ist der Lichtquotient, wie auch aus der Redewendung *beinahe so schnell wie das Licht* hervorgeht.

Berichten zufolge sind die Arkturianer Meister der Lichttechnologie. Arkturus ist eine der spirituell und technisch fortgeschrittensten Zivilisationen und wird ausschließlich von Aufgestiegenen Meistern bewohnt. Dr. Norma Milanovich und Dr. Stone haben beide eine intensive Kommunikation mit diesen Lichtwesen und arbeiten mit ihnen. In seinem Buch »Beyond Ascension« empfiehlt Dr. Stone einen schnellen Weg zur Erhöhung des Lichtquotienten im eigenen Körper. Er schlägt vor, die Hilfe der Arkturianer in Anspruch zu nehmen und sie zu bitten, höhere Lichtfrequenzen durch das Vierkörpersystem zu senden, damit der Lichtquotient optimal erhöht wird. Dies kann erfolgen, während Sie schlafen, fernsehen, arbeiten oder mit anderen Dingen beschäftigt sind. Bitten Sie einfach darum, und es wird Ihnen zuteil werden.

Es folgt ein gechannelter Auszug aus »We the Arcturians« von Dr. Milanovich: »... ein Teil des Meisterungsprozesses in der irdischen Lebensform ist, zu lernen den Verstand zu reinigen. ... Für unsere Art der telepathischen Kommunikation ist ein klarer Verstand vonnöten. Müssen wir nicht lernen, sowohl zu empfangen, als auch auszusenden? Durch Zuhören reinigen wir auch unseren Verstand und sind dann in der Lage, Informationen zu empfangen ... Um positiv zu sein und empfangen zu können, muß eine Seele lernen, ihre Schwingungsfrequenz zu erhöhen ... und es muß ein inneres Gefühl von Frieden und Zufriedenheit vorhanden sein, bevor die Schwingungsfrequenz anzusteigen beginnt. Wenn sich die Schwingung allmählich erhöht, geschehen im Inneren nach und nach regelrecht Wunder. Man muß sich lediglich in flüssigem Licht baden, um die Reinigung, Läuterung und den Frieden spüren zu können, die davon ausgehen ...

Alle Gedanken sind elektrische Impulse, die von einem elektromagnetischen Kraftfeld umgeben sind. Dieses Energiefeld ist imstande, sich in einer Geschwindigkeit zu bewegen, die der menschliche Verstand nicht einmal im entferntesten nachvollziehen kann. Während dieser Bewegung werden Bilder übertragen, die sich unmittelbar auf Visualisierungen, Emotionen und die Kodiersysteme der universalen Sprache beziehen. Es hängt von der jeweiligen Entscheidung eines Geschöpfs ab, ob es elektromagnetische Impulse an andere Orte schickt oder nicht. Die Wahl steht oder fällt mit der Gefühlsintensität und der Willenskraft, die ein Mensch aufzubringen vermag. Diese Entscheidung und das Bewußtsein des Verstandes eines Menschen bestimmen den Grad der Meisterung der telepathischen Kommunikation, die er/sie während einer Lebensspanne erringen wird.

Die Kraft, welche die Gedanken antreibt und aussendet, beruht auf einer Tensor-Gleichung ... die aus zwei Anteilen elektromagnetischer Energie und einem Anteil Gefühl besteht. Das Gehirn und der Verstand eines Menschen, verbunden mit der Entscheidung und Überzeugung, bestimmt dessen Fähigkeit, Botschaften auszuschicken. ... Gedanken sind ein Teil des universalen Bewußtseins, und die Kraft, die sie durch das Bewußtsein schleust, entspricht der Intensität des Wunsches nach Vereinigung mit Macht... Alle Manifestationen der Schöpferkraft resultieren aus Verbindungen von Licht- und Tonschwingungen. Wenn man sie miteinander kombiniert, kann man die Macht aufbringen, um aus dem universalen Bewußtsein zu erschaffen und dessen Kodizes zu erschließen.«

Die Arkturianer behaupten, die höchste Form der Telepathie vollziehe sich von Seele zu Seele, und nur integrierte Menschen seien fähig, sich auf das Seelenbewußtsein einzustellen. Sie sagen weiter, um Telepathie wirklich zu verstehen, muß man die Natur der Kraft, der Emanationen und der Strahlung von Energieströmen begreifen.

Wie oben ausgeführt, verfügt der Mensch über den bewußten Verstand, das Unbewußte und das Überbewußtsein. Die telepathische Verständigung geschieht kraft des überbewußten Seinszustands. Dieser Aspekt des Menschen befaßt sich nicht, wie etwa der niedere Verstand, mit Überlebensthemen, widmet sich jedoch den Fragen, weshalb wir hier sind, und was der eigentliche Zweck und die wahre Bestimmung des Menschen ist. Das Überbewußtsein agiert bei allen Dialogen als Leitstelle in den höheren Regionen. (Höher bezieht sich hier, wie üblich, auf den Frequenzbereich.) Sämtliche Übermittlungen laufen über das Höhere Selbst.

Die telepathische Verständigung ist eine natürliche menschliche Begabung, die bei jenen zutage tritt, deren Schwingungsfeld mit der höheren Resonanz ihrer eigenen Gottnatur oder der reinen Energie, die sie am Leben erhält, in Einklang steht. Das Gleiche gilt für alle wunderbaren Gaben, sei es Hellhören (Telepathie), heilendes Berühren (Handauflegen), Hellsehen, Bilokation und weitere Fähigkeiten. Dabei ist zu bedenken, daß zwar manche Menschen übersinnlich begabt sind, sprich, unter anderem fähig sind, hellzusehen oder hellzuhören, doch der Reinheitsgrad von Botschaften und/oder Visionen entspricht in jedem Fall nur der Qualität des jeweiligen medialen Kanals. Diese Zusammenhänge werden in Kapitel 24 über Channeling ausführlich behandelt.

Die Telepathie untersteht dem universalen Gesetz der Offenbarung – Suchet, so werdet ihr finden. Die Wissenschaft registriert und mißt elektrische Ströme im Gehirn, die von mentalen und emotionalen Störungen verursacht werden. In der Metaphysik gilt, daß die Energie dem Gedanken folgt, und Gedanken in Erscheinung treten werden.

Wir können uns telepathisch auf die Eingebungen oder die Führung einstimmen, die wir vom inneren Lehrer, unserer ICH BIN-Gegenwart und/oder anderen Wesenheiten aus dem Astralreich oder den darüberliegenden Regionen empfangen, je nachdem, welche Inhalte und Signale wir aussenden und wie groß die Klarheit unserer Absicht und unserer Willenimpulse ist.

Die Gehirnfunktionen bei der telepathischen Kommunikation

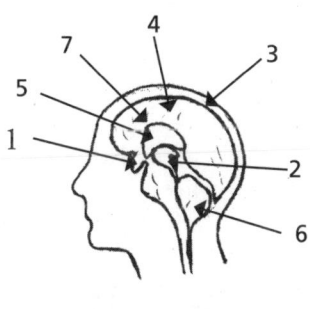

1. Die Hirnanhangdrüse, die negative Kontaktstelle und Empfangsstation
2. Die Zirbeldrüse, die positive Kontaktstelle und Sendestation
3. die Großhirnrinde
4. das Großhirn, das Tensorzentrum
5. der Thalamus, der Sehhügel (im Zwischenhirn)
6. das Kleinhirn
7. die Synapsen (Zwischenräume) zwischen der Großhirnrinde und dem Großhirn.

Die komplexen und vielfältigen Funktionen des menschlichen Gehirns sind nach wie vor Gegenstand der Forschung und werden sowohl von der Medizin als auch der Wissenschaft allgemein anerkannt. Im folgenden beschränke ich mich auf die kurze Schilderung der Funktionsweise der maßgeblichen Gehirnpartien, die an der telepathischen Kommunikation (höheren Verständigung) beteiligt sind.

Die Hirnanhangdrüse ist die Empfangsstation der Gedanken und die innere Kontaktstelle im physischen Gehirn, die uns befähigt, Gedanken einströmen zu lassen, die von irgendwoher übermittelt werden und sie dann zur Interpretation an das mitschwingende Tensorzentrum weiterzuleiten. Die Zirbeldrüse ist häufig als wahre Meisterdrüse bezeichnet worden. Sie ist zuständig für die Gedankenübertragung. Positive Aktionen gehen durch das Tor der Zirbeldrüse, negative Aktionen (wie Kräfte der Umkehrung und Energieabstoßung) gehen durch die Hirnanhangdrüse. Die beide Drüsen arbeiten zusammen, um das Gleichgewicht sämtlicher mentaler Abläufe zu wahren.

In der Großhirnrinde findet das Denken statt. Hier laufen logische Denkvorgänge, Schlußfolgerungen, Beurteilungen ab. Die Großhirnrinde ist der Sitz des Kurzzeitgedächtnisses und weiterer Funktionen. Desweiteren steuert sie die Funktion der fünf Körpersinne sowie die Beweglichkeit der äußeren Gliedmaßen (Extremitäten). Sie dient als Sammelstelle, wo die Informationen aus den verschiedenen Bewußtseinsschichten zusammenlaufen. Dieser Gehirnbereich funkt bei telepathischen Dialogen dauernd dazwischen. Man muß ihn ruhigstellen, um Anweisungen durch das Überbewußtsein (den höheren Verstand) zu erhalten. Angeblich beträgt das Gewicht der Großhirnrinde zwanzig Prozent der Gehirnmasse.

Das Kleinhirn ist eine Art Zwischenlager des Unterbewußtseins, wo Informationen gespeichert werden, bis sie in den Keller des Unbewußten weitergeleitet werden. Es steuert außerdem vitale Körperabläufe und Gewohnheitsmuster. Ferner koordiniert es die Muskelbewegungen, den Gleichgewichtssinn sowie die Körperhaltung.

Der Thalamus (Sehhügel) ist eine Ansammlung grauer Substanz im Zwischenhirn, durch die alle zur Großhirnrinde ziehenden Sinnesbahnen (Ganglien = knotenförmig angehäufte Nervenzellen) ausstrahlen. Der Sehhügel wird von einem Streifen aus weißer Gehirnsubstanz durchzogen, die eine Brücke (*gr.:* Thalamus = Innenraum) bildet, die sowohl in die linke Gehirnhälfte als auch in die rechte Gehirnhälfte hineinreicht. Der Thalamus stimuliert die elektrischen Abläufe in der Großhirnrinde, und reguliert so die rhythmischen Ruhephasen in der Großhirnrinde. Er dient als Datenbank und soll auch der Entstehungsort der Träume sein. Seine Nervenbahnen sind speziell entwickelt um geistige Bilder zu formen. Daher wird der Sehhügel auch als mentale Fernsehstation bezeichnet. Die elektromagnetische Zone des Thalamus reagiert auf heftige Emotionen wie etwa Angst, Wut und so weiter, woraufhin er vermutlich einen Plan aufstellt, welche Signale auszusenden sind, damit gleichartige Elemente angezogen werden, die der vorausgehenden Übermittlung entsprechen.

Die Nervenenden des Großhirns, die Synapsen, befinden sich zwar in der Nähe der Großhirnrinde, berühren sie jedoch nicht. Ihre Verständigung erfolgt über elektrische Signalfeuer. Der Tensor definiert das Potential der Gedankentiefe im Synapsenbereich.

Das Großhirn wird auch als schlafender Riese bezeichnet. Es umfaßt ein riesiges Gehirnareal, das ungenützt sein soll. Es ist unser kosmisches Ei, das unendliche Intelligenz und Weisheit in sich birgt. Es ist unser persönlicher Guru und bildet das Zentrum unserer elektromagnetischen resonanzfähigen Macht. Das Gewicht des Großhirns beträgt achtzig Prozent der gesamten Gehirnsubstanz. Man stelle sich vor, ein Auto nutzte lediglich ein Fünftel seines Leistungsvermögens. Genau das ist der Fall, wenn wir das Großhirn nicht bewußt einsetzen. Erst wenn die besagten vier Fünftel erweckt werden, kann das volle menschliche Potential realisiert werden.

Das universale Bewußtsein wird durch das den Körper umgebende elektromagnetische Resonanzfeld in das Großhirn aufgenommen. Dann kommen die Gedanken zur Großhirnrinde, wo sie übersetzt und zu Handlungsimpulsen weiterverarbeitet werden. Auf der höchsten Stufe spiritueller Entwicklung findet zwischen Großhirn und Hirnrinde ein koordinierter Austausch statt. Dieses Resonanzzentrum arbeitet unabhängig von menschlichen Denkprozessen, bildet aber das Zentrum, von dem alle Arten von spirituellen Wahrnehmungen und Inspirationen ausgehen. Als Ultra-bewußtsein ist das Großhirn der Sitz aller übersinnlichen Fähigkeiten und dient als Übermittler außersinnlicher Phänomene.

Resonanz ist Energie in Bewegung, die mit Hilfe von Gedankenimpulsen ihren Weg durch die Essenz lebender Lichtpartikel sucht. Telepathische Verständigung findet statt, wenn jemand mental offen ist, Gedanken zu empfangen und die Bereitschaft dazu signalisiert, was die Gedanken des Senders anzieht, der auf den Wunsch eingeht und Gedankenkräfte an die offene Empfangsstation übermittelt. Die Resonanz, die zwischen den Gedanken besteht, wirkt als die bindende Kraft.

Athena vom Ashtar Kommando betont: »Der Verstand ist ein Vakuum, das elektrische Impulse aus seiner Umgebung zu sich heranzieht. Anschließend bearbeitet er diese Impulse, bis sie als Gedanken geboren werden. Durch die Prozesse im Gehirn entsteht daraus zunächst eine Idee, später eine Handlung.« Die Qualität des Denkens spiegelt sich auch in der Farbe der menschlichen Aura wider, die viel über den Zustand eines Wesens aussagt.

Wenn die Gehirntätigkeit ruht, setzt die Gedankenübertragung ein. Zuerst verbindet sich der Sender mit Hilfe eines

Energiestrahls mit der Empfangsstation, wobei sich der Energiestrahl in das elektromagnetische Feld des Empfängers einhakt. (Der Empfänger bereitet sich anhand der fünf Schritte vor, die nachstehend aufgelistet werden.) Die Gedanken/Ideen werden anschließend gefiltert an das Tensorzentrum des Gehirns weitergeleitet und dort in Worte umgewandelt. Wenn der Vorgang fehlerfrei abläuft, werden deutliche Worte empfangen. Wir haben einen klaren Empfang und eine klare Botschaft. Ein Empfänger kann seinen Kanal klären, indem er sich bewußt auf höhere Schwingungsfrequenzen und Energien mit Hilfe von Meditation, Ernährung und anderen Maßnahmen einstellt. Je weniger elektrische Blockaden vorhanden sind, desto besser klappt die Verständigung.

In dem Buch »Opening to Channel« teilen die Geistführer Orin und DaBen mit: »Die Telepathie versetzt Sie in die Lage, unsichtbare Reiche zu erforschen. Sie haben alle eine größere telepathische Begabung, als Sie es sich vorstellen können. Die Telepathie vermittelt Ihnen die Fähigkeit, an Orte zu reisen, die auf anderem Weg nicht zugänglich sind.

Ihre Augen können nur das Farbspektrum des Regenbogens sehen und meistens vergessen Sie, daß es noch viele andere elektromagnetische Frequenzen gibt, wie etwa die infrarote und ultraviolette Schwingung, die sich nur ganz knapp außerhalb des Bereichs befindet, der für das menschliche Auge sichtbar ist. Manche Menschen entwickeln die Fähigkeit, subtile Schwingungsfrequenzen wahrzunehmen, die außerhalb des Bereichs der normalen Sinne liegen. Genau in diesen Schwingungsfrequenzen kann man Geistführer und Dimensionen wahrnehmen, die außerhalb unserer Seinsebene existieren.

Ihr wachsender telepathischer Bewußtszustand vermittelt Ihnen die Fähigkeit, sich mit anderen Lebensformen, wie etwa Pflanzen, Kristallen und Wesenheiten aus anderen Reichen, zu verständigen, indem Sie Ihr Wahrnehmungsvermögen feinabstimmen.

Der Glaube an die Fähigkeit, diese zwar unsichtbaren, aber nichtsdestoweniger realen Dimensionen zu erreichen, hat sich noch nicht durchgesetzt. Doch das Vertrauen hinsichtlich der Möglichkeit, daß es außerhalb der Erde Dimensionen gibt, nimmt weltweit zu, genauso wie der Glaube an das Leben nach dem Tod.«

In dem Buch »Dynamics of Cosmic Telepathy« schreibt Tuella:»... es existiert ein Gesetz der Affinität, wonach anziehende und abstoßende Energien, die die Zusammensetzung chemischer Substanzen festlegen, eine Energieform bilden. Dabei handelt es sich um eine aggressive Kraft, die sich in alle Richtungen ausbreitet und auf die vorhandene Kraft im Raum Druck ausübt, wodurch in dem jeweiligen Element Wellen erzeugt werden. Ein Gedanke reist nicht auf einer geraden Linie, sondern drückt sich in Form von Milliarden Linien aus, die in alle Richtungen verlaufen, wie ein strahlender Lichtfunke, der sich gleichmäßig stark nach allen Richtungen hin ausbreitet. Der Verstand ist das Medium, mit dessen Hilfe Gedanken von einem Punkt zum anderen befördert werden.« Tuella führt weiter aus, daß der Raum sich aus winzigen Atomen (Äthersubstanzen) mit unauslöschlichen Erinnerungen an das Leben zusammensetzt, die sich einander anziehen und abstoßen. Eine Manifestation kommt zustande, wenn diese Partikel durch das Gesetz der Affinität zur Vereinigung gezwungen werden.

Meine eigenen telepathischen Fähigkeiten haben sich relativ natürlich entfaltet. Man könnte zwar sagen, daß es auch ein wenig unerwartet geschah, obwohl ich schon seit einigen Jahren von verstorbenen Freunden und Verwandten Botschaften erhalten hatte. Kurz nachdem ich mich der Neueinstimmung und dem Reinigungsprozeß unterzogen hatte, der meinem Körper erlaubte, sich ausschließlich von Licht (Prana) zu erhalten, stellte ich fest, daß, ich von unterschiedlichen Stimmen in meinem Kopf bombardiert wurde. Mir war bekannt, daß Channeling ebenfalls natürlich auftritt, sobald man seine Schwingungsfrequenz auf höhere Lichtoktaven eingestimmt hat. Es ist einleuchtend, daß je mehr man auf den reineren Aspekt des eigenen Gottselbst eingestimmt ist, desto mehr werden diese Dinge einfach möglich. In Kapitel 24 über Channeling habe ich dies ausführlich beschrieben.

Irgendwann kam ich an den Punkt, wo ich mir wünschte, nur dann Kommunikation zu haben, wenn ich das wollte, anstatt in beliebigen Situationen wie etwa bei Gruppenmeditationen und Channeling-Abenden. Inzwischen weiß ich, daß man im eingestimmten Zustand nichts weiter zu tun braucht, als quasi die Nummer anzuwählen, den Anruf zu tätigen und schon erhält man eine Antwort. So einfach ist die Sache. Allerdings beschloß mein logischer Verstand seinerzeit, das Thema zu erforschen und mich für den Unterricht anzumelden. Also ging ich daran, zunächst einmal hier in unserer Welt Nachforschungen anzustellen, und später schickte ich einen Ruf in das Ätherreich, um Direktunterricht zu erhalten.

Nachdem ich begriffen hatte, daß der Mensch ein Energiesystem ist, das Signale aussendet und (ähnlich wie ein Radio) Schwingungsfrequenzen überträgt, wurde mir klar, daß ich mich wie ein CB-Radio einblenden und mich mit den Wesenheiten meiner Wahl in Verbindung setzen konnte. Es gibt Wesenheiten, die tatsächlich die Aufgabe haben oder den Dienst versehen, die Gedankenübermittlungen quer durch die Galaxien zu beaufsichtigen. Da die Informationen, die ich auf irdischer Seite auftreiben konnte, begrenzt waren, bat ich, von diesen Wesenheiten unterrichtet zu werden. Wie dies in die Tat umgesetzt wurde, ist eine weitere Geschichte. Kurzum, der Kontakt wurde hergestellt, und ich bekam Unterricht. Er umfaßte auch den Fünf-Schritte-Einstieg, den ich nachstehend erläutere.

Meine Informationen entsprechen den Angaben, die Tuella und andere Channelmedien empfangen haben. Ich wurde allerdings angewiesen, mich auf die Erhöhung der Schwingungsfrequenz des Vierkörpersystem und auf die maximale Lichtaufnahme zu konzentrieren. Mir wurde mitgeteilt, dieses Vorgehen würde den frei fließenden Informationsaustausch automatisch ermöglichen, da es die Luft von atmosphärischen Störungen reinige, allerdings könnten sich nur gleichartige Schwingungen miteinander verbinden. Wenn wir uns auf die Schwingungen des Lichts einstimmen, können wir mit Lichtwesen verkehren, da deren Schwingungsfrequenz der Lichtenergie entspricht.

Meiner Erfahrung nach verläuft alle Kommunikation der höheren Daseinsebenen auf telepathischem Weg. Im übrigen oder damit übereinstimmend, entspricht die telepathische Verständigung der Lichtsprache. In »Das Buch des Wissens: Die Schlüssel des Enoch« findet sich folgende Kurzerklärung: »Die Lichtsprache ist die unmittelbare Kommunikation mit dem Unendlichen Geist, die durch die Anwendung ideographischer und piktographischer Kybernetik geschieht. ... Sie ist die Elternsprache einer Gottheit, die zur Skizzierung eines Vorgangs in einem Gesamtmuster oder -plan gebraucht wird, um Wissen in Kristalle zu kodieren und so weiter. Die Lichtsprache dient den Herren des Lichts als ein Vehikel, um viele planetarische Welten und Realitätsebenen gleichzeitig zu erreichen und die unterschiedlichen Sprachen in dasselbe szenische Abstrakt zu verschmelzen. Dadurch kann der Mensch durch superholographische Prozesse mit anderen intelligenten Planeten Verbindung aufnehmen. Die Kenntnis dieser Sprache kommt von einem Kernspeicher der Information, an dem die höheren spirituellen Ebenen der Existenz teilhaben. Sie ermöglicht den Menschen, die Aufzeichnungen über die Mysterien in den höheren Himmeln zu lesen.«

Ich habe diese Textstellen hier eingefügt, um aufzuzeigen, daß es verschiedene Ebenen innerhalb dieses Wissens gibt und während manche Menschen eine natürliche telepathische

Begabung haben, ist sie bei vielen anderen wede[r Wirk]lichkeitserfahrung, noch ist sie Teil ihrer Wel[t.] Jenseits der gesprochenen Sprache ist Telepathie, wobei d[ie Ge]danken von Verstand zu Verstand übermittelt werden. Jenseits von Telepathie ist die Lichtsprache, was danach folgt, weiß ich nicht. Bei meinen Nachforschungen ist mir klar geworden, daß die normale und anerkannte Form der Kommunikation auf dem Planeten Erde das Niveau einer Kindergartensprache hat. Sie ist aufgrund von Sprachbarrieren, kulturellen Schranken, Unwissenheit und Mißverständnissen enorm verbesserungsbedürftig. Das Wunderbare an der Telepathie ist, daß sie eine reine Verständigung ist, da sie nicht durch den niederen Verstand und dessen begrenztes Wahrnehmungsvermögen gefiltert werden muß, dem nur eine subjektive Realität zugrundeliegt.

In dem Maße, wie wir uns geistig entwickeln und je mehr wir uns erinnern, desto mehr wird uns offenbart, denn wir sind unendliche Wesen, die mit unendlicher Weisheit ausgestattet sind. Einge von uns erhalten mittlerweile in Form von telepathischer Verständigung (Channeling) Anweisungen, wie sie beispielsweise die transzendenten Lichttaschen innerhalb ihrer Computer-Datenbanken verankern und aktivieren können. Die Lichtpaket-Informationen beinhalten Hauptkodizes, heilige geometrische Formen und höhere Kenntnisse, wohin wir uns entwickeln werden.

»Das Buch des Wissens: Die Schlüssel des Enoch« teilt uns mit, daß die Meister und Lichtwesen in Übereinstimmung mit unserem höheren Selbst oder Überselbst, »direkte oder ferngesteuerte Emfangsmechanismen der Sprache verwenden, so daß das Bewußtsein die physiologischen Vorgänge des Körpers überwachen und steuern kann. Diese Unterrichtssprache (durch das Überselbst) zeigt folgende Wirkungen: Entwicklung einer geringeren Empfindlichkeit hinsichtlich der Neurotransmitter; verminderte Ausschüttung von endogenen

Neurotransmittern; das Inkrafttreten eines hemmenden oder modulierenden Signals; und die Aktivierung eines Vorboten, der bei der Synthese spiritueller Gedankenpartikel entscheidend ist.«

Ich will nicht im geringsten den Anschein erwecken, als ob ich die Kompliziertheit des Lebens außerhalb der leiblichen Hülle verstünde, ich weiß jedoch sicher, daß verbale Kommunikation auf der Erde die gröbste und irreführendste Art der Verständigung darstellt und ihre Resultate sind offensichtlich. Man muß nur die religiös bedingten Auswüchse betrachten, um zu verstehen, daß die Bezeichnungen und Auslegungen durch den niederen Mentalkörper außerordentlich viel Zwietracht und Krieg ausgelöst haben, obwohl doch alle Religionen in der Essenz gleich sind. Meine persönliche Erfahrung und meine gründlichen Nachforschungen haben mich gelehrt, daß die Telepathie eine Verständigungsart ist, die sich zwischen den höheren Verstandeskörpern der Dialogpartner abspielt. Sie ist eine direkte Seelensprache, die nicht über die individuellen Filter und jeweiligen Wahrnehmungsapparate getrübt wird, bis sie in Worte gefaßt wird.

Telepathie ist eine Art der Kommunikation, die man in sich aufnimmt und die nicht durch Gedanken interpretiert wird. Man übersetzt Telepathie nur dann in Gedanken, wenn man die Kernaussage bewußt ins Gedächtnis rufen oder mündlich aussprechen will. Telepathie ist ein Energieaustausch auf der Ebene des höheren Verstandes und einfach Wissen.

Ich persönlich habe nicht viel Zeit dafür aufgewendet, um die Fähigkeit zu entwickeln, mich mit irdischen Wesen telepathisch zu verständigen, obwohl diese Art der Kommunikation in Zukunft nicht nur notwendig, sondern auch alltäglich sein wird. Vor vielen Jahren hatte ich unter sehr interessanten Umständen die Gelegenheit, mich einige Stunden lang mit einer lieben Freundin telepathisch zu verständigen. Hin und wieder hielten wir inne und vergewisserten uns: Hast du gerade das und das (mit dem Verstand) gesagt? Nachdem wir es bejaht hatten, setzten wir unsere Unterhaltung fort, die gelegentlich von diesen seltsamen mündlichen Zwischenbemerkungen – um der Rückversicherung willen – unterbrochen wurde. Wir sind damals irgendwie in einen Frequenzbereich geraten, in dem die innere Kommunikation mühelos floß. Daher hatte ich gegenüber dieser Art der Verständigung keinerlei Vorbehalte oder Skepsis. Ich war damals nur nicht fähig, sie willentlich herbeizuführen.

Der Fünf-Schritte-Einstieg in die höhere Kommunikation

Diese Technik beruhigt die Großhirnrinde und erlaubt neue Öffnungen der Synapsen, da das Bewußtsein die mentalen Prozesse verändert. Man kann diese Technik für die Kommunikation mit dem inneren Lehrer, der ICH BIN-Gegenwart, den Geistführern oder anderen Lichtwesen verwenden.

1. Gehen Sie wissend in die Stille

Meditieren Sie und stimmen Sie sich wie zuvor gelernt mit Atem- und Lichtarbeit ein. Verweilen Sie in der Stille mit dem Wissen, daß jeder Mensch über diese Fähigkeiten verfügt. Der Zweifel bremst alle Weiterentwicklung. Denken Sie daran, daß Sie, wenn Sie zuerst fühlen, Sie könnten etwas (positiver Gedanke) und dann, Sie könnten es nicht (negativer Gedanke), die Energie neutralisieren, so daß gar nichts geschehen kann. Zweifel wirkt neutralisierend.

2. Invozieren Sie das Licht

Rufen Sie dazu einen Lichtstrahl oder eine goldweiße Lichtsäule herunter. Seien Sie gewiß, daß jenes Licht aus der reinsten Energiequelle aller Universen kommt. Sie wissen, es heilt und transformiert und bringt die optimale Ausrichtung auf die reinste Kommunikation. Atmen Sie dieses Licht durch Ihre Hautporen ein und erlauben Sie, daß alle Zellen Ihres Wesens davon durchdrungen werden.

3. Visualisieren Sie
Und setzen Sie den höheren Verstand ein. Stellen Sie sich ein gleichschenkliges Dreieck vor, das Sie mit blauem Licht füllen. Das ist ein universal akzeptiertes Symbol oder Zeichen, um zu signalisieren, daß Sie sich auf die telepathische Verständigung vorbereiten.

Visualisieren Sie, daß Ihre Chakras vollständig geöffnet und aktiviert sind und das goldweiße Licht in sie einströmt.

Beobachten Sie, wie Ihre Chakras eine einzige Lichtsäule bilden, die sich mit der höchsten reinsten Quelle verbindet und ermöglicht, daß göttliche Mitteilungen in Ihr Wesen einströmen.

Visualisieren Sie wie die Lichtsäule des Vereinten Chakras sich zu drehen beginnt, entweder im Uhrzeigersinn oder gegen den Uhrzeigersinn, und reines Licht in alle Organe, in alle Zellen und alle Energiefelder Ihrer Körper hineinschleudert. Dadurch wird Ihre Schwingungsfrequenz erhöht und Sie werden empfänglicher. Bitten Sie darum, daß sowohl die Hirnanhangdrüse als auch die Zirbeldrüse vollständig aktiviert und illuminiert werden, damit der Empfang und die Übermittlung aller Informationen klar und rein erfolgen möge.

4. Bitten Sie
Bitten Sie um Durchsagen. Rufen Sie die Quelle an, die Sie gern sprechen möchten, Ihr Höheres Selbst, Ihr ICH BIN, Geistführer und andere Adressaten. Kontrollieren Sie das, indem Sie verlangen, daß ausschließlich die Lichtwesen, die für mein höchstes Wohl arbeiten, willkommen sind, sich mir mitzuteilen. Dies verhindert neben den oben angegebenen Schritten, daß etwaige böswillige oder negative Mächte sich

aufgrund Ihres Aufrufs bei Ihnen melden. Das ermöglicht Ihnen, über Ihre Partygäste Bescheid zu wissen, da Sie spezielle Einladungen ausgegeben haben, statt Tag der offenen Tür abzuhalten. Bereiten Sie sich vor, indem Sie eine Liste von Fragen erstellen, die Sie gern beantwortet haben wollen.

5. Hören Sie zu
Lernen Sie hinzuhören. Sie können nicht erwarten, etwas zu hören, wenn Sie Ihr Bewußtsein nicht mit Hilfe von Meditation, tiefer, verbundener Atmung und den oben beschriebenen Schritten zur Ruhe bringen. Anfangs ist es wie ein eher intuitives Zuflüstern, eine bloße Ahnung oder ein eindeutiges Gefühl zu einer bestimmten Sache zu bekommen. Bei regelmäßiger Übung wächst es zu einer lauten, klaren Stimme an, die sich nicht verleugnen läßt. Sie wissen, ob die erhaltenen Auskünfte Ihrem höchsten Wohl dienen, und lernen der Führung zu vertrauen, wenn sich immer mehr Positives in Ihrem täglichen Leben abzeichnet, nachdem Sie die Ratschläge befolgt haben.

»An ihren Früchten sollt Ihr sie erkennen!« Unsere ICH BIN-Gegenwart und die Lichtwesen arbeiten mit uns ausschließlich zu unserer göttlichen Entfaltung, damit wir erkennen, daß wir in der Tat Lichtwesen sind und göttliche Essenz, die sich in körperlicher Form ausdrückt.

Denken Sie daran, nicht zu zweifeln! Überprüfen Sie Ihre Führung mit Ihrem inneren Gefühl und üben Sie sich in Ihrem Unterscheidungsvermögen. Je mehr Sie sich nach innen wenden und je besser Sie sich selbst kennen, desto leichter können sie unterscheiden, was angesichts Ihrer Einzigartigkeit für Sie richtig ist. Mit zunehmender Übung wird es Ihnen vielleicht gelingen, anhand des Energiefeldes oder der Schwingung zu erkennen, wer mit Ihnen kommunizieren wird, noch bevor Sie telepathisch den Namen erfahren. Fragen Sie immer nach dem Namen der Wesenheit, die Sie beraten will.

Kapitel 29

Bilokation, Gedankenreisen und Teleportation

Bilokation ist nichts anderes als die Fähigkeit, sich an zwei Orten gleichzeitig aufzuhalten. »Bi« bedeutet zwei. Im Verlauf der Jahrhunderte sind eine Reihe von Geschichten über große Meister bekannt geworden, die wie häufig berichtet wurde, an verschiedenen Orten zugleich gesichtet worden sind. Auch in moderneren Zeiten haben Anhänger von Babaji und Sai Baba dieses Phänomen erlebt.

Auch die Fähigkeit der Bilokation wird sich ganz natürlich einstellen, wenn ein Wesen seine Schwingungsfrequenz auf annährend Lichtgeschwindigkeit erhöht hat. Es stehen uns viele Techniken zur Verfügung, doch meine persönliche Erfahrung hat mich gelehrt, daß der Schlüssel zur Bilokation nicht die Technik, sondern die Schwingung ist. Folglich kann man verschiedene Methoden (die auch im vorliegenden Kapitel empfohlen werden) praktizieren, doch wenn die Frequenz nicht stimmt, wird die Ortsverlagerung oder Aufspaltung nicht erfolgen. Außerdem habe ich herausgefunden, daß jeder Mensch seinen persönlichen Schlüssel hat. Daher muß eine Methode, die bei mir wirkt, bei anderen nicht zwangsläufig zum Erfolg führen. Fortgesetztes Üben und der klare Wunsch danach werden perfekte Ergebnisse bringen. Denn der Wunsch wird Ihnen den angemessenen Weg weisen, sobald Sie bereit, das heißt, eingestimmt sind.

Nachdem ich mich mit verschiedenen Lichtwesen sowohl telepathisch als auch im Traum regelmäßig ausgetauscht hatte, bekam ich das Gefühl, daß das visuelle Verhältnis einseitig sei. Die Lichtwesen schienen sich willentlich auf mich einzuschwingen, und ich verspürte den Wunsch, auch sie nach Belieben aufsuchen zu können und mich mit ihnen zu unterhalten. Häufig konnte ich ihre Anwesenheit spüren, und als die Gedankenübertragungen einsetzten, nahm ich gelegentlich schimmernde Lichtwellen wahr.

Folglich begann ich, diese Fähigkeiten bewußt zu entwickeln. Andere, die schon Erfahrung hatten, hatten mir empfohlen, die Chakras abwechselnd in Gegenrichtung rotieren zu lassen, um genügend Schwungkraft aufzubauen und dann, mittels ausdrücklichem Wunsch und Befehl, mich hinauszuschleudern. Einige Monate übte ich auf diese Weise. Ich pflegte also eine Freundin anzurufen und ihr mitzuteilen, daß ich mich einstimme, dann führte ich die routinemäßigen Schritte aus, versetzte mein Bewußtsein an ihren Wohnort und erfühlte oder versuchte mit geistigen Augen zu sehen, womit sie gerade beschäftigt war, welche Kleidung sie trug und so weiter. Daraufhin griff ich wieder zum Telefon, um mir das Ergebnis von ihr bestätigen zu lassen. Obwohl diese Unternehmungen mal mehr, mal weniger erfolgreich verliefen, fühlte ich mich schon bald niedergeschlagen, da das Ganze mir wie harte Arbeit erschien.

Zu diesem Zeitpunkt hatte ich eine Entscheidung zu treffen, die jedem auf diesem Weg irgendwann begegnet. Ich mußte mich entscheiden, entweder dem göttlichen Willen unbeirrt und ohne Zerstreuung zu dienen oder mich weiterhin mit meiner individuellen Entwicklung und meinen eigenen Spielen zu befassen. Beide Wege sind richtig und führen zum selben Punkt. Ich wählte den Dienst. Einige Monate später wurde mein in Vergessenheit geratener Wunsch nach Bilokation erfüllt, was mir wie ein Geschenk oder eine Belohnung vorkam.

Mir schien es, als ob das Geheimnis der Bilokation an dem jeweiligen Ort zu finden sei, wo ich mich hinversetzte. Es war auf jeden Fall einfacher in ein Auto einzusteigen und meine Freundin zu besuchen, als mich zu den ätherischen Aufenthaltsorten der Lichtwesen zu begeben! Der erste Schritt zur

Bilokation war in meinem Fall die Intensität des Verlangens danach. Der zweite Schritt war die Motivation hinter dem Wunsch. Der dritte Schritt war, mich auf die richtige Schwingungsfrequenz einzustimmen.

Wie zuvor erwähnt, gibt es innerhalb der Dimensionen weitere Dimensionen, die mit dem normalen Frequenzbereich des menschlichen Bewußtseins nicht erreichbar sind. Wir können nicht die Fernsehsendung des Kanals 9 ansehen, wenn unser Gerät auf Kanal 10 eingestellt ist. Dazu müssen wir den Sender bewußt und auch physisch umstellen.

Bilokation heißt, man verlagert die Konzentration des bewußten Wahrnehmungsvermögens. Da zahlreiche Lebensformen auf fremden Planeten in entfernten Universen und Galaxien innerhalb anderer Frequenzebenen existieren und sich betätigen, werden sie den irdischen Wissenschaftlern allesamt verborgen bleiben, solange die Betreffenden ihren individuellen Frequenzbereich nicht verändern. Während es im drei- und vierdimensionalen Frequenzbereich eine Riesenmenge zu lernen und zu verstehen gibt, womit man sich über viele Jahrtausende hinweg unterhalten kann, gibt es in der fünften, sechsten, siebten Dimension und darüber hinaus noch weitaus mehr zu entdecken. Auch diesbezüglich heißt die Formel: Alle Ebenen haben Gültigkeit, alle Entscheidungen sind gültig, und alle müssen sich bei ihren Nachforschungen auf ihre eigene innere Führung und Inspiration verlassen.

Wenden wir uns erneut der Bilokation zu. Wer sich für diese Ausbildung interessiert, sollte verstehen, daß es unterschiedliche Grade der Bilokation gibt, die jeweils von der Fähigkeit und dem Können des Bilokierenden abhängen. Es gibt die Menschen, die imstande sind, eine grobstoffliche Erscheinung von sich zu projizieren, die andere mit ihren normalen Augen wahrnehmen können. Sie halten sich buchstäblich an zwei Orten gleichzeitig auf, wo sie sprechen, sich unterhalten und in grobstofflicher Form erscheinen. Andere Bilokierende befinden sich währenddessen im Meditations- oder Schlafzustand und lassen einen Mitmenschen auf ihren physischen Leib aufpassen, wegen der intensiven Konzentration, die diese Projektionstechnik erfordert. Die Energieprojektion ist vollkommen lebensecht und nimmt eine scheinbar feste Gestalt an, obgleich sie, wie man sagt, einen Lichtschimmer aufweist. Diese beiden Bilokationsarten, die in der irdischen Welt vorkommen, dienen unterschiedlichen Zwecken. Gewöhnlich werden sie von verkörperten Meistern angewandt, die auf diese Weise vor einem Schüler erscheinen. Das Buch »Die neun Gesichter Christi« von Eugene Whitworth beschreibt diesen Prozeß sehr ausführlich.

Da die vierte Dimension die letzte ist, wofür man einen physischen Körper braucht, nehmen Wesenheiten aus der fünften und den darüber liegenden Dimensionen gelegentlich willentlich einen Körper an. Oft wählen sie die Form ihrer letzten Inkarnation, um sich zu materialisieren oder vor einem Schüler zu erscheinen, um leichter erkannt zu werden. Ihre Vehikel sind grundsätzlich einfach Lichtkörper oder Lichtenergiefelder. Als ich anfing, mich in ätherische Dimensionen zu bilokieren, tauchten zunächst alle Wesenheiten als Energieformen vor mir auf. Später zeigten sie sich in körperlicher Gestalt, waren angekleidet und dergleichen mehr. Wenn ich sie heutzutage besuche, behalten sie ihre Energieform bei, da ich ihre individuelle Schwingung genausogut kenne wie sie meine.

Um sich auf höherdimensionale Reiche einzustimmen, muß man also sein bewußtes Wahrnehmungsvermögen dorthin schicken. Da ich persönlich, wie bereits erwähnt, die Bilokation auf irdischer Ebene nicht hinreichend erforscht habe, sehe ich mich außerstande, hierzu Anleitungen zu geben. Ich vermute, die Methodik ist ähnlich, aber sie würde eine größere Herrschaft des Geistes über die Molekularstruktur erfordern. Abgesehen davon, daß ich in beschränktem Maß bewußte Anweisungen erhalten hatte, wie man die Molekularstruktur dematerialisiert, mich darin geübt habe und tatsächlich das Gefühl hatte, daß meine Füße sich auflösten, fehlt es mir diesbezüglich an Übung, und ich bin nicht genügend fortgeschritten, um brauchbare Formeln oder Weisungen erteilen zu können.

Ich weiß jedoch, daß bei der Bilokation eine Art *Energieimplosion* stattfindet. Bei meiner Methode galt es, die eigene Schwingungsfrequenz auf die höchsten Lichtoktaven anzuheben, die bewußte Wahrnehmung über die Grenzen des Körpers hinauszuverlagern (eine Art von Bilokation) und dann die Molekularstruktur des physischen Körpers durch die Macht des Willens und der Absicht magnetisch in jenen höheren Frequenzbereich hochzureißen. Dabei muß man zulassen, daß man sich auflöst. Man muß alle Ängste überwinden, die gewöhnlich auftreten, wenn man irgendwelche neuen Erfahrungen der Erweiterung macht.

Die Methode läßt sich mit einem Fischer im Boot vergleichen (Ihr Bewußtsein im bilokierten Zustand), der ein Netz ins Wasser auswirft (Ihre Willensabsicht), das ihm erlaubt, alle Fische einzusammeln (Ihre Molekularstruktur), ehe er das Netz samt den Fischen wieder in das Boot heraufholt. Die Implosion durchquert die einzelnen Frequenzbereiche von innen nach außen, wobei das Fischerboot die höchste Frequenz hat, die Wasseroberfläche eine andere Frequenz und der niedere Frequenzbereich unterhalb des Wassers liegt.

Die obigen Auskünfte sowie die dazugehörige Übung wurden mir von einem anderen Channelmedium bestätigt, das vor kurzem übereinstimmende Informationen empfangen hat. Wer sich für Teleportation interessiert, sollte die entsprechenden Schulklassen im Innenreich aufsuchen und dort am Unterricht teilnehmen, während der Körper meditiert oder schläft.

Die nachstehenden Angaben können – so wie es für den Einzelnen passend ist – beliebig angewendet werden. Wohlgemerkt, diese Informationen habe ich durch die Spaltung der Wahrnehmung und die anschließenden Besuche in den ätherischen Reichen der Aufgestiegenen Meister erworben.

Die erste Hürde, die ich überwinden mußte, war meine Vorstellung, einfach *abziehen* zu können, ohne mich dabei um meinen physischen Leib und den Ort zu kümmern, wo ich ihn zurückgelassen hatte. Doch es ist genau das, was die Zweiteilung des bewußten Wahrnehmungsvermögens ausmacht. Wir haben einen Aspekt, den ich Beobachter nenne. Dieser Teil unseres Wesens steht quasi hinter uns und paßt auf die leibliche Hülle auf. Wenn wir uns durch dieses Wissen entspannen, werden wir feststellen, daß wir uns willentlich in beliebige Reiche ein- und ausblenden können.

Zweitens, sobald man an dem Ort angelangt ist, wo man sich hinprojiziert hat, dauert es zunächst eine gewisse Zeit, bis man sich auf die Umgebung eingependelt hat und sich in dem jeweiligen Schwingungsbereich zurechtfindet. Es kann ein Ein- und Ausblenden auftreten, ähnlich wie bei einem Bild oder einer Vision die statische Störungen hat. Es ist so ähnlich, als ob man einen Fernsehkanal einstellt und die Frequenz regulieren muß, um eine klare Bildwiedergabe zu bekommen. Es erfordert einige Übung, die Schwingungsfrequenz und die Vision beizubehalten.

Drittens ist zu beachten, daß die Wesenheiten sich stets in einer Form zeigen, welche die Programmierung des Bilokierenden anspricht, um sie bestmöglich wiederzuerkennen. Wenn Sie beispielsweise schon immer eine bildliche Vorstellung von Mutter Maria in langen, fließenden blauen Gewändern gehabt haben, so wird sie dementsprechend vor Ihnen erscheinen, falls diese Begegnung Ihrem Wunsch und dem höchsten Willen entspricht.

Viertens, wenn Sie sich bei dem Gedanken ertappen »Wie soll ich denn wissen, ob dieser Heilungsraum oder was auch immer ich vor mir sehe, nicht bloß meiner Einbildungskraft entsprungen ist?«, wird Ihnen gegebenenfalls dasselbe mitgeteilt, wie auch mir damals, daß sich nämlich in diesen Reichen alles als Folge von Gedanken manifestiert. Demnach werden Sie die Umstände dort genauso vorfinden, wie Sie es brauchen oder wünschen. Was spricht eigentlich dagegen, vertrauensvoll den Sprung zu wagen und die Zweifel über Bord zu werfen? Erlauben Sie den Energien jener Reiche, durch Sie hindurch zu fließen und sich in Ihrem physischen Körper niederzulassen, denn über das Antahkarana oder die Regenbogenbrücke sind Ihre Energiefelder mit ihnen verbunden. Diese Brücke, die Sie durch Meditation gebildet haben, reicht von der irdischen in die geistige Welt. Sie ermöglicht den Energietransfer von den höheren zu den niederen Frequenzebenen, um Sie neu auszurichten und einzustimmen.

Sie können diese grundlegenden Punkte routinemäßig bei Ihren Bilokationsversuchen in höherdimensionale Reiche befolgen. Berücksichtigen Sie dabei, daß Sie vielleicht Ihre/n eigenen einmaligen Schlüssel benötigen. Das Sesam-öffne-dich in meinem Fall waren die reine Absicht und ein starkes Verlangen. Bedenken Sie ebenfalls, daß ich gerne mehrere Übungsschritte zusammenfasse, wie ich etwa an anderer Stelle die Affirmationen zur Reinigung und Neuprogrammierung miteinander kombiniert habe. Ich empfehle Ihnen, es auszuprobieren und entsprechend Ihrer inneren Führung und je nach Erfolg etwas hinzuzufügen oder wegzulassen.

Einige der nachfolgenden Schritte sind vielleicht schon in der Aufstiegsmeditation (Kapitel 21) ausgeführt worden. Manche Schritte davon sind zur Bilokation nicht unbedingt erforderlich.

Wichtig ist, den Lichtquotienten und die Schwungkraft der Chakras aufzubauen, um das Bewußtsein über die Schranken des physischen Leibs hinauszuschleudern. Im Übrigen habe ich festgestellt, daß es mir nicht gelungen ist, genügend Geschwindigkeit, Dreh- und Schwungkraft aufzubauen, außer wenn ich neben weiteren Maßnahmen die Chakras abwechselnd links und rechts herumdrehen ließ. Zudem schien es erforderlich, den Effekt einer zweisträngig gewundenen Doppelhelix herzustellen, um Erfolg zu haben. Auch hierin bedarf es wieder der Übung, um die für Sie richtige Formel herauszufinden.

Bis vor kurzem hatte ich mich bilokiert, indem ich den Lichtquotienten innerhalb meines Vierkörpersystems, wie oben beschrieben, aufbaute und die Chakras in hoher Geschwindigkeit gegenläufig drehen ließ. In meinem Fall erfolgte der Austritt über das Kronenchakra, dann stieg ich durch die fünf darüberliegenden Chakras hoch, verband mich mit der Strahlkraft meiner ICH BIN-Gegenwart und stimmte mich mit Willens- und Befehlsmacht auf den Ort ein, wo ich zu sein wünschte, um mich schließlich dort aufzuhalten.

Neulich hatte ich allerdings vor dem Einschlafen programmiert, mich an genau den geeigneten Ort zu begeben, den meine ICH BIN-Gegenwart auswählte, um den dort angebrachten Lichtdienst zu verrichten. Da ich langjährig Nacht für Nacht bewußt unterrichtet worden bin, während mein irdischer Leib schlief, schien es mir plausibel, mich vorab schon auszurichten um so verstärkt lernen zu können. Als ich eines Morgens im Bett lag und kontemplierte, beschloß ich, mich einzustimmen. Anschließend versetzte ich mich einfach willentlich in die Aufstiegskammer, die mein ICH BIN auswählte. Mir wurde mitgeteilt, dies sei der Retreat-Ort in Luxor, den ich zuvor noch nicht bewußt aufgesucht hatte. Ich spürte, wie in meinem Körper bestimmte Energiewirbel leicht zu rotieren begannen, aber dann klingelte das Telefon und ich stand auf. (Offensichtlich war ich nicht gut vorbereitet auf diese improvisierte Erfahrung, noch war mir bewußt, wie sehr ich durch meine nächtlichen Übungen meine Fähigkeiten für derlei Tagesausflüge begünstigt hatte.)

Verstört duschte ich, wobei ich mich allerdings sehr geschwächt fühlte, so als ob mir eine beträchtliche Menge an

Energie abgezogen worden sei. Nach einer kurzen Einstimmung wurde ich von Sananda aufgeklärt, daß ich nur mit halber Kraft agierte, weil meine restliche Lebenskraft in Luxor verblieben sei. Ich solle mich daher niederlegen, um das angefangene Vorhaben abzuschließen, oder meine Energiefelder neu ausrichten.

Ich ging also zurück ins Bett und war beeindruckt, wie einfach diese Bilokation geklappt hatte. Ich lenkte meine volle Konzentration wieder auf das Geschehen in Luxor. Ich bin sicher, mit Übung können wir unsere körperliche Aktivität aufrechterhalten, während wir uns an einem Retreat-Ort aufhalten um uns dort neu einzustimmen oder sonstiges zu tun. Der Prozeß dauerte etwa zwanzig Minuten, zusammen mit einer in die Tiefe gehenden Unterredung mit Sanat Kumara, dann fühlte ich, daß es Zeit, war mich neu zu sammeln. In dem Augenblick, als ich das dachte, befand ich mich interessanterweise wieder in meinem Körper. Gleichzeitig entstanden Energiewirbel, die über die oberen vorderen Chakras in meinen Körper aufgesogen wurden.

Keine Übung ist festgelegt. Es ist ratsam, mit allen Techniken zu experimentieren, bis man seine persönliche Formel gefunden hat, die man willentlich verwenden kann. Gute Reise!

Schöpferische Visualisierung 14
Bilokation

- Habe den Wunsch nach Stille und Kommunikation. Programmiere, daß sich alles zu deinem höchsten Wohl und zum höchsten Wohl all der Wesenheiten, mit denen du dich unter Umständen austauschen wirst, entwickeln möge.
- Sei dir über deine Zielsetzung, Motivation und dein Verlangen im Klaren.

- Nimm eine bequeme Haltung ein, so daß du dich mühelos von deinem physischen Körper lösen kannst, und du nicht eher zurückkehren mußt, ehe du dazu bereit bist.
- Es ist sehr wichtig, daß du dich an einem Ort aufhältst, wo du nicht gestört werden wirst.
- Visualisiere, wie eine Lichtsäule aus reinem, goldweißem Licht herunterkommt.
- Aktiviere die Hirnanhangdrüse und die Zirbeldrüse mit einem Kristall und/oder weißem Licht, um Signale empfangen und übertragen zu können. Bitte außerdem deine ICH BIN-Gegenwart, diese beide Drüsen zu aktivieren.
- Affirmiere folgenden Satz: »Ich lösche nun alle alten Programmierungen und weise meine Hypophyse, Epiphyse und alle Drüsen meines Körpers an, sich öffnen und aktivieren zu lassen und ihr höchstes Leistungsvermögen zum Einsatz zu bringen.«
- Fühle, wie sich diese Zentren ausdehnen und visualisiere, wie sie in Licht explodieren. Visualisiere weiter, wie sich dein Thalamus (innerer Fernsehbildschirm) und alle Gehirnzentren einschließlich des schlafenden Riesen mit Licht auffüllen und dadurch aktiviert werden, um ihre Schwingungsfrequenz zu verändern.
- Atme Licht ein, fülle deine Zellen mit Lichtenergie und erhöhe deine Schwingungsfrequenz so sehr, bis sie annähernd Lichtgeschwindigkeit erreicht.
- Stimuliere alle deine Chakras mit flüssigem Licht, das von deinem Kronenchakra herunterfließt. Beobachte, wie das
- Kronenchakra sich ausdehnt und dreht. Das Licht verbreitet sich weiter und fließt durch das Stirnchakra, Kehlkopfchakra, Herzchakra, Solarplexuschakra, Sakralchakra, bis es das Wurzelchakra erreicht. Sprich bei jedem Chakra die folgende Affirmation: »Ich rufe die göttliche Weisheit, die göttliche Intelligenz und unendliche Macht des allerhöchsten Gottes aus dem allerhöchsten Universum an, das ...

chakra zu aktivieren, damit es sein höchstes Potential entfaltet und mein Wesen mit seiner Weisheit JETZT durchflutet.«
- Weise deine ICH BIN-Gegenwart an, dein Wurzelchakra in absolute Übereinstimmung mit der Vollkommenheit deines physischen Körpers zu bringen. Wiederhole dieselbe Anweisung bei deinem Sakralchakra und dem Emotionalkörper sowie bei deinem Solarplexuschakra und dem Mentalkörper.
- Visualisiere alle Chakras als riesige Kugeln aus rotierendem Licht, die sich abwechselnd in gegenläufiger Richtung drehen – im Gegenuhrzeigersinn, im Uhrzeigersinn, im Gegenuhrzeigersinn und so weiter – bis sich daraus eine Doppelhelix bildet.
- Laß das Licht in alle Zellen und Organe strömen. Visualisiere dabei, daß du ganz und gar bis hinunter zu den Füßen gereinigt und auf die Lichtschwingung ausgerichtet wirst. Anschließend spürst du, wie sich der Lichtstrom innerhalb des Körpers und um ihn herum nach oben windet und dabei alle Chakras in ihrer jeweiligen Drehrichtung rotieren läßt.
- Fühle, wie dein ganzer Körper schwingt und vibriert, als ob er geschaukelt würde.
- Spüre, wie die Energie dieses Wirbels immer stärker ansteigt, bis dadurch alle Chakras, die sich mit maximaler Leistungskraft drehen, hell aufleuchten.
- SETZE dir das ZIEL, deinen Körper zu verlassen. Steige nun durch das achte, neunte, zehnte, elfte und zwölfte Chakra hoch.
- Visualisiere, an dem Ort zu sein, wo du sein möchtest.
- BEFEHLE: »ICH BIN JETZT IN .... !«
- Zweifle nicht. Dein Körper sollte nun aufhören, zu schaukeln und/oder zu vibrieren. Lehne dich entspannt zurück, sei offen für das, was geschieht. Erlaube den Energiefel-

dern, die nun vielleicht vor dir erscheinen, Gestalt anzunehmen.
- Alle Kommunikation geschieht ausschließlich auf telepathischem Weg.
- Je nach Art deiner Einstimmung siehst, fühlst oder hörst du vielleicht etwas. Bleib in der Aufmerksamkeit und halte deine Sinne offen, um etwas zu empfangen. Sei still und lausche.
- Währenddessen wacht der Beobachter über deinen physischen Körper. Du stellst fest, daß ein Teil deiner Wahrnehmung noch im physischen Leib verankert ist. Sei flexibel, entspannt und laß der Vision freien Lauf.
- Rufe die Meister deiner Wahl herbei. Akzeptiere wer immer vor dir erscheint, und sei dir sicher, daß du programmiert hast, daß sich alles zu deinem höchsten Wohl entwickeln wird.

Kapitel 30

Der Aufbau des Lichtkörpers und die Erhöhung des persönlichen Lichtquotienten

Wir wissen wohl, daß alle Geschöpfe, die sich innerhalb des Energiefeldes unseres Heimatplaneten aufhalten, der ein lebendiges, bewegliches Energiesystem ist, das sich zur Zeit auf einen höheren Schwingungsbereich umstellt, gleichfalls einer Neuausrichtung unterzogen werden. Deshalb möchte ich an dieser Stelle auf zwei Themen in diesem Zusammenhang eingehen.

Erstens, während die Erde ihre Umwandlung erfährt, vollzieht sich bei vielen Menschen eine natürliche Entwicklung, die man als Erschaffung des Lichtkörpers bezeichnen kann. Auf folgenden Seiten erläutere ich die verschiedenen Stufen, die man währenddessen möglicherweise durchläuft und mit welcher Art von Symptomen – etwa Grippeanfällen, Kopfschmerzen und weiteren Beschwerden – sie sich im menschlichen Energiefeld auswirken.

Zweitens, da viele Zeitgenossen den Veränderungen enthusiastisch und voller Freude entgegensehen, möchte ich gern praktische Maßnahmen vorstellen, die man bewußt anwenden kann, um den Lichtquotienten im eigenen Körper aufzubauen und zu erhöhen. In den vorigen Kapiteln wurde ausführlich erläutert, wie man sich auf höhere Lichtoktaven einstimmt und so die eigene Schwingungsfrequenz verändert. Ich werde die Punkte kurz zusammenfassen und einige ergänzende Techniken hinzufügen, um diesen Prozeß zu beschleunigen.

Der Übergang in das Lichtzeitalter vollzieht sich schrittweise. Der Wechsel von Materie zu reinem Licht geschieht nicht in einem Tag. Die menschlichen Energiefelder werden allmählich mit Licht durchflutet und eingestimmt, andernfalls würden wir elektrisch *ausbrennen*.

In der Schrift »Revelations from an Archangel – Ascension to the twelfth Dimension« (Offenbarungen von einem Erzengel – Aufstieg in die zwölfte Dimension) bekundet Erzengel Ariel, daß

im April 1989 die gesamte kristalline Materiestruktur aller Erdbewohner auf die dritte Lichtkörperebene aktiviert worden sei. Die Entstehung des Lichtkörpers erfolgt aufgrund der gegenwärtigen Umwandlung unseres Planeten und nicht etwa auf Wunsch seiner Bewohner. Die Menschen, die sich weigern, an dem derzeitigen Wandlungsprozeß teilzunehmen, entscheiden sich für Tod durch Unfall oder Naturkatastrophen, körperlichen Verfall oder Krankheit. Wie bereits erwähnt, wurde vorausgesagt, daß sie ihren Evolutionszyklus auf einem anderen Planeten fortsetzen werden, dessen Frequenzbereich dem bisherigen ähnelt. Damit ist kein Urteil ausgesprochen – es kommt lediglich die Veränderung der Energie zum Tragen.

Nach Aussage von Ariel bildet sich der Lichtkörper allmählich durch die Umwandlung unseres physischen Körpers heran, der sich verändert, um immer mehr Licht in sich aufnehmen zu können. Auch dieses Geschehen ist wechselseitig mit der Neueinstimmung der menschlichen Aurafelder auf höhere Frequenzbereiche und Lichtoktaven verbunden. Nachstehend werden die tatsächlichen körperlichen Vorgänge und die häufigsten Symptome beschrieben, die während dieser Umstellungsphase auftreten. Wir entwickeln uns und erhöhen unsere Lichtaufnahme in unserem eigenen Tempo. Manche Menschen arbeiten bewußt mit dem anstehenden Wechsel, weshalb ihre persönliche Umwandlung rascher erfolgt. Andere sind sich der Wandlungsvorgänge nicht bewußt und nehmen das einströmende Licht in unmittelbarem Verhältnis zu dem planetarischen Umbruch in sich auf. Die Erschaffung des Lichtkörpers läßt sich jedoch in Stufen einteilen:

1. Stufe: Wenn der Körper an Dichte verliert, treten oft Wandlungssymptome wie Grippe, Kopfschmerzen, Durchfall, Ausschläge sowie Muskel- und Gelenkschmerzen auf. Ein Großteil der Grippeepidemien ist in Wirklichkeit eine Lichtepidemie! Die chemische Zusammensetzung des Gehirns verändert sich, die Funktionen der rechten und linken Gehirnhälfte gleichen sich an, und die Hirnanhangdrüse und die Zirbeldrüse verändern allmählich ihre Größe. Die DNS-Struktur und die chemischen Bestandteile fangen an, sich zu verändern, und reichern sich mit zusätzlichen Wasserstoffatomen und chemischen Substanzen an, damit die Zellen undifferenziertes höheres Licht absorbieren und für die DNS in brauchbare Lichtkodierungen umwandeln können.

2. Stufe: Der ätherische Bauplan wird mit Licht durchflutet und setzt karmische Erfahrungen frei, wodurch sich manche Menschen vielleicht desorientiert fühlen und Grippe oder ähnliches bekommen. Viele beginnen sich zu fragen: »Warum bin ich hier?« Das Licht innerhalb des ätherischen Bauplans löst die vierdimensionale Struktur aus und verursacht innerhalb der geometrischen Gebilde des Emotional-, Mental- und Geistkörpers rotierende Bewegungen. Da die Veränderungen rasch erfolgen, treten bei vielen Ermüdungserscheinungen auf.

3 Stufe: Die Wahrnehmungsschärfe der Sinnesorgane nimmt erheblich zu. Die menschlichen Körper nehmen nicht nur Licht für ihre eigene Veränderung auf, sondern agieren auch als Aufnahme-, Weiterleitungs- und Dekodierstation der höheren Lichtenergien für den Planeten Erde insgesamt. Der Einatmungsvorgang des Kosmos kehrt sich nun um, vergleichbar einem Gummiband, das auf seine maximale Länge gedehnt worden ist, und nun losgelassen wird, um wieder in seinen natürlichen Zustand zurückzuschnappen.

4. Stufe: Im Gehirn und dessen chemischer und elektromagnetischer Zusammensetzung finden maßgebliche Veränderungen statt. Die Symptome sind vielfach Kopfschmerzen, Sehstörungen, Gehörverlust und mitunter Schmerzen im Brustbereich. Kristallregler im Ätherkörper verhindern, daß Lichtlinien innerhalb des fünfdimensionalen Bauplans sich erneut miteinander verbinden, bis unsere Vorbereitung abgeschlossen ist. Beschwerden im Brustbereich sind die Folge von anwachsenden Herzenergien, da das Herz sich für tiefere Ebenen öffnet. Die Funktionsweise von Sehen und Hören wird neu gestimmt und ändert sich dadurch. Der Mentalkörper möchte allmählich wissen, ob er tatsächlich das Sagen hat. Manche Menschen erhalten starke, unerklärliche und unanfechtbare Anstöße, ihren geistigen Weisungen, ohne zu zögern zu folgen. Manche Menschen bekommen plötzliche, telepathische oder hellsichtige Eindrücke, und nahezu in allen wächst das Einfühlungsvermögen. Diese Phase verlangt von uns, den Emotionalkörper zu spüren, wertzuschätzen, anzuerkennen und zu lernen, ihn in den Griff zu bekommen.

5. Stufe: Der Mentalkörper beschließt, sich auf den Geist einzuschwingen. Die Träume verändern sich und können mehr luzid werden. Man erfährt Déjà-vu – (*frz.:* Wiedererkennen) Eindrücke. Die Denkprozesse verlaufen nichtlinear. Die Menschen schwanken zwischen Wissen und Zweifel. Wir werden uns unserer gewohnheitsmäßigen Denk- und Verhaltensweisen bewußt und beginnen damit, uns neu zu programmieren, um das »Ich« entstehen zu lassen, das wir gern sein möchten, anstelle des »Ichs« das wir durch die Wechselbeziehungen mit unseren Eltern, Bezugspersonen, der Gesellschaft und so weiter vermeintlich sein sollten. Der Wandel scheint Bestand zu haben, und wir fangen bewußt an, mit unserem Herzen zu unterscheiden, statt aufgrund von konditionierten Reaktionsmustern zu urteilen.

6. Stufe: Wir ziehen neue Menschen in unser Leben, um uns bei unserem Wachstum gegenseitig Anregung und Unterstützung zu geben. Wir fragen uns, was real ist, und unsere Denkprozesse und die Art, wie wir uns mit anderen und mit uns selbst identifizieren, verändert sich schnell. Mag die Neueinschätzung auch noch unangenehm sein, spüren wir dennoch, daß wir nicht um sie herumkommen. Daher überprüfen wir unsere Beziehungen, Arbeitsstelle, häusliche Umgebung und Lebensweise. Es ist die Zeit, Altes loszulassen und sich weiterzuentwickeln. Wir wechseln unsere Freunde. Alles scheint im Zustand der Veränderung zu sein, doch wir fühlen uns leichter, weiter und irgendwie freier. Auf dieser Stufe beträgt der Lichtquotient unseres Wesens 33 Prozent. Wir haben das Gefühl, als ob sich unsere inneren Sinne öffneten. Hellsichtigkeit, Hellhörigkeit und so weiter erscheinen uns normal und natürlich.

7. Stufe: Das Herzchakra öffnet sich immer weiter, wir gehen mit unseren Emotionen authentischer um, wir müssen nur noch wir selbst sein! In dieser Phase befreien wir uns von emotionalen Blockaden, da jetzt eine totale und intensive Reinigung der Gefühle ansteht. Wir fühlen uns sehr wach und mehr denn je in Einklang mit jedem Augenblick. Wir gehen mit dem Leben mit. Häufig enden alte Beziehungen oder verändern sich schnell, da die Menschen nach innen schauen und ihre Gefühle ernst nehmen. Selbstverleugnung auf irgendeiner Ebene ist einfach nicht mehr möglich. Allmählich lösen sich unsere emotionalen Anhaftungen anderen Menschen gegenüber. Brustschmerzen (Angina pectoris / Brustbeklemmung) treten häufiger auf, weil das Herz weiterhin sein Energiefeld ausdehnt. (Die Meditation des Vereinten Chakras hilft bei der Herzöffnung.)

Es wird Angst freigesetzt, da die Energiefelder aller Körper durch das Herz eingestimmt werden. Die Angst fällt ab, sobald sie ausgerichtet sind. Aufgrund der Aktivierung der Hirnanhangdrüse und der Zirbeldrüse, die immer mehr Licht aufnehmen, entsteht Druck auf der Stirn, dem Rücken oder dem Kopf. Sobald diese Drüsen völlig geöffnet und aktiviert sind und auf höchster Stufe funktionieren, hört der Alterungsprozeß auf, und es gibt keinen Tod mehr. Wenn die Zirbeldrüse vollständig offen ist, erleben wir Multidimensionalität, es scheint, als würde die Dualität stärker hervortreten, da wir sie hinter uns lassen. An manchen Tagen fühlen wir uns verbunden und voller Freude, an anderen haben wir Angst und verstricken uns in Überlebensfragen.

Viele wünschen sich den Aufstieg und wollen den Planeten verlassen, da die sehr reale Möglichkeit des Aufstiegs durch unsere wachsende Beziehung zu dem Geist spürbar ist. Während wir lernen, Dinge zu tun, die uns Freude machen, könnte auch der Wunsch aufkommen, den Planeten zu retten. Dies sind ALLES Stationen des Fortschritts und spiegeln die Veränderung unserer Wahrnehmung wider. Was Ernährung angeht, hat man das Bedürfnis, weniger zu essen, öfters leichte frische Nahrung zu sich zu nehmen. Viele Menschen haben auf dieser Stufe aufgehört, Fleisch und Zucker zu essen und Alkohol zu trinken, da sie fühlen, daß diese Substanzen die Aurafelder des Körpers beeinträchtigen.

8. Stufe: Wir sehen in allen Menschen den Meister und haben nur noch den Wunsch, zu dienen. Wir lassen die Rettermentalität zugunsten des Wunsches fallen, dem göttlichen Willen zu dienen. Die Epiphyse und die Hypophyse verändern ihre äußere Gestalt. Falls die Kopfschmerzen weiter anhalten, können wir die Lichtwesen, die mit uns arbeiten, einfach bitten, die Dosis herabzusetzen, denn sie selbst sind schmerzunempfindlich. Oder wir bitten sie, Endorphine, die natürlichen Opiate des Gehirns, auszuschütten. Das Gehirn, insbesondere das Großhirn, der sogenannte schlafende Riese

wird aktiviert. Es ist normal, daß der Schädel sich erweitert; dreieckige Keimkristalle im Stirnchakra und Rekorderkristalle in der rechten Gehirnhälfte werden aktiviert. Zugleich werden das achte, neunte und das zehnte Chakra mobilisiert. Wir werden nach und nach in die Lichtsprachen eingewiesen.

Die Hirnanhangdrüse und die Zirbeldrüse sind nun vollständig erschlossen und arbeiten zusammen, um die Bundeslade auszubilden. Dieses Regenbogenlicht, das höherdimensionale Sprachen entschlüsselt, spannt einen Bogen über den Kopf zum Dritten Auge. Sollten Sie etwa in geometrischen Formen und Tönen denken, dürfte es Ihnen schwerfallen, Worte zu finden, um sich zu äußern. Falls Sie verwirrt sind, machen Sie die Meditation der Anrufung des Vereinten Chakras und bitten Sie darum, daß Ihnen die Botschaften entschlüsselt und übersetzt werden.

Auch auf dieser Stufe werden Sie sich Ihrer Ausdehnung und Ihres multidimensionalen Wesens deutlicher bewußt. Sie wissen, daß Sie alles sein können, was Sie sein wollen. Sie handeln nicht mehr aus Verpflichtung heraus, und Ihre Beziehungen nehmen einen transpersonalen Charakter an. Wenn Sie sprechen, dann aus Ihrem Herzen und aus Ihrer Seele. Ihre Mitmenschen reagieren womöglich verstört, da sie nichts mehr finden, was sie mit Ihnen verbindet. Sie handeln aus einer tiefen Heiterkeit heraus, ihre Sensitivität und Wahrnehmung haben sich erhöht, und doch fühlen Sie sich geerdet und transformiert.

Auf dieser Entwicklungsstufe ist es möglich, sich einzig und allein von Licht und Prana zu erhalten, keinerlei Nahrung aus dem irdischen Lebensraum zu sich zu nehmen und sich mit Substanzen aus dem Ätherreich gesund zu erhalten.

9. Stufe: Nun fällt die Entschlüsselung der geometrischen Formen und Töne leichter. Der Geist verwendet die Lichtsprachen, um den sechsdimensionalen Bauplan zu einer neuen

Schablone für Ihren fünfdimensionalen Lichtkörper umzuwandeln. Ihr Körper verändert gegebenenfalls seine äußere Gestalt, weil die Energiefelder sich umstellen. Sie fühlen sich mit allen Wesen allerorten verbunden aber weniger abhängig von den Meinungen anderer. Ihr Verlangen, sich am Spiel des Getrenntseins und der Begrenztheit zu beteiligen, und die Kraft, es aufrechtzuerhalten, lassen nach, und Sie fühlen sich wahrhaftig frei. Auf der neunten Stufe erlebt man eine massive Niederkunft des Lichtkörpers in den irdischen Körper. Wie auf der dritten und sechsten Entwicklungsstufe gilt es auf der neunten Stufe eine eingehende Neueinschätzung vorzunehmen, während wir uns allmählich endgültig dem Göttlichen unterwerfen und ein wahrhaft göttliches Werkzeug werden. Ab diesem Zeitpunkt bestimmt der Geist die Art unseres Einkommen und unserer Arbeit, und welche Mitmenschen unser Leben teilen, einfach alles.

Dies ist die Auflösung des Ego-Selbst, was ein ekstatischer und zugleich äußerst schmerzhafter Prozeß sein kann. Es kann angsterregend sein, zum Sprung anzusetzen, selbst wenn wir uns im Verlauf von Jahrtausenden dahin entwickelt haben, diesen Punkt zu erreichen. Womöglich gehen wir vor und zurück und ziehen uns in die gewohnten bequemen Nischen zurück, bevor wir ganz und gar loslassen. Es gibt keine Umkehrmöglichkeit mehr, und alles muß aufgelöst werden. Die neunte Stufe beinhaltet Hingabe und dann Ekstase, das Loslassen des »Ich«. Wir erkennen, daß die Vorstellung von Willensfreiheit auch eine Täuschung ist, obwohl es real einen freien Willen gibt. Er dient lediglich dazu, uns Führung und Macht zu verleihen, mit dem Geist einszuwerden. Die Überlebensängste lösen sich auf – und münden nun im Jetzt in die Einswerdung.

Obwohl mitunter Ängste aufsteigen mögen, scheinen sie irreal zu sein und lassen sich mühelos zerstreuen. Wir neigen dazu, uns vom allgemeinen Wirklichkeitsverständnis abzukoppeln, und unser Verhalten und unsere Weltanschauung erscheinen den Mitmenschen wirklichkeitsfremd. Ab der siebten, achten und neunten Stufe strahlt das innere Licht sichtbar aus. Mittlerweile fühlen Sie sich unglaublich geerdet, verbunden, zentriert, sinnerfüllt und bereit zum Dienst. Zeitweilig könnten Sie zwischen der achten und neunten Stufe schwanken. Einmal fühlen Sie sich vollständig eins, und danach wieder als begrenzter Mensch. Am Ende der neunten Stufe beruhigt sich dieser Zustand. Sie fühlen sich ständig verbunden und handeln aus Ihrem Christusbewußtsein heraus. Ihre Zielsetzung und Beweggründe orientieren sich stets am höchsten Wohl, obwohl andere aufgrund ihrer eigenen Muster und Probleme dies nicht immer so sehen wollen.

Auf der neunten Stufe beginnen wir, uns mit unserer ICH BIN-Gegenwart zu verbinden. In den letzten drei Stufen werden alle Energiefelder und alle Chakras vereint, und Sie sind gänzlich mit Ihrer ICH BIN-Gegenwart verbunden.

10. Stufe: Sie sind mit dem Bewußtsein der Quelle eins und wissen, daß alles möglich ist. Inzwischen ist die DNS-Struktur nicht mehr zweisträngig, sondern zwölfsträngig; Phänomene wie Teleportation, Manifestation und ähnliches erfolgen augenblicklich. Die Merkabah, eine weitere Bezeichnung für unseren Lichtkörper, ist mittlerweile aufgebaut worden und erlaubt Ihnen, sich durch Raum, Zeit und Dimensionen in uneingeschränkter Ganzheit zu bewegen. Die Merkabah hat ein eigenständiges Bewußtsein, das von Ihnen gelenkt werden will.

11. Stufe: Alle Schichten des Lichtkörpers sind mittlerweile aufgebaut und aktiviert worden. An den jeweiligen Drehpunkten sind sie mit Ihrem physischen Körper verbunden. Die Lichtmatritzen laufen parallel zu den physischen Akupunktur-Meridianen. Dabei handelt es sich um Lichtlini-

en, die sich in schönen geometrischen Formen überschneiden und einen neuen fünfdimensionalen Lichtkreislauf bilden. Die Zellerneuerung ist abgeschlossen. Die Zeit verläuft nicht mehr linear, sondern gleichzeitig – Vergangenheit, Gegenwart und Zukunft existieren gleichzeitig – alle Zeiten existieren in Parallelwirklichkeiten. Das Getrenntsein ist aufgehoben, und Sie verwirklichen Ihre Vision des Himmels auf Erden in vollem Umfang und bringen die Ekstase des göttlichen Geistes zum Ausdruck.

In diesem Rahmen der bewußten Wahrnehmung erfinden und entwickeln nun viele Zeitgenossen neue Arten von lichtbezogenen Technologien, neue Formen des Gemeinschaftslebens, neue Regierungssysteme und gerechte Verteilungssysteme für Nahrungsmittel und Ressourcen. Alle haben eine spezialisierte Ausbildung erhalten und Fertigkeiten erworben, um dazu beizutragen, die Neue Welt, das Goldene Zeitalter, zu verwirklichen.

12. Stufe: Hier setzt sich die Entwicklung und Einführung der Ordnungen der Neuen Welt fort. Die Eingeweihten der zwölften Stufe verbinden sich untereinander und bringen neue Regierungen und aktuelle Finanz- und Bildungssysteme zuwege. Sie schaffen bessere Systeme für die Verteilung von Nahrungsmitteln, Ressourcen und sonstigen Gütern. In den endgültigen Stationen des Erdaufstiegs werden alle Ordnungen neu festgelegt, damit überall Freude, Ausgeglichenheit und Harmonie herrschen kann. Bis dahin werden der Planet und seine Bewohner in Licht eingewoben sein, um in ihrer ganzen Herrlichkeit zu leuchten. Währenddessen entfalten sich die letzten Stationen des göttlichen Plans. Der Planet geht ins Licht, läßt diese Dimension hinter sich und reiht sich in ein Multi-Sternensystem ein, wo alle Geschöpfe Lichtkörper sind und die geistigen Weisungen in völliger Meisterschaft befolgen. Alle parallelen Wirklichkeiten sind miteinander

verwoben. Sie werden wieder vom Geist aufgesogen, und der Wille aller Wesen stimmt mit dem Göttlichen überein.

Meditation zu Aufbau und Steigerung des persönlichen Lichtquotienten

- Stimme dich mit Atem- und Lichttechniken ein.
- Stell dir vor, wo immer du dich aufhältst und wohin du auch gehst, du bist von einer Lichtsäule oder Lichtblase umgeben. Atme mit jedem Atemzug die transformierende Pranaenergie ein, während du tagsüber bewußt atmest.
- Verwende in allen Meditationen weißgoldene Lichtenergie.
- Nimm ausschließlich Licht, die Lebensenergie, in deinen Körper auf. Mache eine Zeitlang täglich die Meditation zur Beschleunigung des Aufstiegs und beobachte, was geschieht.
- Bitte deine ICH BIN-Gegenwart, dich an einen ätherischen Tropf mit flüssigem Licht anzuschließen, dich regelmäßig zu überwachen und deinen Lichtquotienten beständig anwachsen zu lassen. Dies geschieht, während du meditierst, nachts schläfst, fernsiehst (falls du fernsiehst), arbeitest, liest oder im Kino sitzt.
- Wann immer dein Verstand sich anderen Dingen zuwendet, bitte die Arkturianer, die Meister der Lichttechnologien, das Programm zum Aufbau deines Lichtquotienten zu überwachen und ihn täglich für dich passend zu erhöhen.
- Rufe die Mahatmaenergie herbei, um die Qualität deiner Lichtaufnahme zu beschleunigen und zu verstärken.
- Sei dir sicher, daß alle Kräfte, die du – etwa durch Meditation, die Ausübung deines Dienstes, Channeling, Gebet oder Affirmationen – auf deinen göttlichen Geist richtest,

zum Aufbau deines Lichtquotienten beitragen, denn das, worauf du dich konzentrierst, gedeiht.
- Licht ist der sichtbare Aspekt des inneren Gottes. Während du nach dem Licht strebst, dich danach ausrichtest und darauf konzentrierst, wird es sich dir immer mehr offenbaren, in jeder Zelle, in jedem Atom deines Wesens.
- Es ist ganz offensichtlich, daß dein Organismus um so mehr Licht beherbergen kann, je reiner und ballastfreier deine Energiefelder sind.
- Du kannst das unterstützen, indem du die Energiefelder deines Emotionalkörpers neu einstimmst, dein Zellgedächtnis reinigst, deinen Verstand meisterst, stets wachsam bleibst und dir der Macht deiner Gedanken bewußt bist.

Kapitel 31

Universale Gesetze

Wenn wir annehmen, daß es eine Allerhöchste Macht oder ein Allerhöchstes Wesen gibt, das dieses komplexe Universum erschaffen hat und kontrolliert, dürfte der folgende Auszug aus dem Buch »The Vision of Ramala« großes Interesse wecken.

1. Das Gesetz der Einheit
»Alles ist mit allem verbunden und beruft sich auf die gleiche Quelle. Man kennt es auch als Energiegesetz. Es folgt ein Auszug aus dem Buch »The Vision of Ramala«: »Wer anerkennt, daß die gesamte Menschheit in der Tat ein Teil des großen Ganzen ist und daß jeder Mensch im kosmischen Gehirn Eures Schöpfers als eine einzelne Zelle betrachtet werden kann, ist eine weise Seele. Es gibt wahrlich keine Trennung, außer die Menschheit entscheidet sich dafür, nach dieser Idee zu leben.

Somit ist eine der großen Lernlektionen des irdischen Daseins, sich über diese scheinbare Trennung zu erheben, zu erkennen, daß der Schein trügt, und zu lernen, daß Ihr wahrlich, nicht nur körperlich, sondern auch Eurem geistigen Wesen nach, eins mit Eurem Schöpfer seid.

In der irdischen Welt gibt es zwischen Euch und Eurem Gott keine Trennung. Diese Welt ist Euer Gott, und Euer Gott ist diese Welt. Ihr lebt in Eurem Gott, und Ihr seid tatsächlich ein Teil Eures Gottes, während ein Aspekt Eures Gottes in Euch lebt und wahrlich ein Teil von Euch ist. Somit findet sich das Größere innerhalb des Kleineren, das wiederum im größeren Ganzen enthalten ist.«

2. Das Gesetz der Erfüllung

Die nachstehenden Auszüge und Zitate sind dem Buch »Ye Are Gods« von Annalee Skarin entnommen. »Es gibt ein Gesetz, das vor der Gründung der Erde unwideruflich im Himmel verfügt worden ist, auf das sich alle Segensgaben gründen; und falls wir irgendwelche Wohltaten von Gott erhalten, geschieht es, weil wir jenem Gesetz Gehorsam erwiesen haben.«

Dieses Gesetz ist auch als Produktionsgesetz oder Schöpfungsgesetz bekannt. Was man sät, das wird man ernten. Leg den Samen in die Erde und hole die Ernte ein. Jeder Gedanke verfügt über die Macht, Wirklichkeit zu erschaffen. Wie man richtet, so wird man gerichtet werden.

Das Gesetz der Erfüllung handelt von der Macht der Gedanken und Worte, wonach Gedanken Samenkörner sind, die in Verbindung mit Gefühlen eine lebendige Schwingung erzeugen, die je nach ihrer Beschaffenheit etwas hervorbringen wird. Das Verlangen stellt die Wärme dar, welche die Saat aufgehen läßt und ihr die Kraft gibt, in Erscheinung zu treten – die Schöpfungskraft. Das Gesetz ist wahr und ewig, ungeachtet dessen, was man anstrebt. Legt man die Samenkörner (Gedanken) aus und hält das Unkraut (Zweifel und Angst) von ihnen fern, werden sie aufgehen.

»Wenn wir den Verstand darauf vorbereiten, keine Angst und Sorgen vor größeren Ereignissen zu haben, werden größere Ereignisse eintreten. Die Macht, unsere Umgebung zu beeinflussen und aufzubauen, liegt vollkommen in unserer Hand. Es ist die Macht der Gedanken und damit die Macht Gottes.«

3. Das Gesetz von Ursache und Wirkung

Es ist auch unter der Bezeichnung Karma bekannt. Dieses Gesetz ist eine Wiederherstellung des Energiegleichgewichts im kosmischen Energiemeer, wonach auf jede Aktion eine entsprechend starke Gegenreaktion erfolgen muß. Das Gesetz von Ursache und Wirkung gilt für die Aktionen aller Geschöpfe. Karma wird vielfach als Verurteilung oder Bestrafung angesehen, denn das, was man austeilt, kommt wieder zurück. Tatsächlich findet nur ein Energieaustausch statt. Die Energie, die jeweils von einem Wesen freigesetzt (ausgesandt) wurde, zieht gleichgeartete Partikel an, und strahlt sie wiederum zurück. Die Energie dehnt sich aus und zieht sich zusammen. Falls man nun Energie negativer Art aussendet, wird sie sich entsprechend ihrer Ausdehnung wieder zusammenziehen und Negativität zum Aussendungsort zurückbringen. Das Gleiche trifft zu, wenn es sich um positive Kräfte handelt.

4. Das Gesetz der Veränderung und Umwandlung
Jeder Zustand läßt sich umwandeln, und alles verändert sich fortwährend. Die einzig beständige Sache im Universum ist die Unzerstörbarkeit von Energie und der Wandel ihrer Form.
Es ist auch als Gesetz der Alchemie bekannt. Jeder Lebensumstand, ganz gleich um welche Gegebenheit es sich handelt, kann in göttliche Schönheit und Herrlichkeit verwandelt werden. Wir können sogar bittere und leidvolle Erfahrungen und Lebensumstände verwandeln, wenn wir sie annehmen, segnen, Gott dafür oder einfach für alles danken. Wir müssen nur dieses höchst vollkommene und strenge naturwissenschaftliche Gesetz anwenden, das aus einer chemischen Zusammensetzung ein spirituelles Wunderwerk macht. Wir können auch die Macht erhalten, unsere spirituellen Wünsche und Träume ganz real in Erscheinung treten zu lassen.

Das Gesetz der Chemie versagt niemals. Es beinhaltet sowohl das geistige Gesetz der Veränderung und Umwandlung als auch die materiellen Gesetze und Elemente. Alle chemischen Bestandteile, die Alchemie, stellen die Macht Gottes in Aktion dar. Das Gesetz ist ewig und unveränderlich und liefert exakte Ergebnisse.

Annalee Skarin drückt es so aus: »Das Gesetz der spirituellen Chemie ist das Gesetz, das alle Zustände, Schwingungen und die Dunkelheit in Schönheit, Musik und Licht verwandelt. Man muß lernen, die Sprache der Engel zu sprechen oder in anderen Zungen zu reden. Man muß lernen, die Seele sprechen zu lassen, und sollte den Mund oder gar den Verstand gar nicht zu Wort kommen lassen. Wer nur die Lippen bewegt, schwätzt daher. Wessen Verstand leer ist, der bringt nur Verwirrung und Streit herauf. Wer etwas im Kopf hat, kann den Verstand anderer Menschen erreichen. Wer aus dem Herzen spricht, gewinnt das Vertrauen der Menschen. Wer aber aus der Seele spricht, heilt das Herzleid der Welt und speist die hungrigen, verhungernden Menschenseelen. Er kann die Tränen von Angst und Pein trocknen. Er kann Licht bringen, weil er Lichtträger ist. Die Sprache der Seele ist eine heilige Sprache und wunderschön... Sie kann nur herrliche Segnungen bringen, denn sie ist die Sprache der ewigen Sphären, die Sprache der Götter. Sie ist eine geistige Gabe, die als Zungenreden bekannt ist ... Die Macht der Umwandlung ist die Macht, den Seelenkern über das Herz zu berühren. Diese Methode verfügt einzig und allein über die Macht der Erfüllung und Vollkommenheit.«

5. Das Gesetz des Ausgleichs
Es repräsentiert die Integration der polaren Gegensätze. Polarität bedeutet, daß gegensätzliche Kräfte, die nicht miteinander im Wettstreit liegen, gemeinsam auf ein ausgewogenes Ziel hinarbeiten, das der Entwicklung dient. Dualität bedeutet, daß entgegengesetzte energetische Kräfte, die eine Persönlichkeit angenommen haben und daher miteinander konkurrieren, sich gegenseitig durch Abwertung und Wettstreit ausspielen und dadurch das Ego als Teil der inkarnierten Persönlichkeit hervortreten lassen. Unser Leben spielt sich im Bezugsrahmen der Dualität ab. Wir müssen uns des Gesetzes des Ausgleichs

bedienen, um eine Polarität der männlichen und weiblichen, der positiven und negativen Energien herbeizuführen, wodurch Harmonie und Integration zustande kommt. Sobald wir das Gesetz des Ausgleichs in unser Wesen integriert haben, erweist es sich als einer der ersten Schritte zur Erleuchtung.

6. Das Gesetz der Verwirklichung
Es ermöglicht uns, unsere Sehnsüchte und Bedürfnisse zu verwirklichen, wenn unsere Ziele dem höchste Wohl Aller dienen und nicht nur den eigenen Zwecken. Entscheiden Sie, was Sie wünschen, sprechen Sie dies deutlich aus, lassen Sie es los und nehmen Sie als sicher an, daß es erfüllt ist. Zweifeln Sie nicht! Ein Mensch verfügt garantiert über die Fähigkeit, seine Wünsche in der irdischen Wirklichkeit zu verwirklichen, wenn er sich in zeitgleicher Übereinstimmung mit dem göttlichen Willen befindet und keine inneren Sabotagemuster in seinem Zellgedächtnis aktiv sind.

7. Das Gesetz der Synchronizität
Es bedeutet, zur rechten Zeit am rechten Ort zu sein. Mit allem und jedem vollkommen abgestimmt und eingestimmt zu sein, erzeugt einen Zustand, in dem alle Dinge magisch und harmonisch fließen. Dieses Gesetz ist auch als Gesetz der Gnade bekannt und besagt, daß man sich in göttlicher Vollkommenheit bewegt, denn Gott verwirklicht sich im persönlichen Leben, wenn man vollendet eingestimmt ist.

8. Das Gesetz des Unterscheidungsvermögens
Es ist auch als Gesetz der Differenzierung bekannt. Dieses Gesetz zielt darauf ab, sich voll und ganz auf den nächsten Schritt in der persönlichen Entwicklung einzustimmen und einzulassen. Dieses Konzept wurde bereits in Kapitel 6 über das Unterscheidungsvermögen ausführlich erörtert.

9. Das Gesetz der Vergebung
Dieses Gesetz bezieht sich auf die Begleichung karmischer Schulden und auf den Energieausgleich unter denjenigen, die ein energetisches Ungleichgewicht erzeugt haben. Dadurch vermag man sich selbst und anderen zu vergeben, und Heilung ist ohne Vergebung nicht möglich.

10. Das Gesetz der Resonanz
Es besagt, daß gleiche Strahlkräfte aufgrund ihrer elektromagnetischen Felder gleichgeartete Partikel anziehen. Demzufolge wird alles, was auch immer wir in Gedanken, Worten oder Taten aussenden, verstärkt zu uns zurückkehren.

11. Das Gesetz der Vollkommenheit
Alles ist vollkommen in seiner Göttlichkeit.

12. Das schöpferische Gesetz der göttlichen Affirmation
Es bezieht sich auf die Macht der Gedanken und Worte, die unterstreichen, was du über dich und deine Wirklichkeit denkst. Was du über dich denkst, wirst du sein.

13. Das Gesetz der Entschädigung
Das ist das Gesetz, derzufolge man seine gerechte Vergütung erhält. Dieses Gesetz gilt universell und unterliegt keinerlei persönlichen Forderungen. Es steht mit dem Gesetz von Ursache und Wirkung und dem Schöpfungsgesetz in Verbindung und antwortet in Analogie zu den Handlungen, für die ein Individuum sich entschieden hat.

14. Das Gesetz der Assimilation
Es gewährleistet, daß Partikel, die wir als geistige Wesen nicht bewältigt und überwunden haben, nicht in unseren Körper eingebaut werden.

15. Das Gesetz der Anpassung

Es entspricht dem Geschehenlassen und dem mühelosen Fließen mit der einzigen Konstante im Universum, nämlich der veränderlichen Art der Energie, die viele unterschiedliche Formen annimmt. Wir müssen flexibel sein, denn Veränderung geht mit Wachstum einher. Wer sich öffnet und zuläßt, daß reinste Energie ungehindert sein Wesen durchströmt, läßt Freude und Harmonie in sein Leben, da er sich auf größere Mächte einstellt. Wenn wir unsere Energiefelder so ausrichten, daß sie nur reinste Kraftströme einlassen, wird diese Erfahrung sich maximal verstärken

16. Das Gesetz der Verursachung

Dieses Gesetz arbeitet harmonisch mit den Sternen zusammen, damit ein Mensch zu der Zeit geboren wird, wenn die astrologische Konstellation der Himmelskörper im Sonnensystem die erforderlichen Bedingungen liefert, damit er in der Schule des Lebens Fortschritte machen kann. Das Gesetz der Verursachung beruht auf der Wissenschaft der Astrologie, die unser Leben je nach Wahl des Tierkreiszeichens und des Zeitpunkts der Geburt beeinflußt.

17. Das Gesetz der Entwicklung und Wiedergeburt

Es ist ein langsamer Entwicklungsprozeß, der durch wiederholte Verkörperungen unbeirrt und mit wachsender Wirksamkeit anhält, wobei sich alle zur richtigen Zeit, zur höchsten geistigen Großartigkeit entwickeln, indem sie ihren Ursprung und ihre wahre Identität erkennen. Dieses Gesetz kennt man auch als Gesetz der Periodizität.

18. Das Gesetz der Analogie
Mensch, erkenne dich selbst. Es ermöglicht uns, die göttliche Kraft im eigenen Inneren und innerhalb des Universums zu erkennen, indem wir lernen, alle Aspekte unseres eigenen Wesens zu erfassen.

19. Das Gesetz der Dualität
Wenn ein Mensch mit der Quelle (Gott) bewußt verbunden oder erleuchtet ist, steht er über diesem Gesetz und bleibt davon unberührt. Bis zu diesem Zeitpunkt beeinflußt dieses Gesetz die Polarität der Energie.

20. Das Gesetz des Verstandes
Während der göttliche Geist eine absolute Realität ist, ist der Verstand das Medium, wodurch der Geist sich ausdrückt, wodurch die Schöpfung physischer Formen auf irdischer Ebene stattfindet. Das Gesetz des Verstandes besagt, daß uns nach unserem Glauben geschehen wird. Es besagt, daß der Glaube eines Menschen auf dieser Ebene seine Realität beeinflußt und erschafft und der Verstand das Reich der Relativität ist. »Das Gesetz des Verstandes drückt die Gesamtheit der menschlichen Überzeugungen aus.« Ann und Peter Meyer gehen in ihrem Buch »Being a Christ« ausführlich auf dieses Gesetz ein. Ferner wurde es in den vorigen Kapiteln detailliert dargestellt.

Kapitel 32

Die Universalen Bruderschaften

Charles W. Leadbeater, einer der Wegbereiter in der Anfangszeit der Theosophischen Gesellschaft, teilt in seinem Buch »Die Meister und der Pfad« mit: »Das Bewußtsein der Großen Weißen Bruderschaft ist eine unbeschreiblich wunderbare Angelegenheit. Es ist wie ein großes, stilles, leuchtendes Meer, das eine einzige Einheit ist, so daß sich die winzigste Bewußtseinsregung sofort von einem Ende zum anderen ausbreitet, und doch meint jedes Mitglied, es handle sich ganz und gar um seine eigene individuelle Regung. Sie hat jedoch so viel Gewicht, Macht und Weisheit, wie sie kein einziges menschliches Bewußtsein jemals fassen könnte.

Dieses prächtige Meer des kosmischen Bewußtseins der Bruderschaft ist etwas so Großes, so Wunderbares, daß es nichts auf der Welt gibt, was sich damit vergleichen läßt. Sogar diejenigen, die dazu gehören, weil sie die erste große Initiation bestanden haben, können nur einen Schimmer davon erhaschen und sich bisweilen schemenhaft daran erinnern. Nur auf der nirwanischen Ebene, wo die Bruderschaft vorwiegend existiert, kann man es in vollem Umfang erfühlen, obwohl es sich auch auf den niederen Ebenen manifestiert, sogar bis hinunter zur irdischen Welt.«

Es wird behauptet, daß es viele Bruderschaften des Lichts gibt, wovon die Große Weiße Bruderschaft einen Teil ausmacht. In »Das Buch des Wissens: Die Schlüssel des Enoch« heißt es, daß es siebzig Bruderschaften oder Orden gibt, die als Intelligenzfeld des Vaters dienen. Die nachstehende Textstelle beschreibt die Bruderschaften des Lichts als: »Fortgeschrittene spirituelle Intelligenz, die physische Gestalt annehmen kann und die Verantwortung dafür hat, die Sternenordnungen im

Hinblick auf die örtliche Hierarchie / das Bündnis der Gottheit zu regieren ... Die siebzig Bruderschaften, welche die Große Weiße Bruderschaft mit einschließen und die größere Verantwortung für die Verwaltung der kosmischen Gesetze haben ... Ganz-Lichtwesen gehören den Reihen der spirituellen Bruderschaften an, welche die grobstofflichen und spirituellen Zivilisationen vorbereiten.« Ferner haben die Bruderschaften des Lichts auch die Aufgabe, bei der Erneuerung beziehungsweise dem Wiedererwachen der Schöpfung tätig zu sein.

Die Geistige Hierarchie läßt sich mit irdischen Regierungsstrukturen vergleichen, ihr Aufbau ist allerdings weitaus komplizierter. Zu diesem Thema werden ebenfalls vielerlei Schriften angeboten, einschließlich einer Reihe von wunderbaren Werken der Theosophischen Gesellschaft, worin die Geistige Hierarchie ausführlich besprochen wird. Ferner gibt es eine Vielzahl von Manuskripten und gechannelten Beiträgen in bezug auf die Meister und die Strahlen. Meine Nachforschungen in beiden Bereichen haben ergeben, daß Aussagen sich widersprechen. Das mag daran liegen, daß verschiedene Wesenheiten mit einem Arbeitseinsatz oder einem Dienst beauftragt sind und dann möglicherweise befördert werden und andere Dienste versehen.

Enoch übermittelt die nachstehende Erklärung über die Aufgestiegenen Meister: »Es sind Meister, die in mehreren Inkarnationen in den niederen Himmeln gedient haben, indem sie die kosmischen Gesetze des Universums lehrten, und die wieder zur Gegenwart des Vaters aufgestiegen sind, wo sie neue Aufgaben zugeteilt bekommen, um aufgrund ihrer größeren Liebe eine Vielfalt von Welten zu unterrichten.«

Es folgt eine stichpunktartige Zusammenfassung der bereits erwähnten Informationen, die für mich aufgrund meiner persönlichen Erfahrungen und Nachforschungen mittlerweile zur Tatsache geworden sind:

- Die Menschheit ist überwiegend auf einen bestimmten Sender (Kanal) eingestimmt worden.
- Die Unkenntnis über das Vorhandensein anderer Sender verneint nicht deren Existenz.
- Mit der zunehmenden Verfeinerung unserer Schwingungsfrequenz können wir uns auf andere Sendestationen einblenden und andere Dimensionen der Existenz wahrnehmen.
- Andere Wesenheiten und Lichtwesen halten sich in anderen Reichen oder Dimensionen auf, zu denen wir Zugang bekommen können, indem wir einfach unsere Schwingungsfrequenz verändern und damit auch unseren Sender. Nicht alle Wesenheiten, die sich in den anderen Reichen aufhalten, sind Lichtwesen oder bestrebt, dem höchsten Wohl aller Geschöpfe zu dienen. Es sind dies beispielsweise entkörperte Geistwesen im Astralreich und auch technologisch weit fortgeschrittene Außerirdische die mit Raumschiffen durch die Zeit reisen, deren Bewußtsein dennoch sehr dreidimensional ist.
- Alle Lichtwesen sind von Natur aus spirituell entwickelt und werden angesichts des Lichtgrades, der sich in ihrer Gestalt manifestiert, als Lichtwesen bezeichnet. Licht ist der sichtbare Aspekt unserer göttlichen Essenz.
- Alle Lichtwesen erfüllen im Auftrag der Ersten Ursache einen bewußten und hingebungsvollen Dienst.
- Die Mitglieder der Großen Weißen Bruderschaft dienen der Erde und ihren Bewohnern, indem sie diese bei ihrem Wiedererwachensprozeß und der Wiedervereinigung mit dem eigenen Gottselbst unterstützen.
- Das Entwicklungsspiel der Erde ist ein Staubkorn in einer Ecke eines Quadranten in einem Universum, welches auch nur ein Staubkorn im Gesamtbild der Galaxie ist.

Um mit dem obigen Thema fortzufahren, möchte ich gern etwas von meiner persönlichen Erfahrung und meinem Verständnis von diesen Lichtwesen erzählen.

Im Jahr 1992 hatte ich den ersten bewußten Kontakt mit den Aufgestiegenen Meistern, als mehrere gechannelte Botschaften in schriftlicher und mündlicher Form meine Aufmerksamkeit erweckten. Es war, als fügte sich nun das ganze Bild zusammen. Plötzlich ergab alles einen Sinn, meine innere Führung, meine jahrelangen Nachforschungen und meine Meditationspraxis – alles. Ich gewann buchstäblich den Eindruck, als ob jemand das Licht eingeschaltet hatte und ich abermals aufgeweckt worden war. Dadurch bekam die Meditation eine ganz neue Bedeutung für mich und war nicht mehr nur ein Werkzeug, um inneren Frieden zu finden. Ich konnte meinen vorherbestimmten Zweck wiederentdecken und auch meine persönliche Rolle innerhalb des größeren Plans erkennen.

Die Große Weiße Bruderschaft ist schon seit Äonen von Jahren mit der Menschheit in Kontakt. Ich erfuhr, daß Jesus von Lord Maitreya und anderen Meistern darunter auch Lord Sananda überschattet worden war. Saint Germain stand mit den Rosenkreuzern in Verbindung. El Morya und Kuthumi wirkten unmittelbar durch Madame Blavatsky, die Gründerin der Theosophischen Gesellschaft. Djwhal Khul arbeitete mit Alice Bailey. Im Lauf der Geschichte und der Religionen haben sich die Bruderschaften miteinander verwoben. Diese Verbindungen werden in Dr. Stones Buch »The Complete Ascension Manual« und in »Das Buch des Wissens: Die Schlüssel des Enoch« detailliert vorgestellt. In den letzten zehn bis zwanzig Jahren haben die Bruderschaften ihre Anwesenheit erneut mit Hilfe von zahlreichen seriösen Medien (Channels) bekannt gemacht.

Seit ich dem Orden der Bruderschaft des Lichts beigetreten bin, konnte ich feststellen, daß mir für meinen Wiedererwachensprozeß und zu meiner Unterweisung verschiedene Meister zur Seite standen. Ursprünglich war Lord Sananda mein persönlicher Lehrer. Außerdem erteilten mir Mutter Maria, Kuan Yin, Paul der Venetier sowie weitere Meister über spezielle Sachverhalte Unterricht, je nachdem, welche Aufgabe mir seinerzeit zugeteilt worden war. Ich nehme regelmäßig an Lehrveranstaltungen im Ätherreich teil, während mein Körper schläft und häufig auch in der Meditation. Die Intensität und Regelmäßigkeit dieser Kommunikation, zusammen mit der Bestätigung der Durchgaben in der Anfangszeit, als ich noch lernte zu vertrauen, hat große Freude, Fülle und Sinnerfüllung in mein Leben auf der Erde gebracht.

Da es zum Themenkreis der Bruderschaften bereits eine Auswahl an komplexer und tiefgreifender Literatur gibt, will ich hier auf Einzelheiten verzichten. Nachstehend zitiere ich trotz allem einige grundlegende Textstellen aus »Das Buch des Wissens: Die Schlüssel des Enoch«, über die Funktionen der verschiedenen hierarchischen Strukturen.

- »Konzilium / Der Rat der Neun ist ein Tribunal von Lehrern, das in unserer unmittelbaren übergalaktischen und galaktischen Region regiert, indem es für die Veränderung und Entwicklung im Reich des Vaters ›neue Programme‹ entwickelt.«
- »Konzilium / Der Rat der Zwölf sind die Söhne des Himmels, deren Aufgabe es ist, die Schöpfung und Regeneration der niederen Welten zu beaufsichtigen.« In dem Buch »Mahatma I« schreibt Brian Grattan: »Reine Liebe, Weisheit, Freude, Frieden, Harmonie und alle weiteren lichtvollen Eigenschaften kann man nur dank der bedeutenden Präsenz des Einen, des schöpferischen Zwölferrats, erlangen. Jedes Mitglied des Rats der Zwölf repräsentiert einen kosmischen Strahl des aktuellen Kosmischen Tages. Der gesamte Rat der Zwölf verkörpert die zwölf Strahlen,

die an sich die Existenz unserer Schöpfung und den gegenwärtigen Kosmischen Tag ermöglichen.« Desweiteren führt er aus: »Die zwölf Strahlen, die unseren Kosmischen Tag ausmachen, sind die von innen heraus leuchtende, intelligente Substanz der ICH BIN-Gegenwart, Mahatma, das sich allerorten manifestiert (ausgenommen den dreidimensionalen Planeten, die noch auf die Sieben Strahlen beschränkt sind), und worauf sich die gesamte Schöpfung aufbaut.«

- »Konzilium / Der Rat der Vierundzwanzig ist der Rat, der die spirituellen Zivilisationen innerhalb des Sohn-Universums regiert und ist nicht mit den Vierundzwanzig Ältesten zu verwechseln.«
- »Konzilium / Der Rat der Hundertvierundvierzig ist das Tribunal der aufgestiegenen Meister, das die Pläne des ›Alten der Tage‹ verwaltet. Es ist das unendliche Bewußtsein, das durch den Schöpfer-Gott arbeitet. Der Rat der Hundertvierundvierzig bildet die Hierarchie der ›höheren Himmel‹, welche die Hierarchien der mittleren Himmel und niederen Himmel regiert und die endgültigen ›Seelenprogramme‹ sowohl der Menschen als auch der Meister festsetzt.«
- »Konzilien / Die Räte des Lichts ist der Sammelbegriff für die oben angeführten Räte, die unsere Galaxie und andere Regionen in entfernteren Universen regieren. Sie sind nicht mit den solaren oder planetarischen Konzilien zu verwechseln.« »Der Orden des Enoch / Die Bruderschaft des Enoch erstellt die spirituell-wissenschaftlichen Schriftrollen der Weisheit und weiht dadurch Gläubige in neue Bewußtseinswelten ein. Die Bruderschaft des Enoch bildet jene pyramidalen Gitternetze auf den Planeten, die erforderlich sind, um die Lebensgemeinschaften/Biome der Intelligenz zu entwickeln.«
- »Der Orden des Melchizedek / Die Bruderschaft des Mel-

chizedek ist mit der Neuprogrammierung des Bewußtseins beauftragt, die unabdingbar ist, um die Verkörperung der Göttlichen Hierarchie in der grobstofflichen Schöpfung durchzuführen.«
- »Der Orden des Michael / Die Bruderschaft des Michael beschützt die Galaxien vor biologisch-spirituellen Störmanövern von seiten der geringeren Lichtkräfte, ausgenommen in den Fällen, wo es für die Ausbildung der Seele oder zur Überprüfung ihrer Entwicklungsstufe erforderlich ist.«

Die Liste setzt sich weiter fort. Alle Schöpfungssysteme werden geboren, programmiert und neu programmiert. Sie entwickeln sich und kehren zur Quelle (Gott) zurück. Die Schöpfung atmet ein und atmet aus ...

Kapitel 33

Eine Brücke zur Neuen Welt

Ursprünglich hatte ich vor, dieses Kapitel mit der Überschrift *Eine Neue Weltordnung* zu versehen. Mir scheint allerdings, daß diese Bezeichnung eher einer politischen Bewegung vorbehalten ist. Diese Neue Welt, über die ich hier Auskunft geben möchte, wird auf spiritueller und nicht auf politischer Grundlage zustande kommen. Dennoch werden alle übrigen Strukturen – auf politischer, pädagogischer, wirtschaftlicher und sozialer Ebene – automatisch neu ausgerichtet, wenn die spirituelle Einstimmung geschaffen wurde.

In meinen Meditationen habe ich Visionen von der Neuen Welt empfangen. Die Bibel schildert das neue Jahrtausend, »Das Buch des Wissens: Die Schlüssel des Enoch« beschreibt es als: »... eine Epoche großen Glücks und vollkommener Regierung, ein lineares Konzept eines tausendjährigen Friedensreichs in den orthodoxen Theologien. Nach Enochs Lehre stellt die tausendjährige Periode eine der vielen Öffnungen der Schleier des Lichts dar, die man durchschreiten kann, um sich ungehindert unter die höheren Intelligenzen und die Gottwesen der anderen Welten zu mischen.« Damit will Enoch sagen, daß es während des kommenden Jahrtausends mannigfaltige Gelegenheiten für uns geben wird, die Zeitzonen unseres Bewußtseins zu durchbrechen und in andere Lebensräume des Weltraums vorzudringen, die mit intelligenten Wesen bevölkert sind.

Damit Sie sich eine Vorstellung von der gigantischen Ausdehnung der Schöpfung machen können und darüber, daß die irdischen Geschehnisse ein winziges Staubkorn im gesamten Weltall ausmachen, möchte ich an dieser Stelle den Begriff Chiliokosmos als Gegensatz zu der tausendjährigen Periode einführen. Das Jahrtausend ist ein festgelegtes Ereignis innerhalb des beschränkten Raum-Zeit-Kontinuums. Laut Enoch »repräsentiert ein Chiliokosmos die Vielfalt der Evolution und den größeren Zusammenhang unter den vielen Universen, die im Plan des Vaters eine Einheit bilden«. Ein Chiliokosmos ist »die Zuordnung der tausend verschiedenen Schichten der kosmischen Schöpfung, die allesamt miteinander vernetzt sind, damit die Regenerierung und Erneuerung der Schöpfung in allen tausend Schichten/Einheiten gleichzeitig erfolgen kann«.

Wenden wir uns wieder unserem Quadranten des Universums zu. Die Evolution unseres Heimatplaneten mündet in einen Wiedererwachensprozeß – und alle Erdbewohner werden parallel zu den planetarischen Umstellungen großen Veränderungen unterzogen. Anscheinend verfügt jeder Mensch über eine innere Radaranlage, die ihn magnetisch dazu bewegt, den Zustand des vollständigen Einsseins mit der eigenen ICH BIN-Gegenwart oder dem göttlichen Funken anzustreben. Die Meister haben mich unterrichtet, daß Erdbeben, Überschwemmungen, Dürreperioden und chaotische Zustände auf unserem Heimatplaneten die Folgen des allmählichen Aufstiegs – und des Zustroms höherer Energien – sind, der sich mittels Aktivierung der Hauptenergiewirbel entlang der elektromagnetischen Gitterlinien des Planeten vollzieht. Dadurch können die Energiefelder sowohl innerlich wie auch äußerlich von den neuen Gittersystemen überlagert werden. In ähnlicher Weise wird auch der Mensch entlang des Meridianverlaufs in seinem Körper immer stärker von elektromagnetischer Lichtstrahlung durchdrungen. Die neuen Gitternetze überlagern schrittweise die alten Strukturen. Darüber hinaus werden innerhalb der bestehenden Baupläne kristalline Strukturen in Gang gesetzt. All diese Vorgänge erfüllen den Zweck, Altes hinauszuwerfen und Neues einzuführen.

In dem Buch »Opening to Channel« teilen DaBen und

Orin mit: »Die derzeit auf die Erde einströmenden Energien werden alles, worauf Sie sich konzentrieren, stärken und aktivieren. Den Sensitiven in Ihren Reihen, die sich bereits auf ihrem geistigen Entwicklungsweg befinden, wird die neue Energiezufuhr bei der Durchführung ihrer Projekte mehr Erfolg als je zuvor bringen. Es werden sich Türen öffnen, und Ihre Beziehungen werden sich verbessern. Wenn Sie nach innen schauen, werden Sie die Antworten finden, nach denen Sie Ausschau gehalten haben, mag sein, daß Sie vorübergehend beschwerliche Zeiten durchmachen, wo Sie Altes abbauen und Neues integrieren. Viele in Ihren Reihen haben diese Anpassungsphase bereits abgeschlossen. Danach führen Sie ein besseres Leben, das mehr Wohlstand, Liebe und Erfolg aufweist. Seien Sie dankbar für Ihre Lernlektionen und verstehen Sie, daß Sie auf diese Weise auf den Umgang mit höheren Energien vorbereitet werden.«

Sie fahren fort: »Sie werden voraussichtlich Mitmenschen sehen, die Schmerzen erleiden oder mit Schwierigkeiten kämpfen. Es mag sein, daß Sie auch weiterhin über beunruhigende Weltereignisse lesen. Die Herausforderung ist, daß Sie nun wissen, daß Ihr inneres Gleichgewicht sich durch die Verbindung mit höheren Welten einstellt und nicht durch den Kontakt mit anderen Menschen. Wenn Sie diese Verbindung eingehen, werden Sie imstande sein, anderen zu Gleichgewicht und Stärke zu verhelfen. Es ist sehr wichtig, daß Sie jenen helfen, die mit den neuen Schwingungen schwer zurechtkommen, statt sich in deren Ängsten zu verstricken. Wenn Sie sich für den Empfang von Lichtbotschaften öffnen, werden Sie der Lichtträger sein, der anderen Mut macht und ihnen den Weg zeigen kann. Wir leben in einer Zeit, die uns großartige Chancen bietet. Einige der größten Leistungen der Menschheit auf dem Gebiet der Musik, Kunst, Literatur und Kultur stehen uns bevor und werden unter dem Einfluß dieser höheren Schwingung entstehen.«

Die Neue Welt wird von den Menschen errichtet, die sich bewußt mit ihrem göttlichen Wesen verbunden haben. Laut Aussage von Erzengel Ariel »haben viele Menschen eine ganz spezielle Ausbildung erhalten und Fertigkeiten und Wahrnehmungsarten entwickelt, um den Planeten zu unterstützen. Vielleicht sind Sie ein Experte in intergalaktischer Diplomatie, verfügen über fachmännisches Wissen hinsichtlich neuer Familienstrukturen oder Regierungsformen oder Sie wissen Bescheid, wie man Nahrungsmittel und sonstige Güter auf globaler Ebene gerecht verteilen kann. Vielleicht empfinden Sie tiefes Glück, wenn Sie neue Formen des Gemeinschaftslebens, neue Rituale für eine erwachte

Spiritualität, neuartige lichtorientierte Technologien oder neue Ausdrucksformen der Kunst ausarbeiten.« Während wir unsere Schwingung auf höhere Frequenzbereiche einpendeln, werden wir den Himmel auf Erden verwirklichen können, entsprechend der Vision, die für die gegenwärtige Evolutionsstufe der Menschheit vorgesehen ist.

Es werden sich neue Regierungen und Gremien bilden, die sich für das Wohl der ganzen Welt einsetzen. Die Menschen werden aufgrund ihrer Rassen- oder Religionszugehörigkeit, ihrer kulturellen oder nationalen Herkunft nicht mehr unterschiedlich behandelt werden, und alle vorhandenen Ressourcen werden nicht nur einer Minderheit zugute kommen, sondern zum Wohle aller verteilt werden. Ich erinnere mich daran, vor einigen Jahren irgendwo gelesen zu haben, daß jeder Mensch ein Millionär wäre, wenn der gesamte Reichtum des Planeten gerecht verteilt würde. Es fehlt uns auf der Erde nicht an ausreichenden Ressourcen und Kapital, aber es fehlt uns das Bewußtsein, diese Güter gleichmäßig zu verteilen. Während viele Menschen aus Mangel an körperlicher Nahrung Hungers sterben, verhungern genausoviele, weil sie ihren spirituellen Weg und den Sinn ihres Lebens nicht finden.

Wer die Synchronizität der Zeit erfassen kann, dem ist bewußt, daß die Zukunft bereits neben der Vergangenheit und der Gegenwart koexistiert, und alle Dinge und Umstände längst existieren und vorhanden sind, die wir uns herbeiwünschen. So gelingt es uns, die Vision der Zukunft in die Gegenwart zu holen und das zu verwirklichen, was das Schicksal vorgesehen hat, indem wir unsere Antenne ausfahren und unsere Wahrnehmung verlagern. Diese sehr zeitsparende Maßnahme ist allerdings auf die klare Führung des inneren Lehrers angewiesen, der seinem Wesen nach multidimensional ist und als Bindeglied zu der simultan existierenden Realität wirkt.

Ein kleiner Exkurs möge mir hier gestattet sein. Ich habe Erzengel Ariel gebeten, zum Thema Parallelwirklichkeiten etwas mitzuteilen. Ariel gibt an, daß es zwei Möglichkeiten für das Eintreten erwünschter Zustände gibt. Entscheiden wir uns für etwas, was nicht in Übereinstimmung mit dem Göttlichen Geist ist, so setzt sich die göttliche Entscheidung durch. Aber unsere Entscheidung tritt in einer parallelen Wirklichkeit in Erscheinung, sozusagen als Anerkennung unseres freien Willens. Unser Bewußtsein heftet sich an unsere Entscheidung, und unsere Wahrnehmung erschafft unsere Alltagswirklichkeit. Da wir uns bewußt auf den göttlichen Willen einstellen, bündeln sich all diese Wirklichkeiten, weshalb wir zur Zeit dauernd Zusammenschlüsse aller parallelen Wirklichkeiten miterleben, bis es endlich nur noch den Weg des Göttlichen gibt, und alle Geschöpfe dem göttlichen Willen dienen, ihn anerkennen und ausdrücken.

Demzufolge vollzieht sich der Aufstieg eines Planeten oder eines Individuums, indem sie buchstäblich an ihren jeweiligen Orten, in das Geflecht von Raum und Zeit eingebunden werden und quer durch die Dimensionen hochgezogen werden. Ein riesengroßes Netz wurde gewissermaßen über das gesamte Meer der Zeit ausgeworfen, um die Auswirkung und Erfahrung auf ein Höchstmaß zu steigern, und hinterher wird es wieder eingeholt. Der menschliche Körper ist der dichteste

Ausdruck unseres Wesens, das schon immer den freien Willen hatte, die Welt zu erforschen und zu erschaffen.

Die Aufgestiegenen Meister betonen, daß die Erdbewohner aufgrund ihrer erstaunlichen Begabung, irdische Formen zu erzeugen, in sämtlichen Galaxien großes Ansehen genießen, da wir tatsächlich den interessantesten Spielplatz mit vielen verschiedenen Lernmöglichkeiten hervorgebracht haben.

Sobald man verstanden hat, daß man nachweislich imstande ist, die persönlich erwünschte Realität zu erschaffen, beginnt erst das wirkliche Vergnügen. Die Meisterung des Verstandes erfordert Disziplin, aber da Energie dem Gedanken folgt, kann man danach damit beginnen, ausschließlich mit Hilfe der Gedanken zu manifestieren. Alles, was man sich reinen Herzens mit wahrer Integrität und in Übereinstimmung mit dem göttlichen Willen vornimmt, wird sich erfüllen, da es dem höchsten Wohl der gesamten Menschheit dient und nicht nur einem einzelnen Individuum. Wer seinen freien Willen mit dem göttlichen Willen in Einklang gebracht hat, wird automatisch Teil der bewußten Schöpfung des größeren Plans. Der größere Plan sieht vor, daß die Erdbewohner zum aktuellen Zeitpunkt der linearen Zeitrechnung das Goldene Zeitalter, das neue tausendjährige Friedensreich erfahren sollen, wo wir nicht nur die individuelle Göttlichkeit, sondern auch die Göttlichkeit aller empfindungsfähigen Geschöpfe erkennen.

Manchen Aussagen zufolge sei das menschliche Bewußtsein in früherer Zeit äußerst schwer durchdringlich gewesen und der Mensch sei sich seiner Göttlichkeit nicht bewußt gewesen. Nachdem wir uns nun entwickelt haben, wird uns laut den Vorhersagen, demnächst die Einladung zugestellt werden, uns der Intergalaktischen Föderation der Welten anzuschließen. Dieses Bündnis besteht schon seit Jahrtausenden, doch es konnte sich nicht einem Planeten offenbaren, dessen Bewohner sich für die einzige intelligente Spezies im Universum gehalten haben, während sie gleichzeitig Ängsten ausgeliefert waren, weil sie ihr multidimensionales Wesen nicht erfaßt hatten.

Aus Nachforschungen geht hervor, daß die Erde eine Versuchsstation gewesen ist und die meisten Regierungen verfügen über Aufzeichnungen über das Kommen und Gehen von Außerirdischen. Ich möchte dazu gar nicht näher Stellung nehmen, nicht einmal ansatzweise. Im Übrigen kann jeder, der danach Ausschau hält, Näheres darüber erfahren, denn heutzutage stehen Schriften zu diesem Thema in großem Umfang zur Verfügung.

Im Universum ist allgemein bekannt, daß die Spezies Menschheit erwachsen wird. Das Geschenk, das wir nach bestandener Abschlußprüfung erhalten werden, ist unser eigenes Wiedererwachen und das unseres Heimatplaneten, wonach wir eingeladen werden, uns der Intergalaktischen Föderation anzuschließen. Unter Lichtarbeitern wird auch gemunkelt, daß die Serie »Star Trek« und der Kinofilm » E.T.« gechannelt worden sind.

Innerhalb der linearen Zeitrechnung werden wir zum gegenwärtigen Zeitpunkt eingeladen, unseren angestrebten Posten in der Neuen Welt selbst auszuwählen, uns aus freien Stücken dafür anzumelden und zu engagieren. Wie bereits erwähnt, haben Sie sich vor Antritt Ihrer Inkarnation für diese Aufgabe entschieden, die für Sie eingeplant oder vorherbestimmt worden ist. Auch in diesem Fall gilt, daß der innere Lehrer uns anleiten, ausbilden und einladen wird, unserem Posten gerecht zu werden.

Im September 1996 stellte die Akademie für Selbstermächtigung *Die Bewegung einer erwachten positiven Gesellschaft*, kurz M.A.P.S.-Programm genannt, vor, die der zehnten Erkenntnis aus »Die Prophezeiungen von Celestine« sowie der zwölften Stufe der Lichtkörper-Aktivierung entspricht. Das Konzept der M.A.P.S. wird in meinem neuen Buch »Bridges and Blueprints – Impeccable Mastery« (Brücken und Baupläne – Makellose Meisterung) umfassend erörtert.

Schöpferische Visualisierung 15
Die Vision der Neuen Welt

- Setz dich in bequemer Haltung hin und stimme dich mit Hilfe von Atem- und Lichtarbeit ein.
- Sobald du dich ruhig, zentriert und völlig entspannt fühlst,
- erlaube deinem Verstand umherzuwandern, zu phantasieren und sich vorzustellen, wie du die Welt gern hättest, wenn es keinerlei Begrenzungen oder Einschränkungen gäbe und die einzige Richtschnur das Glück und die Freude aller Geschöpfe wäre. Wie wäre es, wenn alle Lebewesen – Menschen, Tiere und selbst die Mutter Erde – sicher wären, genährt, respektiert, umsorgt und in keiner Weise geschädigt.
- Stell dir vor und visualisiere, daß unser Heimatplanet keinerlei Umweltverschmutzung erfährt.
- Visualisiere kristallklares, frisches, blaues Wasser, in dem sich Scharen von Meerestieren tummeln.
- Stell dir einen klaren, blauen Himmel vor, in dem unzählige Vögel umherfliegen.
- Visualisiere dichten, üppigen Regenwald und eine Vegetation, in der alle Typen von Pflanzengattungen zu finden sind.
- Stell dir vor, daß alle Geschöpfe harmonisch miteinander leben, ohne um ihr Leben fürchten zu müssen.
- Stell dir vor, alle Geschöpfe sind gesund, absolut zufrieden und friedfertig.
- Stell dir vor, daß alle Menschen einer erfüllenden Beschäftigung nachgehen und glückliche Beziehungen haben;

- daß sie harmonische Lebensbedingungen haben, mit ausreichender Nahrung, einer Unterkunft, Kleidung und Unterhaltung versorgt sind.
- Visualisiere dir eine Welt, in der es weder Armut noch Hunger, weder Hungertod noch Krieg gibt.
- Stell dir vor, die Erde wäre ein Mitglied der Intergalaktischen Föderation der Welten.
- Stell dir vor, wir könnten im Weltraum reisen und die Universen frei und mühelos durchqueren und wären überall willkommen.
- Stell dir vor, du bist fähig, dich telepathisch zu verständigen, durch bloßes Berühren oder Gedankenübertragung zu heilen und ohne körperliche Aktion etwas nur durch Gedanken zu materialisieren.
- Stell dir vor, du bist fähig, Gegenstände willentlich zu dematerialisieren und sie wieder zu materialisieren.
- Stell dir vor, daß deine Einbildungskraft Visionen hervorbringt, und Visionen die Wirklichkeit erschaffen.
- Sei dir darüber im Klaren, was du erschaffen willst.
- Lerne, zum Wohl des Ganzen zu erschaffen, damit alle davon profitieren.

Die universalen Gesetze und das M.A.P.S.-Programm

Dieses Kapitel wurde für diejenigen geschrieben, die sich um Wissen bemühen und die positive persönliche und planetarische Verfeinerung anstreben. Das ist die Grundlage des M.A.P.S.Programms, die Bewegung einer erwachten positiven Gesellschaft, und richtet sie sich an Menschen, die offen und zugleich fähig sind, mit dem Herzen zu unterscheiden.

Das M.A.P.S.-Programm ist die Verwirklichung der zehnten Erkenntnis (aus »Die Prophezeiungen von Celestine«) und der zwölften Stufe der Lichtkörper-Aktivierung. Das M.A.P.S.

Programm strebt die Einheit an, indem es die Einzigartigkeit aller Geschöpfe anerkennt und deren Gemeinsamkeiten unterstreicht, statt sich auf die Unterschiede zu konzentrieren.

Aus ätherischer und esoterischer Sicht wird die Entfaltung des M.A.P.S.-Programms von der Strahlkraft des sogenannten O.H.O.M., gleichbedeutend mit *Ein Herz und Ein Verstand*, überschattet. Die Meister innerhalb des Paradigmas der Einheit teilen uns folgendes mit:

»Wir sprechen zu Euch über das Thema Einheit, denn das M.A.P.S.-Konzept wird die Einheit, das Gleichgewicht und die vollständige Verwirklichung des Planeten und der Menschheit im Schwingungsfeld des aufgestiegenen Bewußtseinszustandes zuwege bringen. Dies bedeutet für alle Menschenseelen Erleuchtung, Nirwana und Glückseligkeit. Die Einheit ist die allerhöchste verfeinerte Schwingungsebene. Ihr bildet gemeinsam die Einheit, die lediglich ein feinerer Ausdruck der Vorstellung ist, die Ihr jetzt möglicherweise von Euch habt.

Die Schwingung der Einheit ist derart mächtig, daß ein Mensch ihre Ausstrahlung nur bis zu dem Grad der bewußten Übereinstimmung mit ihrem Rhythmus in seine eigenen Energiefelder aufnehmen oder abstrahlen kann. Die Einheit ist reine Energie, reine unendliche Intelligenz, das vereinte Lichtfeld, der Hintergrund und das Innerste der Schöpfung.«

Alle Aspekte des Lebens, die wir erfahren und beobachten, tragen alle universalen Gesetze in sich, sind jedoch allesamt Fragmente des Gesetzes der Einheit, das die Entfaltung des größeren Spiels, des göttlichen Plans, steuert.

Das Neue Zeitalter ist nichts weiter als eine Bewegung, die sich dafür einsetzt, allen Suchenden, die sich von seiner Botschaft angesprochen fühlen, Informationen und Methoden zu vermitteln, wie sie sich einstimmen und ermächtigen können. Aktiviert man den Geistleib auf sein höchstes Potential – in einer Weise, die alles ehrt – erfolgt damit automatisch die Einstimmung der anderen Körper.

Inzwischen haben viele Menschen ihren Geistleib aktiviert und unterschiedliche Grade der Einstimmung erlangt. Der Gott in ihnen spricht jetzt zu ihnen, und sie deuten und integrieren die Hinweise, innerhalb ihres Verständnisses.

Viele haben jetzt erkannt, daß alles Energie ist und Energiefelder gestimmt werden können. Die Frage ist – wozu und in welchem Takt? Der innere Gott kennt die Antworten. Sie spüren intuitiv, daß es noch mehr Dinge geben muß. Sie werden sich der universalen Gesetze bewußt und erkennen, wie sie in ihren Leben wirken. O.H.O.M. bezeichnet das als Beschleunigung und nachfolgendes Erwachen.

Sie richten sich nach dem Merksatz: Wisse, Wage, Wirke und Schweige. Zu schweigen bedeutet, ein Beispiel zu geben. Im Lärm dieser Zeit werden sie dazu angeleitet, Ihre Überzeugungen zu leben.

Die Erwachten werden mit Hilfe von elektromagnetischen Kräften zusammengezogen und bilden Gruppen. Dies ist die Wirkung des universalen Resonanzgesetzes, wonach Gleiches Gleiches anzieht. Dieses Gesetz ermöglicht uns zu verstehen, wie wir buchstäblich unsere eigene Wirklichkeit erschaffen.

Die Beschleunigung, das Erwachen und die Gruppenbildung sind letztlich mikrokosmische Beispiele des universalen Gesetzes der Einheit, das die Kräfte der ursprünglichen Schöpferkraft im Einklang mit dem Kreislauf des Ein- und Ausatmens zurückruft.

Das Erwachen erfordert, daß wir das universale Gesetz des Unterscheidungsvermögens anwenden. Dieses Gesetz erlaubt uns, unser einzigartiges Puzzlestück im göttlichen Bauplan ausfindig zu machen beziehungsweise uns darauf abzustimmen. Es gilt, sich in vollem Umfang auf den exakt richtigen nächsten Schritt in der eigenen Entwicklung einzuschwingen, um eindeutig angeschlossen zu sein, ohne sich von der Wirklichkeitssicht anderer ablenken oder bewerten zu lassen. Zunächst muß man erkennen, daß das göttliche Orchester viele

Musikinstrumente bereithält. Dann muß man herausfinden, ob man in dieser Inkarnation als Geige oder als Trommel auftreten wollte. Zu guter Letzt muß man lernen, gemeinsam mit allen anderen Musikinstrumenten zu musizieren.

In dem Spiel der Meisterung der Wirklichkeitsgestaltung finden wir am Anfang unserer irdischen Wirklichkeitserfahrung eine unbemalte Leinwand vor. Im Verlauf vieler Verkörperungen haben wir, ohne es zu wissen, Farbschicht über Farbschicht aufgetragen. Wenn wir erwachen und uns die vielen Aspekte unseres Wesens vergegenwärtigen und sie erforschen, können wir in allen Erscheinungen Tiefe, Vielschichtigkeit und Schönheit erkennen.

Wir haben gelernt, je mehr wir das Körpergefährt einstimmen und je widerstandsfähiger es ist, desto höher ist die Frequenz oder der Lichtquotient in uns.

Es lohnt sich, ein verfeinertes Wesen zu sein, das auf den Takt der Einheit eingestimmt ist. Die Folgen sind Freude, Magie, Synchronizität, Sinngebung, Glückseligkeit, Erfüllung, großartige Beziehungen, in denen ein Austausch auf Seelenebene stattfindet, Gesundheit, Vitalität und dergleichen mehr. Die Liste der Vorteile scheint endlos zu sein. Statt um das Überleben zu kämpfen, stellen wir fest, daß unser Leben zusehends aufblüht. Wir aktivieren die vier Fünftel des Gehirns, die das höhere Bewußtsein in sich bergen, stimmen uns bewußt auf den göttlichen Willen ein und wissen über den göttlichen Plan Bescheid, während wir voller Freude mitverfolgen, wie er sich entfaltet.

Dies ist das universale Gesetz der Anpassung. Es fordert uns auf, uns auf den Fluß der Dinge einzulassen, da das einzig Beständige im Universum die Veränderung der Energie ist, erkennbar an der Vielfalt der Formen.

O.H.O.M. empfiehlt den Menschen, »allen Dingen mit dem Unterscheidungsvermögen des Herzens zu begegnen, die Intelligenz aller Mitmenschen zu schätzen und die zwischenmenschlichen Kontakte zu nutzen, sich gegenseitig zur Stärkung des Kollektivs zu ermächtigen.« Genau dies sieht der Sozialplan des M.A.P.S.-Programms vor, der dem universalen Gesetz des Ausgleichs untersteht. Die gegenwärtige Herausforderung der Menschheit ist, auf globaler Ebene eine pragmatische und sichtbare Einheit und Gleichgewicht herzustellen, indem wir auf die großartigen Hinweise aller Kulturen, Glaubensbekenntnisse, Philosophien, Rassen und Religionen zurückgreifen.

Durch die Verbesserung der bestehenden Erziehungssysteme wird das gesellschaftliche Niveau ebenfalls angehoben. Die Weltgemeinschaft ersehnt sowohl individuell als auch kollektiv eine positive globale Veränderung. Wie schnell dieser Wechsel eintreten kann, hängt davon ab, inwieweit jeder einzelne Mensch sich aus eigenem Antrieb auf das Gesetz der Einheit einläßt und es sich zu eigen macht. Der bewußte Einsatz zugunsten des Wohls der ganzen Welt bedingt, daß in allen Schichten des gesellschaftlichen Gefüges bestimmte Programme aktiviert werden. Das O.H.O.M. empfiehlt, daß wir uns an der Anhebung der bestehenden irdischen Strukturen beteiligen und nicht das Rad aufs neue erfinden.

M.A.P.S. engagiert sich dafür, die vorhandenen Bildungssysteme dahingehend zu verbessern, daß junge Leute ermutigt werden, ihren Bauplan und Lebenssinn zu entdecken und das Glücksgefühl kennenzulernen, das sich einstellt, wenn man mit dem Spiel der Einheit übereinstimmt.

M.A.P.S. setzt sich für eine pragmatische Reinigung der Umwelt ein. Unser derzeitiger Umweltplan verfügt über ein Programm, um 45 Prozent der weltweit von Autoabgasen verursachten Umweltbelastung zu beseitigen. Dieses Programm paßt auch gut in unseren Unternehmensplan, der da lautet: Spaß haben, Geld verdienen und Gutes tun.

Wer sich innerhalb des M.A.P.S.-Programms engagiert, hat sich dafür entschieden, eine Veränderung in der Gesellschaft zu bewirken. Dies geschieht, indem man sich auf den eigenen Bauplan einläßt und herausfindet, für welche Aufgabe in der gegenwärtigen Verkörperung man sich verpflichtet hat und alsdann den Auftrag ausführt. Desgleichen sollten wir, wenn wir uns schon dafür entschieden haben, all unsere Macht und Freude in jeden Augenblick unseres Lebens einzubringen, auch Dinge tun, die unsere Seele singen lassen.

Auf politischer Ebene sind wir Bürger, welche die Politiker höflich, aber bestimmt auffordern, sich für positive Veränderungen einzusetzen. O.H.O.M. teilt mit, daß inzwischen in sämtlichen Gesellschaftsschichten Menschen mit unterschiedlichen Graden des Erwachtseins positioniert sind. Erst kürzlich hatte ich das Vergnügen, einen südamerikanischen *Mainstream*-Politiker, der in einem unserer asiatischen Nachbarländer tätig ist, zu treffen. Er ist vollständig erwacht, arbeitet mit den Aufgestiegenen Meistern zusammen und engagiert sich bewußt für das Konzept der Einheit im politischen Bereich. Bei unserem Treffen ging es außerordentlich heiter zu. Er lachte und kicherte, und ich genoß dieses Schauspiel!

O.H.O.M. empfiehlt uns, uns in Gruppen zu treffen, die Lieblingsbeschäftigung der anderen herauszufinden und einander zu unterstützen, das zu tun, was unser Herz singen läßt. Ein fröhliches Herz ist die wahre Stimme des inneren Lehrers, der über unseren göttlichen Bauplan innerhalb des Spiels der Einheit Bescheid weiß. Erkennen, verwirklichen, VERKÖRPERN und lieben Sie Ihren Bauplan. Und reden Sie darüber!

Nach der Beschleunigung, dem Erwachen und der Gruppenbildung gilt es, die Kluft zwischen den Welten zu überbrücken. Erwachte Geistwesen verknüpfen das Ätherreich mit dem grobstofflichen Reich, den Osten mit dem Westen, die Wohlhabenden mit den Habenichtsen und so weiter. Jeder Erwachte spielt seine kleine, aber wesentliche Rolle in einem größeren Spiel. Es gilt, Herz und Verstand, Körper und Seele miteinander zu verbinden.

Brücken schlagen heißt auch, bewußt Tore zu allen Ebenen des Seins zu öffnen, damit ein umfassendes kollektives Erwachen im neuen Jahrtausend stattfinden kann.

Die Aufgestiegenen Meister bezeichnen das M.A.P.S. Programm als eine *sanfte Revolution*, eine zarte Verfeinerung, die bis zur höchsten Seinsebene führt. Das Oxford-Wörterbuch definiert Revolution als »vollständige Veränderung, die alles auf den Kopf stellt, eine gewaltige Umkehrung der Lebensumstände«. Die alte Weltanschauung oder die energetischen Verhaltensnormen auf unserem Heimatplaneten sind bislang Licht und Dunkelheit, Liebe und Angst gewesen. Der neue Grundsatz der Einheit ist einfach Licht und Liebe.

Der erste praktische Schritt zur Verwirklichung des menschlichen Potentials ist die Erinnerung: Sich zu erinnern wer man innerhalb all dieser Schöpfungsebenen tatsächlich ist. Der zweite Schritt ist, die Erinnerung in die Tat umzusetzen.

Weitere Richtlinien, die von O.H.O.M. erstellt wurden, die Freude, Sinn und Zweck in die irdische Wirklichkeit bringen sollen, lauten folgendermaßen:

- Achten Sie auf die Qualität der empfangenen Auskünfte, nicht auf die Äußerlichkeiten.
- Erfinden Sie nicht das Rad aufs neue – schließen Sie sich zu einem mächtigen Ganzen zusammen und nutzen Sie die Begabungen und Talente aller Beteiligten.
- Seien Sie offen für Kooperation und meiden Sie Konkurrenz, denn Konkurrenz erzeugt Trennung, während Kooperation zu Einigheit führt.
- Überprüfen Sie jede empfangene Weisung mit der Frage, ob sie eine freudige Reaktion in Ihrem Herzen auslöst.
- Nehmen Sie den Ruf Ihres inneren Lehrers an, an dem Unterricht teilzunehmen, der während der Meditation

und der schweigenden Kontemplation im Innenreich stattfindet. Und machen Sie sich mit Ihrer wahren Identität vertraut.
- Setzen Sie Ihrem Denken keine Grenzen. Erstklassige Gedanken führen zu einem erstklassigen Leben.
- Lassen Sie Ihrer Vorstellungskraft freien Lauf. Bedenken Sie, daß Ihre Vorstellungskraft ein gottgegebenes Geschenk ist, das Sie mit der geistigen Welt verbindet.
- Ihre Vision sollte klar sein, erzählen Sie diese Vision freimütig den Menschen, die Sie darum bitten.
- Sie erfahren hier eine Gruppeneinweihung, also müssen sich alle Teilnehmer freiwillig melden, wenn sie glücklich sind und erkennen, daß sie eine gemeinsame Vision teilen.
- Gehen Sie auf alle Mitmenschen ein, die Ihnen freiwillig bei der irdischen Verwirklichung Ihrer Vision behilflich sein wollen, denn alle müssen eine Rolle spielen, ein Geschenk bringen.
- Seien Sie sich der Macht der Sprache bewußt und gebrauchen Sie Schlüsselworte. Wenn Sie Einheit anstreben, verwenden Sie dem Paradigma der Einheit entsprechend eine aufbauende Sprache.
- Bereinigen Sie alle Ihre Beziehungen, indem Sie Ihre karmischen Bindungen auflösen. Dadurch treffen Sie sich ganz einfach aus dem Grund, weil Sie sich in der Gesellschaft des anderen wohlfühlen.
- Setzen Sie Ihre Reden in die Tat um und seien Sie ein Vorbild.
- Geben Sie Informationen, Zeit, Einkommen uneingeschränkt weiter, und spenden Sie den Zehnten (ein Zehntel) Ihres Einkommens.
- Bedenken Sie, daß der universale Verstand nicht urheberrechtlich geschützt werden kann.
- Seien Sie anpassungsbereit und flexibel. Wachsen Sie in

das Neue hinein und SEIEN Sie in jedem Augenblick gegenwärtig.
- Entscheiden Sie sich dafür, alle Ereignisse Ihres Leben so auszulegen, daß Sie Ihre persönliche Macht und Freude bewahren können.
- Stimmen Sie sich ein, verweilen Sie und lassen Sie die Dinge heranwachsen!

Der Himmel, das Nirwana oder Samadhi ist eine Erfahrung, die uns infolge der Neuorientierung unseres Bewußtseins und unserer Wahrnehmung zuteil wird. Dies gelingt uns, indem wir lernen, die natürlichen Energiegesetze zu verstehen und anzuwenden. Viele Menschen erleben nun den Himmel auf Erden. Sie betätigen sich als Erbauer und Schöpfer der neuen erleuchteten Welt, des Goldenen Zeitalters. Der innere Lehrer erleuchtet uns den Weg, verfügt über den Bauplan und unterrichtet uns, wie wir unseren Platz in dem prophezeiten Paradies des kommenden Jahrtausends erschaffen und genießen können.

In einer idealen Welt

In einer idealen Welt wird die Vollkommenheit, die der gesamten Schöpfung und allen Geschöpfen zugrundeliegt, von allen anerkannt.

In einer idealen Welt wissen wir unmißverständlich, welchen Zweck die Schöpfung erfüllt und daher lieben wir einander bedingungslos und ohne uns abzuwerten.

In einer idealen Welt arbeiten wir einträchtig zusammen, da ganze Völker mit einer gemeinsamen Vision beflügelt werden und sich daran erfreuen. Diese Vision deckt sich mit dem uns zugeteilten Leistungsvermögen, das wir Menschen getreu der Vorsehung erfüllen und zum Ausdruck bringen sollen. Auf diese Weise nehmen wir die Chance wahr, das Göttliche widerzuspiegeln.

In einer idealen Welt handeln alle Geschöpfe rechtschaffen und makellos.

In einer Welt während der Übergangsphase...
sind die Leute damit beschäftigt, zu ihrer Meisterschaft zu erwachen.

Manche Menschen haben sich bereits erinnert und verwirklichen ihren Bauplan, indem sie sich auf das Spiel der Einheit einschwingen.

Andere Menschen sind vollauf damit beschäftigt, den Sinn zu begreifen, der hinter dem Geschehen steht.

Andere wiederum genießen oder verabscheuen die Herausforderung, sich gewissermaßen der Dunkelheit hinzugeben und stehen im Bann des Überlebensspiels in der irdischen Realität.

Der Krieger kann durch viele Dinge – Geld, Ruhm und Macht – verführt werden, ehe der Magier zum Vorschein kommt.

Die Charaktereigenschaften der Unbescholtenheit und Machtlosigkeit werden bisweilen von verborgenen persönlichen Plänen und Anliegen vereitelt.

In einer Welt in der Übergangsphase sind Botschafter am Werk. Da die Einwohner einer idealen Welt allesamt einmütig von ihrem inneren Gottselbst geführt werden, erübrigen sich dort die Botschafter.

In einer Welt, die sich in der Übergangsphase befindet, sind die Botschafter bestenfalls einwandfrei, doch vielen Zeitgenossen ist aufgefallen, daß dies nicht immer der Fall ist.

Wer sich einem Botschafter ausliefert, wird womöglich enttäuscht. In einer Welt in der Übergangsphase erweist sich das persönliche Unterscheidungsvermögen als äußerst wertvolle Gabe.

Das Unterscheidungsvermögen vermittelt uns die Erkenntnis, daß die Begabungen der Botschafter dazu dienen, uns lediglich zu ermutigen, die Macht der Führung zu entdecken, die uns durch die eigene innere göttliche Stimme zuteil wird, über die jeder Mensch verfügt.

> *»Liebe ist keine verstandesmäßige Verrichtung, sondern die reine, leuchtende Essenz, die den Verstand hervorbringt.«*
>
> *»Die Liebe allein ist die Grundlage der Harmonie und die angemessene Nutzung aller Lebensenergien.«*
>
> *»Das persönliche Selbst aller Menschen verfügt über die Macht der freien Willensentscheidung im Hinblick auf das, was es denken, fühlen, gestalten und erfahren will. Wer die gesamte Substanz und Kraft seines eigenen Wesens schöpferisch verwendet und mit seinen Talenten großzügig ist, in dessen Leben wird Frieden, Wachstum, Freude, Fülle und Herrlichkeit einkehren.«*
>
> *»Die Persönlichkeit muß auf sämtliche Gedanken, Gefühle und Worte verzichten, die Unvollkommenheit zum Ausdruck bringen, damit disharmonische Schwingungen, die sich im Körper oder den Ereignissen verbreitet haben, aufgehoben werden können.«*
>
> ZITATE AUS »DIE MAGISCHE GEGENWART« UND »ENTHÜLLTE GEHEIMNISSE« VON SAINT GERMAIN

Eine Schöpfungsgeschichte
Auszug aus »Das Wassermann-Evangelium von Jesus dem Christus« übermittelt von dem Autor Levi

»Vor der Erschaffung der Welt war alles eins, es gab nur den grenzenlosen Geist und den weltumspannenden Odem. Der Geist Gottes atmete, und das Nichtmanifeste wandelte sich zu Gott Vater und Gott Mutter. Sie bilden das Feuer und die Idee des Himmels. Als das Feuer und der himmlische Gedanke einträchtig atmeten, wurde ihr Sohn, der eingeborene Sohn, geboren. Dieser Sohn ist Liebe, den die Menschen Christus genannt haben. Die Menschen bezeichneten den himmlischen Gedanken als heiligen Geist. Und als die dreieinige Gottheit nochmals atmete, siehe da, es standen sieben Geistwesen vor dem Thron. Es sind die Elohim, die Schöpfergötter des Universums.

Mit ihrer grenzenlosen Macht haben sie alles, was ist oder war, erschaffen. Diese Geistwesen der dreieinigen Gottheit durchschritten das Angesicht des endlosen Raums, und es bildeten sich sieben Ätherreiche, wobei jede Ätherschicht ihre ureigenen Lebensformen aufweist. Diese Geschöpfe sind nur Gedanken Gottes, die von der Substanz des jeweiligen Ätherreichs umhüllt sind. Die Menschen bezeichnen diese Ätherebenen als Reich der Protoplasten, Mineralreich, Pflanzenreich, Tierreich, Menschenreich und als Reiche der Engel und Cherubim.

Diese Reiche, die mit den dazugehörigen göttlichen Gedanken besiedelt sind, bleiben den Augen des Menschen aus Fleisch und Blut verborgen. Sie bestehen aus einer weitaus feinstofflicheren Substanz, die für irdische Augen unsichtbar ist, und dennoch verkörpern sie die Seele der Dinge. Und alle Geschöpfe sehen die jenseitigen Seinsebenen und deren Lebensformen mit den Augen der Seele.

Da alle Lebensformen auf jeder Seinsebene Gedanken Gottes sind, denken alle Geschöpfe. Und jedes Geschöpf ist mit Willen ausgestattet und hat innerhalb seines Rahmens die Macht, sich frei zu entscheiden. Alle Geschöpfe werden mit der Nahrung aus der Äthersubstanz ihres jeweiligen Herkunftsreichs versorgt.

So erging es jedem lebenden Wesen, bis der Wille träge wurde, und so gerieten die Ätherreiche der Protoplasten, der Mineralien, der Pflanzen, der Tiere allmählich in einen sehr langsam schwingenden Frequenzbereich. Die Substanz der

Ätherreiche verdichtete sich, und die Geschöpfe und deren Umfeld kleideten sich in grobstofflichere sichtbare Gewänder aus Fleisch, die der Mensch sehen kann, und so erschien diese grobstoffliche Welt, die die Menschen *physisch* nennen. Dies war der Sündenfall, aber daran waren nicht nur die Menschen, sondern auch die Protoplasten, Mineralien, Pflanzen und Tiere beteiligt. Die Engel und die Cherubim fielen nicht; ihr Wille blieb ungebrochen stark, und so blieben ihre ätherischen Reiche in Harmonie mit Gott.

Als die Atmosphäre die Aufgabe des Äthers übernahm und alle Geschöpfe der irdischen Welt auf grobstoffliche Nahrung angewiesen waren, trat das Gesetz des Konflikts in kraft. Später trat ein weiteres Gesetz hinzu, das der sterbliche Mensch als das Überleben der Stärksten bezeichnet hat.

Abschließende Betrachtung

Es ist stets interessant, in vergangenen Zeiten zu stöbern und ein persönliches Tagebuch oder gar ein Buchmanuskript, das man geschrieben hat, nochmals zu lesen, da sich unsere Ansichten im Lauf der Zeit ziemlich rasch zu verändern scheinen. Das Leben enthüllt seine Geheimnisse jenen Menschen, die nach Wissen streben.

Seit ich vorliegendes Buch geschrieben habe, habe ich die Niederschrift einer Trilogie mit dem Titel »Inspirations with the Ascended Ones« (Inspirierte Weisungen der Aufgestiegenen Meister) mit Channelbeiträgen abgeschlossen und bereits eine weitere Trilogie mit der Überschrift »Streams of Consciousness« (Bewußtseinsströme) in Angriff genommen. Ferner habe ich die Kapitel 26 und 27 zu einem eigenständigen Buch erweitert, das 1997 übersetzt und inzwischen unter dem Titel »Lichtnahrung« in Deutschland veröffentlicht worden ist (KOHA-Verlag). Als »In Resonanz« ebenfalls in die deutsche Sprache übersetzt wurde, beschloß ich, es nochmals zu überarbeiten und gegebenenfalls umzuschreiben, damit es meinem aktuellen Kenntnisstand entspricht. Mittlerweile liegt die fünfte erweiterte Fassung vor, doch zu meiner Überraschung habe ich weder viele Textbeiträge hinzugefügt noch verändert.

Meine persönliche Priorität hat sich verlagert. Früher interessierte ich mich für meinen Aufstieg und mittlerweile konzentriere ich mich schlicht darauf, mich zeitgleich und in vollem Umfang auf den Rhythmus des göttlichen Plans einzustimmen, der sich in der irdischen Welt entrollt und verwirklicht. Ich beabsichtige ausschließlich, dienstbereit zu SEIN und meine zuvor vereinbarte Aufgabe in diesem Plan frohgemut, leichten Herzens und anmutig zu erfüllen.

Im Lauf der letzten fünf Jahren hat sich mein Verhältnis zu den Aufgestiegenen Meistern vertieft und verstärkt, da ich mich von ihren Durchsagen inspirieren lassen habe, weswegen ich magisch anmutende Veränderungen bezeugen durfte, die in meiner Alltagswirklichkeit stattfanden. Frohsinn ist mittlerweile ein natürlicher Seinszustand in meinem Leben geworden, denn er vermittelt mir das Gefühl der Sinnerfüllung und Verbundenheit.

Einer der Gründe, der mich ursprünglich bewegt hat, das Buch »In Resonanz« zu schreiben, war, die einstimmige Verständigungsbasis der verschiedenen Religionen zu ermitteln und die jeweiligen Standpunkte nachträglich auf die einfache Idee zurückzuführen, daß der Mensch nichts weiter als ein Energiesystem ist. Nachdem der Leser sich mit dieser grundlegenden Idee vertraut gemacht hat, ergründen wir die Zusammenhänge der bewußten Einstimmung, um unsere telepathischen Fähigkeiten und weitere Begabungen zu erwecken. Ideen dieser Art legen in denjenigen, die sich davon inspirieren lassen, eine Saat aus, sie über kurz oder lang zu erforschen und auszubauen.

Die Zitate, die ich in dem Buch »In Resonanz« angegeben habe, stammen aus einer großen Auswahl von Büchern, die mich teilweise beflügelt haben, mein eigenes Realitätsmodell zu entwickeln. Inzwischen hat sich die Vorstellung, daß wir unsere Wirklichkeit erschaffen, bei mir eingefleischt. Vom rein intellektuellen Verständnis ist sie in das Zellwissen übergegangen. Daneben habe ich die zahlreichen erfreulichen Vorteile, welche die Meisterung des Verstandes und die bewußte Neuprogrammierung mit sich bringen, wiederholte Male erfahren dürfen.

Vereinfacht ausgedrückt soll die Botschaft von »In Resonanz« die Leserinnen und Leser ermutigen ...

- unsere Intelligenz zu schätzen, wohl wissend, daß wir als denkende Energiesysteme unentwegt gestalten, denn aus unseren Gedanken gehen Formen hervor,

- die innere Stimme entdecken und auf die Intuition zu hören, die ich als den inneren Gott bezeichne,
- ein Realitätsmodell zu entwickeln, das uns ermöglicht, unser eigenes Leben in einer Weise zu führen, die uns ein Höchstmaß an menschlichem Leistungsvermögen gewährt, das uns grenzenlose Freude schenkt. Dieses Realiätsmodell respektiert und achtet alle Geschöpfe.
- Abgesehen von dem, was wir als unseren Gott betrachten oder, falls wir es vorziehen, die schöpferische Macht als bloße Energie zu bezeichnen, sind wir alle Menschen.
- Es ist an der Zeit, die Weltanschauung der Wissenschaft und der Religion, den Osten und den Westen sowie die grobstoffliche Welt und das Ätherreich miteinander zu verbinden.
- Es ist an der Zeit, sich mit den gemeinsamen Grundlagen zu befassen und die Reichhaltigkeit aller Kulturen, Glaubensbekenntnisse, Rassen und Religionen gleichermaßen zu schätzen.
- Es ist an der Zeit, daß jeder einzelne Menschen begreift, daß der gemeinsame Faktor in uns der innere Gott ist, der uns alle einhellig vereint, und,
- falls wir uns ihm zuwenden und ihn einladen, sich in unserem Leben in vollem Umfang zum Ausdruck zu bringen, wird es uns gelingen, die Welten miteinander zu verknüpfen und auf kollektiver Ebene unser wahres menschliches Potential zu verwirklichen.

Auswahlbibliographie

Bailey, Alice, Eine Abhandlung über Weisse Magie, Lucis Trust Ass. Genf, 5. Aufl. 1987
Bhikku, Buddhadasa Ajahn, Mindfulness with Breathing, ohne Verlagsnennung, 1996
Brennan, Barbara, Ann, Licht-Arbeit, Goldmann Verlag, München, 1993
Brewster, Barbara, Journey of Wholeness
Carey, Ken, Sternenbotschaft, Ch. Falk Verlag, 1987
Carey, Ken, Vision, Ch. Falk Verlag, 1988
Cater, Joseph, Awesome Life Force
Cayce, Edgar, Das Atlantis-Geheimnis, Heyne Verlag, 1991
Cayce, Edgar, On Dreams
Chopra, Deepak, Dr., Die heilende Kraft, Lübbe Verlag
Chopra, Deepak, Dr., Die Körperzeit, Knaur Verlag, 1996
Chopra, Deepak, Dr., Länger leben und jung bleiben, (Tonkassette Lange) Media Verlag, 1995
Chopra, Deepak, Dr., Unconditional Life,
Essene, Virginia, New cells, New body, New life,
Fillmore, Charles, Dynamics for Living
Fillmore, Charles, Revealing Word
Gawain, Shakti, Reflektion im Licht, TB Heyne Verlag, 1996
Govindan, Marshall, Babaji - Kriya Yoga und die 18 Siddhas, Hans-Nietsch-Verlag, 1990
Grattan, Brian, Mahatma I, Light Technology, Communication Service, 1992 (Bezugsquelle der Restbestände in deutscher Fassung in CH: Priska Arnold Dinkel, Basel, Tel/Fax: 0041-61-3025576)
Grattan, Brian, Mahatma II, Light Technology (Bezugsquelle: s.o.)
Griscom, Chris, Zeit ist eine Illusion, Goldmann Verlag, 1987

Hawking, Stephen, Eine kurze Geschichte der Zeit, Rowohlt 1988
Hilarion, Answers, Marcus Books, Toronto
Hilarion, More Answers, Marcus Books, Toronto, 1985
Hilarion, Other Kingdoms, Marcus Books, Toronto,
Hilarion, Seasons of the Spirit, Marcus Books, Toronto
Hilarion, Symbols, Marcus Books, Toronto
Hurtak, Jim. J. Prof, Dr., Das Buch des Wissens: Die Schlüssel des Enoch, Academy for Future Science, Los Gatos,USA, 1. Auflage 1990; 2. Aufl. 1996; ISBN 3-9520031-0-7 Jasmuheen, Lichtnahrung, KOHA Verlag, 1997 Jasmuheen, Aksha Chronik, CD Vol. 3, KOHA Verlag, 1998,
ISBN 3-929512-41-6
Kaplan-Williams, Strephon, Traum-Arbeit, Goldmann Verlag, 1993 Kelder, Peter, Die fünf Tibeter, Integral Verlag, 43. Aufl. King, Godfre Ray, St. Germain, Band 1: Enthüllte Geheimnisse,
Eigenverlag, Bezugsquelle: M. Reiz, München, Tel: 089/8633968 Krishna, Gopi, Kundalini, O.W. Barth Verlag, 1983 Leadbeater, Charles W., Die Meister und der Pfad, Pieper Leadbeater, Charles W., The Masters and the Path, Leonard, Jim / Laut, Phil, Neugeboren werden; Rebirthing: Levi, Das Wassermann-Evangelium von Jesus dem Christus, Meyer Ann und Peter,Being a Christ Milanovich, Norma, Dr., We the Arcturians, Montgomery, Bob, Dr. und Evans, Lynette, Stress and Orr, Leonard / Halbig, Konrad / Simon, Franz, Ende der Sehnsucht,
KOHA Verlag, 1996 Orr, Leonard / Halbig, Konrad, Das Rebirthingbuch, KOHA Verlag Prophet, Mark / Prophet, Elizabeth Claire, Jesus and Raphaell, Kathrina, Heilen mit Kristallen, TB, Knaur Verlag, Raphaell, Kathrina, Wissende Kristalle, Ansata Verlag, 1986 Redfield, James, Die Prophezeihungen von Celestine, Heyne Roman, Sanaya / Packer, Duane, Kreativ Reichtum schaffen, der

Schlüssel zur Fülle, Goldmann Verlag, 1993 Roman, Sanaya / Packer, Duane, Opening to Channel, Royal, Lyssa / Priest, Keith, Sternensaat, G. Reichel Skarin, Annalee, Ye are Gods, Snow, Chet B., Zukunftsvisionen der Menschheit, Ariston Solara, 11 : 11 Jenseits des Tores, Ch. Falk Verlag, 1993 Solara, An die Sternengeborenen, Ch. Falk Verlag, 1991 Solara, Die Legende von Altazar, Ch. Falk Verlag, 1992 Stone, Joshua David, Dr., Beyond Ascension, Light Technology Publishing, Sedona Stone, Joshua David, Dr., Soul Psychology, Light Technology Publishing, Sedona Stone, Joshua David, Dr., The Complete Ascension Manual, Light Technology Publishing, Sedona Stubbs, Tony, Handbuch für den Aufstieg, Hans-Nietsch-Verlag, 1997 The Holy Bible (Die Heilige Schrift), King James Ausgabe White Eagle (Cooke, Grace), Die Perle im Lotos, Aquamarin Whitworth, Eugene, Die neun Gesichter Christi, Horus Wilde, Stuart, Geld, fließende Energie, Heyne Verlag, 1/1998 Yogananda, Paramahansa, Autobiographie eines Yogi, Otto Wilhelm Barth Verlag, 1950

Über die Autorin

Jasmuheen ist eine kosmische Telepathin, die es sich zur Aufgabe gemacht hat, zu informieren, zu inspirieren und zu erleuchten.

Sie gehört einer Gruppe von Menschen an, die in Sachen Pranaernährung und Einstimmung der menschlichen Energiefelder erfolgreiche Pionierarbeit geleistet hat. Seit Mitte 1993 ernährt sie sich ausschließlich von flüssigem Licht. Nachdem sie jahrelang telepathische Botschaften von verstorbenen Freunden und Verwandten erhalten hat, dient Jasmuheen seit 1993 als Channelmedium für Lichtwesen. Sie erhält inspirierte Durchsagen von den Aufgestiegenen Meistern Arkturius, Lord Sananda und neuerdings von Kuthumi, Saint Germain und Aufgestiegenen weiblichen Meisterinnen. Letztere engagieren sich im wesentlichen dafür, den weiblichen Aspekt Gottes zu verankern und die elfte und zwölfte Stufe des Lichtkörperaufbaus im neuen Jahrtausend zu fördern.

Jasmuheen meditiert seit über 23 Jahren und beschäftigt sich mit Metaphysik (der theoretischen Philosophie der menschlichen Existenz), östlicher Philosophie und dem Gedankengebäude des Neuen Zeitalters. Als erfahrene metaphysische Beraterin und vielgereiste spirituelle Lehrerin hält sie in Australien und weltweit Seminare ab.